현대 한국어 구어의 형성과 변천 I

고려대 구어 연구 총서 · 1

# 현대 한국어 구어의 형성과 변천 I

홍종선 · 신지영 · 도원영 · 유혜원
오재혁 · 장혜진 · 송인성 · 신우봉

한국문화사

고려대 구어 연구 총서 · 1
**현대 한국어 구어의 형성과 변천 I**

1판1쇄 발행 2016년 10월 5일

지 은 이  홍종선 · 신지영 · 도원영 · 유혜원
　　　　　오재혁 · 장혜진 · 송인성 · 신우봉
펴 낸 이  김진수
펴 낸 곳  **한국문화사**
등　　록  1991년 11월 9일 제2-1276호
주　　소  서울특별시 성동구 광나루로 130 서울숲 IT캐슬 1310호
전　　화  02-464-7708
전　　송  02-499-0846
이 메 일  hkm7708@hanmail.net
홈페이지  www.hankookmunhwasa.co.kr

책값은 뒤표지에 있습니다.

잘못된 책은 구매처에서 바꾸어 드립니다.
이 책의 내용은 저작권법에 따라 보호받고 있습니다.

ISBN 978-89-6817-416-2 94710
ISBN 978-89-6817-415-5 (전2권)

이 저서는 2013년도 정부(교육과학기술부)의 재원으로 한국연구재단의 지원을 받아
수행된 연구임(NRF-2013S1A5A2A03045098).

## ■ 서문

　오늘날 일상생활에서 자연스럽게 대화를 나누거나 설명 또는 주장 등을 할 때 쓰는 우리말의 구어는 언제 어떻게 형성되었고, 그 변화 과정은 어떠하였을까? 우리말에서 구어와 문어는 어떠한 점에서 같고 또 다른가? 너무나 당연하고 일상적인 한국어 구어에 대한 이러한 궁금증을 풀고자 한국어학 전공자들이 모였다.
　언어는 구어와 문어를 모두 포괄하지만, 이 가운데 구어가 일반적인 생활 언어로서 더욱 의의가 있다는 생각을 많이 한다. 그러나 국어학을 포함하여 대부분의 언어학 연구나 논저에서는 구어보다 문어를 중시하는 경향이 있어 왔다. 심지어 내국인들의 국어 교육이나 외국인을 위한 한국어 교육에서도 교재의 구성과 교수 내용 중에 이러한 문어 중심의 사고가 종종 보인다.
　언어학에서 구어의 가치를 올바로 인식하고 새로운 언어 이론과 설명을 도입하려는 움직임은 최근 들어 나타나고 있는데, 언어 코퍼스를 활용하면서 더욱 구체적이고 실질적으로 경험할 수 있게 된다. 더구나 요즘 인터넷으로 실시간 오가는 대화가 외면적인 형태는 문어 매체이지만 발화 실체는 오히려 구어에 가깝게 실현되는 경우가 많다. 이제 구어에 대한 본격적인 연구는 언어학에서 필수적인 내용이 되었고, 구어와 문어와의 차이에 대해서도 정밀한 고찰이 요구되고 있다. 그래야만 구어와 문어를 아우르는 우리말 전체의 언어 모습이나 문법 체계를 논의할 수 있을 것이다.

우리말의 구어에 대한 연구가 아직 초기 단계이므로 우리는 먼저 '구어'의 개념이나 범위 문제부터 논의하고, 현대 한국어 초기 시기의 구어 자료를 조사 수집하는 일을 해 나갔다. 현대 한국어 시기라 하더라도 20세기 전반까지의 구어 음성 자료는 현전하는 내용이 너무나 제한적이고 분량도 적어, 구어적 성격이 다소 높은 당시의 문어 자료도 조사·수집 범위에 넣었다. 불과 2~3년 동안에, 20세기 전반부터 후반에 이르기까지 시기별로 골고루 상당한 분량의 다양한 음성 자료를 확보하고 이 가운데 일부는 문자화하고 문법표지달기도 진행할 수 있었던 것은, 이 일에 대한 연구원들의 의욕과 실천이 그만큼 높았던 때문이다.

이러한 1차적인 작업을 어느 정도 진행하면서 현대 한국어 구어의 시기별 실태나 변천 모습을 고찰하는 연구를 함께해 나갔다. 구어의 모습은 음성, 음운, 형태, 통사, 의미, 담화 등 언어학의 전면에 걸쳐 조사되어야 하는데, 3년의 기간에는 이들을 제대로 소화하기도 어려웠다. 그러나 연구원들의 성실한 조사와 연구는 이 분야에서 적어도 몇 가지 음운 현상이나 문법 범주와 형태 등에 관해 매우 의미있는 성과를 얻게 하였다.

이제 본격적인 연구를 시작하는 단계에 와 있음을 생각하는 우리는, 지금까지의 고민과 조사 그리고 연구 성과를 일단 책으로 정리하기로 하였다. 2권으로 된 "현대 한국어 구어의 형성과 변천"은 우리가 한국연구재단으로부터 지원받은 과제의 제목이지만, 앞으로 계속해 나갈 우리의 연구 영역이기도 하다. 이처럼 의의가 높은 연구에 학계의 여러분도 함께 참여하여 우리말 구어 연구에 더욱 커다란 진전이 있기를 기대한다.

2016년 9월
저자들이 다함께

## ■ 차례

■ 서문 ─────────────────────── 5

### 한국어사에서 20세기 초 한국어의 위상과 문법 특징 ──── 11
1. 머리말 ·················································· 11
2. 현대 한국어의 설정과 20세기 초 ·················· 13
3. 20세기 초 한국어 문법의 언어사적 경향성 ······ 21
4. 마무리 ·················································· 29

### 구어 연구와 운율: 소리를 담은 의미·통사론,
### 의미를 담은 음성학·음운론 연구를 위한 제언 ──── 33
1. 구어와 문어, 그리고 운율 ························· 33
2. 구어 운율 단위의 길이, 그리고 그것이 의미하는 바 ······ 35
3. 구어의 운율 구조와 속담의 운율 구조 ············ 42
4. 부정문의 중의성과 중의성 해소 전략, 그리고 부정 표현의 비대칭성 47
5. 운율적 측면을 고려한 언어 연구 ·················· 53

### 20세기 초 구어 말뭉치에 나타난 국어의 문법적 특징 ──── 57
1. 머리말 ·················································· 57
2. 20세기 초 구어 말뭉치 ···························· 59
3. 20세기 초 구어 말뭉치에 나타난 문법적 특징 ···· 62
4. 마무리 ·················································· 79

## 20세기 초 구어 연구를 위한 음성 자료의 유형과 특징에 대한 고찰 ——— 83

1. 머리말 ·········································································· 83
2. 20세기 초 음성 자료의 현황 ········································· 85
3. 20세기 초 음성 자료의 유형 분류 ································· 92
4. 20세기 초 음성 자료의 유형별 특징 ····························· 98
5. 마무리 ········································································ 111

## 20세기 초 구어 연구를 위한 문어 텍스트의 활용 문제 ——— 117

1. 머리말 ········································································ 117
2. 구어와 문어, 구어체와 문어체 ···································· 118
3. 구어 연구에 활용 가능한 문어 텍스트 ······················· 124
4. 신문 만화와 집담회 자료의 구어적 특성 분석 ············ 131
5. 마무리 ········································································ 139

## 구어에 나타난 운율적 실현의 문법적 해석 ——— 145

1. 머리말 ········································································ 145
2. 기존 구어 연구의 한계와 구어 연구의 방법론 ············ 146
3. 운율적 실현의 특징 ···················································· 154
4. 문법 기술에서 운율적 실현의 해석 ···························· 163
5. 마무리 ········································································ 169

## 20세기 전기 구어 자료에 나타난 종결형 양상 ——— 173

1. 머리말 ········································································ 173
2. 연구 방법 ··································································· 176
3. 20세기 전기 구어에 나타난 종결형의 계량적 특성 ····· 179
4. 20세기 전기 구어의 종결형 양상 및 특징 ·················· 192
5. 마무리 ········································································ 202

## 현대국어 초기 구어체의 실현과 문학적 수용 ─── 209

1. 머리말 ················································································ 209
2. 현대국어 구어의 형성 ······················································ 210
3. 언문일치 운동과 구어체 실현 ········································ 215
4. 문학 작품에서의 구어체 수용 ········································ 226
5. 마무리 ················································································ 239

## 근대 전환기 개화 지식인의 '국문/언문'에 대한
## 인식과 구어체 글의 형성 ─── 243

1. 머리말 ················································································ 243
2. 한글 표기와 구어체 글의 역사성 ·································· 245
3. 근대 전환기 지식인의 '국문/언문' 인식과 구어체 ······ 256
4. 마무리 ················································································ 269

## 20세기 전기 구어 자료의 격조사 실현 양상에 대한 연구 ─── 273

1. 머리말 ················································································ 273
2. 격조사 사용 양상의 계량적 분석 ·································· 276
3. 20세기 전기 구어의 격조사 실현의 특징 ···················· 286
4. 20세기 전기 구어의 격조사 비실현의 특징 ················ 293
5. 마무리 ················································································ 297

## 20세기 전기 구어에 나타난 국어의 보조사 연구 ─── 301

1. 머리말 ················································································ 301
2. 보조사의 계량적 현황 ······················································ 303
3. 조사 결합형의 계량적 현황 ············································ 315
4. 20세기 전기 보조사의 특징: '요, 야'를 중심으로 ······· 323
5. 마무리 ················································································ 329

## 20세기 전기 구어에 나타난 정도부사의 실현 양상 ─── 333

1. 머리말 ································································· 333
2. 연구 자료 ····························································· 335
3. 20세기 전기 구어의 정도부사 ································ 343
4. 20세기 전기 구어에 나타난 정도부사의 자료 유형별 특징 ············ 354
5. 마무리 ································································· 358

## 20세기 음성 자료에서 나타나는 체언 말 자음의 교체 현상 ── 361

1. 머리말 ································································· 361
2. 연구 자료 ····························································· 363
3. 체언 말 자음의 교체에 관한 계량적 분석 ················· 366
4. 20세기 현대국어에서 체언 말 자음의 교체 양상 ········ 379
5. 마무리 ································································· 384

## 20세기 전기 구어 자료에 나타난 모음상승 연구 ─── 389

1. 머리말 ································································· 389
2. 연구자료 및 연구방법 ············································ 392
3. 20세기 전기 구어 자료에서 나타나는 모음상승의 특징 ············ 395
4. 마무리 ································································· 413

# 한국어사에서 20세기 초 한국어의
# 위상과 문법 특징

홍종선

## 1. 머리말

오늘날의 21세기에 바로 앞서는 20세기는, 현대 한국어가 시작되어 변화 발전이 크고 다양하게 일어난 시기이다. 역사적으로 어느 시기나 언어에 변화와 발전이 있게 마련이지만, 역동적으로 지내온 우리나라의 역사 속에서도 우리말의 변화가 다른 어떠한 시대에 비해 훨씬 더 크게 나타난 시기인 것이다. 오늘날에 가까워질수록 변화의 속도와 폭이 커진다는 세계사적인 역사의 흐름을 생각할 때, 20세기 초 한국어의 변화는 20세기의 중후반이나 21세기 초에 비해서도 결코 적지 않다는 느낌이 들 정도이다.

20세기 초는, 외세의 물결이 밀려들면서 우리에게 의미가 있는 외국이 더 이상 중국으로 한정되지 않는 19세기 후반을 지나, 국내외적으로 격동을 겪으며 우리 사회 전반에 외세의 영향이 확산되고 이에 대한 내적 반응이 다양하게 나타나기 시작하는 시기인 것이다. 전통적인 사회 체제나 가치 기준에 변화가 일어나고 언론, 출판, 교육 등의 문물제도가 변혁을 맞이하였다. 이에 따라 선진 지식인들은 물론 일반 언중들에게도 우리의 말과 글에 대한 인식에 변화가 나타나고 언어생활이 변모하게 되었다.

이처럼 우리의 언어에 변화가 많이 나타나는 20세기 시작의 전후부터를 '현대 한국어'로 보는 견해가 많다. 이에 따르면 20세기 초는 현대 한국어의 초기가 되는 셈이다. 그러나 아쉽게도 이 시기의 우리말 자료는 제한적이다. 문헌 자료는 신문, 잡지, 성서, 소설, 교과서 등 이전 시기에 비해 다양하고 수량도 크게 늘었지만 구어 자료는 매우 한정적으로 접할 수 있기 때문이다. 그나마 음성 자료를 일부 확보할 수 있다는 점에서 당시의 생생한 우리말 현장을 경험할 수 있는 최초의 시기이기는 하다.[1]

20세기 초라 하면 1900년대에 들어서서 초기를 말하는데, 대체로 1910년대 말까지 또는 1920년대 말까지를 범위로 삼을 수 있다. 그러나 이러한 물리적인 연대 구분에 그치지 않고 언어 변화나 특징에서 그 이전과 이후의 구분이 비교적 커다란 시기를 분기점으로 잡아 하나의 시기적 서술 범위로 설정하는 것이 좋다고 본다. 이는 1920년을 전후하는 한국어 모습을 개관하면서 찾아질 수 있을 것이다.

---

[1] 정창관(2009)에 의하면, 한민족 최초의 녹음은 1896년 7월 24일 워싱턴에서 실린더에 녹음한 단가, 매화타령, 애국가 등 11곡의 노래로, 이는 현재 미국 의회도서관에 소장되어 있다고 한다. 그는 이 음원을 <한민족 최초의 음원>(2007, 2009: 화음)이라는 시디 음반으로 국내에서 복각 출간하였는데, 내용의 일부는 http://www.gugakcd.kr(정창관의 국악음반cd 세계)에서 들을 수 있다. 또한 배연형, 석지훈(2015)에 의하면, 우리나라 최초의 상업용 음반은 1906년에 녹음하여 1907년부터 발매되었던 미국 콜럼비아와 빅터의 10인치, 7인치 쪽판이라고 한다. 위 음반들의 음성은 모두 시조, 가사, 민요 등 음악의 가사이어서 일상적인 구어의 모습을 보여주지는 못한다. 현존하는 우리말 음성 녹음의 초기 자료는 이처럼 노래 소리이고 음질도 좋지 못하지만, 현재까지 극소수나마 발굴된 이들 자료를 소중하고 섬세하게 고찰하여야 할 것이다. 1920년대에 이르면 연극이나 강연 등의 음성 자료도 찾을 수 있으나, 이 역시 매우 희소하다.

이 글에서는 20세기 초엽의 한국어에 나타나는 언어적 특징을 개관하고 그것이 현대 한국어에서 또는 앞뒤의 한국어사에서 갖는 위상을 생각해 보기로 한다. 이를 위해 먼저 한국어사 가운데 현대 한국어의 시대를 설정하고, 현대 국어 안에서 언어 변화의 양상을 근거로 하여 하위 시기를 구분하면서 현대 한국어 초기의 범위를 도출한다. 이는 20세기 초를 곧 현대 한국어의 초기에 해당한다고 보아, 이 시기의 문법적 특징과 그것의 의미를 해석하고자 하는 것이다.

어느 시기나 지역에 따른 언어 실현에는 차이가 있고 근대 전환기 역시 그러하다. 이 글에서는 각 지방 지역어의 특성을 미처 고려하지 못하고 주로 중부 지역의 우리말을 대상으로 고찰한다. 고찰 시기인 20세기 초의 언어 자료는 극소수의 음성 녹음을 제외하고 거의가 문헌 자료에 의지하게 된다. 따라서 이 글에서도 특별한 언급이 없는 한 기본적으로 문헌 자료의 문어를 근거로 하는 한계를 갖는다.

## 2. 현대 한국어의 설정과 20세기 초

'현대 한국어'는 한국어사에서 '고대 한국어, 중세 한국어, 근대 한국어'를 잇는 시대의 한국어로서, 대체로 '오늘날'까지를 포함하는 개념이다. 그러므로 19세기 말로써 끝나는 근대 한국어 이후에 오는 20세기 초의 한국어를 오늘날의 한국어와 같은 시대 범위 안에 넣을 것인가는, 이 시기 한국어의 양상에 대한 해석에 달려있다고 하겠다. 즉 현대 한국어의 시작을 언제부터로 할 것인가의 문제인데, 이에 대한 학계의 견해에는 다소 차이가 있다. 우선 한국어사의 시대 구분이 학자에 따라 여러 가지 견해를 보이고 있다. 대개는 서구의 역사학계에서 일찍이 상정한 '고대

(ancient), 중세(middle), 근대(modern)'라는 3분법을 기본적으로 적용하고 여기에 '근세, 최근세, 현대' 등의 시대를 덧붙이기도 하는데, '현대'(contemporary)만을 설정하는 시대 구분이 많다. 이 글에서도 일단 '근대 한국어'와 구별하여 그 이후를 '현대 한국어'로 설정하고 논의를 시작한다.

한국어사의 시대 구분 전체에 대한 고찰은 또다른 긴 논의를 요구하므로 이 글에서는 20세기 초와 긴밀한 관계를 갖는 현대 한국어의 범위와 그 하위 분화만을 간략히 살펴본다. 한국어학계에서는 '현대 한국어'를 모두 인정하고 있으므로 한국어사의 시대를 나누거나 서술할 때에 현대 한국어는 독립된 시기로 서술하는 대상이 될 수 있다. '현대 한국어'나 '20세기 한국어'의 시기 설정에 관해 본격적으로 논의한 연구가 아직 많지 않으므로, 이 시기에 대한 언급은 대개 한국어사 논저 안에서 해당 내용을 찾아야 한다.

일찍이 고노 로쿠로(河野六郎, 1955)에서 '현대조선어'를 갑오경장부터로 잡았고 이기문(1961)에서는 20세기 초부터를 현대 한국어로 나누었지만, 그러한 시대 구분에 대해서 근거 제시가 별로 없다. 김형규(1962)와 박병채(1989)에서는 20세기가 시작하기 직전인 1894년 갑오경장을 현대 한국어의 시작으로 보았다. 이후에 나온 한국어사 논저들은 대개 갑오경장과 20세기 초라는 두 가지 견해에서 크게 벗어나지 않았다.

한편 북에서 김영황(1978)은 한국어사를 5개의 시대로 나누는 가운데 19세기 후반부터를 '부르죠아민족운동시기'라고 하였고, 류렬(1990, 1992, 2005)에서는 한국어사를 7개의 시대로 나누어 서술하면서 19세기 중엽부터 1925년까지를 '근대 조선말'이라고 하였다.[2] 19세기 중엽인

---

2) 류렬 「조선말력사」는 1990년과 1992년에 각각 1권과 2권만 나온 후, 2005년 '조선어학전

1866년 셔먼호 사건 이후 근대화 분위기가 나타난 이후부터, 김일성의 'ㅌ.ㄷ'(타도제국주의 동맹)로 민족해방투쟁을 이끄는 주체시대가 되어 우리말이 현대화하기 시작하였다는 1926년의 이전까지를 범위로 잡은 것이다. 김영황(1978)과 류렬(1990 등)에서는 한국어사의 시대 구분에 사회·정치 체제를 요인으로 많이 적용하고 있으며, 19세기 중후반 이른바 개화기(근대 전환기)부터 현대 한국어가 시작하였다고 보거나 적어도 19세기 후반과 20세기 초의 한국어를 하나의 시대로 인정하고 있다. 중국 연변에서 나온 안병호(1983)은 이기문(1961)과 비슷하게 시대 구분을 하였다.

위에서 볼 때 현대 한국어의 시기 설정은 19세기 말 갑오경장(1894년)으로 시작하든 20세기부터 시작하든 사실상 시기적으로 큰 차이를 갖지는 않는다. 그러나 연대가 19세기에서 20세기로 바뀐다고 하여 단순히 그것을 그대로 언어사에 적용하기보다는, 갑오경장을 전후하여 국어 국자 등에 대하여 정부에서도 인식을 달리하고 개화 출판물들이 여러 종 나타나기 시작한다는 점에서, '현대 한국어'의 시작을 갑오경장부터로 설정하는 것이 적절하다고 할 것이다. 그리함으로써 19세기 후반부터 시작되어 말기를 지나 20세기 초에 이르기까지 우리나라에 불어 닥친 근대 전환기(개화기)라는 시대가 중간에서 근대와 현대라는 두 시대로 잘리는 불합리를 줄일 수도 있다.

아니면, 현대 한국어의 시작을 조금 더 올라가 1880년대부터로 잡을 수도 있다. 1880년대에는 강화도 조약(1876) 이후 1880년을 전후하는 신사유람단, 성서 번역, <한성순보>(1883), 「ᄉ민필지」(1889), 「이언」

---

서'(4~10)로 1권~7권이 다 나왔다. 제5권의 '근대 조선말'은 1866년-1925년까지를 잡고, 6권(1926-1945), 7권(광복 후)이 모두 현대 한국어를 대상으로 하고 있어, 우리말의 전체 역사 중에서 최근에 대해 비중을 많이 두고 있다.

(1883), 「서유견문」(1895), 「국한회어」(1895), <독립신문>(1896) 등의 간행과 갑오경장(1894)의 실시로, 이에 따르는 새로운 언어 표현이 급증하여 언어 수행에 있어서 이전 시기에 비해 현저한 차이를 보인다. 19세기 전기에는 언어 자료가 매우 영성하지만 후기 특히 말기에 오면 개화 문물을 반영하면서 표기나 표현도 이전 시기와 구별되는 문헌 자료들이 다수 나타난다. 따라서 이러한 분위기가 무르익는 1880년대부터를 새로운 시대로 설정할 가능성이 있는 것이다.[3] 그리하면 앞에서 말한 19세기 후반부터 1910-20년대까지로 설정되는 근대 전환기가 도중에 잘리지 않고 모두 현대 한국어로 편입되는 장점이 있다. 다만 이 글에서 현대 한국어의 시작을 갑오경장으로 잡은 것은, 개화 물결에 대한 언어 내적 반응은 이보다 조금 늦은 1890년대로 보는 것이다. 하지만 20세기부터로 보는 것은 별다른 설득력을 갖지 못한다. 이에 대해선 더 세밀하고 많은 실증 고찰이 필요하다.

그런데 19세기 말이나 20세기 초의 한국어와 20세기 말의 한국어를 구분이 없이 함께 '현대 한국어' 안에 넣을 수 있을 것인가? 만약 이것이 무리하다면 근대 한국어에서 현대 한국어로 넘어오는 사이에 어떠한 시대를 또 획정할 만한가? 더구나 갑오경장이나 20세기 초부터 현대 한국어가 시작되었다고 할 때, 이제 이미 21세기로 들어와 10여 년이 지나 한 세기의 초기를 충분히 지내오고 있는데, 오늘날 한국어와 한 세기를 넘는 이전의 한국어를 하나의 시대 안에 넣을 수 있는가에 대해서 생각해 보아야 한다. 변화의 폭이 큰 최근의 한 세기 기간은 중세 한국어나 근대 한국

---

3) 민현식(1994)에서는 문체사를 중심으로 개화기에 '눈체 실험기(1880-1894), 문체 경쟁기(1894-1904), 개화기 문체 정착기(1904-1910)'를 설정하였다. 허재영(2011: 274)도 '1880년대부터 1910년대까지의 한국어는 그 전 시기나 그 이후의 시기와 확연한 차이가 있다'고 하였다.

어 때의 한 세기보다 훨씬 더 많은 변화를 겪었을 가능성이 있는 것이다. 여기에는 세 가지 해석이 가능하다. 첫째는 갑오경장이든 20세기 초이든 이때부터 시작된 현대 한국어에서 오늘날까지의 언어 변화가 그리 크지 않아 시대 구분과 하위 시기 분화가 필요하지 않다는 것이다. 둘째는 이 기간 동안 언어 변화가 커서 이 안에서 시대를 나누거나, 셋째는 언어 변화가 있기는 하지만 시대를 나누기보다는 '현대 한국어' 안에서 그 하위 시기를 나누는 정도에 그친다고 보는 것이다. 만약 시대나 하위 시기를 나누어야 한다면 어떠한 현상을 근거로 어느 위치가 분기점이 되는가를 밝혀야 한다. 이 모든 시대 구분과 하위 시기 분화는 언어 체계와 사용 양상 등에서 변화를 충분히 고찰하여 결정될 수 있을 것이다.

이와 같이 한국어사에서 '현대 한국어'의 시기 설정은 여러 견해들을 보이지만 정작 그러한 분류 근거에 대해선 세밀한 논의가 별로 없다. 오늘날 한국어의 현상이나 성격 및 특징을 현대 한국어 안에서 변화성과 관련하여 말하거니, 최소한으로 보더라도 오늘날 한국어와 직결되는 '현대 한국어'의 시기를 설정하는 문제에 대해 학계가 너무 무심하다고 하겠다.

더욱이 '현대 한국어'를 표방하고 오늘날의 한국어에 대해 연구하는 논저는 무수하게 많이 나오는데 정작 이 연구물에서 고찰하는 '현대 한국어'의 범위나 시기가 어떠한지에 관해서는 책임 있는 선명한 견해를 보이는 경우가 거의 없는 것이다. 가령 현대 한국어의 언어 현상을 고찰한다는 논저들에서 서술하는 내용이 1900년대 신문이나 1910년대 신소설의 언어 모습을 포함하는가를 언급하지 않은 채 그냥 '현대 한국어'라는 용어를 사용하고 있는 것이다. 또 '현대 한국어'라고 할 때 그것을 '오늘날의 한국어'에 한정하는 듯이 'contemporary'라고 한다면, 여기에

1910-20년대 또는 1930-40년대의 한국어를 과연 넣을 수 있을지 의문이다. 현대 한국어를 다루는 연구들은 대개 '오늘날의 한국어'를 대상으로 하고 있는 듯한데, 오늘날이라고 하더라도 그것이 1970년대나 1980년대부터를 말하는지, 광복 이후부터인지, 아니면 2000년대 이후의 한국어인지도 뚜렷하지 않다. 대부분에서 적어도 20세기 초의 한국어는 배제하는 것이 암암리에 전제되어 있다고 생각된다.

한국어사에서 말하는 '현대 한국어'와, 오늘날의 한국어를 대상으로 연구하는 현대 한국어학에서 사용하는 '현대 한국어'에는 그 개념이나 고찰 대상 범위에서 차이가 있다. 현대 한국어학에서 말하는 '현대 한국어'의 개념은 중의적이거나 모호한 상태인 셈이다. 그렇다면 근대 한국어를 20세기 그 어느 시기까지 내려 잡거나, 근대 한국어와 현대 한국어 사이에 명칭이야 어떻게 하든 ('최근세 한국어' 또는 '근세 한국어') 하나의 시대를 더 넣어야 하는가?4) 새로운 시대를 하나 더 넣는다고 하더라도 문제가 없지 않다. 일반적으로 예상할 수 있는 범위는 19세기 후반이나 말기, 즉 근대화 물결이 크게 일어난 때부터 20세기 초반이나 전반(광복)까지를 한 시대로 잡게 될 텐데, 이는 짧게는 4·50년에서 길어도 7·80년을 넘지 못한다. 시대 구분이 꼭 기간의 길이를 근거해야 하는 것이 아니라고 하더라도, 또 이 기간이 전례 없이 커다란 소용돌이와 격랑의 세월이었다 하더라도, 하나의 시대로 구분하기에는 다소 짧다는 생각을 하게 된다. 그것은 이 시기 이후 오늘까지 이미 그 이상의 세월이 지났음을 고려할 때 더욱 그러하다.

이와 같이 현대 한국어든 20세기 초의 한국어든 이에 관해 책임 있게

---

4) 예를 들어 이경우(1998)에선 1890년대부터 1920년대까지를 '개화기'라 하여 '최근세국어'로 이름하고, 홍윤표(2007)에서도 갑오경장(1894)부터 해방(1945)까지의 국어를 '현대 국어'와 구분하여 '최근세 국어'라 하였다.

분간하는 언급을 하지 못하는 것은 19세기 후반에서 20세기 전·중반에 대해 연구가 태부족인 데에서 연유하는 것으로 보인다. 한국어사 연구도 이제까지 주로 중세 한국어를 중심으로 이루어지다가 최근에 구결 등 차자 자료를 대상으로 고대 한국어에 관심을 기울이고 있지만, 현대 한국어에 접맥하는 근대 한국어에 대해선 아직도 연구가 크게 미흡하다. 더구나 근대 한국어의 끝자락이거나 여기에서도 벗어나고 오늘날의 한국어에서도 제쳐진 근대 전환기 한국어는 몇몇 한국어학자들만 관심을 가질 뿐이다.

근대 전환기 한국어에 대해서도 국한문체 등의 표기나 신문화 어휘 등 매우 한정적인 영역에 주로 고찰이 집중되어 있다. 1900년을 전후하는 기간 그리고 일제 강점기의 한국어에 좀더 적극적인 관심과 다양한 연구가 요구된다. 근대 한국어에서 오늘날 우리말로 이어지는 과정을 충실하게 고찰하는 것은 곧 오늘의 우리말을 올바로 이해하는 데에 반드시 필요한 일이기 때문이다. 역사학에서 일반적으로 손쉽게 '개화기'라고 부르는 이 시기의 명칭은 한국어학에서도 그대로 통용되고 있다. 그러나 당시 일본에서 유행하던 말이 유입된 이 '개화'는 문화 전반을 아우르는 명칭으로, 우리의 사회 문화에 적절하다고 보기 어렵지만 특히 언어 즉 우리말의 역사적 흐름에는 적합하지 않다. 한문 위주의 양반들 문어가 국한문 등으로 바뀌고 중문과 복문이 수없이 연결되는 긴 문장이 다소 짧아졌으며 새로운 문물에 대한 어휘가 늘어나기는 하였지만, 그것은 변화이지 수준의 상승이라는 의미를 강하게 드러내는 '개화'라고까지 하기는 어렵다. 문학 등에선 '근대 계몽기'라는 용어도 사용하는데, 이 역시 일부 선진 지식인이 몽매한 백성을 계몽한다는 다분히 계층적이고 가치 지배적인 성격을 가진 표현이라고 하겠다. 그러나 언어의 변화에서 수준이나 가치의 상승과 같은 질적인 계층화를 내세우는 것은 적절하지 못하다. 따라서 근대화의 물결이 들어오면서 내적인 반응 가운데 하나로 언어 면에서도 변화가 크게 일어나는 현상을 한국어사의 시각에서는 '근대 전환기'로 이름하는 것이 좋다고 본다.

이 글에서는 학계에서 아직은 20세기 초기와 오늘날의 한국어를 모두 '현대 한국어' 안에 넣는다고 보고, 20세기 초의 우리말을 고찰할 때 '현대 한국어 초기'라는 말을 필요에 따라 병용하기로 한다. 홍종선(2000)에서는 현대 한국어 안에서 하위 시기를 아래의 (1)과 같이 나누었다.

 (1) 현대 한국어의 하위 분화
    제1기(형성기, 1894-1910): 현대 한국어 형성기
    제2기(수난기, 1910-1945): 우리말 공용어기
    제3기(발전기, 1945-): 한국어권 분단기
    전기(1945-1960년대 중반): 한국어 재정립기
    후기(1960년대 후반-): 한국어 안정적 발전기

위의 분류는 20세기 말 이전만을 대상으로 하였기 때문에 오늘날 다소 수정이 필요할 수도 있다. 다만 이 글에서는 20세기 초를 고찰 대상으로 하므로 위의 분류에서 형성기 전체와 수난기의 일부인 1910-1920년대 정도를 그 범위로 한다.

20세기 초는 외국으로부터 근대 개화의 문물이 거세게 밀려들어 오는 19세기 후반에 이어, 개화의 내적 반응이 사회의 각 부문에서 서서히 그리고 다양하게 나타나기 시작하는 시기이다. 우리말의 표현에 대해서도 신진 개화 인식과 보수적인 의식이 여러 층위로 나타나며, 언어 변화 역시 신·구형이 다양한 형태로 공존하는 양상을 보여 준다. 이러한 과정 속에서 당시의 한국어 문법은 이전 시기에 비해 많은 변화를 겪을 수밖

에 없었을 것이다. 실제로 이러한 변화는 1920년대에 각종 문헌이 다량으로 나오면서 구체적으로 고찰할 수 있지만, 이들 가운데 상당수는 이미 1910년대 이전에 이루어진 것으로 보인다. 이는 1900년을 전후하여 간행되는 신문, 잡지, 성경 관련 문헌 등에서도 어느 정도 가늠할 수 있다. 따라서 갑오경장부터 시작한 현대 한국어는 1910년까지를 제1기로 볼 수 있다. 제1기는 근대 한국어와 차이를 많이 갖는 현대 한국어의 새로운 기반이 형성되는 시기인 것이다.

 1910년대 이후 광복을 맞는 1945년까지는 현대 한국어의 제2기로, 우리말이 한국어의 지위를 잃고 일상생활에서의 공용어를 간신히 유지하는 수난의 일제 강점기이다. 제1기에서 시작된 현대 한국어로서의 전환기적인 변화는 이 기간 중에도 계속된다. 특히 이 기간 중에는 일본어의 영향이 두드러질 수밖에 없다. 앞서 언급하였던 1896년 채록 음원 외에 1914년 베를린에서 녹음한 음원이 있지만, 이들과 같은 노래가 아닌 일반 음성 녹음 자료를 아주 적게나마 현재 접할 수 있는 최초의 시기는 1920년대인데, 이를 잘 활용하면 문어와 더불어 구어의 실태를 조금 더 실증하면서 당시의 우리말을 연구할 수 있다. 현전하는 음성 자료는 후대로 오면서 조금씩 늘어나고 있다. 본고에서는 '20세기 초'를 논의하므로 이러한 제2기 가운데 전반부만을 고찰 대상으로 하는데, 이를 위해 전·후기 사이에서 우리말 실현 양상의 차이를 분간하게 될 것이다.

## 3. 20세기 초 한국어 문법의 언어사적 경향성

 중부에서도 이미 구개음화가 후기 근대 한국어에서 일어난 뒤에, 자음 체계는 19세기에서부터 오늘에 이르기까지 변화가 없다. 따라서 20세기 초(이하 '이 시기') 역시 자음 체계는 오늘날과 같다. 그러나 모음 체계에는 이 시기에 큰 변화를 겪었다. 전설계 /에/와 /애/가 이미 확실하게 자리를 잡아 19세기 말까지 8모음 체계를 보이다가, 20세기에 들어서며 중부를 포함하는 여러 지역 방언권에서 전설계 단모음 '외, 위'의 생성으로 10모음 체계에 이르렀다.5) 그러나 20세기 전기를 지낸 이후 다시 급격히 '외, 위'가 이중모음화하고 이어 '에, 애'가 합음되는 변화를 겪어, 오늘날 중부 지방은 7모음 체계를 보인다는 해석이 일반적이다.

  이 시기에 나타나는 음운 변화로는 된소리와 거센소리의 확대, 모음조화의 파괴, 고모음화, 전설모음화, 단모음화, 두음법칙 등을 꼽을 수 있다. 일정한 음운 변동 조건이 아닌 환경에서도 된소리나 거센소리가 느는 것은 현대 한국어에서 일어나는 음운 변화의 특징 가운데 하나인데, 이 시기에도 이러한 현상들이 나타났다(예: 곳>꽃[花]). 아래아(·)의 음가가 소실되면서 문자 표기로만 보수적으로 남아, 문법소가 양성 모음과 음성 모음이 이형태로 존재하는 경우가 많았다. 이들은 19세기부터 대개 음성 모음으로 단일화하는 경향을 보여 왔는데, 20세기에 들어 현저하게 나타나 모음조화가 파괴되는 결과를 낳았다. 이러한 모음조화 파괴는 고모음화에 의해서도 나타나, '도로>도루, 어른>으른' 등과 같이 어휘소 안에서도 일어나는 것이다. 전설모음화는 고모음화와 더불어 중부 방언에서 많이 나타났다. '더럽다>디럽다/드럽다, 너[汝]>니/느, 예쁘다>이쁘다'와 같이 형태소 내에서 일어나기도 하고, 'ㅣ' 모음을 전후하여 동화작용이 일어나 '난쟁이(<난장이)' 등으로 실현되기도 하였다. 단모음화 현상(예: 이계>이제)과 두음법칙(예: 로인>노인)은 20세기 초에 본격적으로 나타나기 시작하지만, 이 변화는 20세기 중엽까지 계속되었다. 모음

---

5) 여기에는 다른 견해들이 많아 앞으로 좀더 연구가 필요하다.

조화의 파괴나 경음화, 격음화는 근대 한국어 후기부터 나타나 20세기에 들어 더욱 늘어나는 경향성을 가졌다.

근대 전환기를 맞아 우리말은 우리글로 표현하고자 하는 노력이 전면적으로 나타났다. 이미 순한글로 「ᄉᆞ민필지」(1889)가 간행되었고 순한글 신문 <독립신문>(1896)도 나왔지만 개화 지식인들은 대부분 국한 혼용문의 글을 발표하였다. 아직 한문으로 글을 읽고 쓰는 유학자들도 많았지만, 유길준의 「서유견문」(1895)를 시작으로 갑오경장 이후 십수 년간 발간되던 신식 교과서들이 대부분 국한 혼용문으로 나왔다. 신문 잡지들에서도 소설류는 한글만을 쓰기도 하였지만 신문 기사나 논설 등은 국한문이 주를 이루었다. 그러나 「서유견문」 등에서 보인 당시의 국한문은 15세기 언해서에서 쓴 전통적인 국한문인 '한자어 국한문체'에 오히려 못 미치는 '한문구 국한문체'나 '한문어 국한문체'가 많았다.6) 이전까지 한문 문자생활에 익숙하였던 지식인들은 새로이 국한 혼용문을 쓴다고 해도 한문을 구절이나 단어 난위로 끊어 한글로 도를 디는 수준의 현토식 표현이 덜 부담스러웠을 것이다. 우리말 표현이 제대로 이루어지고 언문일치에 비교적 가까워지는 한자어 국한문체는 1910년을 전후하여 주로 문인들이 주도하면서 1920년대 이후에 일반적인 한국어 표현 체계로 자리를 잡아갈 수 있었다.

이미 19세기부터 체언류는 분철 표기가 대부분 지켜져 명사와 조사가 분별되었지만, 용언류는 대개 연철이 많아 어간과 어미의 분리성이 상대적으로 적음을 보였다. 20세기 초에는 체언류나 용언류 등 대부분이 분

---

6) '한자어 국한문체'는 이미 우리말이 된 한자어만을 한자로 표기한 국한 혼용문이지만, '한문구 국한문체'와 '한문어 국한문체'는 우리말이 될 수 없는 한문구나 한문 단어를 한자로 표기한 국한 혼용문을 말한다. 이들 가운데 한자어 국한문체만이 전통적이고 정당한 우리말 국한 혼용문이며, 이는 오늘날에도 쓰이고 있다. 자세한 내용은 홍종선(1996)을 참고할 수 있다.

철 표기를 보였지만, 아직 용언의 활용형에서는 선행 어간 말음이 연철되는 경우가 적지 않았다. 특히 단음절인 몇 가지 명사 단어에서는 연철 표기가 계속되었는데, 예를 들어 '깃'[羽]이나 의존 명사 '것'은 뒤에 모음으로 시작하는 조사가 결합하면 'ㅅ'이 거의 중철 또는 연철되어 쓰이고, '잇-'[在, 有]은 주로 중철을 보였다. 겹받침이 나오면 주로 연철을 하여 종성에서는 자음의 중첩을 가급적 피하는 경향이었다. 된소리 표기로 각자 병서는 아직 별로 쓰이지 않았다.[7] 종성에는 7개 자음만 쓰이는 근대 한국어 이래의 표기가 이어졌다.

1900년대나 1910년대에는 종결형으로 아직 '-다'보다 '-라'형이 훨씬 우세하였으나, 1920년대로 들면서 '-다'형이 대폭 늘었다. 1910년대에는 '-더라'가 아닌 '-앗다' 표현도 나타났다. 이러한 변화들은 신소설이나 그 이후의 소설 등 서사류 작품들이 앞서서 주도하였는데, 이들은 서사류의 글에 좀더 적합한 표현 방식이기도 하지만 언문일치 의식의 발현이라는 성격도 가졌다.[8]

아래아(·)는 이미 18세기에 음가가 소멸되었으나 표기로는 이후에도 지속되면서 표기가 줄어 갔다. '국문연구의정안'(1909)에서도 폐기를 의결하였지만 크게 효과를 거두지 못한 채 조금씩 줄어들다가 '한글마춤법통일안'(1933)으로 확실하게 시행되었다. 20세기 초에도 아래아 표기의 출현은 많이 약화되었지만 아직도 필자나 신문, 잡지에 따라 아래아를

---

[7] 이미 스코트(J. Scott)의 「언문말책」(1887), 「영한자전」(1891)이나 1890 년대의 「성경직해」, 「국한회어」(1895)에서 된소리에 각자 병서를 쓰기도 하였고, 근대 전환기에도 몇몇 연구자들은 각자 병서로 된소리를 표기할 것을 주장하였으나, 이 시기까지 된소리는 거의 ㅅ계 합용 병서로 표기되었다.

[8] 서사적 표현에서 '-라, -더라' 형이 '-다, -앗다' 형으로 바뀌는 표현 양상에 대하여 국문학에서는 표현의 근대화이며 언문일치의 실현이라고 보는 견해가 많은데, '-다, -앗다'가 곧 구어체라고 보기는 어렵고 구어적 성격을 상대적으로 더 갖는다고는 말할 수 있을 것이다.

거의 그대로 쓰기도 하였다.

　이 시기에는 19세기 말에 이어 계속 새로운 문물이 대량으로 들어오고 사회가 복잡하게 확대되면서 새로운 단어가 많이 늘어났다. 외래 어휘가 수입되거나 새로운 단어 형성도 활발해졌다. 외래 어휘는 한자어로 번역된 것이 들어오는 경우가 많고 때로는 직접 우리말로 번역하거나 음차하기도 하였다(예: 洋燈[lamp], 인그리스/인즈리스[English]). 19세기 후반에는 중국어를 통한 한자어 번역이 많았지만(예: 天國[the Kingdom of heaven]), 20세기 이후에는 일본어에서 만들어진 한자어(예: 家屋)가 늘어나고 중국어식 번역어가 일본어식 번역어로 바뀌는 예들도 많아졌다(예: 火車>汽車, 俄羅斯>露西亞). 기존의 단어가 새로운 뜻을 갖는 경우도 적지 않은데(예: 文學, 經營), 이들은 대개 일본어에서 다시 유입된 것이다. 일제 강점기에 들면서 일본어의 유입은 점점 대대적으로 이루어졌다(예: 家內[아내]).

　새로운 단어가 늘어나는 데에는 파생 접사 목록의 확대기 요구되었고(예: 선/션-, -나기/내기) 생산성을 높이는 접사들도 나타났다. 예를 들어 용언을 파생하는 활발한 접미사 '-하-'는 서구 외래어에도 결합하며, 한 음절의 한자에 '-ㅎ-'나 '-히'를 접미하여 동사나 부사를 만드는 파생(예: 發ㅎ다, 特히)이 매우 활발하였다. 이전 시대에 나타난 형용사 파생의 '-스럽-'이 다소 생산성을 늘이며(예: 슈통스럽다), -적(的), -화(化), -성(性)이 결합한 명사/관형사가 매우 생산적으로 쓰였다. 명사 파생 접미사로 아직 '-음'형이 더 많으나 '-기'의 생산력이 계속 늘어났다. 주격 조사는 음운적 조건에 따라 '이'와 '가'가 거의 확실하게 자리를 잡고, 격조사와 보조사가 결합한 형태의 합성 조사의 목록이 크게 늘어났다(예: 에서도).

높임 선어말 어미 '-시-'에 '-아/어'가 결합된 이전의 '-샤'는 '-시어'로 바뀌고, 이전 시대의 상대 높임 '-습-'은 주체 높임의 '-시-'와 결합하여 상대 높임 '-시옵/십-'으로 굳어졌다. 회상법 '-더/러-'는 '-더-'로 통일되기 시작하고, 과거 시제를 나타내는 영형태나 '-니-'는 '-앗-'으로,9) 미래 추정의 '-리-'는 '-겟-'으로의 교체가 대부분 이루어졌다. 시제 표지가 '-앗-, -는-, -겟-'으로 정립되는 것인데, 그러나 아직도 시제가 서법과 완전히 분리되었다고 보기는 어렵다. 평서형에서 아직은 '-다'보다 '-라'형이 많이 쓰이나 '-다'의 확대가 빨리 진행되었다. 인용문 표지 '-고'의 실현이 종종 있으나 이러한 표지가 없이 쓰이는 경우가 더 일반적이었다.

통사 부문에서는 몇 가지에서 확연한 차이를 보인다. 고대 한국어 이후 중세와 근대 한국어를 지나면서 서법으로부터 조금씩 분화의 길을 걸어온 시제 표현은 이 시기에 이르면 거의 독자적인 문법 범주를 이루었다. 중세 한국어에서 '-니-, -ᄂ-, -리-' 등으로 과거, 현재, 미래를 나타내던 시제 형태소들은 서법적인 기능을 함께 가지고 있었지만, 근대 한국어에 들어 형성된 '-앗-, -는-, -겟-'이라는 새로운 형태소가 정립되면서 발전해 온 결과이다. 이들은 세력을 얻어 가는 종결형 '-다'와 결합하며 새로운 문말 형태를 이루어, 20세기 초의 신소설 등에서 이전 시기의 문어에 비해 좀더 구어체에 가까운 표현을 실현하는 데에 크게 기여하였다.

근대 전환기에 나온 출판물에서 쉽게 찾을 수 있는 우리글 표현의 두드러진 특징으로, 문장의 길이가 짧아진 것을 들 수 있다. 이전 시대의 우리글은 중문과 복문이 계속 연결되는 기나긴 혼합문들이 대부분이었지만, 서구 문화의 영향으로 문장의 구조가 너무 번잡한 혼합문을 지양하

---

9) 고영근(1997) 등에서는 과거 시제 표지를 영형태소로 보고 있으나, 홍종선(2008)에서는 원칙법의 서법성을 가진 '-니-'가 과거 시제임을 밝혔다.

여 이에 따라 문장의 길이도 짧아진 것이다. 거의 등위 접속 성격을 가진 '-니'에 의해 선후행 절이 연결되는 표현 방식이 대폭 줄어든 것이 그 대표적인 현상이다. 물론 아직 긴 혼합문의 구조가 획기적으로 달라진 것은 아니고 글의 종류나 필자에 따라 차이가 크지만, 이전 시기에 비해 대부분 훨씬 간단하고 짧아졌다. 이러한 짧은 단문화의 방향성은 이후에도 계속되어 1910년대에 신소설을 지나 1920년대의 신문 잡지의 글과 소설 작품의 문장은 오늘날의 문장에 얼추 접근하였다. 이 또한 문어와 구어와의 거리를 좁히는 현상 가운데 하나이다.

높임법 표현도 점차 단순화의 방향을 보였다. 주체 높임 표현에는 큰 차이가 없지만, 근대 한국어 이래 약화되는 객체 높임은 더욱 진행되어 이젠 '께, 드리다, 뵙다, 여쭙다' 등과 같은 높임 어휘 정도가 남아 있어 오늘날 표현에 이르렀다. 주체나 객체를 높이기 위한 조사 '께셔/끠셔, 끠옵셔, 께/끠, 의긔' 등도 '께셔/끠셔, 께/끠'로 단일화해 갔다. 상대 높임은 중세 한국어의 'ᄒᆞ쇼셔, ᄒᆞ야쎠, ᄒᆞ라'의 3등급에서, 전기 근대 한국어에 'ᄒᆞ쇼셔, ᄒᆞ소, ᄒᆞ게'의 3등급이 되었고, 후기 근대 한국어에서는 여기에 새로 등장한 'ᄒᆞ오'가 더해져 4등급을 보였는데, 20세기 초 현대 한국어로 들어와서는 '하소서, 하십시오, 하오, 하게, 해라'를 가지면서 이와 별도로 '해'와 '해요'라는 일종의 반말체를 더하여 2원적 체계가 되었다. '해체'의 쓰임이 범용화하면서, 19세기에 나타난 보조사 '요'가 '해체' 종결형 아래에 결합한 '해요'형의 사용이 늘었지만 당시의 문법서에서는 대부분 이를 반영하지 않았다.[10] 20세기 후반 이후에는 '하십시오, 하세

---

10) 김희상(1909)에서는 '상대(ᄒᆞ압시오), 중대(ᄒᆞ오), 반대(반말), 반반대(ᄒᆞ게), 하대(ᄒᆞ야라)'의 화계를 설정하였고, 주시경(1910)에서는 '높음(-ㅂ니다), 같음(-오), 낮음(-다)'로 화계를 구분하였다. '해'와 '해요'가 일반 문헌에서는 많이 나타나지 않지만 당시 소설 등의 대화에서는 출현 빈도가 훨씬 높아 이미 상당한 세력을 가진 것으로 보인다.

요(하셔요), 해요, 해, 해라'라는 5개 화계가 1원적으로 실현되고 있다.[11]

이 시기의 문헌을 보면, 명사화 파생 접사에서 보이는 '-기'의 확대와 '-음'의 축소 현상이 통사 구조에서도 마찬가지로 나타났다. '-음' 명사화 내포절 표현 자리에 '-기'가 대체되기도 하지만 '~ 것' 보문화 문장이 확대되는 영향이 더 크다고 할 것이다. 이러한 현상은 이미 근대 한국어에서도 조금씩 나타나지만 20세기에 들어오면서 매우 뚜렷하게 실현되고 있는데, 이는 구어의 영향으로 해석할 수 있다. 구어에서는 이미 19세기에도 '~ 것' 보문화가 문어에 비해 매우 폭넓게 쓰인 것으로 보인다. 그 사용 분포에 제약이 많은 '-음'과 '-기'에 비해 이러한 제약이 없는 '~ 것' 보문화의 확대는 이후에도 계속되고 있다.

한국어에는 같은 문법 범주의 표현으로 형태론적인 것과 통사적인 절차에 의한 표현 형태가 공존하는 경우가 몇 가지 있다. 이른바 단형과 장형으로 불리는 것인데, 부정법, 피동, 사동 표현 등에서 나타난다. '아니 하-'와 '하지 아니 하-', '-이/히/리/기-'와 '-아 지-', '-이/히/리/기/우/구/추-'와 '-게 되-'로 실현되는 두 가지 표현 방식이 그것이다. 이들 가운데 기원적으로 오래된 형태는 단형이지만, 주로 고대 한국어의 후기부터 쓰이기 시작한 장형은 중세 한국어와 근대 한국어를 지내면서 지속적으로 세력을 넓혀 왔다. 20세기 이후에도 이러한 경향은 그대로 이어져, 단형 표현이 어색한 자리에도 장형은 크게 어색함이 없이 사용되었다. 예를 들어 형용사의 부정 표현이 근대 한국어에서는 단형과 장형이 모두 가능하였지만 20세기 초에는 단형은 제약되고 주로 장형으로 실현되었다. 피

---

11) '하세요/하셔요'에는 주체 높임의 '-시-'가 있어 상대 높임의 화계로 설정하기 어렵다고 볼 수도 있다. 그러나 명령형에서 주체 높임은 곧 상대 높임으로 받아들여지므로, 매우 널리 사용되는 '하세요체'를 설정할 수 있다고 본다. '하게, 하오'는 이제 극히 일부에서 사용되고 있으므로 기본 화계에서 제외하였다. 이른바 격식체와 비격식체 구분은 오늘날 실제로 언어 현실에서 거의 분별이 없다.

동과 사동 표현에서는 단형의 경우 어휘에 따라 그가 취하는 접미사가 배타적으로 선택되고 때로는 단형 구성이 불가능하기도 하지만 장형으로는 이러한 제약이 별로 없다. 따라서 이들 부정법, 피동, 사동 표현에서 표현 제약이 현저히 적은 장형의 사용이 계속 늘어나는 것이다. 이는 명사화 '-음, -기'가 사용상 제약이 많아 확대에 한계가 있지만 이러한 제약이 없는 '~ 것' 보문화가 명사화를 대체하는 것과 같은 맥락이라고 할 것이다.

중세 한국어에서 복잡하지만 정연한 체계를 보이던 의문문 표현이 근대 한국어에 들면서 2인칭 어미만 달리하던 형태가 없어지는 등 단순화가 시작되고, 내용 의문과 판정 의문의 구별도 약화된다. 현대 한국어에서는 이러한 구별들이 더욱 중화되어 단순화를 더한다. 이처럼 의문문이나 높임법, 피동, 사동, 부정법 등의 표현에서 보듯이 중세 한국어에서 근대 한국어를 거쳐 현대 한국어로 오면서 문법 체계는 점차로 단순화의 길을 걸어왔다고 말할 수 있다.

20세기 초는 국내에서 일본의 세력이 강한 시기이다. 이에 따라 일본어의 영향은 어휘 차원을 넘어 통사적인 부문에까지 미치었고, 이 외에 서구어의 영향도 직·간접적으로 나타났다. 피동이나 사동 표현이 늘어나고, 인칭 대명사의 종류나 쓰임이 늘어난다. 비인칭 대명사가 주어로 쓰인다든가, 반복되는 명사를 대명사화하거나 재귀사로 받는 등의 용법은 일본어를 통한 서양어의 영향으로 보인다.

## 4. 마무리

20세기 초는 주변 국가들을 포함하여 국내외에서 근대화의 기류가 역동적으로 작용하던 시기이다. 우리나라도 19세기 중·후반부터 불어온 근대화의 물결에 대해 내적인 반응이 다양하게 나타나던 시기다. 한국어에서도 이러한 반응이 나타나 19세기 말에는 '현대 한국어'로 진입하게 된다고 말할 수 있다. 그러나 '현대 한국어'의 시기 설정에 관해서 학계의 견해가 엇갈리며, 현대 한국어학 연구 가운데 대다수에서는 '현대 한국어'의 개념이나 범위 등에 대하여 모호한 상태에서 논의를 하고 있다.

20세기 초의 현대 한국어는 문법 현상을 비교적 단순화하려는 경향을 크게 나타낸다. 이미 중세 한국어에 비해 의문문 유형과 높임법 표현의 단순화를 경험한 근대 한국어 이래로, 현대 한국어에서는 이들의 단순화를 더 진행하거나 확정한다. 명사화 내포 표현 '-음'과 '-기'형 대신에 '~것' 보문화가 늘어나고, 여러 개의 중문을 포함하는 기나긴 혼합문을 지양하고 짧고 단순한 문장으로 발전해 간다. 또한 부정법, 피동, 사동 표현에서도 출현 환경에 제약이 많은 형태론적인 표현보다 제약이 거의 없는 통사적 절차의 표현이 늘어난다.

20세기 초에는, 한문 중심이던 사대부들의 문자 언어가 국한문 혼용으로 바뀌어 감에 따라 언문일치, 즉 문어가 구어에 가까워지는 대장정도 점차 시작되고 표기법의 통일화 인식도 나타난다. 그러나 이러한 시도들이 더 발전하기 전에 일제의 강점으로 한국어에 일본어의 영향이나 유입이 크게 일어나는 시기이기도 하다.

20세기 초를 포함한 근대 전환기의 한국어에 대하여 한국어학계는 그동안 너무나 관심과 조명이 적었다. 정치나 사회, 문화 등에서 격변기였던 이 시기는 그만큼이나 우리말에서도 변화가 많아, 이에 대한 세밀한 연구가 요구된다. 오늘날 한국어에 바로 앞서는 근대 전환기의 우리말을 충실히 연구한 내용을 기반으로 하여야 오늘의 우리말을 올바로 이해할 수 있는 것이다.

■ 참고 문헌

국립국어연구원(1999), 『국어의 시대별 변천 연구 4 -개화기 국어-』, 국립국어연구원.
권재일(2005), 『20세기 초기 국어의 문법』, 서울대학교출판부.
김동언(1998), 『'뎐로력뎡'과 개화기국어』, 한국문화사.
김상돈(1984), 「국어사의 시대구분론」, 『논문집』(부산외국어대학) 2, 457~472.
김석득(1986), 「개화기의 국어 연구」, 『국어생활』(국어연구소) 4, 93~109.
김영황(1978), 「조선민족어 발전력사 연구」 과학백과사전출판사, (탑출판사 영인(1989)).
김형규(1962), 『증보 국어사연구』, 일조각.
김형철(1997), 『개화기 국어 연구』, 경남대 출판부.
김희상(1909), 『초등국어어전』, 유일서관.
류렬(1990, 1992, 2005), 『조선말력사』 1-7, 사회과학출판사.
민현식(1994), 「개화기 국어 문체 연구」, 『국어국문학』(국어국문학회) 111, 37~61.
박병채(1989), 『국어발달사』, 세영사.
배연형·석지훈(2015), 「20세기 초 유성기 음반 녹음 연구」, 『한국음악연구』(한국국악학회) 58, 7~72.
안병호(1983), 『조선어발달사』, 료녕인민출판사.
안예리(2015), 「신소설 표기에 반영된 문법단위의 인식」, 『한민족어문학』(한민족어문학회) 69, 287~316.
유혜원(2015), 「20세기 전기 구어 자료의 격조사 실현 양상에 대한 연구」, 『우리어문연구』(우리어문학회) 53, 399~429.
이경우(1998), 『최근세 국어 경어법 연구』, 태학사.
이기문(1961), 『국어사개설』, 민중서관.
이병근(1986), 「개화기의 어문 정책과 표기법 문제」, 『국어생활』(국어연구소) 4, 24~45.
이석주(1994), 「현대 국어 문자 생활의 변천」, 『어문연구』(한국어문교육연구회) 84, 565~593.

이진호(2009), 「현대국어의 음운사적 고찰」, 『국어사연구』(국어사학회) 9, 123~150.
이현희(1994), 「19세기 국어의 문법사적 고찰」, 『한국문화』(서울대 규장각 한국학연구원) 15, 57~81.
정길남(1996), 「개화기 교과서의 종결어미 연구」, 『한국초등교육』(서울교대 초등교육연구소) 8-1(19), 93~112.
정길남(2002), 『개화기 신소설의 우리말 연구』, 한국문화사.
정수희(2012), 『개화기 국어의 표기와 음운체계』, 이화여대 박사논문.
정창관(2009), 「한민족 최초의 녹음, 우리가 찾아와야 할 6개의 에디슨 원통형 실린더 음반」, 『한국음반학』(한국고음반연구회) 19, 165~170.
주시경(2010), 『대한문전』(「역대한국문법대계」 1-2).
차재은(2007), 「20세기 초의 한국어 모음 체계」, 『한국어학』(한국어학회) 37, 361~396.
최동주(2002), 「후기 근대국어의 시상체계에 관한 연구」, 『언어』(한국언어학회) 27-3, 507~534.
허재영(2011), 「국어사에서 근대 계몽기의 설정과 사전 편찬의 필요성」, 『한국사전학』(한국사전학회) 17, 267~288.
홍윤표(1994), 「국어사의 시대구분」, 『한국학연구』(단국대 한국학연구소)1, 131~142.
홍윤표(2007), 「최근세 국어 문법의 연구」, 한국연구재단 연구결과보고서.
홍종선(1996), 「개화기 시대 문장의 문체 연구」, 『국어국문학』(국어국문학회) 117, 33~58.
홍종선(2008), 「국어의 시제 형태소 체계와 그 기능 변이」, 『한글』(한글학회) 282, 5~32.
홍종선(2009), 「20세기 국어 문법의 통시적 변화」, 『국어국문학』(국어국문학회) 152, 35~61.
홍종선 외(2000), 『현대 국어의 형성과 변천』(1,2,3), 박이정.
河野六郞(1955), 『世界言語槪說(下)』 "朝鮮語", 東京: 硏究社.

# 구어 연구와 운율: 소리를 담은 의미 · 통사론, 의미를 담은 음성학 · 음운론 연구를 위한 제언

신지영

## 1. 구어와 문어, 그리고 운율

구어와 문어의 가장 큰 차이는 전달 매체에 있다. 구어는 음성을 매체로 청각 채널을 통해 전달되는 반면에 문어는 문자를 매체로 시각 채널을 통해 전달된다[1]. 그래서 구어는 분절음적 측면과 함께 다양한 운율적 측면을 갖는다. 이에 비해 문어, 특히 음소 문자를 기반으로 한 문자 언어는 음성 언어가 가진 소리의 특성 중에서 분절음적 요소를 주로 시각화하는 것이 일반적이다. 문어에는 구어에 존재하는 운율적 요소의 다양한 측면이 충분히 반영되지 못한다. 문어에 부분적으로 반영되는 운율적 요소는 문장 부호를 통해 매우 제한적인 방법으로 범주화되는 것이 일반적이다[2].

---

[1] 이 글에서 구어는 음성 언어와, 문어는 문자 언어와 같은 의미를 가진 용어로 사용될 것이다.
[2] 마침표, 물음표, 느낌표 등의 문장 부호는 문장의 종결법과 관련된 운율적 요소를 일부 반영

또, 동일한 언어 사용자이지만 구어의 산출자로서 화자는 발화의 산출 시 '호흡'이라는 생리적인 한계를 갖게 되며, 즉각적으로 이루어지는 만큼 자기 점검의 범위가 좁을 수밖에 없다. 한편, 구어의 수용자로서 청자는 발화의 지각에서 '기억'이라는 인지적인 한계를 갖게 되고[3] 자료의 휘발성으로 인해 듣는 동안은 앞에 나왔던 정보를 재점검할 수 없다.

문어는 구어에 비해 이러한 한계가 적고 앞에 나왔던 정보를 언제든지 다시 확인할 수 있는 만큼, 문어의 산출자(필자)와 수용자(독자)는 발화의 산출자(화자)와 수용자(청자)와는 다른 조건을 갖게 된다. 구어와 문어가 차이를 보이는 이유 중 하나도 이와 깊은 관련이 있으리라는 것은 별다른 설명이 필요 없을 것이다. 하지만 언어의 본유적 양식이 구어인 만큼, 언어는 화자와 청자의 생리적, 인지적 한계를 고려한 방향으로 발전되어 왔을 것이다. 따라서 언어 연구에서는 이러한 점들이 반드시 고려되어야 한다.

하지만 기존의 언어학 연구에서 이러한 점들이 충분히 고려되지는 않았던 것으로 보인다. 물론, 인지언어학적 연구 결과들이 일부 언어 연구자들에 영향을 주기는 했지만, 언어 연구자들, 특히 통사론과 의미론 연구자들이 구어 사용자로서의 인간을 충분히 고려하여 언어적 현상을 설명했다고 보기는 어렵다. 이는 통사론과 의미론 연구자들이 구어를 대상으로 수행한 연구가 적다는 점, 그리고 운율적 측면에 대한 고려가 적었던 점 등을 통해서도 알 수 있다. 구어를 잘 들여다보면 운율적 측면이 언어적 사실들을 설명하는 데 있어서 매우 중요하게 이용된다는 것, 그리고 그러한 운율적 측면이 화자와 청자 사이의 원활한 의사소통을 위해

---

하고, 쉼표는 쉼의 일부를 반영한다.
[3] 구어의 휘발성은 화자와 청자 모두에게 주어지는 인지적 한계이지만 특히 청자는 수용자로서 더 큰 한계를 갖게 된다.

효율적으로 부호화되어 있다는 것을 발견하게 된다.

이 글에서 필자는, 필자가 그간 구축하고 수행했던 구어 말뭉치 자료와 한국어 말소리에 관한 통계적 연구 결과가 보여 주는 음운론적, 음성학적 결과들이 어떠한 통사의미론적 함의를 갖는지에 대해 논의해 보고자 한다. 이를 통해 음운론, 음성학 연구와 통사의미론 연구 사이의 거리를 좁힘으로써 소리가 담긴 통사의미론, 의미가 담긴 음운음성학 연구의 가능성을 타진해 보고자 한다.

## 2. 구어 운율 단위의 길이, 그리고 그것이 의미하는 바

한국어 단어에는 어떤 소리들이 얼마나 자주 사용될까? 단어를 구성하고 있는 소리들의 묶음은 어떤 특징을 가질까? 또, 한국어 화자들은 발화에서 어떤 소리를 얼마나 자주 사용할까? 그 소리들은 발화에서 어떻게 묶여서 전달될까? 한국어 발화에서 관찰되는 운율 단위의 평균 길이는 어느 정도이며, 그러한 구조적인 특징을 갖게 되는 이유는 무엇일까?

이 질문에 답하는 것은 한국어 발화의 운율적인 특성을 파악하는 데 꼭 필요한 일이다. 하지만 이 질문에 답하는 것은 결코 쉬운 일은 아니다. 우선 한국어 단어를 구성하는 소리들의 운율적 특징을 알아보기 위해서는 사전에 등재된 단어의 발음형을 대상으로 그 양적인 정보를 알아보아야 한다. 그리고 한국어 발화를 구성하는 소리들의 운율적 특징을 알아보기 위해서는 한국어 화자들이 발화한 발화 자료를 일정 규모 이상 수집해야 함은 물론, 수집한 자료를 전문가가 듣고 운율 단위별로 전사해야 한다.

먼저 신지영(2010)을 통해 일부 보고된 바 있는 한국어 사전 표제어의 음운론적 통계부터 살펴보자. 신지영(2010)은 『연세한국어사전』[4])의 표제어 49,553개 중 잘못된 형, 방언형, 자모, 접사, 어미, 조사를 제외한 46,529개 단어를 분석하여 한국어 단어의 운율적 정보를 다음 [표 1]에 보인 것과 같이 정리하였다.[5])

<표 1> 한국어 단어의 어종별 음절 및 음운의 양적 정보

|  | 단어 수 | 음절 수 | 음운 수 | 음절/단어 | 음운/단어 | 음운/음절 |
|---|---|---|---|---|---|---|
| 고유어 | 11,540 | 31,070 | 71,167 | 2.7 | 6.2 | 2.3 |
| 한자어 | 24,716 | 58,234 | 142,207 | 2.4 | 5.8 | 2.4 |
| 외래어 | 1,302 | 3,690 | 7,871 | 2.8 | 6.0 | 2.1 |
| 혼종어 | 8,971 | 27,752 | 62,270 | 3.1 | 6.9 | 2.2 |
| 소계/평균 | 46,529 | 120,746 | 283,515 | 2.6 | 6.1 | 2.3 |

[표 1]에서 보듯이 한국어 단어는 평균 6.1개 음운으로 구성된 평균 2.6음절의 길이를 보이는 것으로 나타났다[6]). 한편, 어종, 즉 원어정보에 따라 단어를 구성하는 음절이나 음운의 수가 약간 달랐다. 평균 음운의 수는 한자어가 가장 작았고, 다음으로 외래어, 고유어, 복합의 순으로 증가하며, 평균 음절의 수는 한자어가 가장 작았고, 고유어, 외래어, 복합의 순으로 증가하는 것을 알 수 있다.

하지만 더 큰 차이를 보인 것은 품사별 단어의 길이였다. [표 2]는 조사를 제외한 한국어 단어의 음절 수 분포 양상을 보인 것이다. 우선 전반적

---

4) 『연세한국어사전』사전의 표제어를 연구 대상으로 삼은 이유는, 첫째 사용 빈도가 반영된 사전이라는 점, 둘째 표제어의 수가 발음형을 연구자가 일일이 검토하면서 연구를 수행할 수 있는 정도의 규모인 사전이라는 점 때문이었다.
5) 문법 형태소를 배제하기 위해서 용언의 경우는 표제어의 어간만을 연구의 대상으로 삼았다
6) 단어를 대상으로 낸 통계라서 음절보다 큰 단위의 운율 단위 통계는 무의미하다.

으로 한국어 단어는 2음절로 구성된 경우가 가장 많았고(44.5%), 3음절로 구성된 경우가 그 다음으로 많았다(40.6%). 2음절과 3음절로 구성된 단어의 비율을 합하면 전체 단어의 85.1%를 차지하는 것으로 나타나서, 2음절과 3음절 단어가 압도적인 비율을 보이고 있다는 것을 알 수 있다. 4음절 단어가 그 다음으로 많았지만 그 비율은 8.9%에 불과했다. 1음절 단어도 비율이 높지 않아서 전체 단어의 4.2%를 보일 뿐이었다.

〈표2〉 단어의 품사별 음절 수 비율(%)

|  | 명사 | 대명사 | 수사 | 동사 | 형용사 | 관형사 | 부사 | 감탄사 | 계 |
|---|---|---|---|---|---|---|---|---|---|
| 1음절 | 3.9 | 27.1 | 30.3 | 4.3 | 2.5 | 4.8 | 6.6 | 29.2 | 4.2 |
| 2음절 | 58.8 | 64.6 | 56.6 | 12.8 | 12.4 | 7.1 | 32.8 | 43.8 | 44.5 |
| 3음절 | 31.3 | 7.3 | 11.8 | 65.3 | 61.8 | 77.9 | 30.7 | 18.1 | 40.6 |
| 4음절 | 5.3 | 1.0 | 1.3 | 15.0 | 12.6 | 8.9 | 28.3 | 7.6 | 8.9 |
| 5음절 | 0.6 | - | - | 2.5 | 10.5 | 1.3 | 1.0 | 1.4 | 1.6 |
| 6음절 | 0.1 | - | - | 0.0 | 0.1 | - | 0.7 | - | 0.1 |
| 7음절 | - | - | - | 0.1 | 0.1 | - | - | - | 0.1 |
| 계 | 100.0 | 100.0 | 100.0 | 100.0 | 100.0 | 100.0 | 100.0 | 100.0 | 100.0 |

이를 품사별로 더 자세히 살펴보면 다음과 같다. 체언은 대체로 2음절이 높은 비율을 차지하는 것으로 나타났다. 그런데 명사는 1음절의 비율이 매우 낮고(3.9%) 3음절의 비율이 높았다(31.3%). 이와는 달리 대명사나 수사는 1음절의 비율이 높았고(각각 27.1%, 30.3%), 3음절 비율이 낮았다(각각 7.3%, 11.8%). 하지만 용언의 어간은 동사와 형용사 모두 3음절의 비율이 높았고(각각 65.3%, 61.8%), 2음절의 비율이 낮은 것이 특징이었다(각각 12.8%, 12.4%). 심지어 4음절의 비율이 2음절에 비해

조금 높게 나타났다. 용언의 평균 음절 수가 체언에 비해 길게 나타난 것은 파생접사의 결합을 통해 생산되는 파생어의 수가 많은 것과 유관한 것으로 보인다.

수식언인 관형사와 부사의 경우도 흥미롭다. 관형사와 부사는 수식언에 속하지만, 두 범주는 다른 유형을 보였다. 관형사의 경우 3음절의 비율이 높은 것이 특징이지만, 부사는 여타의 품사와는 달리 2음절, 3음절, 4음절이 고루 나타나는 특징을 보였다. 표에서 보듯이 부사는 2음절이 최고 빈도이기는 했지만(32.8%), 3음절과 4음절이 각각 30.7%, 28.3%였다. 한편, 관형사에 3음절어가 많은 이유는 2음절 한자어에 파생접사 '-적'이 붙은 파생어가 관형사의 대부분을 차지하기 때문이다. 관형사 918개 중에서 2음절 한자어에 파생접사 '-적'이 붙은 파생어는 710개로 전체 관형사의 77.3%를 차지했다.

감탄사 역시 2음절이 가장 높은 비율을 보이기는 했지만(43.8%), 여타의 품사에 비해 1음절의 비율이 높다(29.2%)는 것이 특기할 만하다.

사실 본격적으로 한국어 운율 단위의 길이를 알아보기 위해서는 한국어 화자들이 발화한 음성 자료를 대상으로 연구를 진행해야 한다. 이를 위해서는 우선 한국어 화자들이 발화한 충분한 양의 음성을 녹음해야 한다. 그리고 그 자료를 대상으로 음성 전사를 수행해야 한다. 그런데 단순한 음성 전사를 가지고는 한국어 운율 단위 전반에 대한 양적인 정보를 알기 어렵다. 분절음 단위의 전사만으로는 운율 단위인 음절, 음운구, 억양구, 발화 단위에 대한 양적인 정보를 알 수 없기 때문이다.

신지영 (2008ㄱ, 2008ㄴ)을 통해 보고된 바 있는 성인 자유 발화 대화 자료 말뭉치7)(이하 '성인 자유 발화'이라고 지칭)의 음성 전사 자료는

---

7) 이 말뭉치를 우리 연구팀은 성인 자유 발화이라고 부른다. 그 이후 성인 자유 발화 자료가

이러한 점들을 고려하여 음절 단위는 물론, 음운구 단위와 억양구 단위 그리고 발화 단위가 표시되어 있다. 한글로 음성 전사를 수행하였기 때문에 음절 단위에 대한 정보를 추출할 수 있었고, 음운구 단위로 띄어쓰기를 수행하여 음운구 단위를 표시하였다. 또, 억양구 단위는 경계에 사선을 넣어 표시하였고, 발화 단위는 경계에 마침표를 찍어 표시하였다. 이렇게 완성된 자료를 바탕으로 [표 3]에 보인 자료를 얻을 수 있었다.

<표 3> 대화 자료(성인 자유 발화)의 운율 단위 통계

|  |  |  |
|---|---|---|
|  | 발화자 수(남, 여) | 57(28, 29) |
|  | 어절 수 | 166,892 |
|  | 발화 수 | 35,439 |
| 말뭉치 크기 | 억양구 수 | 55,927 |
|  | 음운구 수 | 122,919 |
|  | 음절 수 | 403,605 |
|  | 음운 수 | 858,512 |
|  | 억양구 수 | 1.6 |
| 발화당 | 음운구 수 | 3.5 |
|  | 음절 수 | 11.4 |
|  | 음운 수 | 24.2 |
|  | 음운구 수 | 2.2 |
| 억양구당 | 음절 수 | 7.2 |
|  | 음운 수 | 15.4 |
| 음운구당 | 음절 수 | 3.3 |
|  | 음운 수 | 7.0 |
| 음절당 | 음운 수 | 2.1 |

몇 개 더 수집되었기 때문이다. 성인 자유 발화는 고려대학교 음성언어정보연구실의 구어 말뭉치, 줄여서 SLIL 구어 말뭉치(혹은 구어 코퍼스) 중 일부로, 지금도 지속적으로 수정보완 작업을 하고 있다.

[표 3]을 통해 알 수 있는 것처럼 한국어 발화는 대체로 1.6개의 억양구로 구성되고, 억양구는 약 2.2개의 음운구로 구성되며, 음운구는 약 3.3개의 음절로, 음절은 약 2.1개의 음운으로 구성되는 경향을 보였다. 즉, 한국어 화자들은 대체로 11.4음절 정도의 길이로 발화를 구성하고, 7.2음절 정도의 길이로 억양구를 구성하며, 3.3음절 정도로 음운구를 구성한다는 것이다.

그런데 흥미로운 사실은 표에서 관찰되는 음운구당 음운의 수가 7.0개라는 것과 억양구를 구성하는 음절의 수가 7.2개라는 점이다. 인간의 작업 기억 용량이 7±2라는 점을 고려하면 이 통계 수치는 매우 흥미롭다(Miller 1994). 억양구를 구성하는 음절 수의 평균이나, 음운구를 구성하는 음운 수의 평균이 인간의 작업 기억 용량과 유관하다는 것은 결코 우연의 일치는 아닐 것이다.

오히려 이러한 결과를 통해 우리는 이제 왜 한국어 단어들이 평균 6.1개의 음운으로 구성되고, 또 2음절 혹은 3음절로 구성되는지를 설명할 수 있게 된다. 한국어의 음운구는 대체로 어절이라는 문법 단위와 관련이 있는데, 어절은 대체로 어휘 형태소와 문법 형태소의 결합으로 이루어지는 경우가 많다. 어휘 형태소는 유형 빈도가 높고 문법 형태소는 유형 빈도가 낮기 때문에 문법 형태소보다는 어휘 형태소에 훨씬 더 많은 음운이 배정되어야 한다. 한국어의 문법 형태소들이 대체로 1~3개의 음운으로 구성되는 일이 많으므로 4~6개 정도의 음운이 어휘적 의미를 담당하게 될 것이다. 한국어의 음절 구조를 고려한다면 하나의 어절에서 어휘적 의미를 담당하는 부분은 2개 혹은 3개의 음절로 구성될 것이다. 한국어 단어들이 왜 2음절과 3음절에 집중될 수밖에 없는지 그 이유를 이와 같은 방법으로 설명할 수 있게 된다.

그럼 이번에는 억양구를 구성하는 음절의 수가 평균 7음절 정도라는 것이 한국어의 통사적 단위 구성에 대해 무엇을 말해 주는가를 생각해 보자. 억양구는 특징적인 경계 성조(boundary tone)와 함께 묶음의 휴지가 대체로 후행하는 운율 단위이다. 인간의 작업 기억을 고려할 때 7개 묶음이 하나의 문법 단위를 구성하는 것은 화자의 음성 신호를 청자에게 가장 잘 전달할 수 있게 하는 데 매우 유리하다. 그런데 한국어의 운율 단위 중 가장 중요한 단위는 음절이기 때문에 음절이 이때 중추적인 역할을 수행할 것이다. 따라서 억양구가 7개의 음절씩으로 묶여서 청자에게 전달되는 것은 인간의 작업 기억을 고려할 때 매우 효율적인 방법이라고 할 수 있다.

  한국어의 어절 길이를 고려한다면 7개의 음절로 구성된 억양구는 대체로 2개의 음운구로 구성될 가능성이 높다. 실제로 [표 3]에 보인 것과 같이 하나의 억양구는 평균 2.2개의 음운구로 구성된다는 점을 통해 이러한 사실을 짐작할 수 있다. 즉, 한국어는 7개 음절이 2개의 어절로 구성된 구를 구성하면서 더 상위의 문법 단위로 확장된다는 것을 알 수 있다.

  7개의 음절이 두 개의 음운구를 구성하게 된다면 두 음운구의 운율적인 구성은 어떻게 될까? 가능한 방법으로는 1/6[8], 2/5, 3/4, 4/3, 5/2, 6/1 등이 있겠지만, 가장 안정적인 구조는 3/4가 될 가능성이 높다. 뒤가 무거운 것이 앞이 무거운 것에 비해 안정적일 것이라는 점은 한국어에서 의미의 중심이 오른쪽에 있다는 것과도 연결된다. 한국어가 우핵 구조를 가진 언어라는 점을 고려한다면 뒤가 무거운 것이 앞이 무거운 것에 비해 안정적일 것이라는 사실은 쉽게 추론할 수 있다. 이는 추상적인 통사의미론적 무게가 물리적인 운율 단위의 길이로서 실현된다고 해석할 수

---

[8] 이 논문에서 사선 한 개(/)는 음운구 경계를, 사선 두 개(//)는 억양구 경계를 의미한다.

있겠다. '중요성'이라는 추상적 무게가 '길이'라는 물리적인 무게로 실현됨으로써 언어 사용자들로 하여금 쉽게 그 중요성을 지각하게 하는 효과를 거둘 수 있다.

## 3. 구어의 운율 구조와 속담의 운율 구조

발화 자료 분석을 통해 관찰된 이러한 운율 구조적 특징이 한국어 구어의 일반적인 특징이라고 할 수 있는가를 확인하기 위해서 이 연구에서는 속담의 운율적 특징을 분석해 보았다. 속담은 주로 구어적으로 존재하며 그 표현 형식이 고정된다는 특징을 갖기 때문에 기억과 산출이 쉽도록 구성될 것이기 때문이다. 즉, 속담은 한국어 화자들에게 가장 잘 기억될 수 있고 가장 쉽게 발화될 수 있는, 즉 입에 잘 붙도록 구어에 잘 맞게 설계되었을 것이다. 그간의 연구에서 속담은 주로 내용적인 측면에서 분석되었기 때문에 속담이 구어의 운율적 측면을 얼마나 반영하는지를 구체적으로 살펴본 경우는 없었다. 단, Kiaer·신지영(2012)에서는 목적격 조사의 실현과 비실현이 통사/화용적 이유뿐 아니라 운율적인 이유가 있음을 밝히는 과정에서 속담의 운율적인 측면이 언급된 경우는 있었다. 하지만 해당 연구에서도 속담이 보이는 운율적 측면이 발화 자료에서 관찰되는 운율적 측면과 어떻게 대비되는가에 대해서는 논의되지 않았다.

이에 본 연구에서는 많이 쓰이는 속담의 운율을 분석해 보았다. 그리고 속담의 운율 분석 결과를 대화 자료에서 관찰된 한국어 화자들의 발화 자료 분석 결과와 비교해 보았다. 이를 위해 속담 446개의 운율을 분석하였다. 분석 대상이 된 속담 자료는 초등학생 교육용으로 수집된

1,124개의 속담 중9) 일부이다. 이들은 1,124개 속담 중『고려대 한국어대사전』에서 초급과 중급으로 분류된 속담이다. 이들을 분석 대상으로 선택한 이유는 다음과 같다. 속담의 운율 분석은 시간과 노력이 많이 필요한 작업인 만큼, 빈도가 낮은 고급 범주의 속담을 굳이 연구 대상에 포함시킬 필요가 없다고 판단하였기 때문이다.

이렇게 추려진 446개 속담의 최종 형태는 초등학생 교육용 수집 자료, 『고려대 한국어대사전』, 그리고 『표준국어대사전』을 참고하여 세 자료 중 두 자료 이상 일치하는 것을 따랐다. 속담은 입말로만 존재하는 특성 때문에 사용 빈도를 알기 어렵고 표준 형식을 결정하기 어렵다는 문제를 보완하기 위해 이러한 절차를 거쳐서 연구 대상을 결정하였다.

이러한 과정으로 최종 형태가 결정된 446개 속담을 대상으로 예상되는 운율 단위를 연구자가 직접 구획한 후 속담의 운율 구조 통계를 산출해 보았다10). [표 4]는 446개 속담이 보여 줄 것이라 예상되는 운율 단위의 구성 빈도를 정리한 것이다. 표에서 항이 제목으로 제시된 숫자와 사선은 속담의 운율 구조를 표시한 것으로, 숫자는 음운구의 수를, 사선은 억양구의 묶음을 각각 표시한다. 예를 들어 표에서 '2'로 표시된 것은 음운구 2개가 하나의 억양구로 묶이는 구조를 가질 것으로 예측되는 속담의 경우를 의미하고, '2//2'로 표시된 것은 음운구 2개가 하나의 억양구로 묶이는 구조가 2개 반복되는 구조를 가질 것으로 예측되는 속담의 경우를 의미한다11).

---

9) 이 자료는 고려대학교 민족문화연구원이 한국어대사전을 편찬하는 과정에서 수집한 자료의 일부이다. 이 자리를 빌려 연구를 위해 기꺼이 자료를 제공해 준 민족문화연구원에 감사의 마음을 표한다.
10) 운율 단위의 형성은 수의적인 부분이 분명히 존재한다. 발화자나 발화 스타일에 따라서 운율 단위의 형성이 달라질 수 있다. 이 연구에서 필자는 보통 발화 속도에서 필자가 직접 해당 속담을 발화하였을 때 산출하는 운율 단위를 기준으로 삼았다.

<표 4> 속담의 운율 구조(첫 줄에 보인 숫자= 음운구 수, // = 억양구 경계. 자세한 것은 본문 참조)

|  | 2 | 3 | 4 | 1//1 | 1//2 | 1//3 | 2//2 | 2//3 | 3//2 | 3//3 | 1//2//2 | 계 |
|---|---|---|---|---|---|---|---|---|---|---|---|---|
| 빈도 | 173 | 58 | 1 | 4 | 59 | 13 | 110 | 13 | 3 | 10 | 2 | 446 |
| 비율 | 38.8 | 13.0 | 0.2 | 0.9 | 13.2 | 2.9 | 24.7 | 2.9 | 0.7 | 2.2 | 0.4 | 100.0 |

표에서 보듯이 속담의 운율 구조는 음운구 2개로 구성된 2형과 2개의 억양구가 각각 2개의 음운구로 구성된 2//2형이 압도적이었다. 두 구조의 출현 비율을 합하면 63.5%나 되었다. 그 다음으로 빈도가 높은 1//2형(2개의 억양구가 각각 1개의 음운구와 2개의 음운구로 구성)과 3형(1개의 억양구가 음운구 3개로 구성)을 합하면 총 89.7%였다. 이를 통해 한국어 구어의 가장 기본적인 운율, 즉 입에 가장 잘 붙는 운율 유형은 2, 2//2, 1//2, 3의 구조를 갖는 것으로 짐작해 볼 수 있다.

한편, [표 4]의 통계 결과는 한국어의 통사 구조를 고려할 때 앞에 비해 뒤가 더 무거울 것이라는 점 또한 잘 보여 준다. 앞의 억양구에 비해 뒤의 억양구가 더 가벼운 경우, 즉 앞 억양구의 음운구 수가 뒤 억양구의 음운구 수보다 큰 경우는 3//2 유형이 유일한데, 그 예는 446개의 속담 중에서 3개에 불과했다[12].

속담의 운율적 특징을 분석한 이 결과를 앞서 살펴보았던 자유 발화의 통계와 비교해 보면 매우 흥미롭다. 독자들의 편의를 위해 [표 3]에 보였

---

11) 표에 제시된 '2'의 예로는 '가난도/ 스승이다'를 들 수 있고, '2//2'의 예로는 '가는 말이/ 고와야// 오는 말이/ 곱다'를 들 수 있다.
12) '3//2' 유형으로 분류되는 3개의 예는 '먹지도/ 못하는/ 제사에// 절만/ 죽도록 한다', '떡 줄 사람은/ 생각하지도/ 않는데// 김칫국부터/ 마신다', '콩으로/ 메주를/ 쑨다 하여도// 곧이 듣지/ 않는다'이다.

던 통계 결과 중에서 운율 단위 통계만을 발췌하여 [표 5]에 다시 제시하였다. 한국어 대화 자료의 운율 통계 분석 결과를 통해 한국어 화자들은 하나의 억양구를 평균 7.2개의 음절로 구성하고, 하나의 발화를 1.6개의 억양구로 구성한다는 것을 알았다. 그리고 하나의 억양구를 대체로 2.2개의 음운구로 구성하는데, 이 억양구를 구성하는 7개의 음절은 한국어의 문법 구조를 고려할 때 뒤가 무거운 구조를 가지는 것이 안정적일 것이므로 첫 번째 음운구를 대체로 3음절로, 두 번째 음운구를 대체로 4음절로 구성할 가능성이 높을 것으로 예측하였다.

<표 5> 대화 자료(성인 자유 발화)와 속담 자료의 운율 단위 통계 결과 비교

|  |  | 대화 자료 | 속담 자료 |
|---|---|---|---|
| 발화당 | 억양구 | 1.6 | 1.5 |
|  | 음운구 | 3.5 | 3.5 |
|  | 음절 | 11.4 | 10.7 |
| 억양구당 | 음운구 | 2.2 | 2.1 |
|  | 음절 | 7.2 | 7.2 |
| 음운구당 | 음절 | 3.3 | 3.5 |

그런데 이와 같은 통계 결과는 [표 5]에서 보듯이 속담 자료에서도 거의 동일하게 관찰되었다. 속담 자료 역시 하나의 속담이 대체로 1.5개의 억양구와 3.5개의 음운구와 10.7음절로 구성되는 것으로 나타났다. 또 하나의 억양구는 2.1개의 음운구와 7.2음절로 구성되며 음운구당 평균 음절 수는 3.5음절인 것으로 나타났다. [표 5]에 보인 통계 결과는, 대화 자료와 속담 자료가 놀랄 만큼 일치하는 운율 단위 평균 수치를 보인다는 점에서 주목할 만다. 즉, 대화의 최적 운율 구조가 속담에도 투영되어

있다는 것을 말해 준다.13)

또, 하나의 발화를 구성하는 억양구의 수가 1.5개이며 음운구의 수가 3.5개라는 사실, 그리고 하나의 억양구를 구성하는 음운구가 평균 2.2개라는 사실은 [표 4]에 보인 결과와도 잘 맞아떨어진다. 고빈도 유형이 2, 2//2, 1//2, 3이라는 것은 억양구의 수가 평균 1.5개라는 사실과 관련지을 수 있다. 또 하나의 속담이 평균 3.5개의 음운구를 갖는다는 것은 고빈도 속담 유형 중 2//2, 1//2, 3이 존재한다는 것과 유관하다. 또 하나의 억양구가 평균 2.2개의 음운구로 구성되어 있다는 것은 고빈도 유형 중 3형을 제외하고는 2형, 2//2형, 1//2형의 기본이 모두 음운구 2개로 구성된 억양구라는 사실을 통해 짐작할 수 있다.

이러한 연구 결과는 Kiaer·신지영(2012)에 보인 다음의 예에서 목적격 조사의 실현과 생략이 어떠한 운율적 이유에서 비롯되는지를 잘 설명해 준다. (1)과 (2)에 보인 속담 중 (1)은 2//2의 구조를 안정적으로 가져가기 위해 목적격 조사 실현형이 고정된 경우이고, (2)는 2//2 혹은 2의 구조를 안정화하기 위해 목적격 조사 생략형이 고정된 경우라고 설명할 수 있다. 운율적 해석이 고려되지 않는다면 속담에서 관찰되는 이러한 차이를 설명하기는 어려울 것이다.

(1) a. 하늘을/ 보아야// 별을/ 따지//
　　b. 장구를/ 쳐야// 춤을/ 추지//
　　c. 태산을/ 넘으면// 평지를/ 본다//
　　d. 하나를/ 보고// 열을/ 안다//

---

13) 속담은 물론, 관용어나 표어, 또는 성공적인 책의 제목이나 광고 카피 등 사람들의 입에 오르내리는 과정에서 입에 붙게 된 말들의 운율을 분석해 보는 것도 한국어에 대한 흥미로운 이야깃거리를 줄 것이다. 잘 읽히는 책이나 잘 들리는 말, 암송이 쉬운 시나 널리 애송되는 시들의 운율을 분석해 보는 것 또한 흥미로운 과제가 될 것이다.

e. 우물을/ 파도// 한 우물을/ 파라//
f. 자식을/ 길러 봐야// 부모 은공을/ 안다//
(Kiaer·신지영, 2012: 349쪽 (34))

(2) a. 콩 심은 데/ 콩 나고// 팥 심은 데/ 팥 난다//
b. 꿀 먹은/ 벙어리요// 침 먹은/ 지네라//
c. 하늘 보고/ 침 뱉기//
d. 장대로/ 하늘 재기//
e. 손으로/ 하늘 찌르기//
f. 하늘 보고/ 주먹질한다//
(Kiaer·신지영, 2012: 350쪽 (35))

## 4. 부정문의 중의성과 중의성 해소 전략, 그리고 부정 표현의 비대칭성

의미론 연구자들이 관심을 보이는 영역 중 하나가 중의성 문제다. 특히, 부정문이 보이는 의미의 중의성 문제는 다양한 측면에서 논의되어 왔다. 다음 (3)에 보인 문장들은 여러 의미론 개론서 혹은 연구 논저들에서 자주 거론되는 부정의 중의성과 관련된 예문들이다.

(3) a. 인호는 어제 오후에 한강 백사장에서 고향의 친구들과 배드민턴을 치지 않았다. (박영순 2004, 116쪽)
ㄱ. 인호가 어제 오후에 고향 친구들과 배드민턴을 친 곳은 한강 백사장이 아니었다.
ㄴ. 준호가 어제 한강 백사장에서[14] 고향 친구들과 배드민턴을 친 것은 오후가 아니었다.

---

14) 박영순(2004)에는 '한강 가족 공원에서'으로 되어 있으나, 명백한 오자로 볼 수 있는 만큼 수정하여 제시하였다.

ㄷ. 준호가 어제 오후 한강 백사장에서 친구들과 친 것은 배드민턴이
  아니었다.
ㄹ. 준호가 어제 오후 한강 백사장에서 함께 배드민턴을 친 사람들은
  고향 친구들이 아니었다.
b. 아이가 집에 가지 않았다. (윤평현 2013, 246쪽)
ㄱ. 집에 간 사람은 아이가 아니다.
ㄴ. 아이가 간 곳은 집이 아니다.
ㄷ. 아이가 집에 간 것은 아니다.
c. 몸이 아파서 오지 않았어요. (남승호 1999, 220쪽)
ㄱ. 오지 못한 이유가 몸이 아파서이다.
ㄴ. 온 이유가 몸이 아파서는 아니다.

하지만 (3)에 제시되어 있는 문장의 중의성을 일반 화자들은 잘 인식하지 못한다. 만약 담화 맥락이 주어지지 않은 상황에서 모국어 화자들에게 위의 문장을 제시하고 이 문장이 의미하는 바가 무엇인가를 묻는다면 이 문장이 중의적으로 해석된다고 대답하는 사람은 거의 없을 것이다. 더욱이 이 문장이 사실은 이런저런 다른 뜻도 있다고 설명한다면 조금 억지를 부리는 사람이라고 핀잔을 받게 될지도 모른다. 논리적으로야 그렇게 해석될 수도 있겠지만, 그런 의미라면 누가 그렇게 말하겠냐고 말이다. 특히, (2)의 a, b 문장이 각각 네 가지, 세 가지 의미로 해석될 수 있다는 것이 모국어 화자들의 직관에 잘 와 닿지 않는다.

그런데 (3 c)의 경우는 글로 봤을 때는 선호되는 한 가지 해석에 고정되어 중의성을 전혀 알지 못하다가, 서로 다른 운율로 실현된 발화를 들려주면 서로 다른 두 가지 의미를 쉽게 인식한다. 즉, '몸이 아파서 오지 않았어요'를 '몸이/ 아파서// 오지/ 않았어요'와 같이 발화하는 경우에는 (3 c ㄱ)과 같이 해석하는 반면에 '몸이(/) 아파서 오지// 않았어요'와 같이 발화하는 경우에는 (3 c ㄴ)과 같이 해석할 것이다. 물론, 후자의 경우

보통은 '몸이(/) 아파서 오진// 않았어요'와 같이 보조사 {는}을 붙여 발화하는 것이 훨씬 자연스럽기는 하다.

우리는 여기서 두 가지 의문을 갖게 된다. 첫째, 운율적 차이에 의해 서로 다른 언어학적 의미가 초래되었다면 그 두 문장은 서로 다른 문장으로 보아야 하는가, 한 문장의 중의적인 해석으로 보아야 하는 것인가? 둘째, 왜 (3 c)의 경우에 보조사 {는}이 붙게 되면서 중의성이 더 이상 생기지 않는 것일까?

운율적 차이를 갖는 두 발화가 서로 다른 언어학적 의미를 갖게 된다면 그것은 명백히 서로 다른 발화(문장)로 보아야 할 것이다. 따라서 '몸이/ 아파서// 오지/ 않았어요'와 '몸이(/) 아파서 오진// 않았어요'는 서로 다른 발화(문장)로 인정해야 한다. 중의적이라는 것은 동일한 조건에서 두 가지 해석이 가능하다는 것을 의미하는데 이 두 발화는 동일한 조건으로 간주될 수 없기 때문이다. 만약 이 발화가 중의적이라면 '밥 먹어요.'와 '빕 먹이요?'로 구분되는 두 발화도 '밥 먹어요'라는 문장의 중의적인 두 가지 해석이라고 해야 할 것이다. 문어 중심의, 운율을 고려하지 않은 의미론 연구의 문제가 부정문의 중의성을 비롯한 문장의 중의성과 관련된 문제를 다시 생각해 보게 한다.

구어는 문어와는 달리 운율을 가지고 있기 때문에 운율에 의해 대부분의 중의성이 해소되는 방향으로 발화가 이루어지는 경향이 있는 것으로 보인다. 장형 부정의 영향권은 운율에 따라서 선행하는 용언이 될 수도 있고, 선행하는 명제 전체가 될 수도 있다. 따라서 화자는 부정의 영역을 어떻게 가져갈 것인가를 계산하여 선행하는 용언(앞의 예에서는 '오다')를 부정할 것인지, 혹은 선행하는 명제(앞의 예에서는 '몸이 아파서 오다') 전체를 부정할 것인지 결정하게 되고, 그 결정에 맞춰 연결어미 사이의 거리를 운율로 표시하면서 발화를 수행한다. 또, 그 발화를 듣는 청자는 분절음뿐만 아니라 운율적 정보에 바탕을 두고 화자가 전달하려고 하는 발화의 의미를 파악하게 되는 것이다.

요약하면, 장형 부정은 그 특성상 선행 용언을 부정할 수도, 선행 명제 전체를 부정할 수도 있다. 그런데 그 둘의 차이는 서로 다른 운율적 구조를 통해 쉽게 표현될 수 있기 때문에 구어에서는 화자의 의도가 청자에게 오해 없이 전달될 수 있다는 것이다.

그럼 이제 두 번째 문제, 즉 보조사 {는}이 왜 붙게 되는지에 대해 생각해 보자. 앞서 논의했듯이 연결어미들은 절의 종결을 나타내는 형태 표지인데, 이들은 다양한 운율적 표지들과 결합함으로써 후행하는 요소들과의 문법적 긴밀성 정도를 나타낸다. '몸이 아파서 오지 않았어요'에서 부정의 영역이 선행 용언, 즉 '오지'인 경우에는 '오지'와 '않았어요' 사이를 끊어 주는 장치가 필요 없다. 하지만 부정의 영역이 선행하는 명제 전체인 경우에는 '않다'와 이에 선행하는 용언 사이의 거리를 최대한 확보해야 한다. 그러기 위해 선행하는 용언이 선행 명제의 일부로 묶일 수 있는 운율 구조를 가지고 발화해야 하고, 이를 위해 운율적 분리를 쉽게 초래하는 형태 표지인 보조사 {는}을 선행 용언에 붙여 주게 되는 것이다. 보조사 {는}은 운율적으로 후행 요소와 거리를 쉽게 확보할 수 있게 해 주는 문법적 표지이기 때문이다. 일반적으로 보조사 {는} 뒤에서 억양구 경계가 형성되는 것이 매우 자연스럽다는 점을 통해 이를 확인할 수 있다. 결국, 구어에서 부정문의 중의성은 단형 부정을 통해 해소되며, 장형 부정이 사용되는 경우에도 운율적 장치를 통해 해당 발화가 중의적으로 해석되지 않도록 한다.

마지막으로 장형 부정과 단형 부정이 보이는 구어와 문어에서의 분포상의 비대칭성을 구어와 문어 자료의 분석을 바탕으로 살펴보자. 구어와 문어 자료에서 관찰되는 단형 부정과 장형 부정의 분포 차이는 [표 8]에 보인 것과 같다.

<표 6> '안' 부정의 단형과 장형의 빈도(말뭉치에 대한 상세한 논의는 본문 참조)

|  | 대화 자료 | 말글 비교 실험_말하기 | 말글 비교 실험_글쓰기 |
| --- | --- | --- | --- |
| 안(단형) | 2,111 (78.2%) | 189(34.3%) | 50(10.2%) |
| -지 않(장형) | 588 (21.8%) | 362(65.7%) | 438(89.8%) |

[표 8]은 세 가지 말뭉치에서 관찰된, '안' 부정의 단형과 장형의 빈도를 보인 것이다. 표에 보인 '대화 자료'란 앞서 운율 단위 통계를 추출했던 고려대학교 음성언어정보연구실의 '성인 자유 발화' 말뭉치 분석 결과를 의미한다. '말글 비교 실험_말하기' 자료와 '말글 비교 실험_글쓰기' 자료란 같은 연구실에서 구축한 '말글 비교 실험II' 말뭉치 중 각각 말하기 부분의 말뭉치와 글쓰기 부분의 말뭉치를 분석한 결과를 의미한다. '말글 비교 실험II' 말뭉치는 구어와 문어의 비교를 위해 설계되고 수집된 말뭉치로, 남녀 총 75명(남자 37명, 여자 38명)의 화자가 동일한 주제에 대해 수행한 말하기와 글쓰기 자료를 모은 것이다. 화자들은 연구팀이 준비한 세 가지 주제(자유 주제, 동영상으로 제시된 주제, 텍스트 자료로 제시된 주제) 중 두 가지 주제에 대해 말하기와 글쓰기 과제를 수행하였다[15].

---

15) 연구팀은 그간의 연구에서 문어와 구어의 비교가 서로 너무 다른 사용역을 가진 자료를 바탕으로 이루어져 왔다는 점에 주목하여, 구어와 문어를 어느 정도 직접적으로 비교할 수 있는 말뭉치를 구축할 필요성을 느꼈다. 이에 동일한 화자가 비교 가능한 상황, 즉 유사한 사용역에서 동일한 주제에 대해 수행한 말하기와 글쓰기 자료를 수집하는 방향으로 말뭉치

표에서 보듯이 '대화 자료'와 '말글 비교 실험_말하기' 자료는 모두 구어 자료이기는 하지만, 사용역(register)에서 큰 차이를 보인다. '대화 자료'는 상호 말하기, 사적 말하기인 반면에 '말글 비교 실험_말하기' 자료는 일방적 말하기, 공적 말하기 자료이기 때문이다. 또 '말글 비교 실험_글쓰기'는 나머지 자료와는 달리 문어 자료이고, 공적 글쓰기 상황에서 수행되었다.

세 말뭉치에서 관찰되는 안 부정의 단형과 장형 실현 비율을 비교한 결과, 그 비율의 차이가 큰 것으로 나타났다. 3인 대화 자료인 '자유 발화 대화' 자료에서 단형 부정은 장형 부정에 비해 높은 비율을 타나냈다(안:-지 안 = 78.2%:21.8%). 반면에 '말글 비교 실험_글쓰기' 자료에서 관찰되는 단형 부정과 장형 부정의 실현 비율은 10.2%:89.8%로 대화 자료와 극단적인 차이를 보였다. 한편, 공적 말하기 상황에서 일방적 말하기로 수행된 '말글 비교 실험_말하기' 자료에서는 단형 부정과 장형 부정의 비율이 34.3%:65.7%인 것으로 나타났다. 이러한 결과를 통해 공적 말하기 상황에서 일방적으로 수행된 발화는 사적인 말하기 상화에서 쌍방향적으로 수행된 대화보다 장형 부정의 실현 비율이 높지만, 동일한 언어 사용자가 유사한 주제에 대해 수행한 것임에도 불구하고 글쓰기의 경우에 비해 장형 부정의 실현 비율이 낮다는 것을 알 수 있다.

이러한 비교를 통해 우리는 첫째, 구어는 문어에 비해 단형 부정의 비

---

를 설계하였다. 말글 비교 실험 말뭉치는 모두 두 차례 구축하였는데, 이 연구에서 사용한 것은 두 번째로 구축한 '말글 비교 실험II' 말뭉치이다. 말글 비교 실험II는 일방적 말하기, 공적 말하기 상황이 보고서 글쓰기와 가장 유사하다고 판단하여 한 화자에게 강의 시간에 발표하듯이 5분 정도 주어진 주제에 대해 말하는 과제를 수행하게 하였다. 말하기 과제를 마친 후 동일한 화자에게 말하기 과제와 동일한 주제에 대해 이번에는 보고서를 작성하듯이 A4용지 2/3 이상 작성하는 글쓰기 과제를 수행하게 하였다. 화자는 한 주제에 대해 말하기와 글쓰기 과제를 순서대로 수행하였고, 한 주제가 끝난 후에는 잠깐 휴식을 취한 후에 다음 주제에 대해 동일한 방법으로 말하기와 글쓰기 과제를 수행하게 하였다.

율이 높다는 점과, 둘째 공적 말하기, 일방적 말하기에 비해 사적 말하기, 쌍방적 말하기 상황에서 단형 부정이 더 많이 사용된다는 사실을 알 수 있다. 그 비율은 단형 대 장형이 대체로 대화에서 80:20, 공적 말하기에서 35:65, 공적 글쓰기에서 10:90 정도였다. 그리고 이러한 비율의 차이를 통해 우리는 사적인 사용역에서, 그리고 글쓰기보다는 말하기에서 단형 부정의 비율이 높다는 것을 말해 준다.

이상의 논의를 통해 우리는 부정문이 이론적으로 다양한 중의성을 가질 수 있음에도 불구하고 그러한 중의성이 실제 발화에서 관찰되지 않는 이유는 우선 중의성이 없는 단형 부정을 발화에서 많이 사용하고 있다는 점과 장형을 쓰는 경우에도 운율적인 장치를 통해 중의적으로 해석되지 않는 점으로 설명할 수 있다. 그리고 장형 부정에서 부정의 영역을 재설정하기 위해 보조사 '는'이 사용되는 것 또한 '는'이 수행하는 후행 요소와의 운율적 거리 확보와 유관하다.

결국, 부정문의 중의성은 텍스트를 눈으로 '보고' 해석한 데서 온 결과이지, 텍스트를 귀로 '듣고' 해석한 데서 온 결과는 아니다. 더욱이 눈으로 보고 해석하는 문어의 경우도 부정문의 중의성이 사실 크게 문제되지 않는데, 그 이유는 문어를 읽을 때도 우리는 운율을 염두에 두고 읽기 때문이다.

## 5. 운율적 측면을 고려한 언어 연구

그간 통사의미론 연구자들은 구어보다는 문어를 기반으로 연구를 수행해 왔기 때문에 문어 자료에는 '보이지 않는' 운율 부분을 간과하는 경향이 있었다. 그리고 음성학음운론 연구자들은 귀로 듣는 연구에 익숙하여 운율의 중요성에 대해 인식하고는 있었지만 분절음이나 음운과 같이 작은 단위에 대한 연구에 매몰되어 통사론이나 의미론자들이 관심을 두는 상위의 문법 단위에는 별다른 관심을 갖지 않았다. 그 결과 통사의미론 연구자들과 음성학·음운론 연구자들은 서로 멀리 떨어져 동떨어진 연구를 수행해 왔다. 하지만 통사의미론 연구자들과 음성학·음운론 연구자 간의 거리를 좁히고, 또 두 연구 집단 사이에 활발한 공동 연구가 이루어져야 한국어에 대한 지식이 확장되고 체계화될 수 있을 것이다.

이러한 맥락에서 구어에 대한 연구가 최근 활발해지고 있다는 것은 매우 반가운 일이 아닐 수 없다. 이 글을 시작하면서 강조했듯이 운율을 고려하지 않고 구어를 대상으로 연구를 수행하는 것은 불가능하기 때문에 통사의미론 연구자들은 운율에 관심을 기울이지 않을 수 없다.

결국, 구어에 관심을 두는 순간, 음운론·음성학 연구자는 통사의미론에 관심을 두지 않을 수 없고, 통사의미론 연구자들은 음성학·음운론 연구에 관심을 두지 않을 수 없게 될 것이다. 구어에 대한 더 많은 연구가 행해지게 되면 연구자들의 관심은 소리가 담긴 통사의미론, 의미가 담긴 음성학·음운론 연구로 확장될 것이다. 이는 더 나아가 언어를 통해 인간을 이해하고자 하는, 언어학이 추구하는 근본적인 가치와도 맞닿을 것이다.

■ 참고 문헌

남승호(1999), 「부정과 부정 극어」, 『형식 의미론과 한국어 기술』, 206~262, 한신문화사.
박영순(2004), 『한국어 의미론』, 고려대학교 출판부.
신지영(2008ㄱ) 「성인 자유 발화 자료 분석을 바탕으로 한 한국어의 음소 및 음절 관련 빈도」, 『언어청각장애연구』(한국언어청각임상학회) 13-2, 193~215.

신지영(2008ㄴ), 「성인 자유 발화 자료 분석을 바탕으로 한 한국어의 음소 전이 빈도」, 『언어청각장애연구』(한국언어청각임상학회) 13-3, 477~502.

신지영(2010), 「한국어 사전 표제어 발음의 음소 및 음절 빈도」, 『언어청각장애연구』(한국언어청각임상학회) 15-1, 94~106.

신지영(2013), 「소통과 공감을 위한 전달력 높은 말하기의 언어학적 조건(1): 운율적 측면을 중심으로」, 『어문론집』(민족어문학회) 69호, 113~133.

윤평현(2013), 『국어의미론강의』, 역락.

Miller George A (1994), The magical number seven, plus or minus two: some limits on our capacity for processing information. *Psychological Review*, 101 (2), American Psychological Association, 343–352.

Kiaer Jieun·신지영(2012), 「목적격조사 생략 현상에 대한 운율적 해석」, 『한국어학』(한국어학회) 57, 331~355.

# 20세기 초 구어 말뭉치에 나타난
국어의 문법적 특징

오재혁

## 1. 머리말

 국어의 사적인 변화를 찾기 위한 시간으로서 100년은 짧다. 그럼에도 불구하고 20세기 초 국어 연구가 필요한 이유는 이 시기에 여러 가지 특수성이 있기 때문이다. 갑오개혁 이후를 현대 국어 시기라 구분할 때, 20세기 초는 국어사적으로 현대 국어의 초기이다.[1] 즉, 현재 우리가 사용하는 국어와 동질성을 갖추게 된 시기라 판단할 수 있다. 또한 국어학사적 관점에서도 서양의 언어학 이론이 유입되어 근대적 국어학이 태동하는 시기로서 오늘날 우리가 사용하고 있는 국어 문법 지식과 이론들이

---

1) 국어 역사의 시대를 구분하는 논의에서 현대 국어의 출발점은 대부분의 학자들이 갑오개혁 혹은 20세기 초로 일치된 견해를 제시하고 있다. 이기문(1961), 홍윤표(1994)에서는 20세기부터 현대 국어 시대로 설정하였으며, 김형규(1962), 최범훈(1985), 박병채(1989), 홍종선(2009)에서는 갑오개혁 이후를 현대 국어 시대로 설정하였다.

치열한 논쟁을 통해 정립되기 시작한 시기이다. 그러나 무엇보다도 이 시기가 특별한 이유는 바로 이 시기에 들어서면 드디어 녹음, 녹화 자료가 등장하기 때문이다. 훈민정음 창제로 600여 년 전 우리 문자로 기록된 우리말을 살필 수 있게 되었듯이, 이 시기부터는 드디어 우리말 소리를 귀로 듣고 연구할 수 있게 된다. 국어 연구에서 말과 글을 온전하게 살필 수 있는 최초의 시기가 바로 20세기 초이다.

우리나라에 처음으로 유성기 음반이 소개된 것은 1899년이며, 상업 음반이 최초로 발매된 것은 1907년이다(배연형 2011:15).[2] 이후 노래는 물론 연설, 강연, 만담, 연극, 영화, 강독에 이르는 매우 다양한 장르의 음성 자료가 남겨졌는데, 대표적으로 월남 이상재의 연설 자료, 고루 이극로의 한글 음가 설명 자료, 손기정 선수의 베를린 올림픽 금메달 소감 인터뷰 자료, 김복진의 동화 구연 자료, 보통학교 조선어독본 강독 자료 등이 있다(오재혁 외 2014). 이 외에도 유성기 음반과 필름에 기록된 다수의 영화, 연극 자료가 남아 있는데, 이를 통해 우리는 문자로 살필 수 없는 20세기 초 국어의 다양한 실제적 면모를 연구할 수 있다.

현재 우리가 쓰고 있는 말과 크게 다르지는 않지만, 어딘가 모르게 어색하게 들리는 말소리, 지금 통용되는 의미와는 다르게 느껴지는 단어의 의미, 조금 더 자세히 살펴보면 지금은 쓰지 않는 형태소 등 20세기 초 국어는 현재 국어와는 분명 차이를 보인다. 이에 이 연구는 20세기 초

---

[2] 한국에 유성기 음반이 소개된 것은 1899년이지만, 한국 최초의 목소리가 녹음된 자료는 이보다 3년 앞선 1896년이다. 오새내(2011)에서는 한국인 최초의 녹음 자료에 대해서 다음과 같이 기술하였다. "2007년 국악애호가 정창관 선생은 1896년 7월에 미국에서 녹음된 한국인 최초의 민요 음반을 CD로 복각했다. 이 녹음은 에드슨 원통형 음반으로 현재 미 의회 도서관에 보관되어 있다. 한국 최초의 음반을 녹음한 사람들은 전문 가수가 아니고 당시 미국으로 유학 간 한국인 유학생 안정식, 이희철, 송영택(추정)이라고 한다. 이 사람들의 신원과 녹음 경위에 대해서는 한국일보 오미환 기자가 2009년 2월 12일자와 2월 24일자에 보도하였다."

구어 말뭉치에 나타난 국어의 문법적 특징을 포괄적으로 제시하고 앞으로 20세기 초 구어 말뭉치를 활용한 국어 연구의 방향성에 대해서 논하고자 한다.

## 2. 20세기 초 구어 말뭉치

20세기 초 음성 자료는 조금만 관심을 가지면 쉽게 접할 수 있다. 예를 들면 '월남 이상재 선생 기념 사업회'의 웹사이트(www.leesj.or.kr)에 들어가면 "조선 청년에게"라는 육성 연설을 들을 수 있고, 디지털 한글 박물관(www.hangeulmuseum.org)에 들어가면 '보통학교 조선어독본' 강독 음성 자료를 들을 수 있다. 또한 한국영상자료원(www.korea film.or.kr)에 들어가면 1930~40년대 영화를 통해서도 당시의 음성을 들을 수 있다. 그러나 단편적인 음성 자료는 쉽게 접할 수 있는 반면에 20세기 초 음성 자료를 구어 말뭉치로 구축하는 데에는 여러 가지 어려움이 따른다.

20세기 초 음성 자료를 구어 말뭉치로 구축하기 위해서는 20세기 초에 기록된 음성 자료의 총 목록을 확인하고, 수집 가능한 음성 자료를 최대한 많이 확보한 뒤, 당시의 언어생활을 담고 있어 국어 연구에 적합한 음성 자료를 선별해야 한다. 그리고 선별한 음성 자료가 독백인지, 대화인지, 격식적인지, 비격식적인지 등 발화 상황의 특성을 고려하여 적절하게 분류도 해야 한다. 그 뿐만 아니라 연구 목적에 맞게 전사의 수준이나 태깅의 수준 등을 고려하여 음성 자료를 전사 자료로 전환하고 여러 가지 언어 정보를 부착하는 작업이 필요하다.

20세기 초에 발매된 유성기 음반에 대한 자세한 정보는 동국대학교 한국음반아카이브연구소(www.sprachive.co.kr)를 통해 검색할 수 있다.

이 연구소에서는 2006년부터 2011년까지 한국연구재단의 지원을 받아 1899년부터 1945년까지 발매된 유성기 음반을 집대성하고 아카이브를 구축하여 당시에 발매된 6,500여 음반, 13,000여 건의 음향·음성 자료에 대한 정보를 수집하였다. 그러나 안타깝게도 2016년 2월 현재, 저작권 문제로 인해 음원의 청취는 제한적으로만 이용할 수 있다. 20세기 유성기 음반의 양을 확인하고 정보는 찾을 수는 있으나 음원을 자유롭게 이용할 수 없기 때문에 이용 가능하거나 수집 가능한 20세기 초 유성기 음반의 음원을 확보하는 과정은 또 다른 방법을 찾을 수밖에 없다.

현재 저작권의 문제로부터 자유롭게 이용할 수 있는 유성기 음반의 음원은 1920년대부터 1970년대까지 유성기 음반과 엘피(LP)에 대해 스트리밍 서비스를 유료로 제공하는 'PONKI' (www.ponki.kr)[3])에서 얻을 수 있다. 이 사이트에서는 유성기 음반에 수록된 만담, 영화 설명, 영화 해설, 가요 해설 등의 음성 자료를 들을 수 있다.[4]) 그리고 20세기 유성기 음반의 음원을 이용할 수 있는 또 다른 방법은 '신나라레코드' 사에서 1996년에 발매한 '유성기로 듣던 무성 영화 모음'과 1998년에 발매한 '유성기로 듣던 연극 모음' 시디(CD)를 구매하여 듣는 것이다. 이 시디에는 무성 영화 27편의 변사 구연 음성과 27편의 연극 음성 자료가 담겨 있다. 이 외에는 앞서 언급한 기관 등의 홈페이지에서 제공하는 음원, 영화 자료를 이용하는 방법이 있다.

현재 구어를 대상으로 구축된 말뭉치는 '21세기 세종 계획'에서 구축한 자료를 비롯해 여러 기관 및 연구소에서 구축한 자료가 여럿 있지만, 20세기 초 구어를 대상으로 구축된 말뭉치는 고려대학교 국어국문학과

---

3) 2014년 12월 1일부터 개인블로그로 운영됨. 그 이전에는 (주)아이온에서 운영함.
4) 20세기 초 음성 자료의 현황에 대한 자세한 내용은 오재혁 외(2014) 참조.

의 "20세기 현대국어 구어의 형성과 변천" 연구팀(연구 책임자: 홍종선)에서 구축하고 있는 자료가 유일하다. 이 연구팀에서는 2013년 11월부터 현재까지 20세기에 기록된 다양한 음성 자료를 수집하여 구어 말뭉치를 구축하고 있다. 그 중에서 '20세기 초 구어 말뭉치'에 해당하는 자료는 '고려대 구어 말뭉치: 20세기 전반기' 자료이다. '고려대 구어 말뭉치: 20세기 전반기' 자료는 1900년부터 1945년까지 제작된 유성기 음반, 영화 자료에 남겨진 음성 자료를 전사하여 구축하고 있는 자료이다.[5] 이 구어 말뭉치 자료의 규모는 2016년 2월 현재 16시간 35분가량의 음성, 58,765어절이다.[6] 이 말뭉치에 수록된 자료는 <표 1>과 같다.

20세기 초 음성 자료는 필름으로 제작된 영화를 제외하고 대부분 유성기 음반에 수록되어 있는데, '음반'이라는 특성상 상품으로서 가치가 있는 것을 녹음했기 때문에 주로 노래나 극예술 장르가 담겨 있다. 그 중에서 당시의 언어생활을 담고 있어 국어 연구에 적합한 자료는 <표 1>과 같이 연설, 강연, 구연, 독백, 인터뷰 자료 정도이다. <표 1>에 보면 가장 이른 시기의 음성 자료는 월남 이상재의 "조선 청년에게"연설 음성이다. 7분가량의 짧은 자료이지만 이상재의 출생 년도가 1850년인 것을 감안하면 이 자료는 20세기와 19세기를 이을 수 있는 귀한 언어 자료이다. 영화와 연극 자료를 제외하면 모두 '독백'에 해당하는 자료이고, '대화' 자료는 대부분 연극과 영화 자료이다.

---

5) 20세기 초기라고 하면 대략 1920~30년대까지를 일컫게 된다. 그러나 1920년 이전의 음성 자료를 찾기란 거의 불가능하다. 따라서 기획 주제는 '20세기 초에 구어 말뭉치에 나타난 문법적 특징'이지만 이 발표에서는 20세기 초를 다소 넓게 잡아 '20세기 전반기'로 확장하여 그 특징을 제시하겠다.
6) 20세기 초 구어 말뭉치를 구축하기 위해서는 20세기 초에 기록된 음성 자료의 총 목록을 파악하고 수집 가능한 음성 자료를 최대한 많이 확보하는 것이 매우 중요하다. 언젠가 저작권 문제가 해결되어 더 많은 유성기 음반의 음원을 자유롭게 이용할 수 있다면 20세기 초 구어 말뭉치의 규모가 더욱 커질 것이다.

<표 1> '고려대 구어 말뭉치: 20세기 전반기'에 수록된 자료 현황

| 번호 | 연도 | 자료 유형 | 크기(분) | 자료 |
|---|---|---|---|---|
| 1 | 1926 | 독백 연설 | 7 | 월남 이상재의 육성 녹음 |
| 2 | 1928 | 독백 강연 | 4 | 고루 이극로의 육성 녹음 |
| 3 | 1920~1930 | 독백 구연 | 47 | 김복진의 동화 구연 자료(10편) |
| 4 | 1935 | 독백 낭독 | 39 | 보통학교 조선어 독본 |
| 5 | 1936 | 독백 인터뷰 | 3 | 손기정 선수의 소감 음성 |
| 6 | 1930~1939 | 대화 | 181 | 유성기로 듣던 연극 모음(27편) |
| 7 | 1900~1945 | 독백(변사 해설)<br>독백(변사 연기) | 201 | 유성기로 듣던 무성 영화(27편) |
| 8 | 1936~1941 | 대화<br>독백(변사 해설) | 499 | 한국어 제작 영화(10편) |

## 3. 20세기 초 구어 말뭉치에 나타난 문법적 특징

이 연구는 20세기 초 국어의 문법을 구어 말뭉치로 접근한다는 관점에서 크게 세 가지 특징을 살펴보기로 한다. 첫째는 음성으로 직접 확인할 수 있는 20세기 초 말소리의 특징이다. 구어 말뭉치는 음성 자료이기 때문에 문어 말뭉치에서는 살필 수 없는 음가를 직접 확인할 수 있다는 장점이 있다. 둘째는 발화 종결 요소의 다양성이다. 일방향적 진술로 서술되는 문어와 달리 구어에서는 화자와 청자 간에 양방향적으로 이루어지는 즉각적 의사소통 상황에서 발화 종결 요소가 더욱 다양하게 나타난다. 따라서 구어 말뭉치 자료에서는 화자와 청자의 대화 자료를 통해 발화 종결 요소의 다양성을 살필 수 있다는 장점이 있다. 셋째는 당시의 언어생활이 반영된 다양한 구어적 표현들이다. 이 역시 문어 자료에서는 발견하기 어려운 것들로, 구어 말뭉치에서는 그 당시 언어생활을 생생하게 반영한 다양한 구어적 표현들을 살필 수 있다.

## 3.1 음성으로 확인할 수 있는 말소리의 특징

### 3.1.1 음운 체계

역사에 남겨진 음성을 직접 확인할 수 있을 때, 음운론 연구에서 가장 먼저 확인하고 싶은 것은 아마도 음운 체계일 것이다. 조금 더 구체적으로 말하자면, 현재 구어에서는 음성적 변별이 사라진 /ㅔ/, /ㅐ/의 실체, 현재 표준발음법에서는 단모음으로 규정하고 있으나 실제 언중들은 이중모음으로 발음하는 경향이 더 높은 /ㅚ/, /ㅟ/가 20세기 초에는 실제 단모음으로 발음되었는지, 이중모음으로 발음되었는지를 확인하는 연구가 대표적이다. 그리고 음성 확인이 가능하다는 점에서 현재 구어에서 나타나는 일반적인 음운 현상과는 어떠한 차이가 있는지 등을 비교 대조해 봄으로써 20세기 초 말소리의 특징을 살필 수 있다.

20세기 초 구어 자료 중에서는 당시 국어의 음운 체계를 살필 수 있는 직접적인 자료가 있다. 바로 국어학자 고루 이극로(1893.8.28.~1978.9.13.)의 '조선 글씨와 조선 말소리'라는 한글 음가 설명 자료이다.[7] 이 자료는 한글에 대한 간략한 소개와 한글 자모 및 음가와 그 예시를 알려주는 단어들로 구성되어 있다. (1)은 이극로가 한글 음가를 직접 설명하는 부분이다.

(1) 고루 이극로의 한글 음가 강연 中 한글에 대한 설명

---

7) 이 자료는 1928년 파리 대학 음성학부 실험실에서 녹음되었으며, 유성기 음반을 디지털 자료로 복원한 2개의 음원 파일로 구성되어 있다. 각 2분씩 총 4분 정도의 분량이다.

조선 글씨와 조선 말소리
이제 쓰는 조선 글씨는 조선 임금 세종이 서역 일천사백사십삼 년에 대궐 안에 정음국을 열고 여러 학자로 더불어 연구하신 끝에 온전 과학적으로 새로 지으신 글씬데 서역 일천사백사십육 년에 반포하게 되었습니다. 이 글씨는 홀소리 열한 자와 닿소리 열일곱 자로 모두 스물여덟 자올시다. 그 뒤에 점점 변하야 닿소리 석자가 줄었고 홀소리는 그대로 있으되 한 자는 아주 그르게 읽어서 아래아자라 합니다. 이 자는 이제 말소리에 쓰일 필요가 없으므로 점점 없어져 갑니다.

(1)에는 한글 창제 연도, 한글 자모의 개수와 'ㆍ'의 음가 변동에 대한 직접적 언급이 들어 있다. 'ㆍ'는 근대 국어 시기에 1, 2단계의 소멸을 거쳐 1933년 '한글마춤법통일안'에서 공식적으로 표기 문자에서 제외하였는데, (1)을 통해서 'ㆍ' 음가 소실에 대한 직접적인 내용을 확인할 수 있다.

(2) 고루 이극로의 한글 음가 강연 中 글씨와 말소리에 대한 설명
요사이에 쓰이는 글씨는 아래 아래와 같습니다.
아 야 어 여 오 요 우 유 으 이.
ㄱ ㄴ ㄷ ㄹ ㅁ ㅂ ㅅ ㅇ ㅈ ㅊ ㅋ ㅌ ㅍ ㅎ.
이제 조선말에 쓰이는 소리를 소리갈의 결대로 보자면 아래와 같습니다.
홀소리.
아 어 오 우 애 에 이 으.
홀소리의 거듭.
야 여 요 유 애 예 와 워 왜 웨 위 의.

(2)는 그 당시의 글씨(문자)와 말소리를 제시한 부분이다. (2)를 보면 우선 '글씨'와 '소리'를 명확하게 구분해 놓은 것을 볼 수 있다. 이는 정말 귀한 기록 자료가 아닐 수 없다. 음성 자료가 남겨지지 않은 시대의 음운 연구에서는 표기법을 통해 간접적으로밖에 음운을 연구할 수 없다는 점

을 상기하면, 그 당시의 음운을 직접 음성으로 확인할 수 있다는 점만으로도 다행스러운 일인데, 이에 더하여 '글씨'와 '소리'를 구분해서 밝혀 놓았기 때문에 음운 체계 연구에서 이보다 더 직접적인 자료를 찾을 수는 없으리라 생각한다.

글씨는 현재 어문규범의 한글맞춤법 제2장 4항 '자모'와 일치한다. 현재 우리가 쓰는 자모와 다르지 않다. 흥미로운 것은 '소리갈의 결대로 보자면' 이후 '홀소리(단모음)'와 '홀소리 거듭(이중모음)'을 구분해서 제시한 부분이다. 홀소리는 8개, 홀소리 거듭은 12개이다. 현재 어문규범의 표준발음법 제2장 4항, 5항에 제시된 단모음 10개와 이중모음 11개와는 차이가 있다. 즉, 이 자료를 통해서 우리는 현재 국어 단모음 체계 설정에서 학자들 간에 이견을 보이는 /ㅔ/, /ㅐ/의 변별 여부와 /ㅚ/, /ㅟ/의 단모음 실현 여부에 대해서 20세기 초 음가는 어땠는지를 직접적으로 확인할 수 있다. 이극로는 /ㅔ/, /ㅐ/를 구분해 놓았으며, /ㅟ/는 이중모음으로 분류해 놓았다. 그리고 /ㅚ/는 단모음, 이중모음 어디에도 제시하지 않았는데, 그 이유는 /ㅔ/ 혹은 /ㅐ/와 소리가 같기 때문이라고 추정할 수 있다. 즉 /ㅚ/가 이중모음으로 발음되고 있었기 때문에 /ㅐ/ 또는 /ㅔ/와 소리가 같아 '홀소리 거듭'에서 제시하지 않았을 것이다.

이 자료를 바탕으로 20세기 초 국어의 음운 체계를 설정한다면 자음은 19개, 단모음은 8개이다. 음성 자료를 기반으로 20세기 초 모음 체계에 대해서 밝힌 연구는 차재은(2005, 2007), 한성우(2005), 김봉국(2006) 등이 있는데, 한성우(2005), 차재은(2005), 김봉국(2006)에서는 '보통학교 조선어독본' 음성 자료를, 차재은(2007)에서는 '보통학교 조선어독본'과 '김복진의 동화 구연 자료'를 분석하여 그 결과를 제시하였다. 이 연구들에서도 /ㅚ/, /ㅟ/의 단모음 실현 여부 측정이 가장 핵심적인 논의였다.

그러나 같은 음성 자료를 분석한 연구에서도 /ㅚ/와 /ㅟ/의 결과는 차이를 보였다. 차재은(2005), 한성우(2005), 김봉국(2006) 모두 '보통학교 조선어독본'에 대한 청취 분석 결과를 토대로 /ㅚ/, /ㅟ/의 음가를 제시했는데, 한성우(2005)에서는/ㅚ/, /ㅟ/가 단모음으로 실현되는 비율이 더 높다고 제시한 반면, 차재은(2005)와 김봉국(2006)에서는 이중모음으로 실현되는 비율이 더 높다고 제시하였다. 이에 차재은(2007)에서는 이러한 논의를 더욱 분명히 하고자 '보통학교 조선어독본' 자료에 '김복진 동화 구연 자료'를 추가하여, 청취 판단이 아닌 스펙트로그램 분석을 시도한 결과 /ㅚ/와 /ㅟ/는 이중모음인 [we, wi] 혹은 활음 /w/가 탈락한 /e, i/로 실현된다는 것을 밝혔다. 그리고 /ㅏ, ㅐ, ㅓ, ㅔ, ㅗ, ㅜ, ㅡ, ㅣ/의 F1, F2를 측정한 결과 /ㅔ/와 /ㅐ/가 독자적인 영역을 갖고 산출되고 있다는 것을 밝혔다. 고루 이극로가 직접 제시한 '홀소리'와 '홀소리 거듭'의 분류는 차재은(2007)에서 제시한 결과와 정확하게 일치한다. 같은 음성 자료를 이용하더라도 청취 판단에 근거한 분석은 다를 수 있는 반면, 말소리에 대한 직접 제시가 담겨 있는 고루 이극로의 구어 자료는 당시의 음운 체계를 이해하는 데 매우 귀중한 자료라는 것을 다시 한 번 확인할 수 있다.

### 3.1.2 음운 현상

20세기 초 구어 말뭉치에서 나타나는 음성 자료는 현재 구어에서 나타나는 다양한 변이와 비교해 보는 관점에서 흥미로운 점이 많다. (3)은 김복진의 동화 구연 자료 중 일부인데, 짧은 한 문장 안에 '허고', '하고'처럼 조사 '하고'의 변이음이 관찰되고, '날라가다'처럼 /ㄹ/ 첨가가 관찰되며, '쪼끄만'처럼 어두 경음화 현상이 관찰된다. 즉 현재 구어에서 빈번하게 보이는 음운 현상이 20세기 초에도 쉽게 관찰된다.

(3) 김복진 동화 구연, '현철이와 옥주' 中
현철이허고 옥주는 그 이상스러운 새가 날라가는 데로 쫓아가니까 그 새도 현철이하고 옥주가 따라가는 것을 보았는지 천천히 날라가드니 쬐끄만 집이 하나 있는데 그 지붕 위에 가 앉습니다.

20세기 초 구어 자료에서 관찰되는 특징적인 음운 현상 중에 하나가 모음 상승이다. 이는 현재에도 '그리고[그리구], 거짓말[그짓말], 네개[니개]'와 같이 구어에서 빈번하게 나타나는 현상이다. 모음 상승 현상은 20세기 초 구어 자료에서도 거의 동일하게 나타난다. (4)의 ㄱ~ㄷ은 '/ㅔ/ > /ㅣ/', ㄹ~ㅂ은 '/ㅡ/ > /ㅓ/', ㅅ~ㅇ은 '/ㅗ/ > /ㅜ/'로 중모음이 고모음으로 상승하는 예를 보인 것이다.

(4) 20세기 초 구어자료에 나타난 모음 상승의 예
  ㄱ. 어떻게 어린 니가(네가) 그 비용을 댄단 말이냐?(순동이의 효성_유성기 연극)
  ㄴ. 백조는 히엄(헤엄)을 쳐서 이쪽으로 어더니(현철이와 옥주_김복진 동화 구연)
  ㄷ. 수돌이는 ... 기운이 씨고(세고) 용감스런 아이였습니다.(용감한 소년_김복진 동화 구연)
  ㄹ. 얘는 으른도(어른도) 아니고(용감한 소년_김복진 동화 구연)
  ㅁ. 네가 으쩌다가(어쩌다가) 이 모양이 되었단 말이냐(아리랑_유성기 영화)
  ㅂ. 세상 사람들의 못나고 드러운(더러운) 것을 바라보고도(낙화암_유성기 연극)
  ㅅ. 총이니 칼이니 창이니 바다 속으루는(속으로는) 잠항정이니(월남 이상재 육성 연설)
  ㅇ. 부지런하게 농사를 지어 놓구(놓고) 가을이 되어서(돌문이와 쌀분이_

김복진 동화구연)
ㅈ. 어머니 보구(보고) 욕하지 말어(미몽_영화)

　(4)에서 보인 예 중에서 '니가', '속으루는', '놓구', '보구'처럼 현재 구어에서도 어색하지 않은 예가 있는 반면, '히엄', '으른', '으쩌다가'처럼 현재에는 일반적으로 잘 상승시키지 않는 표현들도 있다. 현재와 비슷하지만 구체적으로 살펴보면 분명히 현재의 모음 상승과는 분포가 다를 것이라 느껴지기도 한다. 20세기 초와 현재 구어를 대상으로 혹은 20세기 내부의 사적인 변화를 고찰한다면 더욱 의미 있는 결과를 도출할 수 있을 것이다.

　모음의 음가 변동 중에서 또 하나 특징적인 것은 모음조화와 관련되는 현상이다. 중세국어에 정연하게 지켜지던 모음조화는 /·/의 소실로 인해 근대 국어에서는 모음조화가 지켜지지 않은 사례들이 빈번하게 출현한다. 이러한 음운사적인 변화는 20세기 초 구어 말뭉치를 통해 쉽게 관찰할 수 있는데, (4) ㅈ의 예어서 '말어'와 같은 것이 그 대표적인 예이다. 모음조화가 지켜졌다면 '말아'로 발음되었을 것이다. 모음조화가 지켜지지 않은 예는 (5)에서 더욱 자세히 확인할 수 있다.

(5) 모음조화가 지켜지지 않은 예
　ㄱ. 이거 얼마여?(미몽_영화)
　ㄴ. 돌문이허구 쌀분이를 잡어 일으키더니 끌고 갑니다.(돌문이와 쌀분이
　　_김복진 동화 구연)
　ㄷ. 술 따러주는 사람에게 술만 따라 달라고 했으면 될 것을 그 이상 더
　　무엇을 요구한 내가 잘못이겠지.(누구의 죄_유성기 연극)

(5) ㄱ은 '얼마여', ㄴ은 '잡어', ㄷ은 '따러주는'은 어간과 어미의 결합

에서 모음조화가 지켜지지 않은 예이다. 어문규범이 정립되고 모음조화에 의한 어간과 어미의 결합을 표준발음법으로 다듬기 전에 20세기 초 구어에서는 현재에 비해서 모음조화를 지키지 않는 결합의 예들이 더 많이 나타난다.

이 외에도 같은 단어 내에서 양성 모음과 음성 모음이 혼용되는 예들도 있다. (6)에서와 같이 '할 줄'이 '헐 줄'로 되는 것처럼 '하다'가 '허다'로 발음되는 예이다. 지금의 '하다'는 중세국어에서 'ᄒᆞ다'로 이는 /ㆍ/음가의 소실로 인해 지금의 /하다/가 되었는데, 20세기 초에는 같은 단어인 '하다'에서도 /ㆍ/의 소실로 인해 /ㅏ/와 /ㅓ/가 혼용되고 있다. 문어에서는 꽤 오랜 기간 'ㆍ'가 쓰였기 때문에 '하다'와 '허다'의 사용 비율이 어느 정도인지 짐작하기 어려운데 당시 서울말 구어에서 '허다'형이 얼마나 사용되었는지, 20세기 내에서 '하다'와 '허다'의 혼용은 어떻게 변화하는지 살피는 연구도 진행될 필요가 있다.

(6) '하다'의 [하], [허] 혼용의 예
   ㄱ. 첫째는 조선 청년에게 아주 극단으로 희망을 허는 게 있고 둘째로는 조선 청년에게 시방 현상을 보고서 극단으로 비관하는 일이 있고 필경 셋째로는 결국의 낙관하는 하나가 있다 그 말이여. 어째 조선 청년에 대해서 희망이 크다고 허는고 허니 조선 청년은 도덕상 지식이 있는 청년이여.(조선 청년에게_월남 이상재 육성 연설)
   ㄴ. 맹첨지는 헐 줄도 모르는 노래를(혹뗀 이야기_김복진 동화 구연)
   ㄷ. 아버님 병환을 나아지게 할 수 있을까 하고 그렇게 늘 걱정을 했습니다.(생명수_김복진 동화구연)

(7) ㄱ. 새 한 마리가 후루르르 날라가면서(용감한 소년_김복진 동화 구연)
   ㄴ. 막 도장을 칠려고 할 때에.(처녀 총각_유성기 영화)
   ㄷ. 이거를 풀어야지.(집 없는 천사_영화)

ㄹ. 그나마 부끄러워 부엌으로[부어그로] 도망을 갈 때(부활_유성기 영화)
ㅁ. 방안에서 손끝이[손끄시] 시려우면은 입에 대고 훅훅 녹여가며(모성애_유성기 연극)
ㅂ. 어머닐 보고 빚을[비슬] 못 갚을테면(어화_영화)
ㅅ. 빨간 헝겊을[헝거블] 하나 얻어오면(숫닭과 호도_김복진 동화 구연)
ㅇ. 그 빚이[비시] 누구 때문에 쓴 빚이겠어요?(한 많은 신세_유성기 연극)
ㅈ. 사랑에 꽃이[꼬시] 핀 청춘의 그 두 가슴.(방아타령_유성기 영화)

이 밖에도 20세기 초 음운 현상에는 앞서 든 예와 같이 '날라가다'에서처럼 현재 구어에서 빈번하게 나타나는 /ㄹ/ 첨가 현상도 동일하게 관찰되고, (7) ㄹ~ㅈ처럼 /ㅈ, ㅋ, ㅌ, ㅍ, ㅊ/ 말음 체언이 모음으로 시작하는 조사와 결합할 때 평음으로 교체되는 현상도 관찰된다. 이러한 음운 현상들 역시 현재에는 비표준발음으로 간주되고 있지만, 20세기 초에도 관찰된다는 점에서 구어 문법 연구에서 20세기 내부의 변화 과정을 밝혀볼 필요가 있다.

## 3.2 대화에 나타나는 발화 종결의 다양성

문법적 특징 가운데 구어 자료를 통해서 살피기에 좋은 대상 중에 하나가 바로 발화 종결 형식 및 종결 어미의 다양성 관한 것이다. (8)에서처럼 화자와 청자의 구체적 관계 속에서 발화되는 구어 자료에서는 다양한 종결형이 나타난다.

(8) 다양한 종결 형식의 예1(집 없는 천사_영화)
   고아5      저놈의 자식이 보석 반지를 삼켜 버렸어요.

| 고아5 | 나쁜 놈의 자식이. |
| 성빈 | 뭐? |
| 성빈 | 보석 반지? |
| 고아5 | 네. |
| … | |
| 동돌 | 선생님 이 다이아 얼마 받을 수 있어요? |
| 성빈 | 뭐 다이아? |
| 성빈 | 어? |
| 성빈 | 동돌아. |
| 성빈 | 이것은 보석이 아니라 유리알이다. |
| 동돌 | 유리알이요? |
| 성빈 | 그래. |
| 동돌 | 정말이요? |
| 성빈 | 괜찮아. |

　문장이라는 형식에 비추어 구어 자료에 나타난 발화를 볼 때, 구어에서는 문장의 형식적 조건을 갖추지 않은 조각문 형식의 발화가 빈번하게 나타난다. (8)을 보면 '버렸어요.' '유리알이다.'처럼 문장의 종결과 마찬가지로 종결 어미나 서술격 조사로 맺는 발화도 있는 반면에, '자식이'처럼 '체언+주격 조사'로 맺는 형식도 있고, '보석 반지?', '다이아?'처럼 체언만으로 맺는 형식도 있다. 그리고 '그래'처럼 감탄사 하나 만으로 발화를 맺는 형식도 있다. 이와 관련해서는 오재혁 외(2015)에서 '고려대 구어 말뭉치: 20세기 전반기' 말뭉치에서 나타나는 발화 종결 유형의 빈도를 계량적으로 제시한 바 있다.

　<표 1>을 보면 구어에서도 문장의 종결과 마찬가지로 종결 어미로 발화를 맺는 비율이 69%로 높다. 그러나 연결 어미로 맺는 비율이나 체언, 체언+조사, 수식언, 독립언 등 온전한 종결이 아닌 조각문 형식의 종결 유형도 31% 정도가 나타난다. 이는 동시대 문어 자료와 비교하면 그 차

이를 더욱 확연하게 살필 수 있을 것이다.

〈표 1〉 종결 유형(오재혁 외 2015:190)

| 번호 | 유형 | 빈도 | 비율 |
|---|---|---|---|
| 1 | 용언(어간+종결 어미) | 4799 | 69.0 |
| 2 | 용언(어간+연결 어미) | 451 | 6.5 |
| 3 | 체언 | 527 | 7.6 |
| 4 | 체언+조사 | 349 | 5.0 |
| 5 | 수식언(부사) | 99 | 1.4 |
| 6 | 독립언 | 731 | 10.5 |

구어에서는 발화의 종결 유형도 다양하지만, 종결 어미의 유형도 다양하게 나타난다. <표 2>는 종결 어미로 맺는 발화만을 대상으로 종결법에 따른 형태소 유형의 수를 보인 것이다.

〈표 2〉 종결 어미로 맺는 발화 유형별 종결형 유형 및 사용 빈도(오재혁 외 2015:192)

| 번호 | 종결형 | 형태소 유형 | 비율 | 사용 빈도 | 비율 |
|---|---|---|---|---|---|
| 1 | 평서 | 78 | 37.7 | 2,340 | 48.8 |
| 2 | 의문 | 79 | 38.2 | 1,434 | 29.9 |
| 3 | 명령 | 21 | 10.1 | 727 | 15.1 |
| 4 | 청유 | 5 | 2.4 | 90 | 1.9 |
| 5 | 감탄 | 24 | 11.6 | 208 | 4.3 |

평서형 종결에 사용된 형태소 유형이 78개, 의문형이 79개, 명령형이 21개, 청유형이 5개, 감탄형이 24개로 매우 다양한 유형의 종결 어미가 출현한다. 이러한 비율 역시 동시대 문어 말뭉치를 대상으로 한 종결 어미의 유형과 비교하면 20세기 종결 어미의 유형에 대해서 더욱 구체적으로 밝힐 수 있게 될 것이다.

〈표 3〉 종결법에 따른 출현 빈도 상위 5위까지의 종결 어미

| | 평서 | 의문 | 명령 | 청유 | 감탄 |
|---|---|---|---|---|---|
| 1 | -ㅂ니다/습니다 | -ㅂ니까/읍니까/습니까 | -세요/셔요 | -자 | -구나 |
| 2 | -다 | -냐/으냐 | -아라/어라/여라 | -세 | -구료/구려 |
| 3 | -어요/아요/여요 | -니 | -아/어/여 | -ㅂ시다 | -는구나 |
| 4 | -어/아/여/야 | -어/아/여/야 | -게 | -아 | -군 |
| 5 | -지 | -어요/아요/여요 | -오 | -죠 | -다니/라니 |

구어 말뭉치에서 출현한 종결 어미의 유형 중 각 종결법별로 출현 빈도 상위 5위까지에 해당하는 종결 어미는 <표 3>과 같다. 평서형에서는 '-ㅂ니다/습니다', 의문형에서는 '-ㅁ니까/읍니끼/습니끼', 명령형에서는 '-세요/셔요', 청유형에서는 '-자', 감탄형에서는 '-구나'가 가장 많이 사용되었다. 그러나 한 가지 흥미로운 점은 평서, 의문 명령에서 모두 '-아(요)/어(요)'와 같이 범용 어미 '-아/어'를 사용한 형식이 많이 사용되고 있다는 점이다. 범용어미 '-아/어'는 비격식적인 상황에서 쓰이는 어미이다. 구어 자료에서 높은 사용 빈도를 보인 것은 그리 놀라운 사실은 아니나, 동시대 문어 자료로는 범용 어미 '-아/어'의 실제적 사용 양상과 분포 등을 살피기 어렵다는 점에서 구어 말뭉치를 활용하여 확인할 수 있는 문법적 특징이라고 할 수 있다. 또한 이러한 어미들은 그 자체로는 서술이나 의문, 명령과 같은 의미를 지니지 않은 의미론적으로 무표적인 형태소로서 종결법의 의미는 억양이 담당한다(오재혁 2011). 20세기 초 구어

역시 현재 구어와 마찬가지로 종결법에서 그 기능을 억양이 실현하는 비율도 적지 않다는 것을 알 수 있다.

20세기 구어 말뭉치에 나타난 종결 어미의 출현 양상은 동시대 문어 자료에서 출현하는 종결 어미와는 다소 차이를 보인다. 박진완(2000)에서는 1910~1945년까지의 문어 자료를 토대로 이 시기에 출현한 종결 어미를 제시하였는데, 박진완(2000)과 비교했을 때 구어 자료에서는 '-사옵나이다, -으옵나이다, -습나이다'와 같은 하소서체 어미와 '-나이다, -노이다, -으오이아, -으니이다, -으십니다, -으듸다, -더이다, -으외이다, -읍듸다' 등의 합쇼체 어미가 관찰되지 않는다. 의문형에서도 '-아옵ᄂ이가, -오ᄂ니잇가' 등의 하소서체 어미와, '-나이까, -습딋가, -읍딋가, -읍듸가, -읍듸가, -으닛가, -ᄂ잇가, -으니잇가, -으니잇고, -으리잇고, -으오닛가, -으오닛가, -으잇가' 등의 합쇼체 어미가 구어자료에서는 나타나지 않는다. 또한 하게체, 해라체에서도 의문형에서는 '-는가, -던가, -을까, -으랴' 형만 구어 자료에 등장하고 '-는고, -던고, -을꼬, -으료'형은 등장하지 않는 등 문어 자료에서 보이는 종결어미와는 차이를 보인다(오재혁 외 2015). 20세기 초 문어 자료와 구어 자료에서 보이는 종결어미 출현의 상이함은 문헌이 지닌 표기의 보수성과 실제 언어생활을 차이를 확인할 수 있는 연구 주제가 될 수 있을 것이다.

## 3.3 현재와 다른 20세기 초의 구어적 표현

20세기 초 구어 말뭉치에서는 현재 구어에 비추어 보았을 때 지금은 쓰지 않는 표현이나, 다소 이질적인 표현들이 나타난다. (9)는 손기정(1912.8.29.~2002.11.15., 평북 신의주 출생) 선수의 베를린 올림픽 금메달 획득 후 소감 인터뷰 자료이다.[8]

(9) 삼십이 킬로를 앞두고 하파와 함께 전 회의 우승자인 아르젠틴의 쟈바라를 달리어 버리었습니다. 그리고 하파와 함께 나는 한동안 똑같이 달리고 있었습니다. 하파를 떨려 버리기에는 무한히 어려웠습니다. 내 전신에 아직도 힘 가득하메 능히 우승할 자신이 있음을 깨달았습니다. 인제 즉 문제의 언덕에 달리니 우리나라 일장기가 나를 응원하여 주기에 보이 보이었습니다. 좌등 코취 역시 응원 중의 한 사람이 OO에 큰 기를 흔들면서 인제는 육 킬로 남았다고 큰 고함을 지르는 소리에 일층 더 나는 용기를 내었습니다. 두 번째 언덕에 도달하였을 때도 역시 이곳에 나를 응원하여 주는 우리나라 일장기를 날리고 있 있었습니다. 이때 수많은 응원자들은 이구동성으로 인제는 한 킬로 반이 남았다고 하는 고함치는 소리가 내 귀를 울리어 주었습니다. 나는 무의식 중에서 죽을힘을 다하여 더 뛰기 시작하였습니다. 그리하여 나는 이기었습니다. 기록의 시간은 두 시간 이십구 분 십구 초 이의 올림픽 신기록이었습니다. 하파가 나보다 이 분 사 초 지나치어 들어왔습니다. 그 뒤를 이어 남 군이 원기 있게 달리었습니다. 이때의 반가움은 내 입으로서는 형언할 수 없습니다. 오후 여섯 시 십오 분 나는 하파와 남 군과 함께 표창대에 올랐습니다. 장엄한 우리나라 국가가 엄숙하게 내 귀를 OO 울려 줄 뿐이었습니다. 이때의 기쁨은 내 일생을 통하야 잊히지 않습니다. 이 승리는 결코 내 개인의 승리가 아니라 전 우리 일본 국민의 승리라고 할 것이외다.

(9)에 나타난 '달리어 버리었습니다', '떨려 버리기에는'은 지금의 표현으로는 '따라잡다'에 해당한다. '힘 가득하메 능히'는 지금으로는 구어적 표현이 아니라 오히려 문어적 표현에 가까운 인상을 주는 표현이다. 그리고 '일층 더 나는 용기를 내었습니다.'와 '한 킬로 반이 남았다고'에서는 각각 현재 구어에서 '한층 더', '일 킬로'처럼 한자어와 고유어의 사용이 정반대인 경우도 관찰된다. '원기 있게', '지나치어 들어왔습니다'도 현재는 잘 쓰지 않는 표현이며, '할 것이외다'는 합쇼체 종결어미로서

---

8) 2004년 손기정 선수의 유족들이 유품을 정리하다가 찾아낸 엘피(LP)판(1936년 9월 일본 콜롬비아레코드사가 제작)에 수록된 음성 자료이다(오재혁 외 2014).

현재에는 잘 쓰이지 않지만 당시 구어에서는 관찰되는 표현이다.
 이는 손기정 선수가 24세에 녹음한 음성 자료이다. 이후에도 손기정 선수는 방송에서도 여러 차례 인터뷰에 응한 바가 있고, 방송 기록 자료로도 손기정 선수의 음성 자료를 찾을 수 있기 때문에 이후 손기정 선수 개인의 구어적 표현들이 어떻게 달라지는지 살펴보는 것도 종적 연구 자료로서 가치가 있을 것이라 생각한다.

 (10) ㄱ. 이 승리야말로 내 개인의 달린 힘보담도 우리나라 동포 여러분들의 열렬한 응원의 결정인 줄 생각하는 바입니다.(손기정 선수 인터뷰 자료)
   ㄴ. 꽃도 따고 나비도 잡으면섬 이리저리 댕기다가 고만 길을 잊어버렸습니다.(현철이와 옥주_김복진 동화 구연)
   ㄷ. 여보 형님이 곳간뿐이 아니라 양관까정 우리더러 쓰라는구려.(집 없는 천사_영화)
   ㄹ. 그래서 현철이하고 옥주를 길을 잊어버리게 맨들고 과자집을 지어 놓고 새를 날라 보내서 여기까지 들여온 것입니다.(현철이와 옥주_김복진 동화 구연)
   ㅁ. 돼지는 혼자 돌아댕기면서 구경도 하고(새끼 돼지 세 마리_김복진 동화 구연)

 (10) ㄱ~ㄷ에서는 '보다', '-으면서', '까지'가 각각 '보담', '-으면섬', '꺼정'으로 구어에서 다르게 나타난 것을 볼 수 있고, ㄹ~ㅁ에서는 '만들다', '돌아다니다'가 '맨들고', '돌아댕기며'처럼 나타난 것을 볼 수 있다. 현재에도 '-보담', '-으면섬', '꺼정', '맨들다', '돌아댕기다'는 방언 자료에서 확인할 수 있는 이형태들이다. 김복진은 출생지가 서울로서 전문학교를 졸업한 중상류 계층의 여성이다(오새내 2005). 서울말을 구사하는 사람에게서 현재 방언에서 보이는 이형태가 출현한다는 사실이 다소 흥

미롭다. 현재에는 주로 방언에 남아 있는 다양한 이형태가 서울말에서는 어떻게 사라져 가는지에 대한 연구도 생각해 볼 수 있다.

품사 중에서 그 사용 양상이 시간에 따라 가장 빠르게 변하는 것 중에 하나가 부사이다. '통일 대박'이라는 표현에서 볼 수 있는 '대박'이 구어에서는 '대박 좋아'처럼 부사적인 용법으로 사용되기도 하는데 이는 비교적 최근에 생긴 용법이다. 그리고 '완전 좋아', '캡 좋아', '짱 좋아'처럼 잠깐 유행어처럼 흘러가는 표현 중에는 부사적인 용법을 지닌 것들이 많다. 또한 현재 문어와 구어를 비교해 보면 사용 빈도 순위에서 많은 차이를 보이는 것도 부사인데 가령 '진짜', '되게'와 같은 부사는 구어에서 사용 빈도가 높은 반면 문어에서는 잘 나타나지 않고, '가장', '바로'와 같은 부사는 그 반대의 양상을 보인다(오재혁 2014).

(11)을 보면 20세기 초 구어 말뭉치에서 나타나는 부사 중에 현재에는 잘 쓰이지 않는 부사가 관찰된다. '몽창', '퍽', '참말로'는 다소 옛스러운 느낌을 주는 표현이다. 20세기 초 구어 말뭉치에 나타난 부사의 분포와 변화에 대한 연구도 흥미로운 결과를 줄 것이라고 생각된다.

(11) ㄱ. 그래서 호랭이는 토끼가 빠트린 꽁지가 붙어서 꽁지가 더 길어지고 토끼는 몽창 빠져서 그렇게 짧답니다.(겁 많은 토끼_김복진 동화 구언)
  ㄴ. 당신이 퍽 괴로우실 것도 같고 또 저도 말하기가 어렵지 않았겠어요? (춘희_유성기 영화)
  ㄷ. 참말로 이 영애를 사랑해 주셨다면 인제 와서 그런 말씀은 말아 주세요.(눈물 저즌 자장가_유성기 연극)

(12) 영화 미몽에 나타난 다양한 구어적 표현
  남편    그래 어딜 가?
  애순    데파트에 가요.

| | |
|---|---|
| 남편 | 아이 뭘 또 사길래 데파트엘 간단 말요. |
| 애순 | 또 산다니요? |
| 애순 | 주제가 사나워서 나갈 수가 있어야지요. |
| 애순 | 그래서 양복 사러 가요. |
| 남편 | 아 왜 요전에 산 게 있지 않소? |
| 애순 | 그걸 지금 어떻게 입읍니까? |
| 남편 | 주제 꼴이 사나운 정희 옷이나 한 벌 사 주구 당신 옷은 천천히 근처에서 사구료. |
| 애순 | 그렇게 주제꼴이 사나운 정희가 보기 싫거든 당신이 사다 주시구료. |
| 애순 | 나댕기는 어른이 입어야지요. |
| 남편 | 나댕긴다니. |
| 남편 | 대체 당신은 매일 어디를 나가는 거요? |

(12)는 영화 미몽에서 남편과 부인의 대화이다. 부인은 입을 옷이 없어서 백화점에 가겠다고 하는데, 남편은 옷이 많은데 또 사러 가느냐면서 못마땅해 하는 대화이다. 이 대화에서 '주제가 사납다'라는 관용 표현이 나오는데 이는 현재 잘 쓰지 않는 표현이다. 또한 '나댕기다'는 현재에는 다소 부정적인 어감을 지닌 표현인데 '어른'을 수식하고 있어서 현재의 관점에서 보았을 때는 어색한 표현으로 느껴진다.

구어적 표현은 아니지만, (12)의 대화를 통해서 '양복'의 의미가 지금과 같지 않다는 것도 알 수 있다. 현재 '양복'은 남성의 정장을 일컫는 의미인데 20세기 초에는 한복에 대비되는 서양의 의복이란 의미로 사용되고 있다. 그리고 '백화점'은 일본식 외래어를 그대로 사용하여 '데파트'라고 표현하고 있는 것도 관찰된다.

(13) ㄱ. 오빠가 성공하시는 것을 못 보고 내가 어떻게 죽읍니까?(말 못할 사정_유성기 연극)

ㄴ. 그래 얼마쯤 가다보니까 길 한가운데가 어떤 노인이 앉았다가 여보시오 왕자님 당신은 무엇을 하러 어디를 가십니까 하고 물읍니다.(생명수_김복진 동화 구연)
　　ㄷ. 한 보따리씩이구려.(집 없는 천사_영화)
　　ㄹ. 평화의 나팔 소리가 흘러오는구료.(봉작_유성기 영화)

　끝으로 (12)에서는 '입읍니까', '주시구료'처럼 지금은 쓰지 않는 형태소들도 발견된다. 그 예는 (13)에 제시한 것과 같이 영화 미몽에서 뿐만이 아니라 20세기 구어 말뭉치 전반에 걸쳐 확인된다. 이처럼 20세기 초 구어 말뭉치는 현재 쓰이지 않는 다양한 구어적 표현 혹은 현재와는 다른 의미로 사용되는 표현, 그리고 현재에는 쓰지 않는 형태소 등 국어사적으로는 짧은 시간이지만 변화를 겪은 다양한 언어적 요소들이 나타난다.

## 4. 마무리

　이 연구에서는 현재까지 구축된 '고려대 구어 말뭉치: 20세기 전반기' 자료에서 나타나는 20세기 초 국어의 문법적 특징에 대해서 크게 세 가지 측면을 살펴보았다. 첫째는 음성을 직접 확인할 수 있다는 면에서 당시의 음운 체계와 음운 현상에서 나타나는 특징적인 면들을 살펴보았으며, 둘째는 구어 자료라는 면에서 화자와 청자 간에 대화에서 다양하게 나타나는 발화 종결 형식 및 종결 어미를 살펴보았다. 그리고 마지막으로 현재의 관점에서 보았을 때는 다소 이질적으로 느껴지거나 현재는 잘 쓰지 않는 구어적 표현들을 살펴보았다. 현재와 비슷한 점도 있지만 20세기 초는 분명 현재와는 다른 특징도 지니고 있다. 모음 체계도 다르며,

일부 종결 어미의 사용 양상도 다르고, 단어나 관용 표현의 사용 양상도 다르다. 이처럼 현재와 다른 특징을 체계적으로 밝혀내어 20세기 초 국어의 특징을 구체적으로 밝힐 수 있을 때 근대국어와 현대국어를 가르고 현대국어의 출발을 알리는 시기로서의 20세기 초 국어 문법 연구는 더욱 풍부해 질 것이다.

■ 참고 문헌

김봉국(2006), 「개화기 이후 국어의 '위, 외' 음가와 그 변화」, 『국어학논총』(이병근 선생 퇴임 기념), 태학사.
김형규(1962), 『국어사개설』, 일조각.
박병채(1989), 『국어발달사』, 세영사.
박진완(2000), 「현대 국어 종결 어미의 변천」, 『현대 국어의 형성과 변천』, 박이정.
배연형(2011), 『한국 유성기음반 1907~1945』, 한걸음더.
신지영(2014), 「구어 연구와 운율: 소리를 담은 의미·통사론, 의미를 담은 음성학·음운론 연구를 위한 제언」, 『한국어의미학』(한국어의미학회) 44, 119~139.
오새내(2005), 「20세기 초 서울말 모음 음운현상에 반영된 계층적 지표: 1930년대 김복진의 동화구연유성기자료의 분석」, 『국어문학』(국어문학회) 40, 129~160.
오새내(2011), 「과거의 목소리: 한국어 역사 음성 아카이브를 꿈꾸며」, 『말과글』(한국어문기자협회) 129, 17~24.
오재혁(2011), 『국어 종결 억양의 문법적 기능과 음성적 특징에 대한 지각적 고찰』, 고려대학교 박사학위논문.
오재혁(2014), 「구어 자료에 나타난 부사의 공기 관계 및 네트워크 양상」. 『우리어문연구』(우리어문학회) 48, 157~185.
오재혁·송인성·도원영·홍종선(2014), 「20세기 초 구어 연구를 위한 음성 자료의 유형과 특징에 대한 고찰」, 『어문논집』(민족어문학회) 70, 225~258.
오재혁·장혜진·홍종선(2015), 「20세기 전기 구어 자료에 나타난 종결형 양상: 대화 음성 자료를 대상으로」, 『어문논집』(민족어문학회) 73, 183~221.

유혜원(2015), 「20세기 전기 구어 자료의 격조사 실현 양상에 대한 연구」, 『우리어문연구』(우리어문학회) 53, 399~429.
유혜원(2014), 「구어에 나타난 운율적 실현으 문법적 해석」, 『한국어학』(한국어학회) 64. 59~86.
이기문(1961), 『국어사개설』, 민중서관.
장혜진·신우봉·유혜원·홍종선(2014), 「20세기 초 구어 연구를 위한 문어 텍스트의 활용 문제」, 『어문논집』(민족어문학회) 71, 325~351.
정경재·정연주·홍종선(2015), 「20세기 전기 구어 자료에 나타난 하오체 어미 {-오}의 실현 양상 변화」, 『한국어학』(한국어학회) 69, 277~311.
정연주·정경재·홍종선(2015), 「20세기 전기 구어 자료에서의 '안' 부정법」, 『어문논집』(민족어문학회) 75, 109~145.
차재은(2007), 「20세기 초 한국어 모음 체계: 1930년대의 음성 자료를 중심으로」, 『한국어학』(한국어학회) 37, 361~396.
최범훈(1985), 『한국어발달사』, 통문관.
한성우(2005), 「「보통학교 조선어독본」 음성자료에 대한 음운론적 연구」, 『어문연구』(민족어문학회) 33-3, 29~58.
홍윤표(1994), 『근대국어연구(1)』, 태학사.
홍종선(2000), 「현대 국어 연구를 위한 시기별 언어 자료」, 『현대 국어의 형성과 변천』, 박이정.
홍종선(2014), 「구어와 문어를 아우르는 사용자 중심의 한국어 문법」, 『어문연구』(민족어문학회) 161, 7~35.
홍종선(2015), 「현대국어 초기 구어체의 실현과 문학적 수용」, 『한국언어문학』(한국언어문학회) 92, 33~61.

# 20세기 초 구어 연구를 위한 음성 자료의 유형과 특징에 대한 고찰

오재혁·송인성·도원영·홍종선

## 1. 머리말

 이 연구는 20세기 초 음성 자료의 유형과 특징을 고찰하여 구어를 연구하기 위한 기초 자료로서의 가치와 활용 방안을 밝히는 것을 목적으로 한다. 이를 위하여 지금까지 소개되었거나 전해지는 20세기 초 음성 자료의 현황을 살피고, 자료의 내용과 보존 방식에 따라 유형을 분류하여 각 유형별 자료에서 발견되는 특징적인 점들을 찾아 구어 연구에서의 활용 가능성에 대해서 논의할 것이다. 아울러 향후 역사적 구어 자료를 데이터베이스화하기 위한 토대를 마련하는 데 초석을 놓고자 한다.
 문자로 확인할 수 있는 우리말 자료는 고대 국어로까지 소급된다. 그러나 음성으로 확인할 수 있는 우리말 자료는 20세기 초부터 전해진다. 1899년 유성기가 우리나라에 처음 소개되고, 1907년 첫 상업 음반이 발매된(배연형 2011: 15) 이후 노래는 물론 대담, 연설, 강연, 만담, 연극,

영화, 강독에 이르는 다양한 장르의 음성 자료가 남겨졌다. 20세기 이후부터는 문자 자료뿐만 아니라 음성 자료를 통한 국어 연구도 가능해졌다.

구어는 다양하고 변형이 많아 연구의 대상으로 그 가치가 충분할 뿐만 아니라, 많은 언어학적 정보를 담고 있다(홍종선, 2014). 20세기 초는 국어사적 시대 구분에서 현대 국어의 초기로 분류되는데,[1] 현대 국어의 초기부터 음성 자료를 통해 국어의 실제 발음, 억양은 물론 어휘, 문법, 의미, 화용에 이르기까지 국어의 총체적 면모를 확인할 수 있다는 것은 매우 큰 의의를 지닌다. 따라서 이 시기의 음성 자료를 찾고 국어의 연구 자료로 가공하는 작업은 매우 중요하다.

현재 활발하게 진행되는 구어 문법 연구[2]를 위해서도 현대 국어 초기의 구어를 밝히는 연구는 반드시 병행되어야 한다.[3] 현재의 구어만을 보았을 때에는 밝히기 어려운 점들이나 설명하고 해석하기 어려운 요인들을 사적 자료를 통해 해결할 수 있는 부분이 적지 않기 때문이다. 이에 이 연구는 20세기 초 음성 자료의 유형과 특징을 고찰하여 구어 연구를 위한 기초 자료로서의 가치와 활용 방안을 밝히고자 한다. 이를 위하여 2장에서는 20세기 초 음성 자료의 현황을 개괄적으로 살펴보고, 3장에서는 음성 자료의 유형 분류 방법에 대해서 논의한 뒤, 4장에서는 20세기 초 음성 자료들의 유형별 특징에 대해서 밝힐 것이다.

---

[1] 국어 역사의 시대를 구분하는 논의에서 현대 국어의 출발점은 대부분의 학자들이 갑오개혁 혹은 20세기 초로 일치된 견해를 제시하고 있다. 이기문(1961), 홍윤표(1994)에서는 20세기부터 현대 국어 시대로 설정하였으며, 김형규(1962), 최범훈(1985), 박병채(1989), 홍종선(2009)에서는 갑오개혁 이후를 현대 국어 시대로 설정하였다.
[2] 노대규(1989, 1996), 민현식(1994, 2007), 서상규·구현정(2002), 이진희(2003), 장경현(2003), 이혜영(2006), 전영옥(2006, 2009), 지현숙(2006, 2007), 서상규(2008), 지은희(2011) 등 다수의 연구에서 구어의 개념, 구어 말뭉치 구축 방법, 구어와 문어의 차이 등에 대한 연구가 진행되었다.
[3] 20세기 초 음성 자료를 토대로 한 구어 연구로는 조아람(2005), 이유기(2007ㄱ, 2007ㄴ), 차재은(2005, 2006), 오새내(2005), 한성우(2005) 등이 있다.

## 2. 20세기 초 음성 자료의 현황

20세기 초 음성 자료의 현황을 파악하기 위해서 『한국음반학』, 『구비문학연구』, 『한국극예술연구』 등 학술지 연구 논문에 소개되었던 20세기 초 음성 자료의 목록을 살펴보고, 각 대학의 연구소 및 도서관과 각종 재단 등에서 소장하고 있는 음성 자료 및 영상 자료를 검색하였다.

20세기 초 대부분의 음성 자료는 유성기 음반으로 녹음되었다. 이러한 유성기 음반은 현재 복각과 디지털화 과정을 거쳐 아카이브로 구축되기도 하였으며(동국대 한국음반아카이브 www.sparchive.co.kr), 시디(CD)로 판매도 하고(신나라 레코드), 인터넷상에서 음원으로 스트리밍 서비스도 하고 있다((주)아이온 http://www.ponki.kr/). 한편 한국영상자료원에서는 20세기 초 영화 자료를 디브이디(DVD)로 발매하였으며[4], 홈페이지(www.koreafilm.or.kr) 상에서 유료 시청 서비스도 제공하고 있다.

20세기 초 유성기 음반의 총 목록과 각 음반에 대한 상세한 정보는 동국대학교 한국음반아카이브연구소에서 검색할 수 있다. 이 연구소에서는 한국연구재단의 지원을 받아 2006년부터 2011년까지 두 차례의 과제[5]를 통해 1899년부터 1945년 사이에 발매된 유성기 음반을 집대성하고 아카이브를 구축하였다. 6,500여 음반, 13,000여 건의 음향음성 자료가 수집되었고 2011년 7월 1일부터 홈페이지에서 음반 정보 및 음향음성 자료 정보에 대한 검색 서비스를 제공하고 있다. 그러나 음향음성 자료는 현재 저작권 문제로 인해 일반 이용자가 이용할 수 있는 것이

---

4) '발굴된 과거' 디브이디(DVD) 1편~4편
5) "한국 유성기음반 관련 자료수집·정리와 DB 구축 연구(2006년 7월~2007년 6월)", "한국 유성기음반 해제와 정보 웹서비스를 위한 디지털 아카이브 시스템 구축(2008년 7월~2011년 6월)"

매우 제한적이다. 다만 연구 목적으로 이용하고자 할 경우에는 동국대학교 중앙도서관 내 멀티미디어실 컴퓨터에서 열람 및 청취는 가능하다.

한국음반아카이브연구소에서 수집한 유성기 음반은 <표 1>과 같이 분류되어 있다. 크게 6가지 범주(전통음악, 근대음악, 극음악, 구술음향, 미분류, 외국음반)로 분류하고 이를 다시 20가지 종류로 자세하게 나누었다.

<표 1> 한국음반아카이브연구소 음반 자료 분류 체계

| 음반분류 | 구분 | 유형 |
|---|---|---|
| 전통음악 | 궁중음악 | 제례악, 연례악, 행악 |
| | 풍류음악 | 가곡, 가사, 시조, 독서성, 풍류악 |
| | 민요 | 서도민요, 경기민요, 남도민요, 동부민요, 신민요 |
| | 잡가 | 서도잡가, 경기잡가, 남도잡가, 재담소리, 연희소리 |
| | 판소리 | 춘향가, 심청가, 수궁가, 적벽가, 흥보가, 단가, 창극, 병창, 창작판소리 |
| | 민속기악 | 독주, 합주 |
| | 무속음악 | 서도무악, 경기무악 남도무악 |
| | 불교음악 | 범패화청, 고사덕담 |
| 근대음악 | 대중음악 | 대중민요, 유행가, 만요, 재즈송, 정책가요, 외국가요, 경음악 |
| | 양악 | 동요, 근대가곡, 근대기악, 외국곡 |
| 극음악 | 신극 | 근대극, 아동극 |
| | 희극 | 넌센스, 스케치, 만담 |
| | 악극 | 가요극 |
| | 영화극 | 영화 설명 |
| 구술음향 | 구술 | 구연, 교육연설 |
| | 음향 | 효과음 |
| 미분류 | 미분류 | |
| 외국음반 | 일본음악 | 일본전통음악, 일본근대음악, 일본대중음악, 일본비음악 |
| | 동양음악 | 각국음악 |
| | 서양음악 | 서양성악, 서양기악 |

<표 1>의 분류 체계 내에서 외국 음반이나 연주 음반, 음향을 제외하고, 국어학적으로 접근할 수 있는 음성 자료는 구술 음향의 '구술'과 극음악의 '신극', '희극', '악극', '영화극' 정도가 주로 해당된다. 전통 민요나 판소리 등은 이 시기의 언어를 잘 드러내지 못하지만, 당시의 유행가나 대중 민요도 주의 깊게 관찰하면 이 시기 언어의 특징을 일부 찾을 수 있을 것이다. 국어학적으로 이용하기에 적절한 자료의 편수는 <표 2>와 같다.

〈표 2〉 국어학적으로 접근 가능한 음성 자료 편수
(한국음반아카이브연구소)

| 분류 | | | 편수 |
|---|---|---|---|
| 구술음향 | 구술 | 구연 | 64 |
| | | 교육 연설 | 33 |
| 극음악 | 신극 | 근대극 | 410 |
| | | 아동극 | 28 |
| | 희극 | 난센스 | 356 |
| | | 스케치 | 83 |
| | | 만담 | 67 |
| | 악극 | 가요극 | 77 |
| | 영화극 | 영화 설명 | 211 |
| 합계 | | | 1329 |

　구술음향에서 구술 자료는 구연과 교육 연설로 분류된다. 구연 자료는 총 64편으로, 이 중에는 활용성이 높은 '김복진 동화 구연' 자료가 포함되어 있다. 교육 연설 자료는 총 33편으로, 이 중에는 월남 이상재 선생의 '조선 청년에게'라는 연설, 손기정 선수의 베를린 올림픽 금메달 수상 소감, 『보통학교 조선어독본』 낭독 자료가 포함되어 있다.

극음악 가운데 신극에서 근대극 자료는 모두 410편으로 이 중에는 1936년 7월에 한국 최초의 연극 전용 상설 극장인 동양극장에서 청춘좌에 의해 초연되었던 '사랑에 속고 돈에 울고(홍도야 우지 마라)', 유치진의 '토막' 등 연극배우들의 음성이 포함되어 있고, 아동극 자료는 모두 28편으로 이 중에는 '흥부와 제비', '콩쥐팥쥐' 등 아동을 대상으로 한 연극 음성이 포함되어 있다.

희극의 하위분류 '난센스, 스케치, 만담'은 당시 음반 발매 제작사들이 분류한 명칭이다(김재석, 1992). 이러한 극 음반은 당대 유행하며 유명세를 탔던 공연 중에서 음반 제작사들이 영리를 목적으로 배우들을 섭외하여 녹음실에서 녹음한 것이다. 희극에는 소수의 남녀 배우가 희극적인 이야기를 전개하는 난센스 356편과, 희극의 전체적인 이야기를 압축하여 전달하는 스케치 83편, 1인이 다역의 방식으로 이야기를 전개하는 만담 67편이 포함되어 있다. 그리고 악극에는 그 당시의 대중가요와 극이 결합한 장르인 가요극 77편, 영화극에는 무성 영화에 변사가 연기를 하거나 해설을 덧붙인 영화 해설 음성 자료 211편이 포함되어 있다. 이처럼 한국음반아카이브연구소에서 수집한 유성기 음반 중에서 노래나 음향 자료를 제외하고 국어학적으로 접근 가능한 음성 자료가 모두 1329편 정도 있다.

그러나 앞서 언급하였듯이 한국음반아카이브연구소의 유성기 음반 자료는 저작권과 법적인 문제로 인하여 이용할 수 있는 음성 자료나 이용 방법에 있어서도 제약이 있다. 1945년 이전에 발매된 유성기 음반에 대한 정보 검색 서비스를 제공하고는 있지만 현재 연구자들이 음성 자료에 자유롭게 접근할 수는 없다.

음성 자료를 이용하는 데에 이러한 제약이 있다 보니, 유성기 음반의 총 목록과 음성 자료에 대한 정보를 아는 것 외에 실제 이용 가능한 음성 자료를 제시하는 것이 중요하다. 현재 저작권 및 법적인 문제로부터 자유롭게 이용할 수 있는 유성기 음반 자료에는 음반 회사에서 발매한 시디나, 각 기관이나 재단 혹은 기업의 홈페이지에서 제공하는 자료가 있다.

<표 13> 유성기로 듣던 무성 영화 모음, 연극 모음(신나라레코드)

| 음반 | 구분 | 유형 |
|---|---|---|
| CD1 | 01. 아리랑 | 01. 말못할 사정 |
| | 02. 김옥균전 | 02. 아리랑 고개 |
| | 03. 사랑을 찾아서 | 03. 순동이의 효성 |
| | 04. 방아타령 | 04. 동방의 비가 |
| | 05. 풍운아 | 05. 버드나무선 동리의 풍경 |
| | 06. 개척자 | 06. 토막 (빵보일가의 이향) |
| | 07. 벤허 | 07. 일편단심 |
| | 08. 볼가 | 08. 낙화암 |
| | 09. 봉작 | 09. 낙랑공주와 마의태자 |
| CD2 | 01. 승방비곡 | 10. 벌 밧는 어머니 |
| | 02. 처녀총각 | 11. 정희의 옵바 |
| | 03. 상한몽 | 12. 모싱애 |
| | 04. 젊은이의 노래 | 13. 순사와 산부 |
| | 05. 봉자의 죽음 | 14. 어머니의 힘 |
| | 06. 비오는 포구 | 15. 한 많은 신세 |
| | 07. 개나리 고개 | 16. 눈물저즌 두만강 |
| | 08. 종소리 | 17. 모던 심청전 |
| | 09. 부활 | 18. 누구의 죄 |
| CD3 | 01. 며느리의 죽음 | 19. 저승에 맺는 사랑 |
| | 02. 장화홍련전 | 20. 마즈막 편지 |
| | 03. 유랑 | 21. 무엇이 숙자를 죽였나 |
| | 04. 원앙암 | 22. 불여귀 |
| | 05. 춘희 | 23. 상해야화 |
| | 06. 네아들 | 24. 신장안몽 |
| | 07. 숙영낭자전 | 25. 사랑에 속고 돈에 울고 |
| | 08. 모성 | 26. 사의 승리 |
| | 09. 영화설명레뷰 (무정, 백장미, 명금, 침묵, 춘희, 부활) | 27. 처량한 밤 |

시디 자료로는 신나라레코드사에서 발매한 것이 있는데, 1996년에 <유성기로 듣던 무성영화 모음> 시디 3장과 1998년에 <유성기로 듣던 연극 모음> 시디 3장이 그것이다. 전자에는 모두 27편의 무성 영화에 대한 변사의 구연 음성이 수록되어 있으며, 후자에는 1930년대 연극 27편의 음성 자료가 수록되어 있다. 각 작품의 목록은 <표 3>과 같다.

인터넷 홈페이지를 통해 이용할 수 있는 음성 자료에는 (주)아이온에서 제공하는 유성기 음반 자료가 있다. (주)아이온에서는 '추억의 음악 감상실, PONKI'라는 이름의 홈페이지를 통해 1920년대부터 1970년대까지의 음반을 유료로 들을 수 있는 서비스를 제공하고 있다. 이 홈페이지에는 1945년 이전 유성기 음반 자료가 1920년대 121편, 1930년대 2,043편, 1940년대 385편, 1950년대 219편이 있는데, 이 가운데 노래나 음향을 제외하고 국어학적으로 활용하기 좋은 음성 자료의 종류와 편수는 <표 4>와 같다.

<표 14> (주)아이온 유성기 음반 음성 자료

| 종류 | 편수 | 종류 | 편수 |
|---|---|---|---|
| 극 | 55 | 만극 | 6 |
| 난센스 | 48 | 만담 | 6 |
| 영화 설명 | 40 | 극 설명 | 4 |
| 영화 해설 | 40 | 고대 비극 | 4 |
| 창극 | 38 | 아동 비화 | 4 |
| 스케치 | 29 | 아동 비극 | 4 |
| 동화 | 24 | 영화 | 4 |
| 영화극 | 21 | 영화 소패 | 4 |
| 만곡 | 13 | 명작 비극 | 2 |
| 가요 해설 | 8 | 영화 만곡 | 2 |
| 비극 | 8 | 창가극 | 2 |
| 만극 | 6 | 동요극 | 2 |
| 합계 | | | 374 |

(주)아이온에서 제공하는 유료 스트리밍 서비스는 극, 난센스, 영화 설명 등 대부분이 극과 관련된 음성 자료이다. 극 음성 자료가 55편으로 가장 많고, 그 다음으로는 난센스가 48편, 영화 설명이 40편 등 모두 374편의 음성 자료가 있다.

이 밖에 월남 이상재 선생 기념 사업회에서는 홈페이지를 통해 '조선 청년에게'라는 월남 이상재 선생의 연설 음성 자료를 무료로 제공하고 있으며(http://www.leesj.or.kr/WWW/me_intro/index.php), 디지털 한글 박물관(http://www.hangeulmuseum.org/)에서는 『보통학교 조선어독본』 음성 자료 중 일부를 제공하고 있다. 국내 홈페이지뿐만 아니라 프랑스 음성 자료 아카이브인 'Archives de la parole'의 홈페이지(http://gallica.bnf.fr/ark:/12148/bpt6k129253m.r=coree.langFR)에서는 고루 이극로 선생의 '조선 말소리' 강연 자료를 들을 수도 있다.

한편 20세기 초 음성 자료는 그 당시에 제작된 영화에도 남아 있다. 한국영상자료원에서 필름을 복원하여 보존하고 있는 영화 중에서 1945년 이전 한국어 음성을 들을 수 있는 영화는 총 9편으로, 전체 약 417분 정도의 분량이 있다. 영화의 목록과 분량은 <표 5>와 같다.

<표 15> 1945년 이전 한국어 음성이 담긴 영화 목록

| 호 | 연도 | 제목 | 상영시간 | 감독 |
|---|---|---|---|---|
| 1 | 1936 | 미몽 | 48분 | 양주남 |
| 2 | 1937 | 심청전 | 14분 | 안석영 |
| 3 | 1938 | 어화 | 52분 | 안철영 |
| 4 | 1938 | 군용열차 | 67분 | 서광제 |
| 5 | 1939 | 국기 아래서 나는 죽으리 | 9분 | 이익, 강야진일 |
| 6 | 1939 | 조선 우리의 후방 | 11분 | 미상 |
| 7 | 1941 | 반도의 봄 | 87분 | 이병일 |
| 8 | 1941 | 집 없는 천사 | 73분 | 최인규 |
| 9 | 1941 | 지원병 | 56분 | 안석영 |

이상으로 20세기 초 음성 자료의 현황을 살펴보았다. 저작권 등 법적인 문제로 20세기 초 음성 자료를 온전히 모두 이용하는 것은 어려우나, 현재 이용 가능한 자료만으로도 현대 국어 초기의 구어 연구를 하기에 적은 양은 아니다. 다음 절에서는 현재 이용 가능한 20세기 초 음성 자료를 대상으로 그 유형을 분류하고 특징을 찾아 기술하도록 한다.

## 3. 20세기 초 음성 자료의 유형 분류

2장에서 살펴본 1945년 이전의 음성 자료 중에서 국어학적으로 이용할 수 있는 구술, 연설, 구연, 강연, 대화 자료 등을 선별하여, 국어 연구 자료로 변환하고 가공해야 할 필요가 있다. 이를 위하여 우선 이들 자료를 그 특성이나 활용성에 유의하여 유형화한다.

### 3.1 구어 유형 구분에 따른 분류

현재 유성기 음반을 분류해 놓은 한국음반아카이브연구소의 분류 체계는 음향, 음악, 음성 자료를 모두 고려한 분류 방식이기 때문에 본고에서 관심을 가지는 음성 자료가 '구술 음향', '극음악'이라는 유형으로 구분되어 있다. 또한 '구술 음향'이라는 장르의 하위분류 체계에서도 교육 연설 자료에 연설 외에 소감 인터뷰 등의 음성이 같이 포함되어 있어 '교육 연설'이라는 명칭이 다소 어색하게 보이기도 한다. 따라서 유성기 음반의 음성 자료는 국어학적 관점에서 분류 체계를 재정비할 필요가 있다.

국어학적 관점에서 분류하기 위해서는 우선 음성 자료가 담고 있는 구어의 내용적 측면 중 장르적 속성에 대한 고려가 필요하다. 이러한 분류를 위해서는 그동안 진행되었던 구어 말뭉치 구축과 연계하여 구어 장르에 대한 구분을 생각해 보아야 한다. 대표적으로 21세기 세종계획에서 제시했던 구분을 참조할 수 있다.

21세기 세종계획에서는 구어의 유형을 상호작용성과 공공성을 기준으로 구분하였다. 상호작용성에 의해서는 '독백'과 '대화'로 나누고, 공공성에 의해서는 '공적', '사적'으로 나누어 '공적 독백, 공적 대화, 사적 독백, 사적 대화'로 구어의 유형을 분류하였다(서상규, 2008:45 참조).

연구 자료로서의 활용성을 고려할 때 앞선 분류 방식을 참조하는 것은 선행 연구와의 상호 비교를 용이하게 하고 호환성을 높이는 장점이 있다. 현대 국어 초기의 구어 연구를 통해 현재의 구어 연구로까지 확대하고 그 변화 양상을 살피기 위해서는 분류 방식을 동일하게 하는 것도 고려할 필요가 있다. 그러나 21세기 세종계획의 분류 체계는 재고해야 할 점도 있다.

일례로 21세기 세종계획에서 공적 대화로 분류된 구어의 유형을 보면, '구매대화, 뉴스(TV), 방송대화, 상담, 수업대화, 인터뷰, 주제대화, 진료대화, 토론, 토론식 강의, 토의, 참여식 강의, 회의' 등이 포함되는데 분류된 하위 유형들의 위계가 맞지 않는 점이나, 동일한 유형으로 범주화하기에는 다소 균질하지 못한 유형이 섞여 있다는 점이 발견된다. 먼저 위계가 맞지 않는 유형은 '구매대화', '수업대화', '주제대화', '진료대화'를 들 수 있다. 이는 각각을 대화의 유형으로 분류할 것이 아니라 '주제대화'라는 상위 항목에 '구매대화', '수업대화', '진료대화' 등의 체계로 분류하는 것이 타당하다. 사적인 일상 대화와 구분하기 위하여 특정한 주제를 대상으로 한 공적인 대화를 분류하고자 한다면, '주제대화'라는 포괄적인 유형 밑에 '구매', '수업(교과)', '진료'와 같은 범주를 구분할 수 있기 때문이다.

　이렇게 구분한다 하더라도 '구매'와 '진료'를 모두 공적인 대화로 분류하는 것이 석연치 않다. 모두 공적인 대화로 볼 수 있지만 '구매'와 '진료'의 내용에는 차이가 있기 때문이다. '구매'는 시장이나 상점에서 물건을 사고파는 사람끼리 주고받는 일반적인 내용의 대화이며, '진료'는 전문가가 의학적 전문 지식을 이용하여 구성하는 대화이기 때문이다. 이러한 내용으로부터 기인하는 차이는 언어적 형식 혹은 말차례 교대 등에 영향을 줄 수도 있다. 따라서 '전문적인 내용'과 '일반적인 내용'을 구분할 필요가 있다.

　이러한 점을 구분하는 데에는 Eggins(2004)에서 제시한 '영역(field)'이라는 개념이 유용하다. Eggins(2004)에서는 언어의 실현역(register)을 영역(field), 방법(mode), 역할(tenor)이라는 세 가지 개념으로 설정한다.[6] 영역(field)은 말하고 있는 내용, 방법(mode)은 언어가 담기는 형식 혹은 매체, 역할(tenor)은 참여자 간의 상호 작용 또는 격식과 관련되는 개념이다. 이러한 관점에서 볼 때 21세기 세종계획에서 분류한 상호작용성과 공공성은 역할(tenor)에 따른 분류이다. 분류된 하위 유형 간의 위계를 맞추고 균질한 내용으로 분류하기 위해서는 구어의 유형을 조금 더 다면적으로 구분할 필요가 있다. 따라서 참여자 간의 역할뿐만이 아니라 방법이나 영역도 고려해야 한다. 본고에서 대상으로 하는 음성 자료는 모두 구어라는 방법(mode)를 사용하고 있으므로, Eggins(2004)에서 제시한 역할과 영역에 따라서 구어의 유형을 분류하면 <표 6>과 같이 제시할 수

---

6) 레지스터(register), 필드(field), 모드(mode), 테너(tenor)에 대한 우리말 번역은 홍종선(2014) 참조.

있다.

<표 16> 구어의 유형 분류

| 역할(tenor) | | 영역(field) | |
|---|---|---|---|
| | | 전문 | 일반 |
| 일방향 | 격식적 | 강연, 연설, 강의, 설교 | 개회사/폐회사, 주례사, 축사 |
| | 비격식적 | 전문적인 경험담 들려주기 | 일상적인 경험담 들려주기 |
| 양방향 | 격식적 | 전문가 상담, 회의 | 인터뷰(사적인 내용) |
| | 비격식적 | 면담 | 일상 대화 |

강연, 연설, 강의, 설교 등은 전문적인 격식적 일방향 구어 유형으로, 개회사/폐회사, 주례사, 축사는 일반적인 격식적 일방향 구어 유형으로 구분할 수 있다. 반면 비격식적 일방향 구어 유형은 '강연', '축사'처럼 일반적 명칭을 부여하기가 어렵다. '격식성'이 없기 때문에 특정한 장르로 명명하는 것이 쉽지 않기 때문이다. 따라서 어떠한 사람이 자신의 경험담을 격식 없이 들려주는데 그 내용이 전문적인 내용이라면 '전문적인 비격식적 일방향'의 구어 유형으로, 자신의 일반적인 경험에 대한 내용이라면 '일반적인 비격식적 일방향' 구어 유형으로 분류할 수 있다.

양방향 소통에서는 격식을 갖추어 말하는 구어 유형 중에 전문적인 내용을 담고 있는 것으로는 '전문가 상담, 회의' 등을 생각해 볼 수 있으며, 일반적인 내용을 담고 있는 것은 사적인 질문이 주가 되는 인터뷰 등을 생각해 볼 수 있다. 그리고 양방향 소통에서 비격식적으로 이루어지는 구어 유형 중에서 전문적인 내용을 담고 있는 것은 친한 동료 혹은 선후배 간의 전문적인 내용을 주제로 한 면담을 들 수 있고, 일반적인 내용을 담고 있는 것은 일상 대화를 들 수 있다.

이처럼 구어의 유형을 구분하면 민현식(1994)에서 '구어체 구어'로 언급하였던 일상 대화는 '일반적인 비격식적 양방향' 구어 유형으로, '문어체 구어'로 언급하였던 강연, 연설, 강의는 '전문적인 격식적 일방향' 구어 유형으로 분류할 수 있다. 또한 Koch & Oesterreicher(1994)에서 제시한 구어성과 문어성의 개념을 받아들여 구어를 '친밀한 대화> 면접/자기소개> 학술 강연'처럼 정도성으로 구어 유형의 예를 제시했던 이진희(2003)의 구분도, '친밀한 대화'는 일반적인 비격식적 양방향 구어로, '면접/자기소개'는 일반적인 격식적 일방향 구어로, '학술 강연'은 전문적인 격식적 일방향 구어 유형으로 분류할 수 있다. 이러한 유형 구분을 바탕으로 20세기 초 음성 자료를 분류하면 <표 7>과 같다.

〈표 17〉 20세기 초 음성 자료의 구어 유형에 따른 분류

| 역할(tenor) | | 영역(field) | |
|---|---|---|---|
| | | 전문 | 일반 |
| 일방향 | 격식적 | 연설, 강의 등 | 소감 등 |
| | 비격식적 | | 동화 구연, 영화 설명, 만담 등 |
| 양방향 | 격식적 | | |
| | 비격식적 | | 난센스, 스케치, 극, 영화 등 |

<표 7>과 같이 분류할 때 전문적인 격식적 일방향 구어에는 연설, 강의 등의 음성 자료가 포함되고, 일반적인 격식적 일방향 구어에는 소감 등의 음성 자료가 포함된다. 그리고 일반적인 비격식적 일방향 구어에는 동화 구연, 영화 설명, 만담 등의 음성 자료가 포함되고, 일반적인 비격식적 양방향 구어에는 난센스, 스케치, 극, 영화 등에 포함된 대화 음성 자료가 포함된다. 이러한 유형 분류를 따를 때 20세기 초 음성 자료에서는

전문적인 비격식적 일방향 구어나 일반적인 격식적 양방향 구어, 전문적인 격식적 양방향 구어, 전문적인 비격식적 양방향 구어 음성 자료가 빈칸으로 남는다. 21세기 세종계획에서 구축한 구어 말뭉치에서 격식적 양방향 말하기에 속하는 구어 유형을 보면 방송 대화나 토론이 대부분을 차지하는데, 20세기 초에 이에 해당하는 자료를 찾는 것은 쉽지가 않기 때문이다.7) 앞으로 각각의 유형에서 빈칸으로 남아 있는 음성 자료를 찾는 작업이 지속적으로 이루어져야 할 것이다.

## 3.2 자료 보존 방식에 따른 분류

구어의 장르적 속성에 따른 분류가 음성 자료의 구어적 속성에 해당한다면 음성 자료가 기록된 방식에 따른 분류도 고려할 필요가 있다. 구어는 청각 채널과 시각 채널 두 채널을 이용할 수 있기 때문에 음성 자료가 소리로만 남겨졌는지, 소리와 영상 모두가 남겨졌는지를 분류할 수 있다. 또한 부차적으로 후대에 연구 목적 혹은 보존의 목적을 위해 음성을 전사한 자료가 있는 것을 확인하여 분류 체계에 포함할 수도 있다. 음성 자료의 보존 방식에 따라서는 (1)과 같은 분류가 가능하다.

(1) 자료 보존 방식에 따른 분류
ㄱ. 녹음: 소리
ㄴ. 녹화 및 녹음: 소리 및 영상
ㄷ. 녹화, 녹음 및 전사: 소리, 영상 및 문자 기록

---

7) 20세기 초에 격식적 양방향 말하기로 분류할 만한 음성 자료는 없지만, ≪삼천리≫, ≪동광≫, ≪제일선≫, ≪별건곤≫, ≪신여성≫ 등 20세기 초에 발간된 잡지에 집담회나 좌담회의 내용을 기록으로 정리한 문자 자료는 있다. 이들은 국사편찬위원회 한국사데이터베이스에서 열람할 수 있다.

유성기 음반 자료는 소리만 기록된 음성 자료이며, 영화는 영상과 소리가 기록된 음성 자료이다. 이 중에서 일부 음성 자료는 전사 자료를 같이 구할 수 있는 것도 있다. 대표적으로 신나라레코드사에서 발매한 시디 자료에는 전사 자료가 함께 포함되어 있으며, 난센스, 만담, 스케치 중 일부 음성 자료는 연구 논문에서 전사 자료를 구할 수 있는 것들도 있다.[8]

1945년 이전 음성 자료는 대부분이 유성기 음반과 영화 필름으로 전해지기 때문에 음성만 전하는 자료와 영상과 음성이 동시에 전하는 자료가 비교적 확연하게 구분된다. 그러나 1945년 이후 방송 영상과 각종 기록 음성 및 영상을 염두에 둔다면 음성만 전하는지, 음성과 영상이 동시에 전하는지를 먼저 분류해 두는 것이 20세기 사적 구어 자료를 데이터베이스화하는 데 필요한 작업일 것이다.[9]

## 4. 20세기 초 음성 자료의 유형별 특징

3장에서는 음성 자료에 담긴 구어의 속성에 따라 일방향, 양방향, 격식적, 비격식적, 전문적, 일반적 유형으로 나누었으며, 자료의 기록 보존

---

[8] 대표적으로 노재명(1996)에는 변사 김영환의 영화 설명, 난센스, 극 유성기음반 음성 자료를 채록한 자료가 실려 있다.

[9] 김현강·송재영(2011)에서는 담화 자료에 나타나는 비언어적 요소의 기능을 연구하기 위한 자료 구축 방법을 논의한 바 있다. 현재 담화 연구에서는 영상 자료를 통해 언어적 의사소통을 넘어 비언어적 의사소통으로까지 외연을 확대하고 있다. 소리와 영상이 동시에 전하는 자료를 체계적으로 분류해 놓아야 하는 이유가 바로 이러한 점 때문이다. 구어 연구에서 청각 채널을 통한 언어적 의사소통은 물론 시각 채널을 통한 비언어적 의사소통으로까지 확장을 염두에 둔다면 음성 자료가 전하는 초기 시기부터 자료 보존 방식에 따라 자료를 체계적으로 분류할 필요가 있다.

방식에 따라서는 소리만 전하는 것과, 소리와 영상이 동시에 전하는 것, 소리와 영상 그리고 전사 자료가 있는 것으로 나누었다. 이러한 분류에 따라 현재 연구자들이 비교적 쉽게 접근할 수 있는 대표적인 20세기 초 음성 자료를 제시하고 그 특징을 소개하도록 한다.

## 4.1 '전문적인 격식적 일방향' 음성 자료

'전문적인 격식적 일방향' 음성 자료는 특정 분야의 전문가가 자신의 전문적인 식견이나 전문적 지식을 청중들에게 말하는 형식의 구어이다. 따라서 이러한 음성 자료에는 전문 용어가 많이 나타나고, 문어 문장의 형식과 유사한 종결 어미가 사용된다. 통사적으로는 양방향 소통의 대화보다는 발화(문장)의 단위가 비교적 길고 구조가 더 복잡하다는 특징이 있다. 20세기 초 음성 자료 중에서 '전문적인 격식적 일방향' 음성 자료로는 월남 이상재 선생의 대중 연설, 고루 이극로 선생의 '조선 말소리'에 대한 기록 음성 등이 있다.

1) 월남 이상재 선생 "조선 청년에게" 연설 음성 자료

일제강점기 독립운동가인 월남 이상재 선생(1850.10.26~1927.3.29, 충남 서천군 출생)이 조선의 청년들에게 민족의 자긍심과 독립심을 고취하기 위해 연설한 내용으로, 유성기 음반 음성 자료가 독립기념관에 소장되어 있다. 이 음반은 2011년 KBS '진품명품'이라는 프로그램을 통해 세상에 알려졌으며, 그 당시 소장자인 손석우 씨가 독립기념관에 기증하였다. 1926년 11월 21일에 녹음되었으며, 7분 정도의 육성이 담겨 있다.

(2) 월남 이상재 선생의 연설 음성 자료 "조선 청년에게" 중 일부

내가 조선 청년에 대해서 세 가지로 관념을 보는 중인데, 첫째는 조선 청년에게 아주 극단으로 희망을 허는 게 있고 둘째로는 조선 청년에게 시방 현상을 보고서 극단으로 비관하는 일이 있고 필경 셋째로는 결국의 낙관하는 하나가 있다 그말이여. 어째 조선 청년에 대해서 희망이 크다고 허는고 허니, 조선 청년은 도덕상 지식이 있는 청년이여. (하략)[10]

(2)에서 보면 '내가'부터 '있다 그말이여'까지를 하나의 발화(문장) 단위로 상정할 수 있는데, 그 길이가 매우 길다. 또한 그 발화 속에는 '첫째로는', '둘째로는', '셋째로는'처럼 일반적으로 글쓰기를 할 때 병렬식 구성으로 사용하는 접속 구조도 관찰되며, '필경', '-는 까닭에'처럼 구어보다는 문어에 더 어울리는 어휘도 보인다. 그러나 '허는고 허니', '그말이여'에서 보듯이 '하다', '이야'의 실제 발음이 [허다], [이여]로 실현된 것을 들 수도 있고, '어째 ~ 허는고 허니'처럼 판소리의 아니리에서 보이는 듯한 말하기 형식이 드러난 것도 확인할 수 있다. 이처럼 '전문적인 격식적 일방향' 말하기 음성 자료인 월남 이상재 선생의 연설 음성에서는 그 당시의 구어적 특징을 확인할 수 있는 것은 물론 문어적 특징도 관찰할 수 있다. 문어적 특징은 그 당시 문자로 기록된 연설문과 비교한다면 더욱 확실한 연구 결과를 제시할 수 있을 것이다. 한편 이 연설자가 1850년대 출생한 인물임을 상기한다면 '도덕상으로 지식이 있는', '도덕심으로 길러온 까닭에'와 같은 표현이 근대 국어에서 현대 국어로 이행되는 과정에서 어떠한 문법적 특징을 보이는지를 연구할 수도 있을 것이다. '도덕상으로 지식이 있는'은 현재의 표현으로 한다면 '도덕적으로 지식이 있는', '도덕심으로 길러온 까닭에'는 '도덕심을 길러온 까닭에' 정도로 바꿀 수 있기 때문이다.

---

10) 이 연구에서 제시된 음성 자료의 전사 내용은 한글맞춤법에 맞게 철자 전사를 원칙으로 하되, 자료에서 나타나는 발음 정보를 최대한 반영하였다.

## 2) 고루 이극로 선생의 "조선 말소리" 음성 자료

국어학자 고루 이극로 선생(1893.8.28~1978.9.13, 경남 의령군 출생)이 한글과 한글의 음가를 예를 들어 소개한 내용의 음성 자료이다. 1928년 파리대학 음성학부 실험실에서 녹음되었다. 이 음성 자료는 유성기 음반을 디지털로 복원한 2개의 음원 파일로 구성되어 있으며, 각 2분씩 총 4분 정도의 분량이 전해진다.

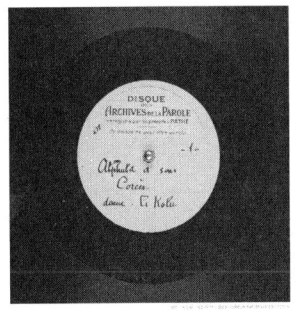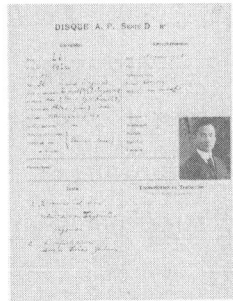

〈그림 1〉 고루 이극로 선생의 유성기 음반과 친필 사인(Archives de la parole)

(3) 고루 이극로 선생의 '조선 글씨와 조선 말소리' 중 일부
조선 글씨와 조선 말소리.
이제 쓰는 조선 글씨는 조선 임군 세종이 서역 일천사백사십삼 년에 대궐 안에 정음국을 열고 여러 학자로 더불어 연구하신 끝에 온전 과학적으로 새로 지으신 글씬데 서역 일천사백사십육 년에 반포하게 되었습니다. 이 글씨는 홀소리 열한 자와 닿소리 열일곱 자로 모다 스물여덟 자올시다. 그 뒤에 점점 변하야 닿소리 석자가 줄었고 홀소리는 그대로 있으되 한 자는 아주 그르게 읽어서 아래아자라 합니다. 이 자는 이제 말소리에 쓰일 필요가 없으므로 점점 없어져 갑니다. 요사이에 쓰이는 글씨는 아래 아래와 같습니다.
아야 어여 오요 우유 으이 (하략)

(3)의 자료에서도 (2)의 연설 자료에서와 마찬가지로 문장의 길이가 비교적 길다. 그리고 '연구하신 끝에', '그대로 있으되', '없으므로'처럼 글에서 나타나는 접속 구조가 관찰된다. 즉 연설과 마찬가지로 '전문적인 격식적 일방향' 구어 유형과 공통된 특징을 보이고 있다.

한편 '글씨', '임군', '모다' 등을 통해 그 당시의 구어적 표현을 알 수 있는데, 이극로 선생이 같은 내용을 현재 녹음하였다면 '글씨'는 '글자'로 '임군'은 '임금'으로 표현하였을 것이고 '모다'는 '모두'로 발음하였을 것이다. 그리고 '온전 과학적'이라는 표현도 특이하게 느껴지는데 90년대 후반부터 '완전히'에서 '완전'의 형태로 널리 쓰이고 있는 '완전'의 형태와도 같은 '온전'이 발견된다. '온전 과학적'은 '온전히 과학적으로'를 구어적으로 표현한 것으로 보인다.

(3)의 자료는 이 밖에도 특별한 의의를 지닌다. 바로 실제 그 당시 음가에 대한 설명이 직접적으로 담겨 있다는 점이다. 이 음성 자료에서는 '아, 야, 어, 여'처럼 그 당시 모음을 명시적으로 녹음해 둔 것은 물론 아래아의 음가가 사라지고 있다는 것도 구술해 놓았다. 이는 국어학적으로도 매우 중요한 기록 음성 자료이다.

월남 이상재 선생의 음성 자료와 고루 이극로 선생의 강연 음성 자료를 통해 보듯이 '전문적인 격식적 일방향' 음성 자료는 그 당시의 구어를 관찰할 수 있음은 물론 그 당시에 문자로 기록된 연설문, 강연 자료 등과의 비교를 통해 구어와 문어를 비교하는 연구 자료로서도 가치가 있다.

## 4.2 '일반적인 격식적 일방향' 음성 자료

'일반적인 격식적 일방향' 구어는 전문적인 격식적 일방향 구어에 비해서 그 내용이 일반적이라는 차이가 있는데, 주례사, 축사, 개회사/폐회사 같은 형식적인 말하기 등이 있고, 가끔 텔레비전에서 볼 수 있는 '영상 메시지' 등을 예로 들 수 있다. 형식적인 말하기에서는 '오늘 이 자리에 와 주신 여러분들께 진심으로 감사드립니다.' '이 자리를 빛내 주시는······'과 같은 굳어진 표현이 자주 등장하기도 하고, '영상 메시지'와 같이 개인적인 소감을 말하는 음성에서는 일상적 내용이 짧은 발화(문장)로 표현되는 것이 특징이다. 20세기 초 일반적인 격식적 일방향 말하기 음성 자료로는 손기정 선수의 금메달 획득 후 소감 음성이 있다.

### 1) 손기정 선수 금메달 획득 후 소감 음성

2004년 손기정(1912.8.29~2002.11.15, 평북 신의주 출생) 선수의 유족들이 유품을 정리하다가 찾아낸 엘피판(1936년 9월 일본 콜롬비아레코드사가 제작)에 수록된 음성 자료이다. 1936년 제11회 베를린올림픽 마라톤에서 금메달을 획득한 후 일본으로 가서 소감을 녹음한 약 7분가량이 음성 자료이다.

> (4) 손기정 선수의 금메달 획득 후 소감 음성
> 저는 손기정입니다. 24년간의 숙망을 달성하려고 우리들은 중대한 책임을 지고, 8월 9일 오후 세 시에 스타트에 나섰습니다. 이때 나는 신궁대회 때 스타트와 같은 가벼운 기분이었습니다. 이 정도이면 반드시 우승하리라고 생각되었습니다. 쟈바라가 먼저 뛰어달리기 시작했습니다. 나는 내 페-스대로[11] 달렸습니다. 나는 침착한 태도로 달리었습니다. 그러면서 앞에서 달리고 있는 외국인들을 따르기 시작하였습니다. 영국인 하파가 곧 내 앞에서 달리고 있었습니다. 31킬로를 앞두고 하파와 함께 전 회의 우승자인 아리연정(亞理然丁)의 쟈바라를 따라버리었습니다. (하략)

(4)는 (2), (3)과 비교하면 문장 단위가 매우 짧다. 일반적인 격식적 일

---
[11] '-' 기호는 장음을 뜻한다.

방향 말하기의 특성상 발화(문장) 단위가 짧은 이유도 있지만, 마라톤 당시의 상황을 생생하고 박진감 넘치게 전달하려는 특성이 문체에 반영되었기 때문이기도 하다. 한편 '달리었습니다', '따라버리었습니다'에서 보듯이 보통 구어에서는 축약의 형태로 널리 쓰이는 형태가 축약되지 않은 형태로 사용되거나, '가득하였으므로, 있음'과 같은 문어적 표현도 볼 수 있다. 이는 '격식성'에서 기인한 특징으로 파악된다. 이 밖에도 (4)에서는 '스타트', '페-스'와 같은 외래어를 발음이나, '아리연정(아르헨티나)'와 같은 음차에 의한 외국명의 표현도 볼 수 있어 그 당시의 구어적인 특징도 확인할 수 있다.

### 4.3 '일반적인 비격식적 일방향' 음성 자료

일반적인 비격식적 일방향 구어는 일반적인 내용을 격이 없이 '들려주는' 형식의 말하기이다. 아동을 대상으로 한 '동화 구연'이나 편한 자리에서 자신의 소소한 경험담을 들려주는 것 등이 이러한 유형으로 속할 수 있다. 일반적인 내용이기 때문에 어려운 개념의 전문어 사용이 적고, 격식이 없기 때문에 문장의 구조가 복잡하지 않은 것이 특징이다. 그러나 일방향적으로 화자가 혼자 말을 하기 때문에 발화(문장)의 단위를 주로 종결 어미로 마치는 특징도 보인다. 20세기 초 일반적인 비격식적 일방향 말하기 음성 자료에는 동화 구연, 낭독, 영화 설명(변사 해설), 만담 등이 있다.

1) 김복진 동화 구연 음성 자료

연극배우이자, 동화 구연가로 활동했던 김복진(1909~1951, 서울 출생)

의 동화 구연 음성 자료이다.12) 총 10편으로 구성되어 있으며, 자료의 내용은 <표 8>과 같다. 음성 자료의 총 분량은 47분 9초이다.

<표 18> 김복진 동화 구연 음성 자료(오새내, 2005)

| 동화 제목 | 시간 | 발매일 |
|---|---|---|
| 勇敢한 少年 | 5:19 | 1934년 7월 15일 |
| 생명수 | 6:57 | 1934년 9월 30일 |
| 겁만흔톡기 | 2:57 | 1934년 10월 20일 |
| 혹 쩬 이야기 | 3:11 | 1934년 10월 20일 |
| 양옹, 쇠쇠댁, 쌕, 멍멍 | 5:19 | 1934년 11월 20일 |
| 현철이와 옥주 | 5:56 | 1935년 1월 20일 |
| 새끼도야지 세마리 | 6:55 | 1935년 2월 20일 |
| 수탉과 胡桃 | 2:52 | 1935년 7월 20일 |
| 콩배터진이야기 | 2:45 | 1935년 7월 20일 |
| 들문이와 쌀분이 | 5:42 | 1935년 10월 정도 |

(5) 김복진 동화 구연 '현철이와 옥주' 중 일부
그 새도 현철이하고 옥주가 따라가는 것을 보있는지 천천히 닐라가드니 쪼끄만 집이 하나 있는데 그 지붕 위에 가 앉습니다. … 지붕은 빵이고 벽은 비스켓이고 창문은 얼음사탕이고 층층대는 빠나나고 이렇게 이상스럽게 진 과자집이었습니다. … 현철이허고 옥주는 그 이상스러운 새가 날라가는 데로 쫓아가니까 … 이상스러운 새 한 마리가 큰 날개를 부리고 저를 따라 오라는 듯이 날라서 지나갑니다. … 현철이하고 옥주를 길을 잊어버리게 맨들고 과자집을 지어 놓고 새를 날라 보내서 여기까지 들여 온 것입니다. (하략)

(5)의 '날라가드니', '날라가는', '맨들고'처럼 구어의 실제적 발음을 관찰할 수도 있고, '비스켓', '빠나나'처럼 외래어의 실제 발음도 관찰할 수 있다. 또한 '현철이하고', '현철이허고'처럼 '하고'의 형태가 수의적으

---

12) 김복진과 동화 구연 음반에 대한 자세한 소개는 오새내(2005) 참조.

로 발음이 변하는 것을 볼 수도 있다. 한편 (2)~(3) 격식적인 일방향 음성 자료와 비교하면 '필경', '숙망', '무한히'와 같은 문어적 어휘는 나타나지 않는다. 그러나 '앉습니다.', '과자집이었습니다.'처럼 발화(문장)가 글에서와 마찬가지로 종결 어미로 맺어지는 것을 볼 수 있다.

2) 보통학교 조선어독본 낭독 음성 자료

일제 강점기 초등학교 국정 교과서인 『보통학교 조선어독본』(조선총독부 발행, 전6권)의 내용을 일부 발췌해 녹음한 음성 자료이다. 이 자료는 현존하는 자료 중에서 가장 오래된 음성 교재이며, 1930년대 표준어 음성을 들을 수 있는 귀한 자료이다(차재은, 2005). 에스피판 12장에 『보통학교 조선어독본』 6권 중 27개 과에 대한 낭독과 노래 등이 실려 있다. 자료의 목록은 <표 9>와 같다.

<표 19> 『보통학교 조선어독본』 음성 자료 정보(차재은, 2005)

| 내용 | 화자 | 발화 유형 | 배경 음악 |
|---|---|---|---|
| 바른 독법 | 성인(남), 아동(남) | 해설 | 없음 |
| 반절 | 성인(남), 아동(남) | 해설 | 없음 |
| 아침해 | 아동(남) | 시 낭독 | 없음 |
| 아버지와 아들 | 성인(남) 아동(남) | 해설, 대화 | 없음 |
| 코끼리 | 아동(남) | 해설 | 없음 |
| 비 | 아동(여) | 해설 | 없음 |
| 봄 | 아동(남) | 해설 | 있음 |
| 무지개 | 아동(남) | 시 낭독 | 없음 |
| 물방아 | 아동(남) | 시 낭독 | 없음 |
| 산울림 | 성인(여), 아동(남, 여) | 해설, 대화 | 일부 있음 |
| 한석봉 | 아동(여?) | 해설 | 있음 |
| 박혁거세 | 아동(남), 아동(여) | 해설, 대화 | 일부 있음 |
| 꿈 | 성인(여), 아동(남, 여) | 해설, 대화 | 일부 있음 |

| 달 | 아동(여) | 노래 | 있음 |
| 자장가 | 아동(여) | 시낭독 | 없음 |
| 꽃잎 | 아동(여) | 해설, 대화 | 없음 |
| 점심밥 | 아동(남) | 해설, 대화 | 없음 |
| 혹뗀 이야기 | 아동(남) | 해설, 대화 | 일부 있음 |
| 아침바다 | 아동(여) | 시 낭독 | 없음 |
| 부여 | 아동(여) | 시 낭독 | 있음 |
| 어부가 | 아동(여) | 시 낭독 | 있음 |
| 언문의 제정 | 성인(여) | 해설 | 일부 있음 |
| 심청 | 아동(남), 아동(여) | 해설, 대화 | 있음 |
| 시조오수 | 아동(여) | 시 낭독 | 있음 |
| 공자와 맹자 | 성인(여) | 해설 | 없음 |
| 시화이편 | 아동(여) | 해설, 시 낭독 | 없음 |
| 도상의 일가 | 아동(남), 아동(여) | 시 낭독 | 있음 |

(6) 『보통학교 조선어독본』 '한석봉' 중 일부

한석봉은 지금부터 한 삼백오십 년 전 개성 사람이올시다. 젊었을 때에 십 년 작정을 하고 산중 어느 절로 글씨 공부를 하러 갔습니다. 집이 구차하므로 어머니는 떡장사를 하야서 그 뒤를 대어 주었습니다. 그러나 한 사오 년쯤 지나서 석봉은 어머니가 어찌 보고 싶던지 참다 못하야 공부를 그만두고 집으로 왔습니다. 어머니가 석봉을 보고 "네가 십 년 동안 공부할 작정으로 갔었는데 왜 벌써 왔느냐?"고 한즉, 석봉은 "어머니고 뵙고 싶고, 하도 고생을 하시니까 지금부터는 제가 봉양을 하려고 왔습니다. 공부도 이만하면 넉넉할 것 같습니다." 하고 대답하였습니다. (하략)

『보통학교 조선어독본』 음성 자료[13]는 '일반적인 비격식적 일방향'

---

13) 2004년에 정계환 씨가 소장하고 있던 유성기 음반을 이상만 씨가 영국에서 DAT 테이프로 복원하였으며, 고양시 어울림누리 개관을 기념해 CD로 제작하였다. 이 가운데 '산울림(3분 7초), 한석봉(3분 24초), 혹뗀이야기(상 3분21초, 하 2분 25초), 아침바다(3분 28초), 부여(3분 7초), 어부가(3분 21초), 언문의 제정(3분 24초), 시조오수(2분 42초), 공자와 맹자(2분 42초)'를 디지털 한글박물관에서 홈페이지(http://www.hangeul museum.org/)에서 무료로 들을 수

구어 자료 중에서도 다소 특수한 성격을 갖는다. 이는 '낭독' 음성으로서 문자로 먼저 기록된 언어 자료를 음성으로 구현한 것이기 때문이다. 따라서 『보통학교 조선어독본』 음성 자료에서 어휘적, 통사적 특징은 본질적으로 문어의 특성을 드러내지만, 발음과 억양은 구어적 특징을 드러낸다. 그러나 구현된 발음과 억양도 문자로 적힌 것을 읽은 것이기 때문에 그 당시에 표준적이라 여겼던 발음이 담겨 있다. '~올시다', '구차하므로' 등은 문어적 특징을 드러내는 표현 혹은 접속이며, '못하야'는 그 당시 다른 음성 자료들과 비교하면 [못하여]가 아니라 모음조화를 지켜 [못하야]로 발음한 것을 확인할 수 있다.

3) 영화 설명

음성과 영상을 동시에 녹음하는 기술이 어렵던 시절, 영화를 설명하거나 영화 속 인물들의 연기를 대신 음성으로 전달해 주던 직업이 변사였다. 변사의 음성 중에서 영화를 해설해 주는 자료를 일반적인 비격식적 일방향 구어로 분류할 수 있다. 변사는 후대에 코미디언들에 의해 패러디가 될 정도로 독특한 억양을 지니고 있는 것이 특징적이다. 변사 해설은 유성기 음반으로만 전하는 자료도 있으며, 영상과 같이 전하는 자료도 있다. (7)은 한국영상자료원에서 제공하는 '조선 우리의 후방' 영화 중에서 변사 해설 음성을 전사한 자료 중 일부이다.

(7) '조선 우리의 후방' 변사 해설 중 일부
총기 고사포도 연달아 헌납한 일입니-다. 보시는 광경은 경성에서 한 번에 육군 비행기 일곱 대를 헌납한 광경입니-다. 육군 대신 대리로 조선군 사령관이 명명하고 다음에 남총독의 축사에는 수만 명 관중으로 하여

있다.

금 시국 인식에 크나큰 감동을 주었습니다. 또 조선 아동이 읽는 감상문도 듣는 이로 하여금 감격 주며 그리고 나서 소녀들의 축복하는 꽃다발을 받은 기사와 비행기는 도민의 적성을 은빛 날개에 담뿍 싣고 경성 상공 높이 높이 날로 감사하단 듯 잠시 폭음을 울리었습니다. (하략)

(7)은 실제 음성으로 들으면 변사의 특유한 억양을 직접 확인할 수 있다. '일입니다', '광경입니다'에서처럼 '니'에 상승 억양을 주며 음절을 길게 하는 억양 등이 매우 특징적이다. 이러한 변사의 억양은 1945년 이후 일반적인 격식적 일방향 구어인 내레이션 음성 자료와 비교할 만한 가치가 있다. 내래이션 음성의 억양이 사적으로 변하는 과정을 이와 같은 변사의 영화 해설 음성 자료로부터 출발점을 삼는다면 의미 있는 연구 결과를 제시할 수도 있을 것이다.

### 4.4 '일반적인 비격식적 양방향' 음성 자료

많은 구어 연구에서 구어의 전형적 특징을 지니고 있다고 언급되어 온 자료가 이 유형에 속한다. 즉 '구어적 구어' 혹은 '구어체 구어'로 명명되던 유형이다. 이는 두 명 이상의 화자가 등장하고, 일반적인 내용으로 격의 없이 나누는 대화 자료이다. 말차례의 교대가 빈번하고 두 명 이상의 발화가 겹치기도 하고, 웃음, 기침 등의 소음이 자주 섞인다. 문장의 종결과는 달리 종결 어미로 발화를 끝내기보다는 말끝을 흐리거나 연결 어미로 발화를 종결하거나 말차례를 빼앗겨 발화가 맺어지는 경우가 빈번하다. 또한 현실 발음을 그대로 반영하고 있으며 억양 유형도 매우 가변적이며 다양하게 관찰되는 것이 특징적이다.

현재 '일상 대화'는 연구자가 얼마든지 녹음하여 자료를 만들 수 있다.

그러나 흘러간 시대에서 현재와 같은 일상 대화 음성 자료를 찾는 것은 쉽지 않다. 더욱이 녹음이 지금처럼 간단하지 않던 시대에서는 일상 대화 음성 자료를 찾는다는 것은 더욱 어려울 것이다. 상업적 목적으로 음반을 발매하던 1945년 이전의 유성기 음반에 일상 대화가 기록되어 있을 것 같지는 않다. 그러나 이와 유사한 일상 대화는 극, 영화, 난센스, 영화 설명(변사 연기) 등에서 다수 살펴볼 수 있다.

(8) '일반적인 비격식적 양방향' 음성 자료
ㄱ. 영화 '미몽'(1936) 중 손님과 점원의 대화
  A: 이거 얼마여?
  B: 십육 원입니다.
  A: 십육 원? 왜 이리 싸? 쫌 비싼 건 없어?
  B: 네. 있습니다. 네. 이것 제일 비싼 겁니다.
  A: 좀 낫군.

ㄴ. 영화 '미몽'(1936) 중 남편과 아내의 대화
  A: 아이 뭘 또 사길래 데파트에 간단 말이요?
    B: 또 산다니요? 주제가 사나워서 나갈 수가 있어야지요. 그래서 양복 사러 가요.
  A: 아 왜 요전에 산 거 있지 않소?
  B: 그걸 지금 어떻게 입읍니까?

ㄷ. 영화 '심청전'(1937) 중 심청과 아버지의 대화
  A: 얘 너도 구경가려므나 이 좋은날.
  B: 아니에요 저는 그런 구경은 가고 싶지 않아요.
  B: 어서 집으로 가세요 아버지.
  A: 그것 참 어린 네가 무슨 죄가 있기에.

ㄹ. 연극 '말 못할 사정' 중 오빠와 누이의 대화
  A: 더 산대야 고통과 원통이 더해질 뿐이겠지.

B: 오빠가 성공하시는 것을 못보고 내가 어떻게 죽읍니까.

(8ㄱ)은 영화 '미몽'(1936) 중에서 여자 주인공(손님)이 옷가게 점원과 나누는 대화 자료이다. (8ㄱ)의 대화에서 A는 손님이며 B는 백화점 옷가게 점원이다. 지금이라면 백화점 점원에게 A와 같은 하대의 표현은 하지 않을 것이다. 그러나 A는 '얼마여?', '비싼 건 없어?'처럼 반말을 하고 있으며, B는 '십육 원입니다.', '비싼 겁니다.'처럼 높임말을 하고 있다. 이처럼 '일반적인 비격식적 양방향' 음성 자료에서는 그 당시 화자들 간의 화계에 대한 연구가 가능하다.

(8ㄴ,ㄷ)에서는 '사길래'와 같은 구어적 표현, '입읍니까?', '죽읍니까'와 같은 오늘날과 다른 어미 형태의 사용, '데파트'와 같은 외래어의 사용 등을 살필 수 있다. 또한 (8ㄴ)에서 여자 주인공인 B가 사러 가는 것은 '양복'인데 양복의 의미가 지금의 '남성 정장'을 일컫는 것보다 '서양의 의복'을 가리키는 것으로 더 넓은 의미를 지니고 있었다는 것을 알 수 있다. 이처럼 일반적인 비격식적 양방향 구어 자료에서는 그 당시의 가장 생생한 구어적 표현, 발음, 억양을 살필 수 있는 의의가 있다.

## 5. 마무리

이 연구는 20세기 초 음성 자료의 유형과 특징을 고찰하여, 현대 국어 초기의 구어를 연구하기 위한 기초 자료로서 가치와 활용 방안을 밝히는 것을 목적으로 하였다. 20세기 초 음성 자료에는 유성기 음반으로 녹음된 구연, 연설, 강연, 연극, 영화 등 자료와 한국영상원에서 필름을 복원하여 보존하고 있는 영화 자료 등이 있다. 이러한 음성 자료는 국어학적

이용을 염두에 두고 유형을 분류할 필요가 있다. 국어학적인 관점에서 구어의 장르적 속성으로는 참여자 간의 역할(tenor)에 따라 '일방향'과 '양방향', 그리고 '격식적'과 '비격식적' 유형으로 구분하고, 말하는 내용 즉 영역(field)에 따라 '전문적'과 '일반적'으로 구분하여 분류하면 모두 8가지의 부류로 나눌 수 있다. 그러나 20세기 초 음성 자료는 이 중에서 '전문적인 격식적 일방향', '일반적인 격식적 일방향', '일반적인 비격식적 일방향', '일반적인 비격식적 양방향' 음성 자료만 발견된다.

자료의 보존 방식에 따라서는, 소리만 전하는 자료와 소리와 영상이 같이 전하는 자료, 그리고 후대에 전사를 하여 문자로도 기록된 자료로 나눌 수 있다. 유성기 음반 자료는 음성만 전하는 자료, 영화는 음성과 영상이 전하는 자료로 비교적 확연하게 구분할 수 있다.

음성 자료는 문자 자료로는 살피기 어려운 언어생활의 실제성, 즉 언어 사용의 생생한 면모를 볼 수 있다는 점에서 언어 자료로서의 가치가 매우 높다. 음성이 녹음되기 시작한 시대부터 음성 자료를 체계적으로 정리하고 분류해 놓는 작업은 구어의 변화와 확산 과정을 연구하기 위해 필연적으로 선행되어야 할 일이다.


■ 참고 문헌

강상호(1989), 『조선어 입말체 연구』, 사회과학출판사.
강현구(2003), 「유성기 음반 속의 영화적 서사」, 『한국문예비평연구』(한국현대문예비평학회) 13, 65~94.
구인모(2013), 「유성기음반과 변사의 구연: 영화설명·영화극 장르 음반을 중심으로」, 『한국학연구』(고려대학교한국학연구소) 46, 5~32.
김현강·송재영(2011), 「담화 연구를 위한 자료 구축의 문제: 비언어 요소의 담화 기능을 중심으로」,『언어사실과 관점』(연세대학교언어정보연구원) 27, 149~171.

김경희(2010),「김복진의 유성기 동화의 특징」,『구비문학연구』(한국구비문학회) 31, 545~578.

김기형(2007),「문학연구자의 관점에서 본 유성기음반 아카이브의 활용 가능성」,『한국음반학』(한국고음반연구회) 17, 71~77.

김만수(1996),「'유성기 음반에 수록된 영화 설명 대본'에 대하여」,『한국극예술연구』(한국극예술학회) 6, 303~335.

김미형(2004),「한국어 구어와 문어의 특징 연구」,『한말연구』(한말연구학회) 15, 23~73.

김재석(1992),『한국 극예술 연구』, 태학사.

김형규(1962),『국어사개설』, 일조각.

김형정(2002),「구어 전사 말뭉치의 표기 방법」, 구현정·서상규 공편,『한국어 구어 연구 1: 구어 전사 말뭉치와 그 활용』, 한국문화사.

김혜성(2001),「CD로 복각된 유성기 음반 해제 및 목록」,『한국음반학』(한국고음반연구회) 11, 283~346.

권도희(1995),「서울음대 소장 유성기음반 녹음테입 목록」,『한국음반학』(한국고음반연구회) 5, 359~379.

노대규(1989),「국어의 구어와 문어의 특성」,『매지논총』(연세대학교매지학술연구소) 6, 1~48.

노대규(1996),『한국어의 입말과 글말』, 국학자료원.

노재명(1996),「김영환의 영화설명·넌센스·극 유성기음반 대본」,『한국음반학』(한국고음반연구회) 6, 409~547.

민현식(1994),「개화기 국어 문체에 대한 종합적 연구」,『한말연구』(한말연구학회) 15, 53~113.

민현식(2007),「구어적 통용과 문어적 오용」,『문법교육』(한국문법교육학회) 6, 53~113.

박동근(2002),「음운 주석 말뭉치 구축」, 구현정·서상규 공편,『한국어 구어 연구 1: 구어 전사 말뭉치와 그 활용』, 한국문화사.

박병채(1989),『국어발달사』, 세영사.

박지애(2009),「20세기 전반기 잡가의 라디오 방송 현황과 특징」,『어문학』(한국어문학회) 103, 143~165.

배연형(1991),「문예진흥원 소장 유성기음반 목록」,『한국음악사학보』(한국음악사학회)

7, 215~231.

배연형(2007), 「한국 유성기음반 아카이브 DB구축 연구」, 『한국음반학』(한국고음반연구회) 17, 63~69.

배연형(2011), 『한국 유성기음반 1907~1945』, 한걸음더.

배연형(2012), 「독립기념관 소장 유성기음반의 내용과 사료적 가치」, 『한국독립운동사연구』(독립기념관한국독립운동연구소) 42, 489~550.

서상규(2008), 「한국어 특수 말뭉치의 구축 현황과 그 특징: 21세기 세종계획의 성과를 중심으로」, 『한국사전학』(한국사전학회) 12, 41~60.

서상규・구현정(2002), 『한국어 구어 연구 1: 구어 전사 말뭉치와 그 활용』, 한국문화사.

서희원(2007), 「한국유성기음반 자료와 DB구축 방법론」, 『한국음반학』(한국고음반연구회) 17, 107~117.

신지영(2014), 「구어의 의미 연구와 운율」, 『제43차 한국어의미학회 전국학술대회 발표논문집』, 23~44.

오새내(2005), 「20세기 초 서울말 모음 음운현상에 반영된 계층적 지표: 1930년대 김복진의 동화구연유성기자료의 분석」, 『국어문학』(국어문학회) 40, 129~160.

이기문(1961), 『국어사개설』, 민중서관.

이유기(2007ㄱ), 「한국의 문화: 1930년대 대중가요의 문법과 어휘」, 『한국사상과 문화』(한국사상문화학회) 38, 331~356.

이유기(2007ㄴ), 「유성기 음반 대중가요의 음운현상」, 『한민족문화연구』(한민족문화학회) 23, 183~207.

이진희(2003), 「언어의 구어성과 문어성에 관한 연구」, 『독일문학』(한국독어독문학회)85, 528~542.

이혜영(2006), 「구어의 특징과 구조」, 『새국어생활』(국립국어연구원) 16(2), 161~173.

임란경(2008), 「유성기 음반에 수록된 불교 독경 연구」, 『한국음반학』(한국고음반연구회) 18, 121~131.

장경현(2003), 「문어/문어체, 구어/구어체 재정립을 위한 시론」, 『한국어의미학』(한국어의미학회) 13, 143~165.

전영옥(2006), 「구어의 단위 연구」, 『한말연구』(한말연구학회) 19, 271~299.

전영옥(2009), 「구어와 담화 연구」, 『한국어학』(한국어학회) 45, 45~93.

조아람(2005), 『1920~40년대 모음 'ㅚ', 'ㅟ'의 발음 연구: 유성기 음반 자료를 중심으로』,

성균관대학교 석사학위논문.

지은희(2011), 「국어교육에서 '구어, 문어'와 '구어성, 문어성'의 구분 문제」, 『한국언어문화』(한국언어문화학회) 44, 427~449.

지현숙(2006), 『한국어 구어문법과 평가 1: 이론편』, 하우.

지현숙(2007), 「한국어 구어 문법 교육을 위한 과제 기반 교수법」, 『국어교육연구』(서울대학교국어교육연구소) 20.

차재은(2005), 「1930년대의 한국어 음장에 대한 연구, <보통학교 조선어독본>의 음성 자료를 중심으로」, 『민족문화연구』(고려대학교민족문화연구원) 43, 105~128.

차재은(2006), 「20세기 초의 한국어 모음 체계: 1930년대의 음성 자료를 중심으로」, 『한국어학』(한국어학회) 37, 361~396.

최동현·김만수(1997), 「1930년대 유성기 음반에 수록된 만담·넌센스·스케치 연구」, 『한국극예술연구』(한국극예술학회) 7, 61~94.

최범훈(1985), 『한국어발달사』, 통문관.

한성우(2005), 「『보통학교 조선어독본』 음성자료에 대한 음운론적 연구」, 『어문연구』(한국어문교육연구회) 33-3, 29~58.

홍윤표(1994), 『근대국어연구(1)』, 태학사.

홍종선(2009), 「20세기 국어 문법의 통시적 변화」, 『국어국문학』(국어국문학회) 152, 35~61.

홍종선(2014), 「口語와 文語를 아우르는 사용자 중심의 한국어 문법」, 『어문논집』(한국어문교육연구회) 161, 7~35.

Biber, D. et al(1999), *Longman Grammar of Spokenand Written English*, London: longman.

Biber, D.(1988), Variation across Speech and Writing, Cambridge: Cambridge University Press.

Brazil, D.(1995), *A Grammar of speech*, London: Oxford University Press.

Chafe, W.(1982), "Integration and Involvement in Speaking, Writing and Oral Literature", in Tannen, D. (ed.) *Spoken and Written Language*, Norwood. N.J: Abex.

Chafe, W.(1994), *Discourse, consciousness, and time: The flow and displacement of conscious experience in speaking and writing*. Chicago: The University of Chicago press.

Eggins, S.(2004), *An Introduction to Systemic Functional Linguistics*, London: Pinter Publishers.

Halliday, M. A. K.(1994), *Introduction to functional grammar* (2nd edition), London: Edward Arnold.

Hughes, R.(2002), *Teaching and Researching Speaking*, Harlow: Longman.

Koch, P. & W. Oesterreicher(1994), "Schriftlichkeit und Sprache", in Günther, H. & O. Ludwig (Hrsg.), *Schrift und Schriftlichkeit: Ein interdisziplinäres Handbuch internationaler Forschung* (1 Halbband), Berlin: zusammen mit Jurgen Baurmann, pp.587-603.

Miller, J. & R. Weinert(1998), *Spontaneous Spoken Language: Syntax and Discourse*, Oxford: Clarendon Press.

Rühlemann, C.(2012), "Conversational grammar", *The Encyclopedia of Applied Linguistics*, pp.1-7.

# 20세기 초 구어 연구를 위한
# 문어 텍스트의 활용 문제

장혜진·신우봉·유혜원·홍종선

## 1. 머리말

이 연구는 20세기 초 구어 연구를 위한 자료의 범위를 설정하는 데 목적이 있다. 20세기 초기는 대한민국 역사에서 격동의 시기이고, 사회상의 변화에 따라 언어에도 많은 변화가 있었을 것으로 예상되는 매우 중요한 시기이다. 특히 이 시기에는 녹음 및 영상 등으로 남아 있는 자료가 존재한다는 점에서 현대국어 초기의 구어의 특성에 대한 연구가 가능하다.[1]

20세기 초기의 구어 연구를 위해서는 두 가지 관점에서 자료에 접근해

---

[1] 이 연구에서는 20세기 현대 국어를 1945년을 기준으로 20세기 초기와 그 이후로 구분한다. 이렇게 20세기 현대 국어 시기를 나눈 이유는 1945년을 기준으로 이후 시기에는 구어 자료의 양이 폭발적으로 증가했을 뿐만 아니라 격변하는 시대상이 언어에 반영되었으리라는 가정에 기인한 것이다. 따라서 이 연구에서 '20세기 초'라고 명명한 시기는, 홍종선(2009)의 논의에 따라 갑오개혁 이후부터 1945년 이전까지를 이르는 것이다.

야 한다. 첫 번째는 20세기 초기의 음성 및 영상 자료가 주로 문화 콘텐츠로서 수집 정리되었으므로 국어 연구라는 측면에서 음성 자료를 다시 평가하고 분석할 필요가 있다. 두 번째는 현존하는 20세기 초기의 음성 자료가 다양한 주제의 국어 연구를 위해서는 불충분한 면이 있다는 것이다. 따라서 이 시기의 문어 텍스트 자료 중에서 구어 연구에 활용할 수 있는 자료에 어떤 것이 있는지를 살펴보아야 한다. 이 연구는 주로 두 번째 주제를 다루게 될 것이다.

이를 위해 2장에서는 선행 연구에서 보인 구어와 문어에 대한 개념과 용어 사용 및 범위 등에 대해서 비판적으로 검토한다. 2장에서 논의된 구어와 문어에 대한 개념 및 범위를 토대로 3장에서는 문어 텍스트 자료 중 구어 연구에 활용할 수 있는 자료의 특징을 살펴보고, 4장에서는 이 가운데 신문 만화와 집담회 자료를 구어적 관점에서 분석하여 문어 텍스트를 구어 연구에 활용할 수 있는 사례를 제시한다. 이를 통하여 음성 자료가 매우 제한적인 20세기 초의 구어 연구를 위한 보충적 방안을 제안하고자 한다.

## 2. 구어와 문어, 구어체와 문어체

구어와 문어를 나누는 가장 명확한 기준은 매체이다. 그러나 구어와 문어를 분석하다 보면, 그 특성을 규정짓기 어려운 복잡한 양상이 나타난다. 편지글처럼 문어이지만 구어적 속성을 보여주는 것이 있는 반면, 연설처럼 구어이지만 문어적 속성이 강한 것도 있다. 이 때문에 장소원(1986), 강상호(1989), 민현식(1994), 구현정·전영옥(2002), 장경현(2003), 민현식(2007) 등에서는 구어체와 문어체를 나누어, 구어체(구어적) 구어,

문어체(문어적) 구어, 문어체(문어적) 문어, 구어체(구어적) 문어로 나누고 있다.

이러한 논의는 구어적 특징과 문어적 특징이 구별되어 나타난다는 것을 전제로 하고 있다. 그러나 기존 연구에서 제시된 구어와 문어의 특성은 매체 외적 특성에 의해 제시된 것이 많았다는 점에서 문제가 된다. 노대규(1996: 21-38)에서는 입말과 글말의 차이를 12가지로 나누어 제시하였는데, 이때 매체적 차이에서 기인한 속성은 정보 전달의 수단, 생각 표현의 시간적 여유, 발신자와 수신자의 관계, 시간적/공간적 제약, 발화의 의미 해석에 대한 것이고, 나머지 항목들은 매체적 차이라기보다는 언어 생성의 상황적 또는 언어적 속성에 기인한 차이에 해당한다.

이와 같이 매체적 차이와 상황적 차이의 혼재로 인해 언어적 특징에 기반한 구어와 문어의 특성 파악이 어려웠다. 또한 기존의 구어 연구들의 자료가 주로 대화에 한정되어 있었다는 점 또한 구어와 문어의 구분을 어렵게 만드는 요인이었다. '화자와 청자가 계속 바뀌면서 소통이 진행되고, 주로 대화의 형식으로 나타나는 특성이 나타남'(강상호, 1989), '화자와 청자의 즉각적 상호작용에 초점을 둠'(김미형, 2004), '다른 참여자와 관련이 있음'(Chafe, 1982), '상호 교류의 특성이 나타남'(강범모 외, 1998) 등과 같은 구어의 특성은 대화의 상황에 초점을 둔 구어에 한정되는 것이라고 할 수 있다.

이러한 경향은 구어의 영역을 대화로 한정함으로써 구어의 영역을 좁히는 결과를 초래했다. '구어체' 혹은 '구어적'이라는 개념 역시 대화 상황에서 나타나는 상호성이나 비격식성과 같은 개념으로 쓰고 있는 것은 격식적 상황과 비격식적 상황을 아우를 수 있는 구어의 특성을 제대로 반영하지 못한 결과라 할 수 있다. 이 연구에서는 이러한 문제를 인식하여 일차적으로 매체적 차이에 의해 구어와 문어를 명확하게 분류하고, 구어와 문어가 가지는 세부적인 차이는 구어와 문어가 생산되는 상황, 성격 등 다양한 변수에 의해 매체적 차이와는 다른 차원에서 분류되어야 한다는 입장을 취한다.

이처럼 구어와 문어에 대해 다면적 분석이 필요하다는 인식은 이전에도 있어 왔다. 이진희(2003)은 Koch/Oesterreicher(1984, 1994)의 모델을 변형하여 매체적 차원에서 자소적/음성적 특성, 언어 영향성 차원에서 구어적/문어적 특성을 제시하여 2차원의 등급화된 척도 위에 언어 범례를 제시하였다. 이 논의는 구어적 언어 표현과 문어적 언어 표현에 정도성이 있다는 사실을 밝히고 이를 계층적으로 보여주려고 한 점은 의의가 있지만, 이 논의 역시 (친근한) 구어와 (거리감 있는) 문어의 이분법 체계로 분류 결과가 귀결된다는 점이 한계이다.

배진영 외(2013)은 Biber 외(1999)의 연구 방법론을 따라 '구어, 소설, 신문, 학술 산문'의 네 가지 사용역으로 구분하고, 다시 구어를 하위 사용역으로 나누었다. 이 연구는 구어와 문어를 사용역의 관점에서 다면적으로 제시했다는 점에서 진일보했다고 평가할 수 있다. 그러나 이러한 네 가지 사용역을 구분하기 위해 매체, 격식성, 목적, 내용 특성, 독자층을 기준으로 삼은 이유가 명확하지 않고, 네 가지 사용역을 벗어난 다른 언어 자료가 이러한 기준에서 어떻게 구분되고 관련되는지가 제시되지 못했다는 한계가 있다.

이러한 관점에서 기능문법에서 채택하고 있는 다층적 분석 모형은 구어와 문어를 세부적이고 다면적으로 분석할 수 있는 좋은 대안이 될 수 있다. Eggins(2004: 90)에서는 언어적 연속체를 가지는 상황에 세 가지 양상(aspects)이 있다는 Halliday(1985)의 입장을 소개하면서, 영역(field),

방법(mode), 역할(tenor)을 (1)과 같이 설명하여 언어를 이 세 가지 측면에서 분석해야 한다고 주장하였다.

(1) ㄱ. field: what the language is being used to talk about
ㄴ. mode: the role language is playing in the interaction
ㄷ. tenor: the role relationships between the interactants

언어를 분석하는 데 영역, 방법, 역할의 세 가지를 모두 고려한다는 것은, 언어 행위를 의사소통 행위로 파악하여 이를 종합적으로 분석한다는 것을 의미한다. 영역(field)은 현재 언어가 다루고 있는 내용이 무엇인지에 대한 것이고, 방법(mode)은 언어가 상호작용에서 하는 역할로 매체적 특성이 여기에 해당한다고 볼 수 있으며, 역할(tenor)은 참여자 간의 관계이다. 이 중 산출 매체와 관련이 있는 방법을 공간적/대인 관계적 거리와 경험적 거리로 나누었는데, 이 두 가지 거리의 분석을 기반으로 매체의 다양한 속성을 섬세하게 파악할 수 있다.2)

| casual conversation | telephone | email | fax | radio | novel |
|---|---|---|---|---|---|
| +visual contact | -visual | -visual | -visual | -visual | -visual |
| +aural | +aural | -aural | -aural | +one-way aural | -aural |
| +immediate feedback | +immediate feedback | +rapid feedback | +rapid feedback | +delayed feedback | |

〈그림 1〉 공간적 또는 대인 관계적 거리(Eggins 2004: 91)

---

2) 이 경우 구어성과 문어성이 정도의 차이로 인지된다고 하더라도 구어와 문어가 매체의 차이라는 데에는 변함이 없다. 즉, 음성으로 발화되는 것은 구어, 문자로 기록되는 것은 문어로 분류될 수 있으며, 이러한 기본적 구분 위에 위의 특성들이 부가될 것이다.

```
playing a game    commentating         recounting experience   constructing
e.g. bridge       e.g. calling a match e.g. report in the      experience
                                       newspaper               e.g. (non-)fiction
←─────────────────────────────────────────────────────────────────────────────→
language accompanying                              language constituting
social process                                     social process
language as ACTION                                 language as REFLECTION
```

〈그림 2〉 경험적 거리 연속체(Eggins 2004: 91)

역할은 참여자 사이의 관계로 힘(power), 빈도(frequent), 정서적 친밀도(affective involvement)의 측면에서 분석할 수 있다. 이러한 분석 결과는 격식적, 비격식적 상황으로 나타날 수 있다. 즉, 방법이 구어적 속성을 가졌다고 하더라도 격식적 상황과 비격식적 상황이 각각 가능하다는 것이다. 영역은 참여하고 있는 행위의 초점과 관련이 있는 상황 변이로, 전문성(technicality)의 측면에서 전문적/기술적인 것과 일상적인 것으로 상황의 주제(topic)를 나누어 분석할 수 있다.

이처럼 방법, 역할, 영역은 해당 언어 자료의 실현역(register)을 결정하는 상황 변인이 된다. 이러한 분석은 세 가지 상황 변인을 서로 독립적으로 다룬다는 점에서 언어의 실현역을 정밀하게 분석할 수 있다는 장점이 있다. (2)는 20세기 초 언어 자료이다. 방법, 역할, 영역의 세 가지 측면에서 해당 언어 자료를 분석해 보기로 한다.

(2) ㄱ. 내가 조선 청년에 대해서 세 가지로 관념을 보는 중인데 첫째는 조선 청년에게 아주 극단으로 희망을 허는 게 있고 둘째로는 조선 청년에게 시방 현상을 보고서 극단으로 비관하는 일이 있고 필경 셋째로는 결국의 낙관하는 하나가 있다 그 말이여.
ㄴ. 가: 아푸리카사람은.웃지큰지 키가이마마-해!
다: 피- 그만하다면 클수잇슬나구? 팔을좀더버리면크달가?
나: 아홈 졸려

(2ㄱ)은 월남 이상재 선생의 연설 "조선 청년에게"(1926)의 일부분으로, 음성 형태의 구어 자료를 전사한 것이다. 즉, 방법은 1인 연설의 구어 자료이다. 방송이어서 면대면 접촉은 없을 것으로 예상되며, 시각적 정보 없이 청각적 정보만 제공되고, 즉각적인 피드백은 없으며, 경험적 거리는 사회적 과정을 구성하는 반영으로서의 언어에 가깝다. 역할의 경우 화자와 청자의 힘이 동등하지 못하고, 접촉 빈도가 잦지 않으며, 정서적 친밀도가 낮아서 격식적 양상을 보인다. 마지막으로 영역은 조선 청년에게 계몽의 메시지를 전달하려는 다소 전문적인 내용으로 구성되어 있다.

(2ㄴ)은 동아일보에 실린 연재만화 "허풍선이冒險奇譚"(1925년 1월 23일)으로, 방법은 글로 쓴 문어에 해당한다. 공간적/대인 관계적 거리가 매우 멀 뿐만 아니라 반영으로서의 언어적 특징을 보이는 문어로 분석할 수 있다. 대화 참여자의 힘이 비교적 동등하며, 접촉 빈도가 잦고, 정서적으로 친밀한 관계라고 볼 수 있어 역할은 비격식적 상황에 해당한다. 영역은 일상적인 주제에 가깝다고 할 수 있다.

이 두 자료를 기존 연구에서 제시된 구어적 특성과 문어적 특성을 기준으로 보았을 때, 구어가 더 문어적이고, 문어가 더 구어적인 것처럼 보인다. 그런데 이 자료를 기능문법의 입장에서 다층적 분석 모형으로 분석해 보면, 이 차이는 방법보다는 역할이나 영역의 차이에서 기인한 것임을 알 수 있다. 즉, 기존의 구어적, 문어적이라는 기준은 오히려 언어 산출의 매체에 입각한 것이 아니라 언어가 발화되는 상황과 주제와 관련이 깊은 것임을 파악할 수 있다. 이처럼 기존의 구어적 특성은 음성으로 발화된 구어의 특징이라기보다는 비격식적인 일상적 대화의 특성이 강하다고 할 수 있다.

따라서 기존에 우리가 '구어적'이라고 인식해 왔던 것은 비격식적인 일상 대화의 특징이라고 볼 수 있으므로, 이것을 구어의 대표적 특성이라고 보기에는 무리가 있다. 특정 언어 자료의 실현역을 분석하기 위해 방법, 역할, 영역의 세 가지 상황 변인을 함께 분석해야 하며, 이를 통해 구어와 문어의 언어적 본질을 파악할 수 있을 것이다.

구어와 문어의 구분에서 문제가 되는 언어 자료는 '말하기'를 전제로 하거나 말하는 상황을 가정하여 작성된 문어 자료와, 주어진 텍스트를 보고 읽는 구어 자료이다. 매체적 특성으로 분석하면 명확하게 구어와 문어로 구분할 수 있지만, 이들이 보여주는 특성은 좀 더 복잡한 양상을 띤다. (2ㄴ)처럼 대화의 상황을 가정한 만화의 경우 저자가 구어적인 상황을 가정하고 만화를 그렸기 때문에 구어적 속성이 투영되었을 가능성이 있다. 반대로 텍스트를 읽는 행위는 구어로 발화되기는 하지만 자연스러운 구어 발화로 보기 어려운 측면이 있다.

이처럼 문어에도 구어보다 구어적 특성을 더 갖는 경우가 있으므로 문어 텍스트로 존재하는 자료도 그 성격에 따라 구어 연구의 보조 자료로 활용할 수 있을 것이다. 특히 20세기 초와 같이 현전하는 음성 자료가 제한적인 시기의 구어 연구를 위해서는 더욱 그러하다. 더구나 구어의 특성이 방법의 측면에서뿐만 아니라 역할과 영역이라는 상황과 주제의 영향에서 드러난다면, 이와 같은 특성을 보이는 텍스트 자료가 구어 연구의 보조 자료로 활용될 수 있다고 하겠다.

## 3. 구어 연구에 활용 가능한 문어 텍스트

20세기 초기의 구어를 연구하기 위해서는 음성 자료가 주된 연구 자료가 되어야 함은 분명하다. 그러나 문어 텍스트 자료 중에서도 구어 연구에 활용할 수 있는 자료가 있음을 앞에서 살펴보았다. 현전하는 20세기 초기의 음성 자료가 매우 제한적이고, 남아 있는 음성 자료도 그 시대의 음성적 특징을 얼마나 충실히 반영하는가 하는 문제가 있어서 더욱 그러하다. 가요는 노래라는 장르적 특성 때문에 일상적인 언어 연구에 제한이 있으며, 동화 구연 역시 장르적 특성 때문에 자연스러운 구어라 보기 어려운 측면이 있다. 따라서 그 당시 언어를 연구하기 위해서 이러한 상황을 고려하여 다양한 언어 자료를 확보할 필요가 있다. 이 장에서는 20세기 초 문어 텍스트로 남아 있는 자료 중 구어 연구에 활용할 수 있는 자료에 어떠한 것이 있고, 이들이 구어 연구에 어떤 가치가 있는지 평가하고자 한다.

20세기 초기의 문어 텍스트 자료 중 구어 연구에 활용할 수 있는 것으로는 희곡 및 시나리오, 신소설 등 문학 작품, 신문 잡지의 만화 및 광고, 삽지의 십남회 사료, 아동용 독서물, 교과서 및 한국어 회화 교재, 연설 및 강연 자료 등이 있다. 이들은 모두 문어 자료이지만, 텍스트 내의 상황은 전형적인 대화 상황을 가정하는 내용도 많이 들어 있다. 여기에서는 방법과 역할이 변화되어 실현역이 달라지는 현상이 일어나며, 구어적 상황을 전제로 만들어진 텍스트라는 점에서 구어와 닮아 있다. 구어 연구는 철저히 경험적이며 실증적으로 이루어져야 한다는 기능주의적 관점을 견지하고 있다고 하더라도, 모국어 화자가 대화 상황을 고려하여 작성한 텍스트는 해당 언어의 구어적 특징을 일정 부분 반영한다고 보는 것이 타당할 것이다.[3]

---

[3] 구어 연구자 가운데 일부는 전사된 자료도 구어 연구에 부적절하다는 주장을 하기도 한다. 발화를 전사하는 순간 전사한 사람의 판단이 개입되기 때문에, 구어 연구는 오로지 음성 자료만을 가지고 이루어져야 한다는 것이다. 이러한 입장은 Miller(2011)이 대표적이다. 이

먼저 희곡 및 시나리오 자료를 살펴본다. 20세기 초기에 나타난 희극은 재담극과 화술극으로 나누어 볼 수 있는데, 이 중에서 화술극의 대본은 작품별로 내용이 다양하며 인물의 성격 변화에 따라 구어체 대사를 사용하였기 때문에(서연호 1996: 46) 당시 구어의 여러 면을 살필 수 있는 좋은 자료가 될 것이다. 양승국 편 「한국근대희곡작품자료집」(전 10권, 1989, 아세아문화사)에는 1910년대부터 해방 전까지 잡지에 발표된 희곡 및 시나리오 4백여 편을 영인본으로 묶었다. 서연호 편 「한국희곡전집」(전 5권, 1996, 태학사)에는 조중환의 "병자삼인"에서 김송의 "산의 승패"까지 총 36편의 희곡이 담겨 있다. 「해방전(1940~1945) 공연희곡집」에는 박영호, 송영, 함세덕 등 13명 작가의 희곡 시나리오 총 31편이 담겨 있어 구어 연구에 이용 가능하다.

또한 소설 자료는 대화 지문 등을 통해서 해당 시기의 구어적 표현이나 유행어와 같은 어휘들을 찾아볼 수 있어 구어 연구에 이용될 수 있다. 신소설의 효시로 일컬어지는 이인직의 '혈의 루'(1906)를 비롯하여 '귀의 성'(1906-1908), '치악산'(1908), '은세계'(1908)와 이해조의 '빈상설'(1908), '구마검'(1908), '자유종'(1910)', '화의 혈(1911)', '화세계'(1911), '춘외춘'(1912), '홍도화'(1911), 김교제의 '목단화'(1911), 안

---

는 구어가 문어와 매우 다른 체계를 가지고 있다고 보는 입장과 관련이 있다. 이러한 주장은 음성의 중요성을 배제해 왔던 문법 연구에 유의미한 시사점을 준다는 점에서 의미가 있지만, 구어가 문어와 분리된 체계라는 전제를 바탕으로 한다는 점에서 수용하기 어려운 측면이 있다. 구어와 문어는 문자 체계가 발명된 이후 끊임없이 서로 영향을 주고받고 있으며, 특히 언문일치가 정착되는 과정에서 이러한 경향은 더욱 두드러진다고 판단된다. 문어는 원래부터 구어를 문자로 표기한 것으로, 문자 표현이 오랜 기간을 지내면서 구어와 거리가 생길 수 있지만, 원래부터 별개가 아닌 동일한 언어의 다른 표현 방식으로 이들을 이해할 수 있을 것이므로, 이들 둘을 분리된 체계로 보지 않는 것이 타당할 것이다. 물론 이러한 거리나 체계성은 앞으로 구어와 문어의 비교연구를 통해 구체적이고 실제적으로 입증해 나가야 할 것이다.

국선의 '금수회의록'(1908) 등 다양한 작품들이 존재한다. 이들 작품들을 모아 출간한 김윤식「신소설・번안(역) 소설」(전 10권, 아세아문화사, 1978)에는 "혈의 누"에서 "마상루"까지의 작품 40종을 영인 수록하였으며, 전광용・송민호・백순재「한국신소설전집」(전 10권, 을유문화사, 1968)에는 작가 18명의 서명 작품 49편과 무서명 작품 17편이 담겨 있다. 전광용 편「한국 근대소설의 이해」(민음사, 1983)에는 1906년에서 1945년에 이르는 대표적인 근대 소설 57편을 원문 표기 그대로 실었으며, 권영민・이주형・정호웅「한국근대단편소설대계」(전 35권, 태학사, 1998)에서는 일제 시대에 나온 대표적 단편소설들을 영인 편찬하였고, 권영민・이주형・정호웅「한국근대장편소설대계」(전 30권, 태학사, 1988)에서는 일제시대에 나온 장편 소설을 영인 편찬하여 자료로 활용 가능하다(홍종선 2000: 117-118).

현대국어 시기에는 서구 문물이 도입되면서 여러 종류의 신문과 잡지가 등장하였다. 신문의 경우 여기에 실려 있는 광고 및 만화 자료가 구어 연구에 유용하게 활용될 수 있다. 문헌어 표현에서 구어와 거리감을 가졌던 개화기 시대에도 독자에게 직접 호소하는 형식인 광고에서는 단편적이더라도 구어적 표현을 간혹 발견할 수 있다(홍종선 2000: 100). 미디어 가온의 고신문 검색 서비스를 이용하면 신문 광고를 확인할 수 있다. 여기에서는 한국언론진흥재단이 구축한 10개 신문사(한성순보, 한성주보, 독립신문, 독립신문-영문판, 협성회회보, 매일신문, 황성신문, 대한매일신보, 대한매일신보-국한문판, 매일신보)와 한국역사정보통합시스템에서 제공하는 대한민보, 해조신문, 신한민보 등의 19개의 신문사의 정보를 확인할 수 있다. 현대국어 초기 시기(1945년 이전)의 신문 광고 자료는 약 13만 4천여 건(독립신문 3,762, 독립신문-영문판 4,781, 협성회회보

21, 매일신문 765, 황성신문 66,892, 대한매일신보 8,673, 대한매일신보-국학문판 31,017, 매일신보 18,957)이며, 이 외에도 네이버 뉴스 라이브러리를[4] 이용해서 1900년대 초반 동아일보의 신문 광고를 확인할 수 있다.

신문 만화는 만화라는 장르의 특성상 구어 연구의 중요한 자료가 된다. 만화에 등장하는 인물들 간의 관계와 상황적 속성이 시각적으로 제시되어 일상 대화와 유사하게 시각적 접촉과 즉각적 피드백의 관점에서 분석이 가능한 자료라 할 수 있다. 즉, 만화라는 특성상 인물이나 상황의 속성이 시각적으로 제시되기 때문에, 매체적 측면에서문어라고 하더라도 다른 텍스트에 비해 구어적 성격이 투영되었을 가능성이 높다. 1909년에 창간된 대한민보에 오늘날의 시사만평과 동일한 성격과 형식의 만화가 창간호부터 등장하였고(윤영옥 1996: 11), 경성일보에도 1910년경부터 각종 만화가 실리기 시작하였다. 1945년 이전까지 신문 연재만화 자료는 1924년 時代日報의 "엉석바지"와 조선일보의 "헷물켜기"를 시작으로 총 31종의 자료가 있다.[5]

잡지 가운데서는 잡지에 실린 집담회 자료, 아동용 독서물 등을 특히 구어 연구에 활용할 만하다. 「삼천리」, 「동광」, 「제일선」, 「별건곤」, 「신여성」, 「문장」 등의 잡지에 실린 집담회 자료에서 실제 사용되는 구어의 모습을 찾아볼 수 있다. 국사편찬위원회 한국사데이터베이스[6] 가운데에는 '한국근현대잡지자료'에서 제공하는 자료 252건이 있다. 이중에서 잡지의 내용을 확인할 수 있는 것은 개벽」, 「동광」, 「삼천리」, 「별건곤」, 「삼천리문학」, 「대동아」 등에 실린 자료 127건이다. 집담회 자료는 실제

---

[4] 네이버 뉴스 라이브러리(http://newslibrary.naver.com/)
[5] 상세한 내용은 윤영옥(1996), 「한국신문만화사: 1909-1985」(서울: 열화당) 참조.
[6] 국사편찬위원회 한국사데이터베이스(http://db.history.go.kr/)

로 참가자들이 말교대를 하면서 한 이야기를 정리하여 기사화한 자료이다. 이러한 기사의 작성자는 참여자들의 대화를 그대로 기록하려는 속성이 있기 때문에, 매체가 문어이지만 구어적 특성이 많이 반영되어 있다고 판단된다.

아동용 독서물은 1906년 창간된 「소년 한반도」(1906년 11월~1907년 4월, 총 6권)을 시작으로 「소년」(1908년 11월~1911년 5월, 총 23권), 「아이들보이」(1913년 9월~1914년 8월, 총 12권), 「새별」(1913년 1월~1915년 1월, 총 16권), 「어린이」(1923년 3월~1934년 7월, 총 122권), 「신소년」(1923년 10월~1934년 5월), 「아희생활」(1926년 3월~1944년 4월, 총 19권), 「별나라」(1926년 6월~1935년 2월, 총 80권), 「소년조선」(1927년 12월~1929년 8월, 총 19권), 「새벗」(1925년 11월~1933년 3월), 「소년중앙」(1935년~1940년 12월, 총 72권) 등이 간행되었다.7) 아동용 독서물에는 쉽고 구어적인 문장 표현들이 쓰여서, 당시의 현실 구어의 모습을 잘 보여주는 경우가 많다(홍종선 2000: 24).

이 시기 문어 자료 가운데 구어 연구에 활용할 수 있는 것으로 교과서 및 한국어 회화 자료를 꼽을 수 있다. 개화기 시대에 편찬한 교과서 가운데 국어 교과서 안에는 대화 등 구어적 표현들이 다수 들어 있어 중요한 자료가 된다. 아세아문화사에서 영인한 '한국개화기교과서총서'의 국어편에 실린 「국민소학독본」, 「소학독본」, 「신정심상소학」, 「유년필독」, 「초등여학독본」, 「노동야학독본」, 「초등소학」(상, 하), 「초목필지」, 「고등소학독본」, 「최신초등소학」, 「보통학교학도용 국어독본」(상, 하), 「신찬초등소학」(상, 하), 「녀ᄌ독본」, 「부유독습」 등은 1984~1910년 사이에 나온 국어 교과서류이다. 권재일(2005: 8~10)에 의하면 이 가운데 「신

---

7) 상세한 내용은 이재철(1978), 「한국현대아동문학사」(서울: 일지사) 참조.

정심상소학」과「고등소학독본」에 구어체 문장이 많이 사용되었다고 하는데, 이러한 자료를 우선적으로 활용할 수 있을 것이다.

회화서는 당시의 구어를 잘 보여주는 자료이다. 일본인을 위해 만든 한국어 회화 학습서인 호세코 시게카츠「일한선린통어(日韓善隣通語)」(1880),「한어입문(韓語入門)」(1880), 로스「조선어회화」(1882), 아카미네 세이치로「日韓英三國對話(일한영삼국대화)」(1892), 사쿠라이 요시유키「일한통어(日韓通語)」(1893), 대일본도서주식회사(동경)에서 출간된「한어회화(韓語會話)」(1904), 마에마 쿄사쿵「한어통(韓語通)」(1909), 이기형「관화 화어교범(官話 華語教範)」(1915), 일제강점기 조선어 통역관 니시무라 신타로(西村眞太郎)「조선어회화(朝鮮語會話)」(1915), 에카르트「조선어회화문법」(1923) 등을 들 수 있다(홍종선 2000: 27).

이 외에도 강연 및 연설 자료를 구어 연구에 활용할 수 있다. 연설 자료는 대개 한 사람의 연설자가 연설한 내용을 기술한 것이다. 연설의 상황에서는 연설을 듣는 청자가 상정되어 있고, 청중을 고려하거나 전제하는 표현이 나타난다. 연설 자료 역시 말로 전달된 것을 기록한 것이기 때문에 구어에서 나타나는 특성이 드러나기도 한다. 연설 자료의 경우, 20세기 초기 시기의 자료가 연설문으로 일부 남아 있기 때문에, 음성 자료를 분석하는 연구의 보조 자료로 활용할 수 있다. 연설 및 강연 자료로는 '연설법방'(안국선 1907, 창신사), '연설법 요령'(김창제 1917, 신문관), '사상 표현과 어감'(이희승 1937,「한글」5-9) 등을 들 수 있다.

구어 연구를 위해서 문어 자료는 한계를 가지는 것이 사실이다. 그러나 남아 있는 음성 자료가 적다면 이러한 텍스트 자료의 활용은 연구의 보충 자료로서 불가피한 일이라 할 수 있다. 특히 신문 만화와 집담회 자료는 텍스트 내의 상황이 구어를 가정하고 있으며, 더욱이 신문 만화의 경우 역할(tenor) 역시 대개가 일상 대화와 같은 속성을 지니기 때문에 구어적 속성을 고찰하는 자료로 활용할 가치가 높다. 또한 1933년 한글 맞춤법 통일안 제정 이전에는 문어 자료의 표기에 당시의 실제 발음이 더 잘 반영되어 있기도 하다. 1933년 이후라 하더라도 맞춤법이 보급 및 정착되기까지 어느 정도 시간이 소요되었을 것이므로, 20세기 초기 텍스트 자료에서는 후기의 자료에 비해 구어의 음운적 특성을 더 많이 관찰할 수 있을 것이다. 4장에서는 기존 연구에서 잘 다루어지지 않았던 신문 만화 자료와 잡지의 집담회 자료를 좀 더 면밀히 분석해 보도록 한다.

## 4. 신문 만화와 집담회 자료의 구어적 특성 분석

이 장에서는 20세기 초 구어 연구에 활용할 수 있는 문어 텍스트의 대표적인 예로 신문 만화와 잡지의 집담회 자료의 구어적 특징을 분석한다. 신문 만화는 등장인물들 간의 관계와 상황적 속성이 일상 대화와 유사하게 나타나며, 주독자층이 식자층이라기보다는 일반 대중들이고, 재미를 위해 형식에 구애받지 않은 구어를 자유로이 사용하였을 가능성이 크다. 집담회 자료의 경우 문자로 옮기는 과정에서 수정되었을 가능성이 있기는 하지만, 기본적으로 참여자들의 대화를 기반으로 하고 이를 그대로 기록하려는 속성이 있기 때문에, 매체가 문어이지만 구어적 특성이 반영되어 있다고 보기에 충분하다. 또한 이 두 자료는 자료의 성격이 서로 다르다는 점에서 다양한 구어 연구가 가능하다는 장점이 있다. 만화는 대체로 비격식적 대화 상황을 가정하고 있는 반면, 집담회는 격식적 토론회 및 공청회의 성격을 띠고 있기 때문이다.

만화 자료에 나타난 언어는 후기 근대국어의 특징을 일부 나타내면서 그로부터 변화된 양상을 반영한다.8) 홍종선(2006ㄴ: 19)에서는 후기 근대국어 시기에 들어 국어 문법에 나타난 큰 변화 가운데 하나로 의문법 체계가 단순해졌음을 밝히고 있다. 또한 의문형 자체가 상대를 전제한 문체로 구어적 성격이 강하다고 판단할 수 있기 때문에 의문법 표현은 주목할 만하다.

만화 자료에 나타난 의문문을 살펴보면 근대 개화기의 의문법 체계를 대체로 따르고 있으나 새롭게 나타난 형태들도 보인다. 김동언(1999: 86)은 당시 의문형 어미로 합쇼체 '-잇가/잇고, -ㅂ쇼', 해요체 '-아요/어요, -구요, -지요, -가요', 하오체 '-오/소', 하게체 '-나, -노, -누, -구', 해체 '-아/어, -지', 해라체 '-나, -냐, -니, -뇨, -랴'가 있다고 하였다. 이러한 목록뿐만 아니라 그 이상의 표현들이 1920년대에 나온 동아일보 연재만화 "허풍선이冒險奇譚" 자료에서 보인다.

(3) ㄱ. 신통치는 안 켓지만 드러보라니 드러볼가? <1925.1.23.>
ㄴ. 여-방울이퍽긔대렷지? <1925.1.26.>
ㄷ. 입속냄새도뒷간속갓지만.이게쇠통입인가? <1925.2.23.>
ㄹ. 맛만보쟈는데도.죽여라하고안되?! <1925.2.25.>
ㅁ. 요걸논아먹으면잇새에도씰줄아니? <1925.2.25.>
ㅂ. 허공에서.원수를갑게될줄그뉘가알소냐 <1925.3.2.>
ㅅ. 요맛이웃대?상당하지? <1925.3.6.>
ㅇ. 왜!너만경치지못해셔섭하냐? <1925.3.11.>
ㅈ. 이거쏘.공즁여행을하게되지안나? <1925.4.10.>

(3)은 신문 만화에 나타난 의문형 어미 중 김동언(1999: 86-87)에서 제

---

8) 홍종선(2006ㄱ)에서는 근대국어 시기를 17세기 초부터 갑오경장 이전까지로 잡고, 근대국어 시기 중 18세기 후반까지를 전기, 18세기 말부터를 후기로 세분화하였다.

시한 개화기의 의문법 체계에 나타난 어미의 예를 제시한 것이다. 그런데 위의 체계에 벗어난 용례도 다수 나타난다.

(4) ㄱ. 이놈아 조금만먹으랫드니 한닙에처느랴고?! <1925.2.25.>
    ㄴ. 입속에너허보기만하자는데도. 못하겟다?! <1925.2.25.>
    ㄷ. 웃젯든잘맛낫다. 너허풍영감의침맛좀보련? <1925.3.2.>
    ㄹ. 아이고저게무어야? <1925.4.13.>

(4)에는 개화기 의문법 체계에서 제시되지 않았던 것으로 '-랴고, -다, -련, -야'의 형태가 의문법 종결형에서 나타나는데, 이는 비격식적 문체에서 나타날 수 있는 구어적 표현이 만화에서 다양하게 나타난 것으로 보인다. (4ㄱ)의 '한닙에 처느랴고'라는 형태를 규범적 문법관을 가지고 해석해 보면 '한 입에 처넣으려고 (그러느냐)?'와 같은 표현이 축약되어 발화된 것으로 해석이 가능하다. 그럴 경우 '처느랴고'의 '-고'를 의문법 종결형으로 보아야 하는가 하는 문제 제기가 가능하다. 그런데 구어의 경우 이처럼 '그러느냐, 하느냐' 등의 표현이 생략된 것처럼 보이는 현상이 빈번하게 나타난다는 점에서 종결형으로 해석될 여지가 있다. '못하겟다'의 어미는 평서형 종결형으로 나타나는 것이 전형적인데, (4ㄴ)에서는 뒤에 물음표가 의문법 종결형의 억양 실현을 표현하고 있어서 의문법 종결형으로 해석 가능한 경우이다. 이 때 물음표가 종결 억양을 대신한다는 점에서 이 자료가 문어로 작성되기는 했지만 구어적 속성을 가지고 있는 것으로 해석할 수 있다. (4ㄷ, ㄹ)은 기존 연구 목록에서 제시되지 않았지만, 비격식적 구어 표현에서 빈번하게 나타나고 있는 종결형의 형태로 볼 수 있다.

또한 판정 의문문과 내용 의문문의 구별은 거의 나타나지 않는다. (5)

를 보면 '엇더게, 어듸'와 같은 의문사가 있음에도 불구하고 다른 어미로 실현되고 있음을 볼 수 있다.

 (5) ㄱ. 이놈을터트리면엇더게될터이지 <1932.4.10.>
   ㄴ. 이번에는 어듸가서써러지노 <1925.4.10.>

격식적인 구어 자료인 집담회 자료에서는 격식적 의문형 어미를 확인할 수 있다. 여기에서는 두 가지 집담회 자료를 검토하는데, 첫 번째는 동광 제35호(1932년 7월 3일)에 실린 '신문경영·편집좌담회'로 8명의 남성 화자가 참여한 집담회 자료이다. 두 번째는 삼천리 제3호(1929년 11월 13일)에 실린 이화전문학교 윤성덕 교수와 기자의 대담을 정리한 것으로, 당시의 미국 신여성에 대한 내용이다. 이 자료에서는 앞서 살펴본 신문 만화와는 다른 의문형 형태들이 발견된다.

 (6) ㄱ. 朝鮮서 신문을 하누라고 없이한 돈이 한 50만원 됩니까?
   ㄴ. 50만원이요?
   ㄷ. 신문의 聲價야 일정한 가격을 가질 수 잇지 안습니까.
   ㄹ. 그러니까 판권을 양도한다고 그러지 누가 형식상으로야 매매한다고 하나요?
 (7) ㄱ. 오늘날 세계의 문명이 아메리카 문명과 노서아(露西亞) 문명의 두가지로 나누어잇다 하리만큼 아메리카의 모든 문화는 특색잇는 점에서 벌서 정점을 보이고 잇는데 성덕 씨가 보시기에는 미국 신여성들은 엇더한 사상을 가지고 잇는 듯 합덱까.
   ㄴ. 그것도 그런 것이 아니겟슴니까
   ㄷ. 그러면 미국 여학생의 희망이란 그것뿐인가요.

(6)은 동광 제35호에, (7)은 삼천리 제3호에 실린 집담회이다. 이 시기에 '-니까'의 형태가 정착하여 나타난 것으로 보인다. 여기서 주목할 수

있는 것은 '-요'의 쓰임이 확대되어 나타난다는 것이다. 1880~1890년대의 문헌에 대한 허재영(2012: 264)의 연구에서는, 현대국어에서 비격식체 상대 높임 조사로 기능하는 '요'의 쓰임을 조사한 결과 '-어+요, -지+요, -고+요' 정도만 나타나고 '-가+요, -걸+요, -게+요'가 나타나지 않는다고 하였다. 허재영(2012)에서는 이러한 사실을 바탕으로 1800년대 후반에는 이러한 기능이 정착되지 않았음을 제시하였으나, 1930년대의 자료에서 '-이요, -나요, -가요' 등 다양한 형태의 의문형 어미가 쓰인다는 점에서 19세기 후반과는 다른 양상을 보여준다.9) 이 자료에서 특이하게 관찰된 형태는 '합덱까'이다. '합더이까'의 축약형으로, 이전 시대의 문헌에서는 볼 수 없었던 구어적인 표현이라고 할 것이다.

구어적인 문어 자료를 통해 확인할 수 있는 또 하나의 특징은 종결어미의 다양성이다. 집담회 자료의 경우 격식적 경어 표현으로 대화가 이어지는 반면, 만화의 경우 비격식적 담화로 '해요체, 해체, 하게체, 하오체' 등 종결어미가 다양한 양상으로 나타나기 때문에, 이 시기 구어의 다양한 종결어미 쓰임을 확인할 수 있다.

(8) ㄱ. 아푸리카 사람은.웃지큰지키가이마마-해! <1925.1.23.>
　　 ㄴ. 이세상에는.나만큼탐험을한사람은업느니. <1925.1.23.>
　　 ㄷ. 여보! 아버지께서드러오신데!! <1925.1.26.>
　　 ㄹ. 이런일이두번이라면사랑이란그만두지 <1925.1.26.>
　　 ㅁ. 아씨! 영감마냄드러오심니다 <1925.1.26.>
　　 ㅂ. 방울이-당신의사랑은.눌려죽소.살려라 <1925.1.26.>
　　 ㅅ. 그동안 고래속에셔지내시기에을마나괴롭겟소 <1925.2.18.>
　　 ㅇ. 에- 나는.쏠독이라는션쟝이올시다 <1925.2.18.>

---

9) 홍종선(2006ㄴ: 17)에서는 상대 높임법이 근대국어 후기에 와서 'ᄒᆞ쇼셔, ᄒᆞ소, ᄒᆞ게, ᄒᆞ라'의 네 등급으로 발전하여 현대국어에 이어진다고 제시하였다. 근대국어 시기에서 현대국어로 넘어오는 시기에 이 자료에서처럼 '-요'의 쓰임과 기능이 확대되었다고 추정해 볼 수 있다.

(8)에서는 만화에 나타난 여러 가지 형태의 평서형 종결어미를 본다. 이는 김동언(1999)에서 제시한 평서형 어미 목록보다 더욱 다양한 형태의 어미들을 확인할 수 있는 것이다.

(9) ㄱ. 물론 신문의 발행권이 저당의 목적물이 될 수 없습니다.
    ㄴ. 신문의 발행권을 팔고, 사고, 저당을 잡힌다, 못한다, 하는 것은 조선 아니고는 보지 못할 현상이지오.
    ㄷ. 신문에 망한 사람을 전부 합하면 30명은 되리다.
    ㄹ. 지방면은 전부가 그런 조식만 잇어보입디다.
    ㅁ. 돈을 만히 가지어 물질적의 영화를 누리자는 것뿐이지요.
    ㅂ. 활동사진을 보아도 아메리카 영화에 나오는 국민성은 엇더케하면 조흔 가정을 꾸밀가 엇더케 하면 조흔 안해 또는 조흔 남편을 엇을가 하여 애쓰는 것이 청년남녀의 활동하는 전부의 동력가치 보이드군요.
    ㅅ. 음악과 운동방면에지요. 그 중에도 운동은 참말 놀납담니다.
    ㅇ. 이러니까 그네둘은 전국민적으로 모다 건강이 조흔가 봅데다.
    ㅈ. 그런데 한가지 놀라운 일은 각 가정과 학교에서 오륙재(五六才)의 소년소녀들에게 음악을 장려하는 신음악교육의 방침이엇사외다.

(9)에서 (9ㄱ~ㄹ)은 동광 제35호, (9ㅁ~ㅈ)은 삼천리 제3호에 실린 집담회 자료이다. 격식적인 경어체를 구사하는 이 자료에서는 기존 근대국어 후기 평서형 종결어미로 분류되는 형태를 확인할 수 있으며, (9ㅁ,ㅂ)처럼 '-요'가 결합한 여러 형태들도 조사할 수 있다. 이처럼 다양한 종결어미를 화계별로 분석하여 19세기 자료와 현대국어의 자료를 대조 연구하면서 변화 양상을 살필 수 있을 것이다.10)

---

10) 위의 자료에 나타난 문말 종결 표현에서 특징적인 것은, 종결어미의 종류가 많다는 것뿐만 아니라 문장의 양태적 의미가 다양한 표현으로 나타나고 있다는 점이다. 따라서 이들 구어적 문어 자료를 좀 더 면밀히 분석하면, 구어 상황에서 나타나는 이 시기 양태 표현의 특징 및 양상에 대해서도 파악할 수 있을 것이다.

비격식 자료인 만화에 나타난 구어적 특징 중의 하나로 축약 및 생략 표현이 빈번하게 나타난다는 점도 들 수 있다. 축약 및 생략 표현은 현대 국어의 구어적 특징으로 많이 언급되는 특성이다. (10)은 동아일보 연재 만화 "허풍선이冒險奇譚"에 쓰인 대화문이다.

(10) ㄱ. 이놈이별안간어딀갓서? <1925.3.6.>
　　 ㄴ. 우리집에는귀빈실이유치쟝이까.그리로모시어라. <1925.3.6.>
　　 ㄷ. 흥! 귀빈실이유치쟝이란여긔와셔처음듯겟군. <1925.3.6.>
　　 ㄹ. 어휴- 이게쏘왼일야 <1925.4.6.>
　　 ㅁ. 까-만원숭이는쳠인걸 <1932.4.5.>

(10ㄱ)은 '어듸+ㄹ'이 합쳐진 형태로 목적격 조사가 축약되어 나타난 형태이다. (10ㄴ)은 '우리 집에는 귀빈실이 유치장이니까'의 의미로, 이유/원인을 나타내는 연결어미가 '-이까'로 나타난다. 이동혁(2000: 211)에서는 이 시기에 이유/원인을 나타내는 연결어미로 '-니까'를 제시하였다. 따라서 이 부분 역시 이 당시의 음성 자료를 확인하여 이유/원인의 연결어미의 형태가 구어에서 어떻게 발화되고 있는지 확인할 수 있다. (10ㄷ)은 '귀빈실이 유치장이란 말을 여기 와서 처음 듣겠군.'의 의미를 표현한 문장으로 볼 수 있다. 여기에서 '말을' 정도의 표현이 생략되었지만, '-이란'이라는 인용 보문화 문법 형태소를 통해 의미를 전달한다. (10ㄹ)은 '웬일이야'에서 '이'가 생략되어 나타난 것으로 볼 수 있다. 이러한 현상이 표기법의 문제인지 그때의 발음이 반영된 것인지는 이 당시 음성 자료를 통해 확인할 필요가 있다. (10ㅁ)은 '처음'이 '첨'으로 줄어든 어휘 축약의 형태를 보여주는 자료이다. 위의 자료에 나타난 축약과 생략 표현이 문법적으로 어떤 의미를 담고 있는지 정확하게 해석하기 위해서는 이 시기의 다양한 음성 자료를 토대로 실제 언어 실현 양상을 확인할

필요가 있다.

이 자료를 통해서 파악할 수 있는 또 하나의 특징으로 부정 표현을 들 수 있다. 홍종선(2006ㄴ: 18)에서는, 근대국어의 부정법에서 부정 표현의 다양성이 줄어들며, 특히 근대 후기로 올수록 장형 부정의 사용이 늘어나는 추세를 보인다고 하였다. (11)은 동광 제35호의 집담회 자료에 나타난 부정 표현이다. 이 자료에는 '안' 부정문이 총 26회 나타나는데, 이 가운데 장형 부정(11ㄱ~ㅂ)이 15회, 단형 부정(11ㅅ~ㅈ)이 11회 나타나, 장형 부정이 단형 부정에 비해 생산적으로 나타남을 확인할 수 있다.

(11) ㄱ. 신문의 聲價야 일정한 가격을 가질 수 잇지 안습니까.
ㄴ. 조선일보사에는 관계한 리사가 70여명이 잇다고 하지안습니까.
ㄷ. 사회방면에 다니는 기자는 없지안습니까.
ㄹ. 을사이전의 신문이야 민중이 일종의 성경으로 알지 않엇습니까.
ㅁ. 가령 석간을 하지않고 조간을 한다든가...
ㅂ. 그러키에 강연회 기사는 기자가 가보지 않고 쓰는 수도 많지요.
ㅅ. 「상장」기사는 조간으로 할려면 시간이 안맞으니
ㅇ. 실려 달래도 다 안실려주고...
ㅈ. 분쟁만 안나면 되지오.

단형 부정 중에는 (12)와 같은 독특한 형태도 발견된다. '조사 안하엿을'은 동사의 어근과 굴절접사의 사이에 '안'이 삽입된 것으로, 이전 시기에 많이 쓰이던 부정법 표현이 아직도 상당수 쓰이고 있는 것이다.

(12) ㄱ. 적어도 사회의 공기인 언론기관의 책임자를 충분히 조사 안하엿을 이는 없으니 결국 그를 시인한 것이지오.
ㄴ. 신문을 어떠케 하여야 할지 전연 경영방침을 모르는 사람이 실패안할 이가 잇습니까?

신지영(2014)에서는 현대국어 자유발화 대화 자료에서 '안' 형태의 단형 부정이 '-지 않-'의 장형 부정 형태보다 압도적으로 많이 나타난다는 점을 지적하였다. 이 시기 구어의 부정 표현 형태를 좀 더 면밀히 살펴보기 위해서는, 이 시기보다 이전 및 이후의 문어와 구어의 언어 자료를 좀 더 광범위하게 조사하여, 근대국어에서 현대국어로 넘어오는 변화의 방향성과 현대국어에서의 양상 등을 총체적으로 파악하는 연구가 선행되어야 할 것이다.

이처럼 만화 자료는 당시의 비격식적 대화 상황을 잘 나타내 주는 언어 자료로, 집담회 자료는 당시의 격식적 대화 상황을 잘 나타내는 자료로, 구어 연구를 위해서 그 가치가 높다고 할 것이다. 그러나 이 두 자료 모두 문자로 표기되었기 때문에 구어 연구로는 한계를 지닐 수밖에 없다. 따라서 만화나 집담회 자료를 통해 추출한 언어 자료의 의미를 정확하게 분석하기 위해서는 그 당시 음성 자료와의 비교 대조 연구가 반드시 동반되어야 한다. 즉, 이러한 자료를 통해 추출한 언어 현상이 어떤 문법적 의미를 가지는지 세밀하게 분석하기 위하여 음성 자료와의 대조 연구가 필요하며, 이를 통해 20세기 초 구어의 특징을 좀 더 세밀히 분석할 수 있을 것이다.

## 5. 마무리

이 연구에서는 20세기 초기의 구어 연구를 위해 문어 텍스트 가운데 구어 연구에 활용할 수 있는 자료에 대해 고찰하였다. 먼저 선행 연구의 구어와 문어, 구어체와 문어체의 개념 및 범위 등에 대하여 비판적으로 검토하였다. 이를 통해 구어와 문어가 매체적 차이로 이해되지만 문어 텍스트로 존재하는 자료 가운데 일부가 구어 연구의 보조 자료로 활용될 수 있음을 살펴보았다. 이는 특히 음성 자료가 매우 제한적인 20세기 초기의 구어 연구를 위한 보충적 역할을 할 수 있다는 점에서 구어 연구 자료로서의 가치를 지닌다.

다음으로 구어 연구에 활용할 수 있는 문어 텍스트 자료의 종류와 수, 특성을 고찰하였다. 그 결과 만화와 집담회는 텍스트 내의 상황이 구어를 가정하고 있기 때문에, 구어적 속성을 고찰하는 자료로 활용할 가능성이 높음을 실제 자료를 통해 살피었다. 만화는 대체로 비격식적 대화 상황을 가정하고 있는 반면, 집담회는 격식적 대화의 성격을 띠고 있어서, 이 두 자료를 검토하면 격식적 구어 표현과 비격식적 구어 표현 모두를 관찰할 수 있다. 신문 만화와 집담회 자료를 대상으로 의문법의 실현, 축약 및 생략 표현, 다양한 종결 어미와 부정 표현의 특성 등을 검토해 본 결과, 후기 근대국어에서 현대국어로 넘어 오는 과정에서 나타나는 다양한 구어적 특성을 관찰할 수 있었다.

이 연구는 문어 텍스트 자료 가운데 구어 연구에 활용할 수 있는 자료를 검토하고, 특히 신문 만화와 집담회 자료에서 나타나는 구어적 특성을 검토함으로써 이를 구어 연구에 활용할 수 있는 가능성을 제시하였다는 점에서 의의를 갖는다. 앞으로 문어 텍스트에서 나타난 언어 현상을 현전하는 음성 자료와 대조하여 분석하고, 이를 통해 20세기 현대국어 구어의 형성 및 변천에 대해 계속해서 고찰해 나가야 할 것이다.

■ 참고 문헌

강범모·김흥규·허명희(1998), 「통계적 방법에 의한 한국어 텍스트 유형 및 문체 분석」,

『언어학』(한국언어학회) 22, 3~57.
강상호(1989),『조선어 입말체 연구』, 사회과학출판사.
강소영(2007),『구어와 문어 자료의 실제적 연구방법론』, 한국문화사.
구현정·전영옥(2002),「구어와 구어 전사 말뭉치」, 구현정·서상규 공편.『한국어 구어 연구 1: 구어 전사 말뭉치와 그 활용』, 한국문화사.
권영민·이주형·정호웅 편(1998),『한국근대단편소설대계』, 태학사.
권재일(2005),『20세기 초기 국어의 문법』, 서울대학교출판부.
김동언(1999),「개화기 국어 형태」,『국어의 시대별 변천 연구 4』, 국립국어연구원, 61~114.
김미형(2004),「한국어 구어와 문어의 특징 연구」,『한말연구』(한말연구학회) 15, 23~73.
김윤식(1978),『한국개화기문학총서: 신소설 번안(역) 소설』, 아세아문화사.
노대규(1996),『한국어의 입말과 글말』, 국학자료원.
민현식(1994),「개화기 국어 문체에 대한 종합적 연구(1)」,『국어교육』(한국국어교육연구회) 83, 101~123.
민현식(2007),「구어적 통용과 문어적 오용」,『문법교육』(한국문법교육학회) 6, 53~113.
배진영·손혜옥·김민국(2013),『구어 문어 통합 문법 기술의 탐색』, 박이정.
서연호(1996),『한국근대희곡사』, 고려대학교 출판부.
서연호 편(1996),『한국희곡전집』1-5, 태학사.
신지영(2014),「구어의 의미 연구와 운율」, 제34차 한국어의미학회 발표논문집.
양승국 편(1989),『한국근대희곡작품자료집』1-10, 아세아문화사.
오재혁 외(2014),「20세기 초 구어 연구를 위한 음성 자료의 유형과 특징에 대한 고찰」,『어문논집』(민족어문학회) 70, 225~258.
윤영옥(1996),『한국신문만화사: 1909-1985/증보판』, 서울: 열화당.
이동혁(2000),「현대국어 연결 어미의 형성」, 홍종선 외.『현대국어의 형성과 변천1: 음운·형태』, 박이정.
이재명 역(2004),『해방전(1940~1945) 공연희곡집』1-5, 평민사.
이재철(1978),『한국현대아동문학사』, 서울: 일지사.
이진희(2003),「언어의 구어성과 문어성에 관한 연구」,『독일문학』(한국독어독문학회) 85, 528~542.
이혜영(2006),「구어의 특징과 구조」,『새국어생활』(국립국어원) 16-2, 1~10.

장경현(2003), 「문어/문어체, 구어/구어체 재정립을 위한 시론」, 『한국어의미학』(한국어의미학회) 13, 143~165.

장소원(1986), 「문법연구와 문어체」, 『한국학보』 12-2, 191~212.

전광용(1983), 『한국 근대소설의 이해』, 민음사.

전광용·송민호·백순재 편(1968), 『한국신소설전집』 1-10, 을유문화사.

지은희(2011), 「국어교육에서 '구어, 문어'와 '구어성, 문어성'의 구분 문제」, 『한국언어문화』(한국언어문화학회) 44, 427~449.

지현숙(2006), 『한국어 구어문법과 평가 1: 이론편』, 도서출판 하우.

허재영(2011), 「비격식체 상대 높임 조사 '요'의 기능과 생성·변화 과정」, 『한민족어문학』(한민족어문학회) 60, 245~270.

허재영(2013), 「근대 계몽기부터 일제 강점기까지의 화법 교육 연구」, 『어문학』(한국어문학회) 120, 85~109.

홍종선(2000), 「현대국어 연구를 위한 언어 자료」, 『언어정보』(고려대학교언어정보연구소) 3, 87~144.

홍종선 외(2006ㄱ), 『후기 근대국어 형태의 연구』, 역락.

홍종선 외(2006ㄴ), 『후기 근대국어 통사의 연구』, 역락.

홍종선(2009), 「20세기 국어문법의 통시적 변화」, 『국어국문학』(국어국문학회) 152, 35~61.

홍종선(2014), 「구어와 문어를 아우르는 사용자 중심의 한국어 문법」, 『어문연구』(한국어문교육연구회) 161, 7~35.

Chafe, W. L.(1982), "Integration and Involvement in Speaking, Writing, and Oral Literature." Tannen, D. (ed.). *Spoken and Written Language*, Norwood, N. J: Abex.

Devito, J. A.(1966), "Psychogrammatical factors in oral and written discourse by skilled communicators." *Speech Monographs* 33, 73-76.

Devito, J. A.(1967), "Levels of abstraction in spoken and written language." *Journal of Communication* 17, 354-361.

Drieman, G. H. J.(1962), "Differences between written and spoken languages: an exploratory study." *Acta Psychologica* 20, 36-57.

Eggins, S.(2004), *An Introduction to Systemic Functional Linguistics,* London: Pinter Publishers.

Gibbon et al.(1997), *Handbook of Standards and Resources for Spoken Language Systems*, Berlin: Mouton de Gruyter.

Harrell.(1957), "A comparison of oral and written language in school-age children." *Monographs of the Society for Research in Child Development* 22-3. Lafayette, Ind.: Child Development Publications.

Miller, Jim and Regina Weinert(1998), *Spontaneous spoken language : syntax and discourse*, Clarendon press, Oxford: Clarendon press.

Ochs, E.(1979), "Transcription as Theory." Ochs, E. and Schieffelin. B. B. (eds.), *Developmental Pragmatics*, New York: Academic Press, 43-72.

# 구어에 나타난 운율적 실현의 문법적 해석

유혜원

## 1. 머리말

이 연구는 구어에 나타난 운율이 문법적 단위 및 기능과 어떻게 관련되는지를 구명하고자 한 것이다. 격식적 상황과 비격식적 상황의 다양한 구어에서 휴지, 억양 등의 운율적 실현이 어떤 문법적 기능을 갖는지 분석해 보고, 운율적 현상의 문법적 지위가 무엇인지 실증적으로 고찰하고자 하는 목적을 가졌다. 구어 연구의 필요성이 대두되면서 문법 기술에서 운율의 특징이 고려되어야 한다는 문제제기는 많이 되어 왔으나, 본격적인 분석을 토대로 한 논의가 적었다는 점에서 이 연구는 시작되었다.

최근 구어에 대한 연구가 활발해지면서 다양한 관점에서 구어와 문어에 대한 구분, 구어 문법과 문어 문법의 관계 등에 관심이 모아지는 듯하다. 특히 이 과정에서 구어와 문어의 차이에 주목하여 문어 문법과 구별된 구어 문법의 존재 가능성을 피력하는 견해도 있다. 이러한 입장의 연구자들은 대부분 구어 연구의 대상을 대화 자료로 선정하였고, 그 결과 구어는 문어와 매우 다른 체계임을 지적해 왔다. 특히 문형에 대한 분석에서 구어의 문장은 불완전하고 파편화되어 있음이 반복적으로 지적되고 있는데, 이러한 관찰은 거의 대화 자료에 기반하고 있다는 공통점이 있다. 대화는 구어의 특성을 보여주는 중요한 자료이나 구어 연구를 위해 대화에만 집중하는 것은 다양한 장면의 구어의 특성을 놓치는 결과를 초래할 수 있다. 즉 이러한 연구 흐름은 기존 문법 연구가 지나치게 문어에 한정되어 있다는 한계와 비슷한 한계를 가질 우려가 있다. 따라서 다양한 장면의 구어가 폭넓게 검토되어야 구어의 연구도 총체성을 가질 수 있다.

따라서 본고에서는 구어 연구와 관련된 기존 연구의 한계가 무엇인지 살펴보고, 구어 연구의 총체성을 위해 다양한 구어 자료가 분석되어야 함을 제시한 다음, 실제 구어 자료를 분석하여 구어에 나타난 운율적 실현이 기존의 문법 단위 및 기능들과 어떤 관련성을 가지는지 논의하고자 한다. 이를 위해 일반 대화뿐만 아니라, 구어로 발화된 강연, 토론을 전사한 자료를 분석해 봄으로써 운율과 문법의 상관성을 밝히고자 한다.

## 2. 기존 구어 연구의 한계와 구어 연구의 방법론

### 2.1. 기존 구어 연구의 한계

구어에 대한 관심이 증가하면서 구어와 문어의 차이에 대한 논의가 많이 이루어졌다.[1] 특히 서은아·남길임·서상규(2005:157)에서는 구어와

---

[1] Biber(2000)에서는 구어와 문어에 대한 다양한 견해가 있다는 것을 제시하고 있는데, 구어와 문어의 언어적 차이가 거의 없다는 입장과 언어적 차이가 중요하다는 입장이 그것이다. 이

문어의 문형에 대한 계량적 연구를 통해 단문은 구어에서, 복문은 문어에서 각각 높은 빈도를 보여주었고, 구어의 조각문은 구어와 문어 전체 문형에서 가장 높은 실현 빈도로 조사되었다고 결론짓고 있다. 이 연구의 대상이 된 말뭉치가 대학생 대화 말뭉치라는 점을 생각해 보면 이는 구어의 다양한 상황 중 대화만을 고려한 연구 결과라는 점에서 한계를 갖는다고 하겠다. 말로 발화된 언어 자료를 구어라고 정의할 경우, 격식적인 상황에서 주로 혼자 말을 이어가는 형태인 연설이나 강연 등도 구어의 범주에 들어갈 수 있다. 그러나 이러한 강연이나 연설 자료는 대화 자료의 문형과 매우 다른 양상을 보인다. 단문이 매우 제한적인데 비해 복문의 형태는 매우 다양하게 나타나고 있어, 어떤 측면에서 정제된 문어의 복문보다 더 복잡한 양상을 드러내기도 한다.

(1) ㄱ. EBS의 그거 새로운 계획에 따라서 앞으로 저 상당기간 동안 여러분을 제가 생각하기에는 신비로운 동물의 세계로 어떻게 한번 인도해 볼까 합니다.
ㄴ. 그래서 제가 바람이 있다고 그러면은 저와 함께 동물의 세계를 여행을 하시면서 우리 모두가 좀 더 과학적으로 사고하는 방법을 좀 길렀으면 하는 생각입니다.(최재천 강연 자료)

(2) ㄱ. 아- 이렇게 그 테레비 화면을 통해서 또다시 여러분을 뵙게 되고, 또어- 국민 여러분들을 이렇게 뵙게 돼서 정말 에- 만감이 교차합니다. 흠-
ㄴ. 에- 벌써 우리가 아- 이제 그- 한 해를 지내고, 이제 그- 새해를 맞이했는데, 요번에-는 이제 제가 강의하는 주제가, 주제가 이게 그 중국

---

중 문어와 구어의 특징에 대해 문어가 구조적으로 정제되어 있고, 복잡하고, 형식이며 추상적이고, 구어는 구체적이고, 문맥 의존적이며, 구조적으로 단순하다고 보는 입장이 있는 반면, Biber(2000:5)에서는 구어가 더 정교하고(elaborated) 복잡하다고(complex) 제시함으로써, 구어와 문어를 바라보는 관점과 시각에 따라 다양하게 해석되고 있음을 보여주고 있다.

얘기라든가 접때가지는 이때까지는 이제 뭐 공자, 맹자 뭐 노자 에
요런 걸 했지 않습니까? (김용옥 강연 자료)

위의 예문은 EBS에서 방영된 최재천, 김용옥 교수의 강연을 전사한 자료의 일부이다. 위의 문장은 모두 인사가 끝나고 난 후 발화된 첫 두 문장을 예시로 제시한 것이다. 이들을 문장 단위로 분석했을 때, 위의 문장은 여러 개의 절로 구성된 복잡한 복문임을 확인할 수 있다. 따라서 구어 연구 대상을 자유 발화로만 한정하는 것은 구어의 전체적인 모습을 제대로 파악하기에 적절한 방법이 아님을 알 수 있다.

이러한 구어 연구의 또 다른 쟁점은 문법단위와 관련된 것이다. 기존의 문법 연구에서 문법단위는 '형태소-단어-구-절-문장'이고, 특히 문장은 통사론 연구의 중요한 단위로 인식되어 왔다. 그러나 구어에 대한 관심이 높아지면서 '문장' 단위에 대한 문제제기가 있어 왔으며, 이를 토대로 구어의 문법단위는 문어와 달라야 한다는 논의가 제기되었다. 즉, 음성으로 발화되는 구어의 특징 때문에 문어의 기본 단위인 문장은 구어의 문법단위가 될 수 없다는 것인데, 문장은 종결부호로 확인되는 문어에서의 인위적 단위이므로, 구어 연구에서는 문장이라는 단위가 무의미하다는 것이다. 이러한 맥락에서 구어에서 유의미한 문법단위로 제시되어 온 것이 억양단위와 발화단위이다. 특히 억양단위는 음성적 특징과 통사적 상관성을 보여준다는 측면에서 그동안 설득력 있는 단위로 많이 거론되어 왔다.(서은아·남길임·서상규(2004), 전영옥(2003), 남길임(2007, 2009)) 남길임(2009)에서 억양단위(intonation unit)를 '하나의 억양 윤곽에서 나타나는 발화의 길이'라고 제시하면서, Du Bois et al.(1993)에서 제시된 5가지 기준이 억양단위를 나누는 기준임을 밝히고 있다.[2] 이러한

---

2) 이 논의에서 제시된 억양단위를 나누는 다섯 가지 기준은 전체적인 억양의 통일성, 단위의

기준은 모두 음성적인 것으로, 남길임(2009)에서는 억양단위가 절 단위로 구획되는 듯하여, 억양단위의 경계에는 주로 용언, 그 중에서도 용언의 연결어미나 종결어미가 위치하는 듯하다는 결론을 내리면서, 억양단위가 하나의 새로운 생각을 포함하며, 활성화된 의식을 나타내는 단일 절(single clause)의 형태로 나타난다는 Chafe(1992:53~58)의 주장을 지지한다고 제시하고 있다. 그러나 이 논의에서도 장르에 따라 억양단위가 달리 나타날 수 있다는 점 등을 근거로 억양단위가 문법단위로서 부적절할 수 있음을 지적하면서, 새로운 문법 분석의 단위가 제시될 수 있어야 함을 언급하고 있다.

구어가 음성적으로 실현된다는 특징 때문에 음성이 문법단위를 구획하는 중요한 요소가 된다는 기존의 입장에 대해, 구어를 분석하기 위한 문법단위가 반드시 음성적 특징을 기반으로만 결정되어야 하는가 하는 원론적인 문제제기도 가능하다. 국어 문법 연구에서 연결어미, 종결어미처럼 기존의 문법단위들을 구획히는 기능적 요소의 중요성이 이러한 시각에는 간과되었다는 비판이 가능하다. 이는 억양단위 자체의 문제와도 관련된다. 배진영·손혜옥·김민국(2013)에서는 억양단위가 정보 처리, 운율, 심리, 발화적 기준이 고려된 단위이기 때문에 통사적 분포와 기능이 고려되지 않았다는 한계가 있다고 지적하고 있다. 또한 억양단위가 문어의 문장과 달리 하나의 완결된 생각을 나타내지 못한다는 점에서 문어에서의 문장과 같은 단위로 보기 어려우며, 억양단위와 통사단위와의 상관관계는 텍스트 장르나 사용역에 따라 달리 나타나기 때문에, 억양단위를 문어의 문장과 같은 문법단위로 설정하기 어렵다고 제시하고 있다.

---

시작에서 기본 피치 단계로 다시 시작, 단위의 시작에서 휴지, 단위의 시작에서 빠른 음절의 연쇄, 단위의 끝에 장음이다.

한편 구어의 문법단위로 '발화'를 제시한 연구가 있다. 안병섭(2007ㄱ)은 운율 단위의 최상위 층위로서 발화 단위를 인정하고, 발화 단위를 설정하는 방법에 대해 제시하고 있다.3) 이 중 분석의 단위로서 발화 단위를 운율 단위로 규정하고 있다는 점에서 억양단위와 그 궤를 같이 한다고 볼 수 있다. 이 논의에서는 발화를 '화자의 발화 의지가 운율적으로 완료된 의사소통의 자립 단위'라고 정의하면서, 운율적 완료성을 판단할 기준으로 발화 억양의 전반적 하강화 현상을 제시하였다. 그러나 이 논의에서 밝히고 있듯이 이러한 하강화 현상이 모든 발화의 단위를 명확히 규정해 주지 못한다는 점에서 한계가 있으며, 발화 구분을 명확히 제시하지 못하고 있다는 점에서 한계를 갖는다고 하겠다.

발화 단위 설정에 대해 좀 더 구체적인 기준과 방법론을 제시한 연구가 김수진·차재은·오재혁(2011)이다. 이 논의에서는 발화 요소를 발화 판정 요소와 발화 구성 요소로 분류하고, 발화 판정 요소는 '말차례, 종결 억양, 휴지'이고, 발화 구성 요소는 '통사적 충족성, 종결어미, 휴지'라고 분류하였다. 이 논의는 종결어미 등과 같은 기존의 문법 단위의 기능을 명시적으로 보여주었을 뿐만 아니라, 구어 분석에서 음성적 특징과 통사적 요소가 고려되어야 함을 가시화하고 있다는 점에서 의의가 있다. 그럼에도 불구하고, 실제로 운율적 요소들과 통사적 기능과의 상관성을 명시적으로 밝히지 않은 것은 이 논의의 한계라 할 수 있다.

이처럼 억양단위와 발화 단위는 모두 운율적 특징을 기반으로 하고

---

3) 안병섭(2007ㄱ:236)에서는 발화라는 용어가 대체로 세 가지 개념으로 사용된다고 밝히고 있다. '언어 행위, 언어 자료, 언어 단위'가 그것인데, '행위'로서의 발화란 화자가 정보를 말소리에 담아 전달하는 행위인 발화 행위 자체를 의미하며, '자료'로서의 발화는 언어학적 연구 대상이 되는 언어 자료인 발화체 자체를 지칭하는 개념이라고 제시했으며, 마지막으로 '단위'로서의 발화는 언어를 형성하는 구조 가운데 운율 구조를 이루는 운율 단위의 하나를 의미한다.

있기 때문에, 운율적 요소와 통사적 기능 사이에 일관된 상관성을 찾기 어렵다는 점에서 공통의 한계를 가진다. 특히 음성적 측면과 운율적 요소에 초점을 맞추다 보면 기본적인 문법적 고려가 배제될 가능성이 있다. 구어에 대한 문법 연구의 관점에서 볼 때, 문법 분석을 위한 중요한 단위들이 고려되어야 하며, 이를 토대로 구어에 대한 균형 잡힌 분석이 필요하다. 따라서 구어 연구를 위해 운율적 요소들의 문법적 지위가 무엇인지에 대해 좀 더 세밀한 연구가 요구된다.

## 2.2. 운율적 특징과 문법적 상관성을 밝히기 위한 연구 방법

기존 구어 연구의 한계를 극복하고 구어에 나타난 운율적 실현이 통사적으로 어떤 기능을 하는지 밝히기 위해, 운율적 실현은 기존 문법 연구의 단위들과 함께 분석되는 것이 필요하다. 이를 위해 그동안의 연구의 중심이었던 대화 자료뿐만 아니라 다양한 장면의 구어 자료를 수집하고 분석하였다. 다음은 본 연구를 위해 수집된 자료이다.[4]

(3) ㄱ. 1인 강연 - 인문강단 락 6강 이석영 교수의 빅뱅우주론(2013년 11월 28일)
ㄴ. 1:1 인터뷰 - 한국 한국인, 도전의 대명사, 벤처 1세대 남민우 대표 (2013년 10월 27일)
ㄷ. 대담 - 역사저널 그날 인재경영을 선포하다: 세종, 집현전 열던 날 (2014년 2월 16일)
ㄹ. 토론 - 백분토론, 국민참여재판 논란, 왜?(2013년 11월 5일)
ㅁ. 대학생 자유 발화 - 3인 대화(고려대 음성언어정보연구실 자료)

---

[4] 구어 연구를 위해 세종계획에서 구축된 억양 단위의 전사 자료가 있지만, 음성 자료의 확보가 용이하지 않고 억양 단위의 판단에 여러 전사자의 주관이 개입되었다고 판단하여 연구자가 확보한 자료를 실제 음성 자료와 함께 분석하기로 한다.

(3ㄱ~ㄹ)은 격식적 상황의 구어이고, (3ㅁ)은 비격식적 상황의 구어이다. 격식적 상황도 구어가 발화된 장면에 따라 언어적 특징이 다를 수 있다는 사실에 입각하여, 다양한 장면의 구어를 수집하였다. (3ㄱ)은 1인 강연 자료로, 한 사람이 여러 사람의 청중을 대상으로 발화를 이어가는 장면의 구어이다. 이 경우 발화에 참여하는 사람이 한 명이기 때문에, 1인 발화라는 특징을 가진다. (3ㄴ)은 인터뷰이기 때문에, 화자가 두 명이라는 상황에서 다른 장면과 구별된다. (3ㄷ)과 (3ㄹ)는 집단 말하기라는 점에서 공통점이 있지만, (3ㄷ)은 하나의 주제에 대해 비교적 자유로운 분위기에서 구어를 형성해 가는 반면, (3ㄹ)은 상반된 입장을 가진 사람들이 나와 경쟁적으로 토론하기 때문에 다양한 말하기 전략이 구사될 것으로 예상된다. 특히 (3ㄷ)과 달리 토론 참여자들은 첨예한 대립을 하고 있고, 토론의 주제 역시 상반된 의견에 대한 논쟁이 필요한 부분이기 때문에, 말하기의 성격이 다르리라 예상된다.5)

   김수진·차재은·오재혁(2011) 등의 논의에서 문법 연구와 관련된 운율적 요소로 지적된 것이 말차례, 휴지, 종결 억양이다. 말교대가 있는 대화에서 말차례는 분명 구어의 단위를 구획하는 물리적 기준이 될 수 있다. 종결 억양은 오재혁(2011)에서 제시된 것으로 하강 억양(평서 명령법), 상승 억양(의문법), 낮은 상승-하강 억양(평서 명령법), 높은 상승-하강 억양(의문 감탄법), 하강-상승 억양(평서 명령법) 등의 다섯 가지의 유형을 발화의 종결 지표로 채택하고 있다. 신지영(2014)에서는 특정한 억양 유형이 얹히는 단위인 억양구는 마지막 음절에 실현되는 경계 성조가

---

5) 장르별 구어의 특징에 대한 연구로 남길임(2009)을 들 수 있다. 이 논의에서는 억양단위의 통사구조와 텍스트 장르별 통사 유형의 분포를 밝히기 위해, 억양단위의 통사적 실현에 영향을 미치는 절의 유형과 분포를 주로 고찰하였다. 이 연구는 장르별 언어적 특징을 고찰했다는 점에서 의의가 있으나, 계량적 분석을 통해 절 단위의 실현에 국한하여 연구하였다는 점이 한계이다.

있고, 이 경계 성조는 종결의 의미를 가지고 있거나 비종결의 의미를 가지고 있다고 제시하면서, 급격한 하강이나 상승, 그리고 이에 이어지는 물리적 휴지는 전형적으로 발화 단위의 종결을 의미한다고 제시하고 있다. 마지막으로 휴지는 구어 연구를 하면서 많은 학자들이 구어의 단위를 구획하는 기준으로 제시해 온 운율적 요소이다. 아울러 이러한 휴지는 휴지의 문법 기능, 화용적 기능 등 다양한 관점에서 연구되었다.

본고에서는 위의 운율적 요소들이 기존의 문법 표지인 종결어미, 연결어미, 조사 등과 연계된 문법단위와 어떻게 관련을 맺고 나타나는지 질적 분석을6) 시도한다.7) 본 연구에서는 운율적 실현 중 특히 휴지가 실제 발화에서 어떻게 실현되는지를 주로 분석하게 될 것이다. 휴지(pause)란 소리를 내지 않는 과정이나 시간적인 구간을 의미한다.8) 본 연구가 휴지에 주목하는 이유는 우선 휴지가 발화된 구어의 특성을 가장 가시적으로 파악할 수 있는 운율적 요소라고 판단하기 때문이다. 두 번째 종결억양에 대한 연구는 음성학을 기반으로 실증적 연구 결과들이 많이 나와 있는

---

6) Rebecca Hughes(2010)에서는 기존 구어 연구는 너무 협소한 부분을 다루거나 너무 넓은 부분을 다루어 왔다고 지적하고 있다. 또한 구어 문법 연구의 주요 발전의 원동력을 코퍼스 연구에서 찾을 수 있기 때문에 계량적 연구가 많은 반면, 문법적 선택을 결정짓는 발화 과정에 대한 직관과 코퍼스 형태에서 텍스트로 포착된 발화 사이의 상호 작용에 대한 질적 연구가 부족하다는 점을 지적하고 있다. 마찬가지로 한국어의 경우 구어에 대한 계량적 연구 결과가 많이 산출되는 반면, 질적 분석이 부족하다는 문제를 인식하여 본고에서는 질적 분석 연구를 지향하였다.
7) 이러한 연구의 필요성은 이미 신지영(2014)에서 제시된 바 있는데 한국어에서 발화의 종결과 비종결을 나타내는 분절음적 표지가 단연 종결어미라고 하면서 종결어미들은 발화의 종결을 나타내는 강력한 표지로 작용하고 운율적 표지들은 각 형태 지표의 문법적 의미, 즉 문장 종결법을 뒷받침하는 보조적 역할을 수행하는 것으로 보인다고 제시하고 있다.
8) 안병섭(2007ㄴ)에서는 Laver(1994)를 인용하여 휴지를 '묵음의 휴지(a silent pause)'와 '채워진 휴지(a filled pause)'로 구분할 수 있다고 하면서 묵음의 휴지는 일반적으로 조음되지 않은 구간을 의미하며, 휴지는 대화 중 말차례를 바꾸는 과정이나 주저거림 등에서 '어, 음'과 같이 비언어적 요소들이 개재된 경우의 휴지를 의미한다고 구분하고 있다. 본고에서 관찰하게 되는 휴지는 기본적으로 전자인 묵음의 휴지에 해당하는 것이다.

반면, 휴지가 문법적 요소들과 어떤 관련성을 갖는지에 대한 논의는 상대적으로 부족하다는 판단에서 휴지를 논의의 대상으로 삼았다.

이를 위하여 1차로 전사된 자료를 바탕으로 다시 음성을 들으면서 휴지의 실현 양상을 표시하였다.9) 휴지의 길이에 따라 /는 비교적 짧은 휴지, //는 비교적 긴 휴지로 표시하여, 이들의 양상을 분석하였다. 다음 장에서는 이렇게 분석된 휴지가 기존의 문법단위 기능 등과 어떻게 관련되어 나타나는지 제시하게 될 것이다.

## 3. 운율적 실현의 특징

한국어에서 휴지는 주로 경계 획정의 기능, 음운 규칙의 최대 적용 영역, 화자의 형태 인식 표지(단어, 형태소 경계 표지) 등의 역할을 담당하는 것으로 논의되어 왔다.(안병섭(2007ㄴ)) 그러나 안병섭(2007ㄴ)에서는 휴지가 이 중 경계 획정적 기능 가운데 억양구 경계를 가르는 것만을 인정할 수 있었다고 하면서, 형태소 경계 및 합성어 내적 경계, 합성어와 구 판별 등에서 휴지가 화자의 형태 인식을 나타내는 표지라는 견해는 연구자의 직관에 의존해 온 잘못된 판단임을 주장하고 있다. 즉, 이 논의에서는 휴지가 음운론적 요소라기보다는 그것보다 큰 단위와 관련되어 있을 가능성에 대해 지적하고 있다. 실제로 본 연구에서 자료를 분석한

---

9) 본 연구자가 휴지 실현 양상을 판단하면서 주관이 개입될 소지가 있다는 비판을 받을 수 있다. 세종계획에서 구축된 억양단위 전사 자료를 이용한 억양단위에 대한 연구의 한계에서도 전사자의 주관이 개입되는 문제가 거론되었는데, 억양단위를 판별하는 기준이 복잡하고, 억양단위 표시를 위한 작업을 다수의 사람들이 수행했기 때문에 이러한 문제가 더욱 심각하다고 하겠다. 이 논의에서는 필자가 주로 운율 특히 휴지에 초점을 두어 표시를 하고, 필요에 따라서 반복적으로 내용을 검토했기 때문에, 세종계획의 억양단위보다는 일관성이 담보되었으리라 생각한다.

결과 휴지의 실현이 문법단위들과 밀접한 관련을 가지고 나타남을 발견할 수 있었다. 격식적 구어와 비격식적 구어의 분석에서 가장 두드러지는 현상 중 하나가 휴지와 같은 운율적 실현이 기존의 문법단위와 대체로 일치하여 나타나는 듯한 경향을 보인다는 것이다. 즉, 절 경계나 문장 경계에서 휴지가 실현되는 예시가 많다는 것을 의미한다. 이는 기존 연구에서도 지적된 것으로 남길임(2009:176)에서는 절 단위에서의 억양단위의 실현이 단일절이 제일 많이 나타나고, 복합절 그리고 구의 순서를 보인다고 제시하고 있다.10) 다음의 예는 문법단위와 휴지의 실현이 거의 일치한다고 분석할 수 있는 예시이다.

(4) ㄱ. 창업현장에서/ 특강을 하거나/ 젊은 창업자들에게 강조할 때// 창업 DNA가/ 중요하다고 하시는데// 그럼 정작/ 위원장님께서는/ 창업 DNA가 있으십니까?// 과연 있다면/ 어떤 면에서/ 있다고 생각하십니까?(1:1 인터뷰)
ㄴ. 반대파를 이렇게 끌어안음으로써/ 충성을 이끌어내는/ 세종대왕의 모습/ 세종대왕 시절하면 또/ 명정승들이 많기로 유명한데/ 가장 먼저 떠오르는 인물/(대담)
ㄷ. 네 그렇기도 하고/ 나꼼수/ 재판의 배심원단이 전부 9명이었는데/ 30대 40대로만 구성됐습니다.(토론)
ㄹ. 수업/ 들을 애들은 인제/ 다 책상두 없이/ 그냥 앞에 나와서/ 선생님하고 한 다섯 명 이렇게 나와 가지고/ 걔네만 수업 듣고/ 나머지는 다 논대.(대학생 자유 발화)

(4ㄱ)의 경우 비교적 긴 휴지가 실현되는 구간은 '강조할 때', '하시는데'와 같이 절 경계임을 알 수 있다. (4ㄴ) 역시 '끌어안음으로써, 충성을

---

10) 이 논의에서는 억양단위의 통사 유형을 구와 절로 나누고 절을 다시 단일절과 복합절로 나누고 있다. 복합절은 접속복합절과 내포복합절로 나누고 있으며, 내포복합절을 명사절 내포와 관형사절 내포, 부사절 내포로 나누고 있다.

이끌어내는, 세종대왕 시절하면 또, 유명한데' 등에서처럼 절 경계에서 휴지가 실현되고 있다. 특히 위의 두 발화는 모두 아나운서의 발화라는 점에서 문법단위에 따른 운율 실현이 잘 드러난 예시로 볼 수 있다. 특히 (4ㄱ)에서는 '창업현장에서/ 특강을 하거나/ 젊은 창업자들에게 강조할 때//'와 같이 운율적 실현을 통해 절의 계층적 구조까지도 운율에 의해 구분되는 양상을 보여준다. (4ㄷ) 역시 절 경계에서 운율적 실현이 나타나고 있음을 알 수 있다. (4ㄹ)은 기존의 문법 기술에서 가장 문제가 된다고 거론된 대학생 자유 발화이다. 이 경우 비교적 긴 호흡의 내용을 전달하고자 할 때 운율이 절 단위로 실현되고 있음을 알 수 있었다. 또한 여기에서 더 주목할 부분은 '수업/ 들을 애들은/'인데, 여기에서 '수업'이 목적격 조사가 생략된 채로 발화되고 여기에 휴지가 실현됨으로써, 목적격 조사의 생략이 휴지로 보완되는 양상을 보인다.

이처럼 운율적 실현이 문법의 단위와 함께한다는 것은 운율적 기능이 문법단위 실현의 보조 수단이라는 것을 말해준다. 그러나 운율적 기능이 문법단위의 보조적 실현의 기능만 하는 것 같지는 않다. 구어적 상황에서 문법적 요소의 부재나 성분 생략, 도치 등을 보완하는 장치로 기능하기도 한다. 첫 번째로 두드러진 양상은 문법표지나 언어적 요소의 부재를 대신하여 운율이 실현되는 경우로, 인용 표현이 대표적이다. 인용은 내용 전달의 호흡이 비교적 긴 강의 등과 같은 구어 상황에서 빈번하게 나타나는 언어 표현이다. 인용은 대체로 문어에서 인용격 표지를 가지고 나타나거나 " "라는 문장부호를 통해 표현되는 것이 일반적이지만, 구어에서는 인용을 나타내는 문법적 표지 없이 나타나는 경우가 빈번하다. 물론 문법적 표지가 가시적으로 나타나는 경우도 있지만, 많은 경우 인용의 표지를 생략하고, 운율적 실현을 통해 인용하는 부분과 그렇지 않은 부분을 구분하고 있다. 특히 특정 이론이나 현상에 대한 이전의 이론을 많이 인용하는 1인 강연의 경우, 인용을 위해 다양한 형태의 언어 표현이 나타나고, 여기에 운율적 요소의 개입이 활발하게 일어나고 있다는 것을 알 수 있다.

(5) 먼저 아인슈타인이// 우주의/ 에너지가 있는/ 그 양에 따라서/ 우주의 기하나/ 또 운명이 결정될 것이다/ <u>라는</u> 얘기를 했다고 했구요/ 그 이후에 우주가 팽창을 현재 하고 있다면 /꼭 한 점으로 수축하고 있지 않을 수 있다 /<u>라는</u> 팽창우주설이 등장했다고 말씀드렸고// 그리고 나중에 가모프가 예측을 하기를 /우주가 만약에 지금처럼 계속 팽창을 해왔더라면/ 과거에 작은 우주였을 때에는 훨씬 더 뜨거웠을 것이고/ 그때 시작한/ 복사에너지가 /오늘날 관측될 수도 있을 것이다/ <u>그런 얘기를</u> 했다고 그랬죠.//(1인 강연)

위의 예문은 1인 강연 자료에서 지난 시간 강의를 요약하는 부분에 해당하는 내용이다. 여기에서 지난 시간에 했던 내용을 인용의 형태로 제시하고 있고, 앞의 두 번은 '-라는'이라고 하는 인용 표지를 매개로 하고, 마지막 세 번째는 '-라는' 없이 '그런 얘기'로 앞의 인용 부분과 연결하고 있다. '-라는'이라는 인용 표지가 나오는 경우에도 인용한 부분과 그렇지 않은 부분 사이에 휴지를 둠으로써, 인용 부분을 나머지 내용과 구분하고 있다. 인용이 나타나는 세 부분 모두 인용된 부분과 그 뒷부분 사이에는 휴지를 두고 있으며, 이에 더해 위의 강연자는 '-다'를 길게 발화함으로써 인용 부분을 구분하여 발화함을 관찰할 수 있었다. 실제로 이는 다른 자료에서도 빈번하게 나타나는 것으로 텍스트의 문어 자료에서 따옴표와 같은 기능을 휴지나 말음의 장음화를 통해 실현하고 있음을 알 수 있다. 즉, 휴지나 장음화는 절의 경계나 내용의 경계를 표시하기 위한 기능으로 실현되고 있으며, 생략된 문법적 표지를 보완하는 역할을 하는 것으로 해석할 수 있다. 이렇게 볼 때 운율의 실현은 단독으로 문법의 기능적 요소와 유사한 기능을 하는 것으로 파악할 수 있다.

운율적 실현이 단독으로 문법 기능을 하는 것으로 해석할 수 있는 경우는 아래에서도 발견된다.

(6) ㄱ. 인종 이후로는 유명무실화 됐던 거를/ 세종이 이름만 부활시킨 게 아니라 실질적으로 이제/ 자문기관으로 삼고 /이제 보시게 되겠지만/ 굉장히 긴밀하게 사용하지 않습니까.
ㄴ. 성종 때 아예 체계적으로 독서당이라는/ 그 연구할 수 있는/ 공간을 만들어요.
ㄷ. 반면에 또 다른 사조는/ 우주는 지금 상태로 거의 큰 변화 없이 계속 영원히 존재해왔다.// 어 이것은 이제/ 헬라 문명/ 이제 그리스 사람들이 많이 생각했었던 그런 방식의 우주입니다.
ㄹ. ㄱ. 그러고 150년이 지난다음에 보니까/ 그럴싸한 얘기인 거에요 굉장히 많은 부분이//

(6ㄱ)의 문장은 '이제 보시게 되겠지만'이 문장 중간에 삽입되어 있는 구조이다. 이 경우 앞뒤 내용과의 구분을 위해 좌우에 휴지를 두고 있음을 알 수 있다. 이 경우 절과 절 사이에 새로운 내용을 첨언하고자 할 때, 휴지를 통해 이를 삽입함으로써, 화자가 자신이 의도한 의미를 효과적으로 전달하고 있는 예시라 볼 수 있다. 현장성과 즉각성을 바탕으로 하는 구어에서는 이처럼 화자가 새로운 정보를 부가하는 경우가 빈번하게 나타난다.

(7) ㄱ. 근데 그게 저는 그 /인생에 대해서도 마찬가지고/ 일하는 자세문제라고 생각을 해요.
ㄴ. 그런데 그들이 졸업하고 /가고자하는 좋은 일자리는 //예를 들자면 공무원이라든가// 대기업이라든가// 한 10프로~ ?/ 20프로?/ 이거밖에

없는 거예요.

위의 예문에서 (7ㄱ)은 '인생에 대해서 마찬가지고'라고 해서 뒤에서 이야기할 내용에 대해 미리 부언하는 구조로 볼 수 있다. (7ㄴ)에서는 "예를 들자면 공무원이라든가// 대기업이라든가"라는 예시의 표현을 중간에 삽입하고 있는데, 이럴 경우 삽입된 부분에 비교적 긴 휴지를 둠으로써, 절의 구조를 표현하는 효과를 가지게 된다.[11]

(6ㄴ)은 관형절이 두 번 나타나 뒤에 있는 '공간'을 수식하는 문장이다. 이 경우 두 관형절이 모두 '공간'을 수식하는 기능을 가졌음을 표시하기 위해 운율적으로 휴지를 두어 발화하고 있다고 볼 수 있다.[12] 이 경우 휴지가 뒤에 나타나는 절과의 관계를 좀 더 분명하게 표시하는 기능을 수행하는 것으로 볼 수 있다.

(6ㄷ)은 기존의 문법관에서 본다면 주술 호응이 잘못된 문장이라고 말할 수 있다. 그러나 '반면에 또 다른 사조는'과 호응될 수 있는 서술어의 표현 대신 비교적 긴 휴지를 둠으로써, 암묵적으로 호응을 실현하고 있는 것으로 해석할 수 있다. 구어에서 이러한 현상은 매우 빈번하게 나타난다.

(8) 이제/ 정말로/ 빅뱅이론 얘기를 하는 것처럼 우주 과거의 시점에는/ 정말로 뜨거웠고/ 오늘은 점점 식어져가고 있는 것이라면/ 우리가 이제 궁금해 할만한 것이/ 그러면 초기우주/ 우주가 아주 뜨거웠을 때 우주는 어떤 모습이고/ 어떤 성질을 가졌을까 //궁금해지죠?/

위의 문장 분석을 위해 많은 문법 연구자들은 '어떤 성질을 가졌을까'

---

11) 이렇게 본다면 휴지는 언중의 언어 체계성에 대한 인식을 반영하는 것으로 해석할 수도 있다.
12) 영어에서 이러한 경우 and가 사이에 삽입되어 나타나는데, 한국어에서는 운율이 이러한 and의 기능을 대신하는 것으로 파악할 수 있다.

에 '-에 대한 것이다' 혹은 '-이다'가 생략된 것으로 해석하고 싶은 충동을 느낀다. 즉, 주어와 서술어가 호응되지 않는 비문이라고 할 수 있다. 그러나 언중은 위의 발화를 통해 화자가 전달하려는 의미를 정확하게 전달받게 된다. '-가졌을까' 다음에 어떤 다른 요소 없이도 휴지를 통하여 우리가 궁금해 할 만한 것의 내용을 충분히 전달받았고, "궁금해지죠?"라는 부가적 요소를 통하여 우리가 궁금해 할 만한 것이 앞의 요소라는 사실을 충분히 인지할 수 있다. 즉, 이 경우 문법적 비문으로 해석될 수 있는 표현에 운율적 요소가 실현되었으며, 또한 부가적 의문문을 통하여 화자가 전달하려는 내용을 좀 더 전략적으로 표현하는 효과를 나타내고 있다.13)14)

도치 구문의 경우 도치된 요소를 서술어 뒤에 휴지 없이 발화함으로써 하나의 절 안에 있는 요소를 하나의 단위로 발화하려는 경향을 보여준다. (6ㄹ)의 경우 '굉장히 많은 부분이'가 '그럴싸한 얘기인 거예요'의 주어이고, 도치가 된 구문이지만, 실제 발화에서는 이 둘을 붙여서 발화함으로써 하나의 절이라는 것을 화자는 제시하고 있다. 이처럼 문장성분들이 도치되었을 경우, 휴지 발화가 좀 더 생산적으로 나타나기도 한다.

(9) 그리고 저희 벤처기업 협회 협회장을/ 제가/ 하고 있습니다.

위의 예문은 목적어와 주어의 순서가 도치되었는데, 이 때 목적어와

---

13) 이들을 문법적으로 어떻게 해석할 것인지에 대한 문제는 또 다른 차원의 문제이다. 이는 다음 장에서 자세히 살펴보기로 한다.
14) 위의 예문은 또한 문법적 휴지가 반드시 절 단위와 일치해서 나타나는 것은 아니라는 것을 보여준다. 절 단위에 맞는 휴지라면 '빅뱅이론 얘기를 하는 것처럼/ 우주 과거의 시점에서는 정말로 뜨거웠고'가 되어야 하겠지만, (8)과 같은 휴지의 양상을 보여주었다. 이러한 휴지의 실현에 대해서는 토론을 분석한 부분에서 다시 자세히 논의하도록 할 것이다.

주어 사이에 각각 휴지를 둠으로써, 도치로 인한 전달 효과를 높이고자 하는 전략을 구사하게 된다. 즉 도치는 한국어 문장에서 유표적인 현상이고15) 이러한 유표적 현상에 대한 효과를 높이고 전달력을 높이기 위해 도치된 성분과 다른 성분과의 관계를 고려하여 휴지를 실현하고 있는 것이다. 이러한 문장성분의 도치는 특정 성분을 강조하려는 화자의 담화적 기능 역시 수행하고 있다. 운율적 실현은 이러한 담화적 기능을 수행하려는 목적으로 이용되기도 한다.

(10) ㄱ. 요즘 SNS 시대 아닙니까 소셜네트워크 시대./
ㄴ. 집현전이 가장 뭐 그런 인재등용의 최고의 어떤 기관이었다면/ 명재상도 황희만 배출되는게 아니라요 허조 맹사성 유관 /이 사람들이 다 세종시대의 재상이에요.//
ㄷ. 미국의 오바마 대통령의 트위터를/ 통계를 냈어요.
ㄹ. 완전 배제론입니다만 //우리 지금 전에 박범계 의원께서/ 미국의 현실을 한국의 현실에 대입하고 있거든요 미국인들 법의식 법감정//이나 우리 한국인들의 법의식 법감정이 같진 않습니다.

(10ㄱ)에서는 'SNS 시대'라는 말을 재정의하고 부언하기 위해 종결어미 표지 다음에 '소셜네트워크 시대'라는 말을 휴지 없이 이어서 발화하고 있다.16) 이는 문법적 기능과 상관없이, 화자가 'SNS 시대'라는 것에

---

15) 서정수(1996:1385)에서는 도치가 일반적으로 표현의 강도나 문체적 변이를 목표로 이루어진다고 제시하고 있다. 즉, 문장의 특정 부분을 강조하여 앞에 내세운다든지, 새로운 말맛을 풍기도록 하려고 어순을 바꾸어 말한다고 제시하고 있다. 이러한 도치는 결국 화자의 의도 즉, 담화 전략과 밀접한 관련을 맺는 것으로 볼 수 있다.
16) 실제로 구어에서는 이처럼 화자가 발화한 내용을 바로 이어서 보완하는 표현을 덧붙이는 현상이 빈번하게 나타난다. 이를 성광수 외(2005)와 유혜원(2009)의 논의에서 의미상 보완성을 실현하기 위한 장치로 해석하였다. 주격 중출이나 목적격 중출과 같은 현상 역시 이러한 맥락에서 해석될 수 있으며, 구어에서 주격 중출이나 목적격 중출이 빈번하게 나타난 것 역시 구어의 이러한 성격을 반영한 것이라 생각된다. 이러한 현상은 구어가 현장성과 즉각성을 기반으로 발화된다는 특징에서 기인한 것으로 파악된다.

대해 보충하기 위한 전략으로 '소셜네트워크 시대'를 덧붙였고, 이것을 하나의 단위로 전달하기 위한 담화 전략으로 휴지 없이 발화하는 운율적 실현을 보여주는 사례라 볼 수 있다. (10ㄴ)은 '이 사람들'이 앞에 나오는 '허조, 맹사성, 유관'을 지칭하는데, 지칭어가 나타내는 요소를 확실하게 해 주려는 의도로 '유관' 다음에 휴지를 실현하고 있는 것이다. 이처럼 구어에서 명사 다음에 지시어가 나타날 때 지시어 바로 앞에서 휴지가 실현되는 현상들이 빈번하게 관찰되며, 이를 통해 지시어가 가리키는 것을 좀 더 명확하게 하는 기능을 수행할 수 있다. (10ㄷ)은 목적격 조사가 중출되어 나타나는 구조이다. 목적격조사나 주격조사의 중출은 국어에서 다소 유표적인 현상이다. 위의 문장에서 목적격조사 다음에 휴지를 둠으로써 위의 발화를 자연스럽게 만들고 있다. 격 중출과 관련된 연구에서 격 중출 현상이 강조 등의 담화적 기능을 수행하는 요소임이 지적되어 왔다. 이 경우 목적격조사 중출과 휴지 실현을 통해 '트위터'라는 단어를 강조하고자 하는 화자의 담화 전략을 나타내고 있다고 볼 수 있다. 이와 유사한 예가 빈번히 발견되었다.

(11) 처음 그 이야기를/ 저희들이/ 공부를 했습니다.

위의 예시의 경우 목적격 조사가 두 개 나타나는 중출 구문인 동시에 주어와 목적어가 도치되어 있는 문장이다. 따라서 목적어와 주어, 또 다시 목적어 순으로 각각 휴지를 두어 발화하였다.

이외에도 단어가 반복되거나, 복잡한 복합문에서 주어로 실현된 요소가 중복되어 나타날 경우 휴지가 빈번하게 실현된다.

(12) ㄱ. 그리고/ 수소와 헬륨원자핵의 질량비는/ 개수비는/ 아까 14대 1이라

고 그랬고// 질량비는 한//3대1 정도 됩니다.
ㄴ. 이렇게 우리가 양자역학적으로 얘기하자면/ 오늘날은 우리가 //우리가 인지할 수 있는 하나의 우주관에 살지만/ 사실은 우주가/ 이러한 우주가/ 아주 많이 있을 수도 있다 / 그런 얘기입니다.//

(12ㄱ)의 문장은 '질량비는'이 다시 '개수비는'으로 구체화되고 있으며 (12ㄴ)에서는 복잡한 절 구조에서 각각의 주어를 구분하기 위하여 '우리가// 우리가'와 같이 휴지를 실현하고 있다.

(10ㄹ)은 토론 장면에 나온 발화로 실제로 문장 경계에서 휴지 없이 다음 문장의 첫 요소와 연결하여 발화하는 패턴을 발견할 수 있다. 이러한 현상은 토론이나 대담과 같이 집단적 말하기에서 많이 나타나는 현상으로 자신이 계속 말차례를 유지하고자 하는 전략의 하나로 평가된다. 실제로 토론이 후반으로 갈수록 말차례 경쟁이 치열해지는 경우, 이러한 현상이 빈번하게 나타났으며, 대담에서도 다소 경쟁적인 상황에서 다음 발화의 첫 요소를 이어서 발화하는 현상이 나타나고 있다 즉, 이는 담화 전략이 언어적으로 실현된 예로 분석할 수 있다.

이상에서 보는 것처럼 구어에 나타난 운율과 문법적 관련성은 다양한 형태와 기능으로 나타난다. 이러한 특성을 바탕으로 다음 장에서는 운율적 실현의 문법적 해석에 대해 살펴보기로 한다.

## 4. 문법 기술에서 운율적 실현의 해석

구어에 나타난 다양한 운율의 문법 기능을 살펴보면서, 운율이 기존의 문법 단위와 비례하여 나타날 뿐만 아니라, 문법단위의 실현이 유표적일 경우 이를 보완하기 위한 기능을 수행할 수 있고, 아울러 화자의 담화 전략을 실현하는 기능 또한 수행하고 있음을 살펴보았다. 이러한 성격에도 불구하고 운율을 특정한 문법적 기능을 가진 요소로 규정하기 힘든 면이 존재한다. 첫 번째는 운율 실현은 개인의 언어적 습관과 밀접한 관련을 가진다는 것이고, 두 번째는 장르에 따라서 담화 전략에 따라서 다양한 운율 실현이 가능하다는 점이다.

실제로 위의 구어 자료를 분석하면서, 휴지를 두는 등의 운율 실현 양상이 개인에 따라 또는 레지스터의 차이에 따라 매우 다양하게 나타나고 있음을 알 수 있었다. 예를 들어 대담의 형태인 '역사저널 그날 인재경영을 선포하다: 세종, 집현전 열던 날(2014년 2월 16일)'의 남경태, 신병주 패널의 경우 휴지 실현 빈도가 다른 사람들에 비해 낮았으며, 진행을 맡은 최원정 아나운서의 경우 휴지가 상대적으로 빈번하게 나타나는 특성을 보인다. 특히 1인 강연 자료의 경우 휴지의 빈도가 대담의 참가자보다 훨씬 더 높다는 것을 알 수 있었다. 이는 1인 강연의 특성으로도 이해 가능하다. 물론 개인차에 따른 특징이 있다고 하더라도, 1인 강연의 경우 다소 전문적인 지식을 전달해야 한다는 입장에서 좀 더 많은 휴지를 두어 전달력을 높이려는 전략을 구사하는 것으로도 이해가능하다. 실제로 남길임(2009:178)에서는 독백_학술강의에서 학술강의에서의 구 억양 단위의 빈도가 높고 복합절 빈도가 낮은 점, 반대로 독백_이야기에서는 복합절 빈도가 높고 단일절 빈도가 낮은 점, 대화 장르에서는 단일절 빈도가 높은 편이라고 제시하고 있다.[17]

이러한 개인적 차이와 장르적 차이는 운율에 문법적 기능을 부여하는

---

[17] 이러한 사실을 토대로 남길임(2009)에서는 억양단위가 언어 보편적이지 않을 뿐만 아니라 장르나 레지스터에 독립적이지 않다는 것을 의미한다고 제시하고 있다. 아울러 억양단위가 일정한 구어의 단위임에 틀림없고 억양단위의 분석이 화자의 정보 전달 전략의 많은 부분을 설명할 수 있는 실마리가 될 수 있으나, 구어 통사 분석의 기본 단위가 되기는 어려울 듯하다는 결론을 내리면서, 새로운 구어 분석 단위로서의 절 단위의 가능성을 언급하고 있다.

것을 어렵게 만드는 요인이 될 수 있다. 그렇다고 운율이 복잡하고 가변적이라는 점을 근거로 문법적 기능을 가졌음을 부정하기는 어려울 것으로 보인다. 운율적 요소 중 중요한 문법적 기능을 가지고 있는 요소로 제시된 것이 억양이다. 즉, 운율적 요소인 억양이 문법 종결기능에 결정적인 역할을 할 수 있다는 것인데, 대표적으로 조민하(2011)를 들 수 있다. 이 논의에서는 '-는데'의 종결기능이 억양에 의해 변별된다는 사실을 실제 구어 발화의 음성 분석 결과를 토대로 제시하고 있다.[18] 이 논의에서는 '-는데'가 종결기능을 가지는 경우를 평서문, 의문문, 감탄문으로 나누어 각각의 무표적 억양의 유형을 제시하고, 특정한 의미 기능이 덧붙여지는 유표적 억양을 함께 제시하고 있다. 본고에서 주로 다루는 휴지와 달리 종결형의 억양은 실제로 동일한 형태를 가진 표현의 서법을 바꿀 수 있는 강력한 문법 장치가 되는 듯하다. 그러나 조민하(2011)에서는 무표적 억양과 유표적 억양을 나누어 제시하고는 있지만, 동일한 억양이 여러 장면에서 쓰일 수 있다는 섬에서 여전히 하나의 억양 패턴이 특정한 문법적 기능을 수행한다고 판단하기는 어려운 점이 있다.

(13) ㄱ. A: 주말에 뭐했어?   B: 주말에 알바 했는데(H)
ㄴ. A : 고장 났나봐 안 들려. B: 잘 들리는데(H)
ㄷ. A: 적지 않은 나이에 석사 일하기 할래니 죽어나지
B: 그렇지
C: 올해가 일 학기야? 와 너 대단한데(H)
조민하(2011: 243~246)

---

[18] '-는데'는 연결어미가 종결어미의 역할을 할 수 있는 어미로 많이 언급되어 왔다. 임홍빈(1984), 권재일(2003) 등에서 '-는데'가 종결기능을 수행하는 연결어미의 의미 표현에서 억양의 기능이 중요하다고 제시되어 왔으며, 조민하(2011)은 이를 바탕으로 좀 더 객관적 분석을 통하여 '-는데'의 문법적 기능과 의미를 억양과 관련하여 구체화했다는 점에서 의의가 있다.

조민하(2011)에서 고조(H)는 의문문의 무표적 억양으로 제시되어 있는데, 다양한 상황에서 유표적 억양으로 고조가 실현될 수 있음 또한 보여주고 있다. 억양이 종결형의 서법을 결정할 수 있다는 논의에 동의한다고 하더라도, 억양의 문법적 기능을 항상적으로 규정할 수 있을지는 이러한 맥락에서 여전히 의문이 든다.

억양과 휴지 등과 같이 운율적 실현의 문법적 기능을 일반화하여 규정하기 어려운 이유는 억양이나 휴지가 실현할 수 있는 경우의 수가 제한적이라는 측면도 있지만, 운율이 문법단위와 연계되어 실현된다는 전제에서 바라본다면, 문법단위의 기능과 분포가 종류에 따라 다양하다는 사실과 관련이 있다고 해석할 수 있다. 즉, 운율적 실현이 기존의 문법단위의 특성에 맞게 실현되는 상황을 무표적인 상황이라 볼 수 있다. 그러나 문법단위의 실현이 한국어 문장의 구조적 측면에서 볼 때 유표적이거나, 운율 실현이 문법단위의 기본 기능과 다르게 나타날 경우 유표적 해석이 가능하다. 즉, 기본적으로 운율적 실현은 구어에서 문법단위의 기본 실현과 일치하여 나타나지만, 특별한 경우 언어 표현을 유표적으로 해석될 수 있도록 만드는 기능을 가지고 있다. 평서형 어미로 알려진 '-다'의 경우 하강 억양으로 실현되어 평서형을 나타내는 문장은 문법단위와 운율의 실현이 일치하는 경우로 무표적이라 볼 수 있다. 그러나 다음의 경우는 운율에 의한 유표적 해석이 가능한 경우이다.

(14) ㄱ. 너 어제 거기 갔지?
　　　ㄴ. 내가 거기에 갔다?(H) 장난해?[19]

위의 예문에서 (14ㄴ)은 '거기에 갔다'라고 하는 평서형 종결어미와

---

19) 이 예문과 같은 종류의 실현이 가능함을 제안해 주신 신지영 선생님께 감사드린다.

함께 실현되고 있지만, 고조의 억양을 실현함으로써 의문형으로 해석될 수 있는 사례이다. 이 경우 운율이 문법단위의 기능을 바꿨다고 해석할 수도 있지만, 문법단위의 유표적 실현의 한 예로 해석할 여지가 있다는 측면에서 본고에서 제시하는 운율의 기능에 대한 해석과 통합될 수 있다.

이러한 운율 실현의 유표성은 '-는데'의 경우 다른 모습으로 나타난다. '-는데'의 경우 현상을 바라보는 입장의 차이에 따라 이들의 문법적 지위가 달라질 수 있지만, 연결어미로도 종결어미로도 기능할 수 있는 형태로, 중의적 성격을 가진다. 중의성 해소 전략으로 운율적 장치가 효율적으로 활용되고 있다는 점에서 억양이 문법단위 요소의 불완전성을 해소하기 위한 장치로서의 기능을 하고 있다는 것이다.

문법단위의 유표적 실현을 보완하는 기능 역시 운율이 담당하고 있는데, 도치나 생략 등의 구문을 살펴보면서, 휴지가 도치나 생략이 일어난 문장의 단위 구분이나, 생략된 성분을 보완하는 역할로 실현되는 예시를 살펴보았다. 이러한 사실을 토대로 문법단위와 운율 실현의 연산 과정은 다음과 같이 정리할 수 있다.

(15) 문법단위와 운율실현의 연산
    ㄱ. 문법단위 구성이 기본구성일 때
      i) 운율 실현이 문법단위에 대해 무표적인 경우: 기본 의미 실현
      ii) 운율 실현이 문법단위에 대해 유표적인 경우: 특정한 담화 전략 실현
    ㄴ. 문법단위 구성이 유표적일 때
      i) 운율 실현이 구조적 불완전성을 보완하는 역할
      ii) 운율 실현과 함께 특정한 담화 전략 실현

문법단위 구성이 한국어 기본 문형 패턴과 형식을 따를 때 운율이 어떻게 실현되는지에 따라 발화되는 문장의 기본 의미만 실현이 되는지,

특정한 담화 전략이 실현되고 있는지가 결정된다. 그러나 문법단위의 구성이 유표적인 경우, 운율의 역할은 다시 두 가지로 정리될 수 있다. 첫째는 운율 실현은 구조적 불완전성을 보완하는 역할을 하고, 많은 경우 이러한 구성과 운율 실현은 특정한 담화 전략을 실현하는 장치가 될 수 있다. 즉, 운율은 기본적 문법단위들과 함께 실현되면서, 문법단위의 구성이 유표적인 경우 운율 실현을 통해 발화의 완결성을 완성하게 되는 것이다.

운율을 고려한 구어에 대한 이러한 연구는 많은 문법단위와 연계된 운율적 기능의 고찰을 통하여 좀 더 심화될 수 있다. 한 예로 한국어 보조사 '은/는'은 문장에서 다양한 기능을 가졌음을 제시한 연구들이 많았다. 그 중에 '은/는'이 주제를 도입하는 기능을 한다는 의견이 많았는데, 실제 구어 발화에서 문장 초입에 '은/는'이 나타나 어떤 주제를 도입할 때, '은/는' 다음에 휴지가 실현되는 경우가 빈번하게 드러났다. 이는 기존 연구에서의 '은/는'의 기능을 뒷받침할 수 있는 증거가 될 뿐만 아니라, 운율을 고려한 구어 연구가 어떤 형태이어야 하는지에 대한 시사점을 주는 것으로 생각된다. 주제는 통사적으로 정의되기도 하지만, 실제로 담화 차원에서 정보 구조라는 측면에서 정의되기도 한다. 따라서 구어와 문어를 통합적으로 설명하는 문법이 되기 위해서는 문장이나 발화가 보여주는 이러한 기능들이 통합적으로 설명되어야 한다는 것이다.

본고에서 살펴본 문법단위와 운율의 이러한 연산은 화자가 표현하려는 담화 전략과 밀접하게 연관되어 있다. 그러한 관점에서 구어 문법의 연구를 위해서는 운율에 대한 고려뿐만 아니라 언어 표현이 담고 있는 담화상의 특징 또한 고려되어야 한다. 그러한 관점에서 통합적 문법 모형의 필요성이 강조된다고 할 수 있다.[20]

## 5. 마무리

지금까지 구어의 운율 실현이 기존의 문법단위와 기능들과 어떻게 통합되어 해석될 수 있는지 살펴보았다. 기존의 논의들 중 문법 연구는 운율에 대한 고려가 적극적으로 이루어지지 않았다는 점에서 한계를 갖고, 운율에 초점을 둔 연구에서는 기존의 문법단위가 적극적으로 고려되지 않았다는 점에서 그 설명력에 한계를 갖는다. 그러한 맥락에서 국어의 문법단위들과 운율적 실현의 상관성을 규명하고자 한 이 논의는 한 단계 발전된 논의라 할 수 있다.

그럼에도 불구하고 남은 과제도 많다고 하겠다. 첫 번째는 구어의 문법 단위가 무엇인가 하는 것이다. 구어에 대한 관심이 높아지면서, 기존 문법에서 중요한 단위로 여겨지던 문장이 구어에서 무의미하다는 지적이 있어 왔으며, 그 대안으로 억양단위, 발화단위, talk unit 등의 단위들이 제안되어 왔다. 그러나 음성적 측면에 기반한 이러한 대안들이 실제 문법단위들을 배제하고 있다는 점에서 문제점이 지적되어 왔다. 따라서 구어의 문법단위, 나아가 문어와 구어의 통합 문법의 관점에서 의미 있는 문법단위가 무엇인지에 대한 논의가 필요하다. 두 번째는 국어의 문법단위와 연계된 운율 실현 양상을 구체적으로 연구해야 한다는 것이다. 그럴 때 문법단위와 운율 실현의 구체적인 양상을 더욱 자세하게 파악할 수 있을 것이다. 마지막으로는 본 연구에서 통합적 문법 모형이 구어와 문어를 통합할 수 있는 문법 모형이 될 수 있음을 지적하였는데, 구체적으로

---

20) 통합적 문법 모형은 Jackendoff(2005), Halliday(2004) 등에서 소개되고 있지만, 실제로 통합적 문법 모형에 의해 한국어가 어떻게 분석되어야 하는지 등에 대한 논의가 부족한 것으로 보인다. 구어에 대한 이러한 실증적 분석을 기반으로 통합 문법적 설명 방안에 대한 논의를 기대해 본다.

통합적 문법 모형에서 이들이 어떻게 해석될 수 있는지에 대한 더욱 구체적인 논의가 필요하다.

이러한 논의가 의미를 갖는 또 다른 차원은 운율 실현과 문법단위의 상관성을 밝힘으로써 전달력이 높은 발화의 특징들을 파악할 수 있다는 것이고, 이는 의사소통 교육의 기초 자료로서 활용될 수 있다는 점이다. 실제로 분석한 구어 자료에서 훈련을 받은 아나운서들의 발화는 기존의 문법단위와 운율 실현이 거의 일치하는 양상을 보였으며, 발화 참가자 중 전달력이 낮다고 생각되는 화자의 경우 문법단위와 운율 실현의 불일치나, 운율 실현이 제대로 이루어지지 않는 현상 등이 빈번하게 발견되기 때문에, 이러한 연구를 통해 좋은 말하기의 특징을 파악할 수 있게 될 것이다.

■ 참고 문헌

권재일(2003), 「구어 한국어에서 서술문 실현방법의 공시태와 통시태」, 『언어학』(한국언어학회) 37, 25~46
김수진·차재은·오재혁(2011), 「발화 요소와 발화 유형」, 『한국어 의미학』(한국어 의미학회) 36, 91~118
남길임(2007), 「국어 억양 단위의 통사적 상관성 연구: 구어 독백 말뭉치를 중심으로」, 『어문학』(한국어문학회) 96, 21~50
남길임(2009), 「텍스트 장르와 억양단위 통사 구조의 상관성 연구」, 『텍스트언어학』(한국 텍스트언어학회) 27, 163~187
목정수(2009), 「구어 한국어를 위한 문법 모형」, 『한국어학』(한국어학회) 45, 81~122
배진영·손혜옥·김민국(2013), 『말뭉치 기반 구어 문어 통합 문법 기술의 탐색』, 박이정.
서정수(1996), 『국어문법』, 한양대학교 출판부.
성광수 외(2005), 『한국어 표현 문법』, 한국문화사.

성철재(1996), 「한국어 운율구조의 실험음성학적 연구」, 『국어학』(국어학회) 27, 179~201.
신지영(2011), 『한국어의 말소리』, 지식과 교양.
신지영(2014), 「구어의 의미 연구와 운율」, 한국어의미학회 발표문.
안병섭(2007ㄱ), 「언어 분석 단위로서의 '발화' 설정 방법론 연구」, 『한국학연구』(고려대학교 한국학연구소) 26, 223~259.
안병섭(2007ㄴ), 「휴지(pause)의 역할에 대한 반성적 검토」, 『우리어문연구』(우리어문학회) 28, 67~87.
오미라(2008), 「운율과 정보구조: 한국어 초점과 주제의 음성적 실현」, 『음성과학』(한국음성과학회) 15-2, 7~19.
오재혁(2011), 『국어 종결 억양의 문법적 기능과 음성적 특징에 대한 지각적 연구』, 고려대학교 박사학위 논문.
유혜원(2009ㄱ), 「구어에 나타난 주격조사 연구」, 『한국어 의미학』(한국어 의미학회) 28, 147~169.
유혜원(2009ㄴ), 「'이/가'와 '을/를' 교체 구문에 대한 연구」, 『국어학』(국어학회) 56, 61~86.
이은경(2000), 『국어의 연결 어미 연구』 국어학총서 31, 국어학회.
이창호(2010), 「발화 중 휴지시간이 갖는 의미」, 『한국어학』(한국어학회) 46, 353~385.
이호영·손남호(2007), 「한국어 말토막 억양 패턴의 인지」, 『한글』(한글학회) 27, 5~45.
이희자(2002), 「'의사소통의 최소 단위'로서의 '발화문'과 '문장'」, 『텍스트언어학』(한국텍스트언어학회) 13, 343~366.
임홍빈(1984), 「문종결의 논리와 수행-억양」, 『외국어로서의 한국어교육』(연세대학교 한국어학당) 9-1, 147~182.
전영옥(2006), 「구어의 단위 연구」, 『한말연구』(한말연구학회) 19, 271~299.
조민하(2011), 「'-는데'의 종결기능과 억양의 역할」, 『우리어문연구』(우리어문학회) 40, 224~254.
지현숙(2010), 「한국어 구어 문법을 어떻게 기술할 것인가?:기준점의 선정과 그 논의」, 『한국어교육』(국제한국어교육학회) 21-4, 307~331.
홍종선(2014), 「口語와 文語를 아우르는 사용자 중심의 한국어 문법」, 『어문연구』(한국어문교육연구회) 42-1, 7~35.

황손문(2002), 「한국어 화제구문의 운율적 고찰」, 『음성과학』(한국음성과학회) 9-2, 59~68.
Biber, D. (2000), *Variation across speech and writing.* Cambridge: Cambridge University press.
Du Bois, John J, Stephan Schuetze-Coburn, Susanna Cumming and Danae Paolino. (1993), "Outline of discourse transcription." *Talking data: Transcription and coding in discourse research.* 45~89, Hillsdale: Lawrence Erlbaum Associates.
Halliday. (2004), *An Introduction to Functional grammar Third edition.* London: Hodder education
Jackendoff. (2002), *Foundations of Language.* 김종복 외(2005) 역. 『레이 제켄도프의 언어의 본질』. 박이정.
Laver, J. (1994), *Principles of Phonetics.* Cambridge: Cambridge University Press.
Rebecca Hughes. (2010), "Researching Speaking." *Continuum Companion to Research Methods in Applied Linguistics.* edited by Brian Paltrdge and Aek Phakiti. continuum.

# 20세기 전기 구어 자료에 나타난 종결형 양상
-대화 음성 자료를 대상으로-

오재혁·장혜진·홍종선

## 1. 머리말

이 연구는 20세기 전기[1] 구어 자료에 나타난 종결형[2]의 실현 양상을 고찰하고, 같은 시대의 문어 자료를 대상으로 보고된 종결형 연구의 결과와 비교하여 20세기 전기 구어 종결형의 특징을 밝히는 데 목적이 있다. 구어와 문어는 어휘, 문법, 음운 등에서 차이를 보이는데, 문법 면에서 가장 두드러지게 나타나는 차이는 종결형의 사용 양상이다. 문어와 구어

---

[1] 홍종선(2009)에서는 현대 국어 안에서 하위 시기 구분을 셋으로 하여, 제1기(1984~1910), 제2기(1910~1945), 제3기(1945~)로 나누었다. 일제 시기와 광복 이후는 현대 국어 안에서도 시기가 나뉠 만큼 언어 변화에 차이가 있다고 본 것이다. 본 연구에서도 현대 국어에 들어 초기 또는 전반기에 해당하는 일제시대 말까지의 구어를 대상으로 조사·논의한다. 그러나 현재 접할 수 있는 음성 자료는 1920년대부터이므로 이 연구의 대상도 실제로는 1920년대부터 1945년까지인 셈이다.

[2] 일반적으로 '문장 종결법'이라 하지만, '문장'이 문어에서 주로 사용되므로 본고에서는 이를 사용하지 아니 한다. 또한 '종결법'도 문어 중심의 형식 문법 관점에 치우진 점이 있다고 보아 '종결형(終結形)'으로 이름한다. '종결형'은 구어에서 발화 단위를 맺는 형태인 것이다.

의 산출이 서로 다른 맥락과 목적을 갖기 때문이기도 하거니와, 특히 글은 가상의 독자를 염두에 두고 천천히 언어를 산출하는 반면 말은 실제적인 청자를 앞에 두고 즉석에서 언어를 산출하기 때문이다. 따라서 구어에서는 청자와의 관계나 화자의 의도 및 발화 상황에 따라서 문어에서보다는 다양한 형태의 종결형이 나타날 것이라는 것을 예상할 수 있다.

국어 연구에서 온전히 '20세기 전기'를 대상으로 조망한 연구는 많지 않다. 공시 연구와 통시 연구로 나누어 진행되어 온 국어학 연구에서 20세기 전기는 공시적으로도, 통시적으로도 어중간한 위치에 있기 때문으로 보인다. 통시적으로는 현대 국어의 시작 시기라는 점에서 국어사 연구자들에게는 관심의 대상이 되지 못했으며, 공시적으로는 '현재'가 아니라는 점에서, 혹은 막연히 '현재'와 동일할 것이라는 가정 때문에 공시 연구자들에게도 주목 받지 못하였을 것이다. 그동안 선행 연구에서 이 시기는 주로 '개화기' 시기의 일부로 1910년대 정도까지 다루어졌다.

이 시기에 대한 종결형 연구는 주로 개화기 문체(권영민 1975, 김형철 1987, 심재기 1992, 민현식 1994, 홍종선 1996 등), 개화기 문법 연구(민현식 1984, 강규선 1989, 이경우 1998, 권재일 2005 등)의 일부로 다루어져 왔다. 이 시기의 종결형만을 다룬 연구로는 홍종선(1994), 손세모돌(1985), 김지은(2008), 황정인(2012), 안예리(2014) 등이 있는데 주된 관심은 앞선 근대 시기에 나타나지 않던 새로운 종결 어미의 출현에 대한 것이었으며, 모두 문헌 자료를 대상으로 보고되었다. 홍종선(1994)에서는 개화기 교과서의 문장 종결법에 대해서, 손세모돌(1985)에서는 <성경직히>의 종지법에 대해서, 김지은(2008), 황정인(2012)에서는 신소설에 나타난 종결 어미에 대해서 보고하였다.

한편 20세기 현대 국어의 종결 어미의 형성과 변천에 대해서는 박진완

(2000)에서 정리된 바 있다. 박진완(2000)에서는 감탄형을 평서형의 하위 범주로 설정하여 평서형, 의문형, 명령형, 청유형의 네 가지 구분에 따라 20세기 문헌에서 나타나는 종결 어미를 제시하였으며, 이를 다시 대우법에 따라서 격식체인 '하소서체', '합쇼체', '하오체' '하게체', '해라체' 비격식체인 '해요체', '해체' 총 일곱 개의 범주로 구분하여 제시하였다. 또한 현대 국어 시기를 제1기(1980~1919: 언문일치 운동에 의한 구어체 어미의 체계 내 수용기), 제2기(1919-1945: 종결 어미화에 의한 신형 어미의 유입과 체계 정립기), 제3기(1945-현재: 비격식체의 보편화 시기)로 구분하여 종결 어미의 변천을 고찰하였다.

앞서 말한 대로 문어와 구어에서는 종결형의 사용 양상이 다를 것이 예상된다. 그동안 선행 연구에서는 제시한 종결 어미의 목록과 변천 양상이 구어 자료에서 그대로 확인되는지가 검토되지 않았다. 또한 선행 연구에서는 모두 그 시기에 출현한 종결 어미를 제시하였을 뿐, 그러한 종결 어미가 어느 정도의 비중으로 사용되었는지 계량적으로 제시하지는 못하였다. 20세기 전기의 종결형에 대해서 논의하기 위해서는 그 시기에 출현한 종결 어미를 모두 살피는 것 외에 사용 빈도에 대한 고찰도 함께 이루어져야 더욱 정밀하고 정확한 결과를 얻을 수 있을 것이다.

따라서 이 연구에서는 그동안 제대로 조명되지 못했던 현대 국어 전기의 구어 음성 자료를 대상으로 종결형에 따른 종결 어미의 사용 빈도를 제시하고, 이를 같은 시기를 대상으로 보고한 문어의 종결 어미와 비교하여 20세기 전기의 우리말 종결형에 대해 전반적으로 논의하고자 한다. 본고에서 말하는 '구어'는 '음성으로 실현된 언어'를 말하는 것이다.

## 2. 연구 방법

### 2.1 연구 대상 자료 선정

20세기 전기 구어의 종결형 사용 양상을 고찰하기 위해서 이 연구에서는 '고려대 구어 말뭉치: 20세기 전기' 자료를 이용한다.3) 해당 자료는 2013년 11월부터 현재까지 구축하고 있는 것으로, 2015년 1월 현재 20세기 초부터 1945년 이전에 발매된 영화나 유성기 음반에 수록된 음성 자료를 수집 가능한 범위 내에서 모두 수집하고 전사하여 형태소 정보 표지까지 부착을 완료하였다. 자료에 대한 자세한 소개는 오재혁 외(2014)에 제시되어 있다.

오재혁 외(2014)에서는 구어 음성 자료를 <표 1>과 같이 모두 8가지로 분류하였다.

<표 1> 구어의 유형 분류(오재혁 외, 2014)

| 테너(tenor) | | 필드(field) | |
|---|---|---|---|
| | | 전문 | 일반 |
| 일방향 | 격식적 | 강연, 연설, 강의, 설교 | 개회사/폐회사, 주례사, 축사 |
| | 비격식적 | 전문적인 경험담 들려주기 | 일상적인 경험담 들려주기 |
| 양방향 | 격식적 | 진료대화, 전문가 상담, 회의 | 구매대화, 인터뷰(사적인 내용) |
| | 비격식적 | 면담 | 일상 대화 |

그러나 20세기 전기에 발견할 수 있는 실질적인 음성 자료는 이 중에서 '일방향, 격식, 전문', '일방향, 격식, 일반', '양방향, 격식, 일반', '양방향, 비격식, 일반' 자료로 총 4가지이며, 각 부류의 비중은 <그림 1>과

---
3) 이 자료는 한국연구재단의 지원을 받아 수행하고 있는 과제('20세기 현대국어 구어의 형성과 변천')를 진행하면서 구축한 자료이다.

같다.

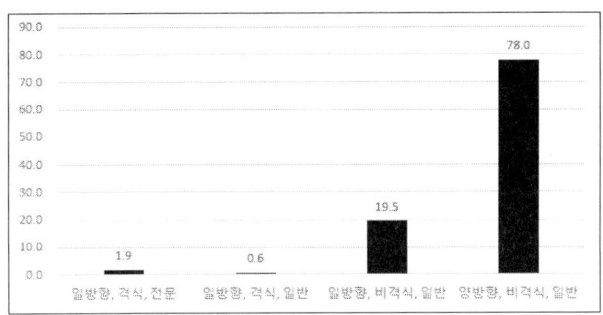

〈그림 1〉 20세기 초 구어 유형에 따른 자료의 양

자료의 총 양은 모두 44,427 어절이며, 그 중에서 '일방향, 격식, 전문' 자료는 851 어절(1.9%), '일방향 격식, 일반' 자료는 270 어절(0.6%), '일방향, 비격식, 일반' 자료는 8,660 어절(19.5%), '양방향, 비격식, 일반' 자료는 34,646 어절(78.0%)이다.

모든 부류의 자료를 균질한 양으로 찾을 수 있다면 전체 자료를 대상으로 연구하는 것이 마땅하나, 그렇지 못하기 때문에 연구 대상 자료를 선택하지 않을 수 없다. 이 연구에서는 20세기 전기 구어 음성 자료 중에서 '양방향, 비격식, 일반' 자료, 즉 유성기 음반이나 영화에 수록된 일상 대화 자료를 대상으로 연구를 진행한다. 이러한 대화 자료는 연설이나, 강연 등 다양한 구어 자료 중에서 구어적인 특성을 가장 잘 드러내는 자료이기도 하거니와 현재 수집 가능한 20세기 전기 구어 음성 자료 중에서 가장 많은 분량을 차지하기 때문에 연구 대상이 되는 종결형을 계량적으로 제시하는 데에도 적합하기 때문이다.

조사 대상이 되는 '양방향, 비격식, 일반' 자료 34,646 어절은 <그림 2>와 같이 음성과 영상이 같이 있는 영화 자료와, 음성만 있는 유성기

영화 및 유성기 연극 자료로 구성된다. 영역별로 영화 13,228 어절(38%), 유성기 영화 6,382 어절(19%), 유성기 연극 15,036 어절(43%)이다.

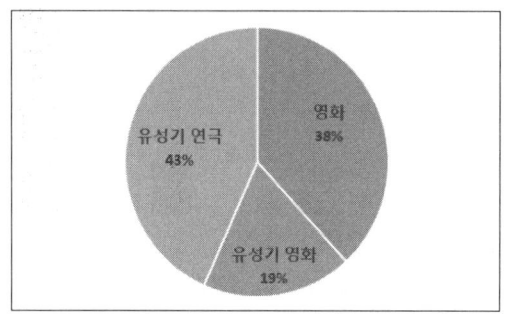

〈그림 2〉 '양방향, 비격식, 일반' 자료의 구성 비율

## 2.2 자료의 가공

음성 자료를 듣고 전사를 할 때에는 연구 목적에 따라서 그 수준과 성격을 결정한다. 고려대 구어 말뭉치의 전사 기준은 '한글 자모 전사를 원칙으로 하되, 구어 정보를 최대한 반영한다.'이다. 기본적으로 어문 규범에 따라 철자법과 띄어쓰기를 준수하여 전사하지만, 외래어, 구어에서 자주 쓰이는 형태소, 구어에서 빈번하게 나타나는 음운 현상 등은 구어 정보를 반영하여 전사하였다. 예컨대 외래어는 '버스'처럼 외래어표기법 대로 전사하는 것이 아니라 화자가 발화한 대로, 현실 발음인 '뻐쓰'로 전사하고, '먹을라고'처럼 '먹으려고'의 구어적 표현은 그대로 살려 '먹을라고'로 전사하였다. 또한 '나두 가.'처럼 {도}, {로}, {-고} 등의 조사와 어미에서 나타나는 [두], [루], [구]와 같은 모음 상승 현상은 그대로 반영하여 전사하였다.

형태소 태깅은 1차적으로 21세기 세종계획의 결과물인 '지능형 형태소 분석기 2.0'을 이용하였으며, 그 후 국어학 박사 2인과 박사 과정생 2인이 태깅 오류를 점검 수정하였다. 그리고 종결형을 형태별로 계량하기 위해 이를 다시 이형태를 포함하는 형태로 재분류하였다. 가령 {-ㅂ니다/-습니다}나, {-어요/-아요/-여요}를 하나의 형태 항목으로 빈도를 제시하였다.

## 3. 20세기 전기 구어에 나타난 종결형의 계량적 특성

### 3.1. 종결 유형 전체 빈도 및 비율

자료에서 나타난 종결 유형은 <표 2>와 같다. 유형은 모두 6가지로 '어간+종결 어미', '어간+연결 어미', '체언', '체언+조사', '부사', '독립언'이다. 이 중에 '어간+종결 어미'는 서술어로 맺는 유형이고, '어간+연결 어미'나 '체언', '체언+조사', '부사', '독립언'은 서술어가 아닌 다른 문장 성분으로 맺는 유형이다.

<표 2> 종결 유형

| 번호 | 유형 | 빈도 | 비율 |
| --- | --- | --- | --- |
| 1 | 용언(어간+종결어미) | 5105 | 73.4 |
| 2 | 용언(어간+연결어미) | 164 | 2.4 |
| 3 | 체언 | 522 | 7.5 |
| 4 | 체언+조사 | 339 | 4.9 |
| 5 | 수식언(부사) | 99 | 1.4 |
| 6 | 독립언 | 727 | 10.5 |

'어간+종결 어미'로 맺는 유형이 73.4%로 가장 많았다. 그리고 '독립

언'으로 맺는 유형이 10.5%, '체언'으로 맺는 유형이 7.5%, '체언+조사'로 맺는 유형이 4.9%로 나타났으며, '수식언'으로 맺는 유형이 1.4%로 나타났다.

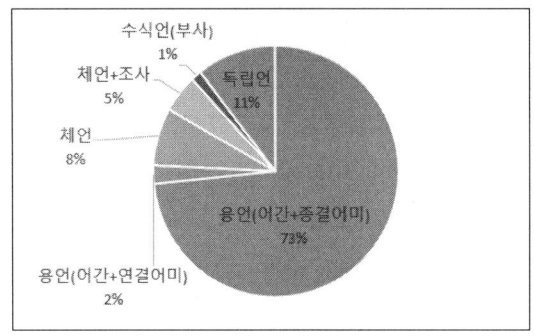

<그림 3> 종결 유형별 비율

문어에서는 보통 종결 어미로 문장을 종결한다. 그러나 구어는 종결 어미가 아니더라도 발화(문장)를 맺는 경우가 빈번하다. <표 2>와 <그림 3>에서 보듯이 구어 자료에서는 문어 자료에 비해서 다양한 방법으로 발화를 종결하는 것을 알 수 있다.

<표 3>은 <표 2>를 더욱 세분화하여 종결에 사용된 형태소별 빈도 및 비율을 나타낸 것이다. 형태소별로는 종결 어미가 73.4%로 가장 많았고, 그 다음은 감탄사(10.5%), 일반 명사(5.2%)의 순으로 나타났다. 유형은 모두 17개이며, 드물지만 접속부사나 수사로 발화를 맺는 유형도 관찰되었다.

<표 3> 종결에 사용된 형태소별 빈도 및 비율[4]

| 순위 | 형태소 | | 빈도 | 비율 | 누적비율 |
|---|---|---|---|---|---|
| 1 | ef | 종결어미 | 5105 | 73.4 | 73.4 |
| 2 | ic | 감탄사 | 727 | 10.5 | 83.8 |
| 3 | nng | 일반명사 | 364 | 5.2 | 89.1 |
| 4 | ec | 연결어미 | 164 | 2.4 | 91.4 |
| 5 | jx | 보조사 | 121 | 1.7 | 93.2 |
| 6 | jkv | 호격조사 | 104 | 1.5 | 94.7 |
| 7 | nnp | 고유명사 | 56 | 0.8 | 95.5 |
| 8 | mag | 부사 | 51 | 0.7 | 96.2 |
| 9 | jks | 주격조사 | 47 | 0.7 | 96.9 |
| 10 | dm | 담화표지 | 38 | 0.5 | 97.4 |
| 11 | nnb | 의존명사 | 38 | 0.5 | 98.0 |
| 12 | xsn | 명사형전성어미 | 39 | 0.6 | 98.5 |
| 13 | jkb | 부사격조사 | 36 | 0.5 | 99.1 |
| 14 | jko | 목적격조사 | 31 | 0.4 | 99.5 |
| 15 | np | 대명사 | 24 | 0.3 | 99.8 |
| 16 | maj | 접속부사 | 10 | 0.1 | 100.0 |
| 17 | nr | 수사 | 1 | 0.0 | 100.0 |

## 3.2. 종결형 전체 빈도 및 비율

이 절에서는 3.1에서 고찰한 전체 유형 중에서 절대 다수를 차지하는 '어간+종결 어미'로 맺는 발화 유형만을 대상으로 종결형에 대해서 더욱 자세히 고찰한다. <표 4>는 종결 어미로 맺는 발화 유형을 다시 종결형 별로 나누어 제시한 것이다.

---

[4] 여기에서 말하는 '형태소'는 형태론에서 말하는 '형태소'(morpheme)가 아니라 단어나 형태를 문법적으로 부류화한 각 항목의 성격으로, 국어 정보 처리에서 흔히 사용하는 용어이다.

<표 4> 종결 어미로 맺는 발화 유형별 종결형 유형 및 사용 빈도

| 번호 | 종결형 | 형태소 유형 | 비율 | 사용 빈도 | 비율 |
|---|---|---|---|---|---|
| 1 | 평서 | 78 | 37.7 | 2,340 | 48.8 |
| 2 | 의문 | 79 | 38.2 | 1,434 | 29.9 |
| 3 | 명령 | 21 | 10.1 | 727 | 15.1 |
| 4 | 청유 | 5 | 2.4 | 90 | 1.9 |
| 5 | 감탄 | 24 | 11.6 | 208 | 4.3 |

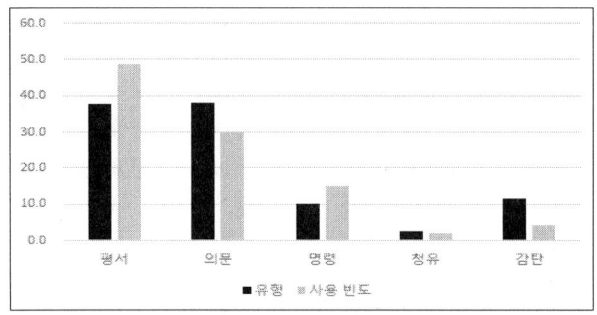

<그림 4> 종결형별 형태소 유형 비율 및 사용 빈도 비율

평서형은 총 78개 유형의 형태소가 총 2,340회 사용되었으며, 의문형은 79개 형태소가 총 1,434회의 사용 빈도를 보였고, 명령형은 21개 유형이 727회 사용, 청유형은 5개 유형이 90회 사용, 감탄형은 24개 유형이 208회 사용 빈도를 보였다. <그림 4>를 보면 평서형, 명령형은 적은 유형이 많이 사용되는 것을 볼 수 있으며, 의문형, 감탄형은 많은 유형이 적게 사용되는 것을 볼 수 있다. 청유형은 유형도 적고, 사용 빈도도 낮다.

## 3.3. 종결형별 어미 목록, 빈도, 비율

이 절에서는 앞선 절에서 보았던 종결형별로 형태소의 유형 및 사용 빈도를 제시한다.

### 3.3.1. 평서형

3.2에서 보았듯이, 평서형에 사용된 형태소는 모두 78개 유형이다. 그 중에서 상위 30위까지의 형태소는 <표 5>에 제시한 바와 같다.

<표 5> 평서형 종결 어미 사용 빈도 및 비율

| 순위 | 형태소 | 빈도 | | 비율 | 누적비율 |
|---|---|---|---|---|---|
| 1 | -ㅂ니다 | 212 | 441 | 18.8 | 18.8 |
|   | -습니다 | 229 | | | |
| 2 | -다 | 314 | | 13.4 | 32.3 |
| 3 | -어요5) | 228 | 284 | 12.1 | 44.4 |
|   | -아요 | 44 | | | |
|   | -여요 | 12 | | | |
| 4 | -어 | 105 | 268 | 11.5 | 55.9 |
|   | -아 | 30 | | | |
|   | -여 | 17 | | | |
|   | -야 | 116 | | | |
| 5 | -지 | 154 | | 6.6 | 62.4 |
| 6 | -에요 | 112 | | 4.8 | 67.2 |
| 7 | -지요 | 81 | | 3.5 | 70.7 |
| 8 | -오 | 78 | | 3.3 | 74.0 |
| 9 | -네 | 74 | | 3.2 | 77.2 |
| 10 | -소 | 70 | | 3.0 | 80.2 |
| 11 | -셔요 | 5 | 63 | 2.2 | 82.4 |
|   | -세요 | 42 | | | |
|   | -으세요 | 16 | | | |
| 12 | -ㄴ다 | 48 | 52 | 2.7 | 85.1 |
|   | -는다 | 4 | | | |
| 13 | -죠 | 40 | | 1.7 | 86.8 |
| 14 | -답니다 | 17 | 33 | 1.4 | 88.2 |
|   | -랍니다 | 16 | | | |
| 15 | -어야지 | 12 | 28 | 1.2 | 89.4 |
|   | -아야지 | 16 | | | |
| 16 | -ㄹ세 | 25 | | 1.1 | 90.5 |

| 17 | -올시다 | 21 | | 0.9 | 91.4 |
|---|---|---|---|---|---|
| 18 | -단다 | 12 | 18 | 0.8 | 92.1 |
| | -란다 | 6 | | | |
| 19 | -마 | 12 | | 0.5 | 92.6 |
| 20 | -더라 | 10 | | 0.4 | 93.1 |
| 20 | -니 | 1 | 10 | 0.4 | 93.5 |
| | -으니 | 9 | | | |
| 22 | -ㄹ게 | 9 | | 0.4 | 93.9 |
| 23 | -어야지요 | 7 | 8 | 0.3 | 94.2 |
| | -아야지요 | 1 | | | |
| 24 | -ㄴ답니다 | 6 | 7 | 0.3 | 94.5 |
| | -는답니다 | 1 | | | |
| 25 | -다네 | 6 | | 0.3 | 94.8 |
| 25 | -다오 | 6 | | 0.3 | 95.0 |
| 28 | -ㄴ단다 | 5 | | 0.2 | 95.3 |
| 28 | -ㅂ디다 | 4 | 5 | 0.2 | 95.5 |
| | -습디다 | 1 | | | |
| 28 | -니라 | 1 | 5 | 0.2 | 95.7 |
| | -으니라 | 4 | | | |
| 28 | -느니라 | 5 | | 0.2 | 95.9 |
| 28 | -대요 | 5 | | 0.2 | 96.1 |
| 28 | -ㄴ대요 | 5 | | 0.2 | 96.3 |

가장 많이 사용된 형태소는 '-ㅂ니다/-습니다'(441회)이며, 그 다음은 '-다'(314회), '-어요/-아요/-여요'(297회) 순으로 나타났다. '-ㅂ니다/-습니다'는 1910년 이전에 합쇼체의 종결 어미로 나타나기 시작하여 구어체에서 매우 활발하게 사용된다고 알려진 것으로, 이 연구의 구어 자료에서도 평서형에서 가장 높은 빈도로 실현되었다. 평서형에 사용된 형태소

---

5) '-어요, -세요'처럼 보조사 {요}가 결합한 형태의 종결 어미는 '해요체'로 보아 형태 분석을 하지 않고 종결 형태소로 처리하였다.

어미 중에서 '-어요/-아요/-여요', '-어/-아/-여/-야', '-지', '-지요', '-죠', '-오', '-소'는 평서형뿐만 아니라 다른 종결형에도 두루 사용될 수 있는 형태소이다. 이에 대해서는 4장에서 다시 자세히 다루기로 한다.[6]

평서형 형태소는 상위 4개의 형태소가 전체 유형의 50%를 넘는 비율로 사용되는 것을 볼 수 있다. 즉 '-ㅂ니다/-습니다, -어요/-아요/-여요, -다, -어/-아/-여/-야'가 평서형 종결 형태소로서 56.4%를 차지하고 나머지 70개의 형태소가 모두 합하여 43.6%의 비율로 사용된다. 지면의 한계로 인해 상위 10위까지 사용된 평서형 종결 어미의 예시만을 (1)에 제시하였다.

(1) 평서형 종결 어미별 예시
ㄱ. 한 개의 좋은 영화는 단지 예술적 양심과 여성만으로도 불가능합니다. <영화, '반도의 봄'(1941)>
ㄴ. 저는 죽을 수가 없어요. <유성기연극, '벌 밧는 어머니')>[7]
ㄷ. 암만 해도 이남이가 달아났나 부다 <영화, '집 없는 천사'(1941)>
ㄹ. 네 몸값을 좀 받아 내야겠어. <유성기연극, '어머니의 힘'>
ㅁ. 그러나 부탁도 분수가 있지. <유성기영화, '장한몽'>
ㅂ. 난 그럼 한 술 더 뜰 거예요. <유성기연극, '신장한몽'>
ㅅ. 동네 어른들이 저를 귀여워하시는 탓이지요. <영화, '심청전'(1937)>
ㅇ. 전장 전장은 이제야 끝이 났나 보오. <유성기영화, '봉작'>
ㅈ. 아이 어쩌나 네프류드가 오시겠네. <유성기영화, '부활'>
ㅊ. 긴말하기 싫소. <영화, '반도의 봄'(1941)>

---

6) 이 논문에서는 이를 범용 어미라 칭하고, 4.2에서 자세히 다룬다.
7) 유성기 영화 및 연극 자료는 신나라 레코드에서 발매한 '유성기로 듣던 무성영화 모음'과 '유성기로 듣던 연극 모음'에 실린 것을 전사한 것이다. 유성기 영화는 1923년에서 1934년에 걸쳐 제작된 무성영화를 변사와 가수들이 출연하여 녹음한 것으로, 녹음 시기는 알려져 있지 않다. 유성기 연극은 1930년대 연극의 음성 자료가 수록되어 있으나 역시 구체적인 녹음 시기는 알려져 있지 않다. 따라서 유성기 영화 및 연극 자료는 제작 연도 없이 작품명만을 제시한다.

### 3.3.2. 의문형

<표 6>에서는 의문형 종결에 사용된 형태소 상위 30위 목록과 그 빈도 및 비율을 제시하였다. 가장 높은 사용 빈도를 보인 어미는 '-ㅂ니까/-읍니까/-습니까'(161회)이며, 그 다음은 '-냐/-으냐'(143회), '-니'(133회), '-어/-아/-여/-야'(120회) 순으로 나타났다. 의문형 종결 어미에서도 상위 6개의 어미가 전체 중에서 53.5%를 차지하였다. 또한 범용 어미 '-어/-아/-여/-야', '-어요/-아요/-여요', '-지' 역시 평서형에서와 마찬가지로 높은 사용 빈도를 보였다. 상위 10위까지의 예시를 (2)에 제시하였다.

<표 6> 의문형 종결 어미 사용 빈도 및 비율

| 순위 | 형태소 | 빈도 | | 비율 | 누적비율 |
|---|---|---|---|---|---|
| 1 | -ㅂ니까 | 80 | 161 | 11.2 | 11.2 |
|   | -읍니까 | 2 |  |  |  |
|   | -습니까 | 79 |  |  |  |
| 2 | -냐 | 137 | 143 | 10.0 | 21.2 |
|   | -으냐 | 6 |  |  |  |
| 3 | -니 | 133 | | 9.3 | 30.5 |
| 4 | -어 | 66 | 120 | 8.4 | 38.8 |
|   | -아 | 9 |  |  |  |
|   | -여 | 11 |  |  |  |
|   | -야 | 34 |  |  |  |
| 5 | -어요 | 88 | 111 | 7.5 | 46.4 |
|   | -아요 | 17 |  |  |  |
|   | -여요 | 6 |  |  |  |
| 6 | -나 | 99 | | 6.9 | 53.3 |
| 7 | -지 | 68 | | 4.7 | 58.0 |
| 8 | -소 | 56 | | 3.9 | 61.9 |
| 8 | -ㄴ가 | 52 | 56 | 3.9 | 65.8 |
|   | -은가 | 4 |  |  |  |
| 10 | -세요 | 51 | 53 | 3.9 | 69.7 |
|   | -셔요 | 2 |  |  |  |

| 11 | -느냐 | 52 | | 3.6 | 73.4 |
|---|---|---|---|---|---|
| 12 | -ㄹ까 | 26 | 45 | 3.1 | 76.5 |
|  | -을까 | 19 | | | |
| 13 | -오 | 44 | | 3.1 | 79.6 |
| 14 | -이요8) | 28 | | 2.0 | 81.5 |
| 15 | -지요 | 22 | | 1.5 | 83.1 |
| 16 | -죠 | 21 | | 1.5 | 84.5 |
| 17 | -수 | 18 | | 1.3 | 85.8 |
| 18 | -에요 | 17 | | 1.2 | 87.0 |
| 19 | -나요 | 16 | | 1.1 | 88.1 |
| 19 | -ㄹ까요 | 5 | 16 | 1.1 | 89.2 |
|  | -을까요 | 11 | | | |
| 21 | -우 | 13 | | 0.9 | 90.1 |
| 22 | -라고요 | 9 | 10 | 0.7 | 90.8 |
|  | -라구요 | 1 | | | |
| 23 | -다고 | 3 | 9 | 0.6 | 91.4 |
|  | -라고 | 6 | | | |
| 23 | -던가 | 9 | | 0.6 | 92.1 |
| 25 | -라니 | 8 | | 0.6 | 92.6 |
| 25 | -ㅂ니까 | 8 | | 0.6 | 93.2 |
| 27 | -ㄴ다고 | 7 | | 0.5 | 93.7 |
| 27 | -리까 | 7 | | 0.5 | 94.1 |
| 29 | -ㄴ데 | 5 | | 0.3 | 94.5 |
| 30 | -더냐 | 5 | | 0.3 | 94.8 |

(2) 의문형 종결 어미별 예시

　ㄱ. 담배 가지셨습니까? <유성기영화, '비 오는 포구'>
　ㄴ. 자식이 귀한 줄 알면서 왜 제 손으로 제 자식을 죽인단 말이냐? <유성

---

8) '정말이요?', '그게 무슨 말이요?'와 같은 용례에서 나타나는 {-이요}가 이에 해당된다. 이는 규범 문법적 관점에서는 '정말이어요?', '그게 무슨 말이어요?'처럼 '체언+서술격 조사(이)+종결 어미(어요)' 혹은 '정말요?', '그게 무슨 말요?' '체언+보조사(요)'의 비표준적 표현으로 해석할 수밖에 없다. 그러나 구어에서 나타나는 {-이요}를 이 둘 중에 어느 하나의 표현 오류라 하기에는 만족스럽지 못한 면이 있다. 따라서 이 연구에서는 {-이요}를 독립된 종결 형태소로 제시한다.

기연극, '벌 밧는 어머니'>
ㄷ. 그런데 내일 서낭당 제문은 다 채 놨니? <영화, '어화'(1938)>
ㄹ. 쫌 비싼 건 없어? <영화, '미몽'(1936)>
ㅁ. 그런데 아버지 왜 우셨어요? <유성기연극, '아리랑 고개'>
ㅂ. 자네 회사에서 맡은 작곡료 어쨌나? <영화, '반도의 봄'(1941)>
ㅅ. 아즉 괜찮단 말이지? <유성기연극, '버드나무선 동리의 풍경'>
ㅇ. 그래 여전히 괴기나 많이 잡았소? <영화, '어화'(1938)>
ㅈ. 아이 오늘은 눈보라가 쳐서 그런가? <유성기연극, '순동이의 효성'>
ㅊ. 아이 춘호 씨가 아니세요? <영화, '지원병'(1941)>

### 3.3.3. 명령형

<표 7>에는 명령형 종결 형태소의 빈도 및 비율을 제시하였다. 가장 높은 사용 빈도를 보인 어미는 '-세요/셔요'(171회)이고, 다음은 '-어라/-아라/-여라'(136회), '-어/-아/-여'(118회) 순으로 나타났다. 명령형에서는 상위 3개의 형태소가 전체 유형 중에서 58.5%를 차지하였다. 또한 범용어미 '-어/-이/-여', '-어요/-아요/-여요'가 평서형과 의문형에 이어 높은 사용 빈도를 보였다. 명령형의 상위 10위까지의 예시는 (3)에 제시하였다.

(3) 명령형 종결 어미별 예시
   ㄱ. 앗 동궁마마 잠깐만 숨어주세요. <유성기연극, '낙랑공주와 마의태자'>
   ㄴ. 그리고 이 닭는 것을 아무쪼록 잊지 말어라. <유성기영화, '모성'>
   ㄷ. 내 엿은 얼마든지 줄 테니 주전자를 날 줘. <영화, '집 없는 천사'(1941)>
   ㄹ. 빨리 회사에 가 보게. <영화, '반도의 봄'(1941)>
   ㅁ. 어쨌든 옥임이는 따로 첩 치가를 시켜줄 테니 김 판서의 딸과 성례만 해 다오. <유성기연극, '어머니의 힘'>

<표 7> 명령형 종결 어미 사용 빈도 및 비율

| 순위 | 형태소 | 빈도 | | 비율 | 누적비율 |
|---|---|---|---|---|---|
| 1 | -세요 | 166 | 171 | 23.5 | 23.5 |
|   | -셔요 | 5 | | | |
| 2 | -아라 | 73 | 136 | 18.7 | 42.2 |
|   | -어라 | 43 | | | |
|   | -여라 | 20 | | | |
| 3 | -아 | 53 | 118 | 16.2 | 58.5 |
|   | -어 | 53 | | | |
|   | -여 | 12 | | | |
| 4 | -게 | 56 | | 7.7 | 66.2 |
| 5 | -오 | 53 | | 7.3 | 73.5 |
| 6 | -십시오 | 51 | | 7.0 | 80.5 |
| 7 | -어요 | 16 | 48 | 6.6 | 87.1 |
|   | -아요 | 29 | | | |
|   | -여요 | 3 | | | |
| 8 | -거라 | 30 | | 4.1 | 91.2 |
| 9 | -ㅂ쇼 | 16 | | 2.2 | 93.4 |
| 10 | -너라 | 10 | | 1.4 | 94.8 |
| 11 | -옵소서 | 6 | | 0.8 | 95.6 |
| 11 | -렴 | 5 | 6 | 0.8 | 96.4 |
|   | -으렴 | 1 | | | |
| 11 | -우 | 6 | | 0.8 | 97.2 |
| 14 | -죠 | 5 | | 0.7 | 97.9 |
| 14 | -려무나 | 5 | | 0.7 | 98.6 |
| 16 | -라 | 4 | | 0.6 | 99.2 |
| 17 | -유 | 2 | | 0.3 | 99.4 |
| 18 | -라니까요 | 1 | | 0.1 | 99.6 |
| 18 | -라니깐 | 1 | | 0.1 | 99.7 |
| 18 | -으소서 | 1 | | 0.1 | 99.9 |
| 18 | -으슈 | 1 | | 0.1 | 100.0 |

ㅂ. 영진 씨 용서해 주십시오. <유성기영화, '아리랑'>
ㅅ. 무슨 일이 있든지 일 년만 기다려 줘요.<유성기 연극, '아리랑'>

ㅇ. 홍련아 울지 말고 잘 있거라. <유성기영화, '장화홍련전'>
ㅈ. 그 가방 이리 주십쇼. <영화, '미몽'(1936)>
ㅊ. 술을 있는 대로 다 가져 오너라. <유성기연극, '저승에 맺는 사랑'>

### 3.3.4. 청유형

청유형은 총 5개의 유형이 나타났다. 그 중에서 '-자'가 53회로, 이 하나의 형태소가 다른 형태소에 비해 압도적으로 높은 비율(58.2%)을 보였다. 그 다음은 '-세, -ㅂ시다' 순으로 나타났으며, 청유형에서는 매우 드물지만 '-아', '-죠'와 같이 범용 어미에 의한 표현도 관찰되었다. 청유형의 예시는 (4)에 제시하였다.

<표 8> 청유형 종결 어미 사용 빈도 및 비율

| 순위 | 형태 | 빈도 | 비율 | 누적비율 |
|---|---|---|---|---|
| 1 | -자 | 53 | 58.9 | 58.9 |
| 2 | -세 | 21 | 23.3 | 82.2 |
| 3 | -ㅂ시다 | 13 | 14.4 | 96.7 |
| 4 | -아 | 2 | 2.2 | 98.9 |
| 5 | -죠 | 1 | 1.1 | 100.0 |

(4) 청유형 종결 어미별 예시
ㄱ. 아버지와 어머니가 가신 나라로 다 같이 가자. <유성기영화, '원앙암'>
ㄴ. 어디 좀 보세. <유성기연극, '순사와 신부'>
ㄷ. 어떠한 곤란에든지 지지 말고 싸웁시다. <영화, '군용열차'(1938)>
ㄹ. 엄마 나도 가. <유성기연극, '어머니의 힘'>
ㅁ. 네 가죠. <영화, '집 없는 천사'(1941)>

### 3.3.5. 감탄형

<표 9>에는 감탄형을 나타낸 종결 어미를 제시하였다. 1위는 '구나'로, 54회의 사용 빈도를 보였으며, 2위는 '-구려/-구료'로, 31회의 사용 빈도

를 보였다. 총 25개의 유형 중에서 '-구나, -구려/-구료, -는구나, -군' 4개의 유형이 54.8%의 사용 비율을 보였다. 감탄형 10위까지의 예시는 (5)에 제시하였다.

<표 9> 감탄형 종결 어미 사용 빈도 및 비율

| 순위 | 형태 | 빈도 | | 비율 | 누적비율 |
|---|---|---|---|---|---|
| 1 | -구나 | 54 | | 26.0 | 26.0 |
| 2 | -구려 | 29 | 31 | 14.9 | 40.9 |
|   | -구료 | 2 |   |   |   |
| 3 | -는구나 | 16 | | 7.7 | 48.6 |
| 4 | -군 | 13 | | 6.3 | 54.8 |
| 5 | -다니 | 9 | 12 | 5.8 | 60.6 |
|   | -라니 | 3 |   |   |   |
| 6 | -로구나 | 11 | | 5.3 | 65.9 |
| 7 | -ㄴ데요 | 10 | | 4.8 | 70.7 |
| 8 | -군요 | 8 | | 3.8 | 74.5 |
| 9 | -로군 | 7 | | 3.4 | 77.9 |
| 10 | -네 | 5 | | 2.4 | 80.3 |
| 10 | -더군요 | 5 | | 2.4 | 82.7 |
| 10 | -던데 | 5 | | 2.4 | 85.1 |
| 10 | -는구려 | 4 | 5 | 2.4 | 87.5 |
|   | -는구료 | 1 |   |   |   |
| 14 | -다니요 | 4 | | 1.9 | 89.4 |
| 15 | -ㄴ다니 | 3 | | 1.4 | 90.9 |
| 15 | -ㄴ담 | 3 | | 1.4 | 92.3 |
| 15 | -는걸 | 3 | | 1.4 | 93.8 |
| 15 | -는군요 | 3 | | 1.0 | 94.7 |
| 19 | -는걸요 | 2 | | 1.0 | 95.7 |
| 19 | -는군 | 2 | | 1.0 | 96.6 |
| 19 | -나 | 2 | | 1.4 | 98.1 |
| 19 | -로구려 | 2 | | 1.0 | 99.0 |
| 23 | -더군 | 1 | | 0.5 | 99.5 |
| 23 | -던걸 | 1 | | 0.5 | 100.0 |

(5) 감탄형 종결 어미별 예시
　　ㄱ. 어 오늘 하루도 저물었구나. <유성기연극, '동방의 비가'>
　　ㄴ. 그럼 기다려 보구려. <유성기영화, '비 오는 포구'>
　　ㄷ. 원 별소리를 다 하는구나. <영화, '어화'(1938)>
　　ㄹ. 응 거 안됐군. <유성기연극, '벌 밧는 어머니'>
　　ㅁ. 일주일 안으로 팔백 원이라는 돈을 해놓지 못하면은 네 오래비를 고소를 하겠다니. <유성기연극, '처량한 밤'>
　　ㅂ. 아유 큰 병정들이로구나. <유성기영화, '부활'>
　　ㅅ. 아즈머니두 아직 젊으신데요. <영화, '어화'(1938)>
　　ㅇ. 옷을 갈아입으셔야겠군요. <영화, '심청전'(1937)>
　　ㅈ. 아니 중배 그 놈과 같이 온 모양이로군. <유성기영화, '장한몽'>
　　ㅊ. 아유 이거 너무 섭섭하네. <영화, '어화'(1938)>

## 4. 20세기 전기 구어의 종결형 양상 및 특징

### 4.1. 동시대 문어 자료와의 비교

　20세기 전기 구어 종결형의 특징을 관찰하기 위해 동시대의 문어 자료와 비교해 볼 필요가 있다. 이를 위해 여기서는 박진완(2000)의 현대 국어 제2기(1910-1945)의 자료와 20세기 전기 구어 자료를 비교하여 종결형의 차이를 관찰해 본다.

　문어 자료와 비교하였을 때 가장 큰 특징은 격식체의 어미가 간소화되는 양상이다. 평서형의 경우 문어 자료에 나타난 종결 어미 가운데 '-사옵나이다, -으옵나이다, -습나이다' 등의 하소서체 어미와 '-나이다, -노이다, -으오이다, -으니이다, -으십니다, -으듸다, -더이다, -으외이다, -읍듸다' 등의 합쇼체 어미가 구어 자료에서는 관찰되지 않는다. 이는 의문형에서도 마찬가지인데, '-아옵ᄂ이가, -오ᄂ잇가' 등의 하소서체 어미와 '-

나이까, -습딧가, -읍닛가, -읍듸가, -읍듸가, -으닛가, -ᄂ잇가, -으니잇가, -으니잇고, -으리잇고, -으오닛가, -으오닛가, -으잇가' 등의 합쇼체 어미가 없다. 또한 의문형의 경우 하게체, 해라체에서도 '-는가, -던가, -을까, -으랴'형만 등장하고, '-는고, -던고, -을꼬, -으료' 형은 등장하지 않는 등 간소화가 크게 일어난다. 감탄형의 경우는 '-로세, -네그려, -로세, -네구려' 등의 하게체 어미와 '-구나', '-군'을 제외한 해라체 어미 '-누나, -고나, -괴야, -그노라, -도다, -로라, -으리노다, -을지로다, -을진져, -은져' 등은 등장하지 않는다.

격식체 어미의 간소화와 함께 비격식체 어미의 활발할 사용을 특징으로 꼽을 수 있다. 박진완(2000)은 문어 자료에서는 의문형 종결 어미에서 활발한 것은 아니지만 비격식체가 보이기 시작하는 것을 특징으로 지적하였다. 그러나 해당 시기 구어 자료를 관찰해 보면 의문형에서 '-어/-아/-여/-야'가 120회(4위), '-어요/-아요/-여요'가 108회(5위), '-지'가 68회(7위) 등으로 나타나 비격식체가 매우 활발히 사용됨을 알 수 있다. 이처럼 문어 자료에 비해 구어 자료에서 비격식체의 활발한 사용을 관찰할 수 있다.

다음으로 문어와 구어에서 각각 출현 시기가 다른 어미를 관찰할 수 있다. 의문형 '-련'와 '-던'의 경우, 문어 자료에서는 1945년 이후에 등장한다고 하였지만, 1945년 이전의 구어 자료에서 관찰된다. '-련'은 총 3회 등장하고(6ㄱ), '-던'은 1회 등장한다(6ㄴ). 청유형에서 '-지오'의 축약형인 '-죠'가 나타나는 시기는 문어 자료를 기준으로 하였을 때 1945년 이후인 제3기라고 하였다. 그러나 20세기 전기 구어 자료를 검토해 본 결과, '-죠'는 1945년 이전 자료에 등장함을 알 수 있다(6ㄷ).

(6) '-련', '-던', '죠' 예시
　　ㄱ. 만수 너 좀 같이 가련? <영화, '어화'(1938)>
　　ㄴ. 그래 그래서 선생이 무엇이라 하시던? <유성기 연극, '모성애'>
　　ㄷ. 네, 가죠. <영화, '집 없는 천사'(1941)>

　반대로 문어 자료의 경우 의문형에서 '-을걸요'와 명령형에서 '-구려'는 1945년 이전 현대국어에 새로 등장한 것으로 보고되었으나, 1945년 이전 구어 자료에서는 관찰되지 않았다는 점도 문어와 구어에서 나타나는 종결형의 차이로 꼽을 수 있다.
　마지막으로 문어 자료를 대상으로 하였을 때 구어체의 특징으로 언급된 것을 구어 자료에서 확인해 볼 수 있다. 평서형의 경우, '-올시다'와 '-외다'를 1910-1945년 시기에 구어체에서 새로운 어미의 출현으로 다루고 있다. '-올시다'의 경우, 20세기 전기 구어 자료에서 총 21회가 나타나는데, 유성기 연극 자료에 13회, 유성기 영화 자료에 6회가 나타난다(7ㄱ). '-외다'의 경우 총 3회가 나타나는데, 유성기 연극 자료에 3회가 나타난다(7ㄴ).

(7) '-올시다', '-외다' 예시
　　ㄱ. 글쎄 말이올시다. <영화, '미몽'(1936)>
　　ㄴ. 나도 갈 길이 바쁘외다. <유성기 연극, '낙랑공주와 마의태자'>

　1945년 이전 시기의 구어체에서 '-우'가 나타난다는 것이 보고된 바 있다. 구어 자료를 검토해 본 결과, '-우'가 평서형에서 2회 사용되었다. 알려진 바와 같이, 모두 여성 화자들이 친근한 발화에서 사용하였다.

(8) '-우' 예시
　　ㄱ. 퍽 수고했우. <영화, '심청전'(1937)>

ㄴ. 사랑이란 쓴지 단지 맛도 모르는 날홀애비 앞에서 너무 기분 내지 마시우. <유성기연극, '신장한몽'>

## 4.2 범용 어미의 사용 양상

20세기 전기 종결형 사용 양상에서 두드러지는 특징 중 하나는 범용 어미의 높은 사용 빈도이다. 이는 '-어/-아/-여/-야', '-어요/-아요/-여요/-야요', '-지', '-지요', '-오', '-소' 등과 같은 범용 어미의 높은 사용 빈도로 확인된다. 이러한 어미들은 그 자체로는 서술이나 의문, 명령과 같은 의미를 지니고 있지 않는 의미론적으로 무표적인 형태소로서 종결의 의미는 억양이 담당한다(오재혁 2011). 억양에 의해 종결의 의미를 드러내기 때문에 평서형, 의문형, 명령형, 청유형, 감탄형 등에 두루 사용될 수 있으며, 억양에 의해 종결 의미를 실현해야 하기 때문에 문어에서보다는 구어에서의 사용이 더욱 두드러지게 나타났으리라는 것을 쉽게 짐작할 수 있다.

<표 10> 종결형별 범용 어미의 순위 및 비율

| 종결 어미 | 순위빈도(회), 비율(%) | | | |
|---|---|---|---|---|
| | 평서 | 의문 | 명령 | 청유 |
| -어/-아/-여/-야 | $4_{268}$, 11.5 | $4_{120}$, 8.4 | $3_{118}$, 16.2 | $4_2$, 2.2 |
| -어요/-아요/-여요/-야요 | $3_{284}$, 12.7 | $5_{108}$, 7.7 | $7_{48}$, 6.6 | |
| -오 | $8_{78}$, 3.3 | $13_{44}$, 3.1 | $5_{53}$, 7.3 | |
| -소 | $10_{70}$, 3.0 | $8_{56}$, 3.9 | | |
| -지 | $5_{154}$, 6.6 | $7_{68}$, 4.7 | | |
| -지요 | $7_{81}$, 3.5 | $15_{22}$, 1.5 | | |
| -죠 | $12_{40}$, 1.7 | $16_{21}$, 1.5 | $14_5$, 0.7 | $5_1$, 1.1 |

종결형별 범용 어미의 순위와 빈도, 비율을 <표 10>에 제시하였다. 관찰한 자료에서 감탄형에는 어떠한 범용 어미도 나타나지 않았다. 감탄형을 제외하고 네 가지 종결형에 모두 쓰인 종결 어미는 '-어/-아/-여/-야'와 '-죠' 두 가지 이고, '-어요/-아요/-여요/-야요'와 '-오'는 평서형, 의문형, 명령형에, '-소'와 '-지', '-지요'는 평서형과 의문형에 사용되었다. 사용 빈도의 측면에서는 이들 중 '-어/-아/-여-야'가 총 508회로 가장 많았으며, '-어요/-아요/-여요/-야요'가 440회로 두 번째로 많았다.

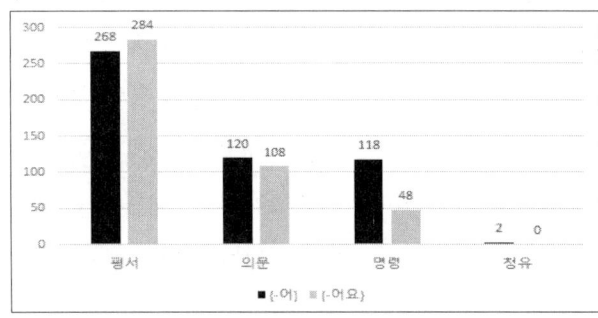

<그림 5> 종결형별 {-어}, {-어요} 사용 빈도

'-어/-아/-여/-야'는 평서형, 의문형, 명령형, 청유형에서 나타났다. 평서형의 사용 빈도가 268회로 가장 많았으며, 다음은 의문형 120회, 명령형 118회로 관찰되었다. 청유형에서도 2회 사용되었다. '-어요/-아요/-여요/-야요'는 평서형, 의문형, 명령형에서만 나타났는데, 평서형이 284회로 가장 많이 사용되었고, 그 다음은 명령형이 118회, 의문형이 108회 사용되었다.

(9) '-어/-아/-여/-야' 예시
    ㄱ. 그래도 나는 참았어.(평서) <유성기 연극, '토막'>
    ㄴ. 그럼 낳았다는 자식이 왜 죽었어?(의문) <유성기 연극, '벌 밧는 어머니'>

ㄷ. 어어 좀 더 줘.(명령) <유성기 연극, '순동이의 효성'>
ㄹ. 엄마 나도 가.(청유) <영화, '미몽'(1936)>

(10) '-어요/-아요' 예시
ㄱ. 그렇지만 다 소용없어요.(평서) <유성기 연극, '아리랑 고개'>
ㄴ. 그런데 아버지 왜 우셨어요?(의문) <유성기 연극, '아리랑 고개'>
ㄷ. 아 이리 와요.(명령) <유성기 연극, '버드나무선 동리의 풍경'>

'-오'는 평서형, 의문형, 명령형에서, '-소'는 평서형과 의문형에서 나타났는데, 그 빈도는 <그림 6>과 같다. '-오'는 평서형에서 78회, 의문형에서 44회, 명령형에서 53회 사용되었고, '-소'는 평서형에서 70회, 의문형에서 56회 사용되었다.

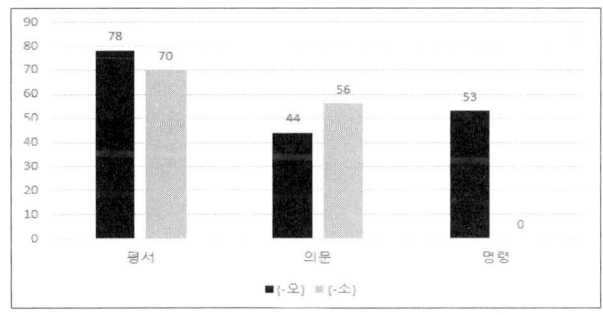

<그림 6> 종결형별 {-오}, {-소} 사용 빈도

'-지'와 '-지요'는 평서형과 의문형에서 관찰되었고, '-지요'의 줄임말인 '-죠'는 명령형과 청유형에서도 관찰되었다. '-지'는 평서형이 의문형에 비해서 2배 이상 많았으며, 평서형의 사용 빈도가 154회, 의문형의 사용 빈도가 68회이었다. '-지요' 역시 평서형에서의 사용 빈도가 의문형에서의 사용 빈도보다 4배 정도 더 많았는데, 평서형이 81회, 의문형이 22회였다.

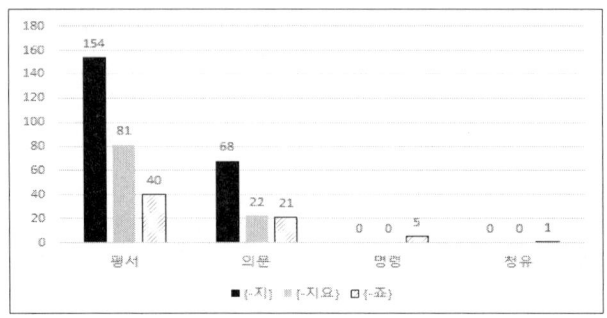

〈그림 7〉 종결형별 {-지}, {-지요} {-죠} 사용 빈도

(11) '-지' 예시
  ㄱ. 남의 속을 몰라주니 원통하지.(평서) <유성기 연극, '누구의 죄'>
  ㄴ. 음 그럼 네 집에는 병든 자식과 늙은 시아버지가 있다는 말이지?(의문) <유성기 연극, '벌 밧는 어머니'>

(12) '-지요' 예시
  ㄱ. 미안하니까 그렇지요.(평서) <유성기 연극, '누구의 죄'>
  ㄴ. 당신은 돈만 있으면 참사랑도 살 수가 있단 말씀이지요?(의문) <유성기 연극, '한 많은 신세'>

'죠'는 '지+오'형태의 축약형이지만, '지요', '지'와는 다른 분포를 보였다. 평서형, 의문형 외에 명령형과 청유형에서도 관찰되었다. 사용 빈도는 평서형에서 가장 높았으며(40회), 의문형(21회), 명령형(5회), 청유형(1회)에서도 나타났다. 그 예는 (13)과 같다.

(13) '-죠' 예시
  ㄱ. 살려고 살려고 퍽 애를 썼죠.(평서) <유성기 연극, '말 못할 사정'>
  ㄴ. 제가 이번에 인순이 데려가도 괜찮죠?(의문) <영화, '어화'(1938)>
  ㄷ. 아버지 오늘은 쉬시죠.(명령) <영화, '어화'(1938)>
  ㄹ. 네 가죠.(청유) <영화, '집 없는 천사'(1941)>

이러한 범용 어미가 두드러지게 많이 사용된 것은 홍종선(1994), 박진완(2000) 등에서 언급한 대로 개화기 시기부터 싹트기 시작한 언문일치의 발양과 비격식체 종결 어미의 확산에 의한 것으로 해석할 수 있다. 또한 이 연구에서 관찰한 자료가 구어 음성 자료라는 점에서도 억양에 의해 종결 기능을 수행하기 때문에 문어에서는 사용하는 데 한계가 있는 범용 어미가 더욱 많이 관찰되었을 것이다.

## 4.3 모음조화에 의한 어미 교체 양상

종결형 사용 양상에서 찾아볼 수 있는 또 다른 특징은 모음조화에 따른 음성 모음과 양성 모음의 교체에서 음성 모음의 사용 빈도가 두드러지게 많다는 것이다. 대표적으로 '-어', '-아'나 '-어요', '-아요'의 사용 빈도 차이를 그림으로 나타내면 <그림 8>, <그림 9>와 같다.

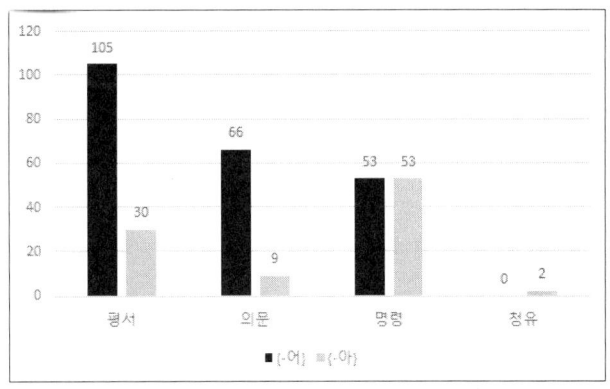

<그림 8> 종결형별 '-어', '-아' 사용 빈도

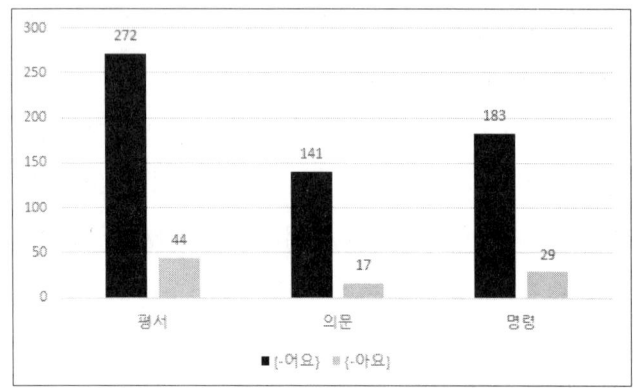

〈그림 9〉 종결형별 '-어요', '-아요' 사용 빈도

　　〈그림 8〉, 〈그림 9〉에서 보는 바와 같이 양성 모음보다는 음성 모음으로 시작하는 어미의 사용 빈도가 압도적으로 많다. 그러나 이는 어간 말음의 모음에 따라서 음성 모음이 결합할 수 있는 환경이 더 많기 때문에 나타나는 현상으로 이 시기에 실제로 음성 모음으로 시작하는 어미의 사용 빈도가 두드러지는지는 구체적으로 어간 말음의 모음별로 다시 살펴야 할 것이다. 어간 말음의 모음별로 '-어', '-아'와 '-어요', '-아요'가 결합한 구체적인 빈도를 제시하면 〈그림 10〉, 〈그림 11〉과 같다.

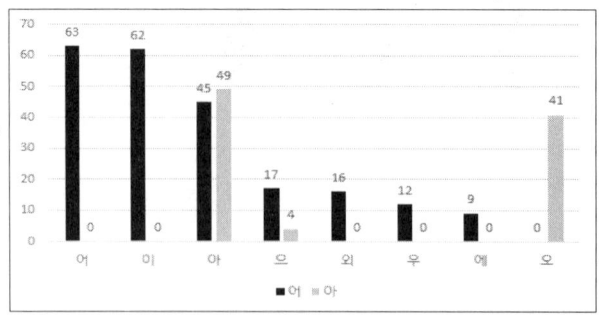

〈그림 10〉 어간의 말음 모음별 '-어요', '-아요' 사용 빈도

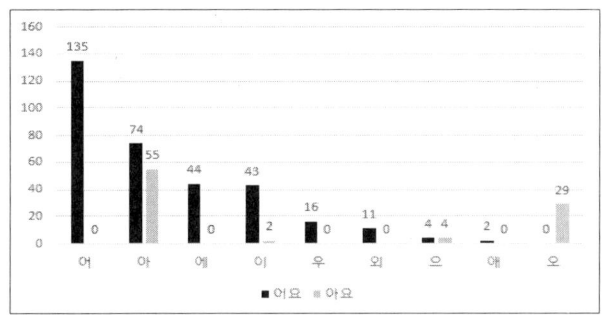

<그림 11> 어간의 말음 모음별 '-어요', '-아요' 사용 빈도

<그림 10>, <그림 11>에서 볼 수 있듯이 음성 모음으로 시작하는 어미 {-어}, {-어요}는 음성 모음과 결합하는 모음 /이, 어, 에, 우, 외/ 외에도 /아/ 말음 어간과도 결합하는 것을 볼 수 있다. 선행 말음 어간이 /아/인 경우 {-어}가 결합한 총 45회 중에 선어말어미 {-았-}과 결합한 22회를 제외하고 '말어' 18회, '않어' 2회, '괜찮어' 2회, '가까워' 1회로 총 23회 /아/ 말음 어간과 결합하였다. {-어요}의 경우에는 총 74회 중에 선어말어미 {-았-}과 결합한 70회를 제외하고 '않어요' 2회, '말어요', 1회, '고마워요', 1회로 총 4회 /아/ 말음 어간과 결합하였다. 그 예는 (14)와 같다.

(14) 선행 어간 말음 /아/와 결합하는 음성 모음으로 시작하는 어미
  ㄱ. 우리 시골 떼기는 이웃끼리라도 그저 가슴을 툭 털어놓고 허하고 살지만 서울서는 그렇지 않어. <유성기 연극, '버드나무선 동리의 풍경'>
  ㄴ. 거짓말 말어. <영화, '집 없는 천사'(1941)>
  ㄷ. 아니에요 저는 그런 구경은 가고 싶지 않어요. <영화, '심청전'(1937)>

또한 /으/ 말음 어간은 국어사적으로 /ᄋᆞ/였던 것은 {-아}, {-아요}가, /으/였던 것은 {-어}, {-어요}가 결합하는데, 이 시기 구어 자료에서는 '다

르다', '마르다'였던 '다르다', '마르다'가 '달라', '말라'의 형태를 취하지 않고 '달러', '말러'의 형태를 취하는 것도 관찰되며, 현대 국어에서는 /으/ 말음을 제외한 선행 모음 어간의 음양에 따라 교체되는 '아프다-아파'가 이 시기에는 '아퍼'로 나타나는 것이 관찰된다. 이러한 예는 /으/말음 어간이 {-어}와 결합한 17회 중에 '달러' 1회, '목말러' 2회, '아퍼' 2회로 총 5회 관찰되었으며, {-어요}에서는 관찰되지 않았다. 그 예시는 (15)와 같다.

(15) 선행 어간 말음 /으/와 결합하는 음성 모음으로 시작하는 어미의 예외적인 경우
ㄱ. 요즘에 헤태거리고 다니는 계집애들과는 달러. <영화, '반도의 봄'(1941)> (비교, 그래도 좀 달라요?<유성기 영화, '부활'>
ㄴ. 아버지 목말러. <유성기 연극, 순동이의 효성>
ㄴ. 뭐 배가 아퍼? <영화, '집 없는 천사'(1941)>

근대 국어 후기부터 시작된 음성 모음 계열 어미의 확산은 현대 국어 초기에 매우 활발하게 진행된 것을 알 수 있다. 음성 모음과 결합할 수 있는 어간의 환경이 많아진 것 외에도 (14), (15)에서 보듯이 음성 모음으로 시작하는 어미가 /아/, /으/와 결합하는 범위를 넓히는 방향으로 확산이 이루어졌다.

## 5. 마무리

이 연구에서는 20세기 전기 구어 자료에 나타난 종결형의 실현 양상을 고찰하고, 같은 시대의 문어 자료를 대상으로 보고된 종결형 연구의 결과

와 비교하여 20세기 전기 구어 종결형의 특징을 밝히려 하였다. 이를 위해 '고려대 구어 말뭉치: 20세기 전기' 자료 중에서 영화나 유성기 연극, 유성기 영화에 수록된 대화 자료를 대상으로 종결 유형을 분류하고 그 중에서 특히 종결 어미로 맺는 발화를 취하여 종결형별로 그 사용 빈도를 제시하였다.

20세기 전기 종결 어미는 같은 시대에 보고된 종결 어미와는 다소 차이를 보이기도 했다. 대표적으로 '-사옵나이다', '나이까' 등의 격식체 어미인 합쇼체는 구어 자료에서는 관찰되지 않았으며, 문어 자료에서는 1945년 이후에 등장한다고 보고된 '-련', '-던', '-죠' 등의 어미가 이 시기에 관찰되었다.

이 시기의 종결형은 {-어}, {-어요}, {-지}, {-오}, {-소} 등과 같은 범용 어미의 사용 빈도가 매우 높았다. 모음조화의 교체에서는 음성 모음으로 시작하는 어미가 양성 모음으로 시작하는 어미보다 그 빈도가 매우 높아, 선행 말음 어산이 /아/인 경우나 기원적으로 /ㆍ/였던 /으/ 말음 어간으로까지 음성 모음으로 시작하는 어미가 결합하는 것을 확인할 수 있었다.

그동안 문어 자료를 기반으로 하는 종결형 연구에서는 후기 근대 국어, 개화기 종결 어미에 대해서 언급해 왔으나, 그 유형 및 빈도를 계량적으로 제시한 적은 없다. 이 연구는 종결형별로 종결 형태소의 유형 및 사용 빈도를 계량적으로 살펴 구체적인 빈도 및 비율을 제시한다는 데 의의가 있다.

한편 이 연구는 분석 대상으로 삼은 말뭉치가 '연설', '강연', '대담' 등의 모든 구어 자료를 포함한 균형 말뭉치가 아니라는 점에서 한계를 지닌다. 또한 말뭉치를 이루는 대화 자료도 일반인들의 자유 발화가 아닌 영화나 연극의 대화 자료라는 점에서 이상적인 구어 자료라고 하기에는 아쉬움이 있다. 그럼에도 불구하고 이 연구에서 이용한 20세기 전기 구어 음성 자료는 현재까지 연구자가 선택할 수 있는 최선의 자료이다. 이후 20세기 전기에 녹음되었거나, 녹화된 더욱 다양한 구어 음성 자료가 충분히 발견되고 연구 자료로 구축되어 이 연구에서 제시한 결과가 보완될 것을 기대한다.

■ 참고 문헌

강규선(1989),「20세기 초기 국어의 경어법 연구:『신소설』을 중심으로」, 성균관대 박사학위논문.
강상호(1989),『조선어 입말체 연구』, 사회과학출판사.
강현구(2003),「유성기 음반 속의 영화적 서사」,『한국문예비평연구』(한국현대문예예비평학회) 13, 65~94.
구현정·전영옥(2002),「구어와 구어 전사 말뭉치」, 구현정·서상규 공편,『한국어 구어 연구 1: 구어 전사 말뭉치와 그 활용』, 한국문화사.
권재일(2005),『20세기 초기의 문법』, 서울대학교 출판부.
권영민(1975),『개화기 소설의 문체 연구』, 서울대 석사학위논문.
김미형(2004),「한국어 구어와 문어의 특징 연구」,『한말연구』(한말연구학회) 15, 23~73.
김지은(2008),「신소설에 나타난 종결어미에 대한 연구」,『어문론총』(한국문학언어학회) 49, 115~152.
김형규(1962),『국어사개설』, 일조각.
김형정(2002),「구어 전사 말뭉치의 표기 방법」, 구현정·서상규 공편,『한국어 구어 연구 1: 구어 전사 말뭉치와 그 활용』, 한국문화사.
김형철(1987),『19세기말 국어의 문체, 구문, 어휘의 연구』, 경북대 박사학위논문.
남기심, 고영근(1993),『개정판 표준국어문법론』, 탑출판사.
노대규(1989),「국어의 구어와 문어의 특성」,『매지논총』(연세대학교매지학술연구소) 6, 1~48.
노대규(1996),『한국어의 입말과 글말』, 국학자료원.
박병채(1989),『국어발달사』, 세영사.
박지애(2009),「20세기 전반기 잡가의 라디오 방송 현황과 특징」,『어문학』(한국어문학회) 103, 143~165.
박진완(2000),「현대 국어 종결 어미의 변천」,『현대 국어의 형성과 변천』, 박이정, 237~308
민현식(1994),「개화기 국어 문체연구」,『국어국문학』(국어국문학회) 111, 37~61.
민현식(1984),「개화기 국어의 경어법에 대하여」,『관악어문연구』(서울대학교국어국문학과) 9, 125~149.

민현식(2007), 「구어적 통용과 문어적 오용」, 『문법교육』(한국문법교육학회) 6, 53~113.

손세모돌(1985), 『『성경직히』에 나타난 종지법 어미 연구』, 한양대 석사학위논문.

서상규(2008), 「한국어 특수 말뭉치의 구축 현황과 그 특징: 21세기 세종계획의 성과를 중심으로」, 『한국사전학』(한국사전학회) 12, 41~60.

신지영(2014), 「구어의 의미 연구와 운율」, 『제43차 한국어의미학회 전국학술대회 발표논문집』, 23~44.

심재기(1992), 「개화기의 교과서 문체에 대하여」, 『국어국문학』(국어국문학회) 107, 181~194.

안예리(2014), 「20세기 초기 종결어미의 분포와 용법: 표기체와 사용역을 중심으로」, 『시학과 언어학』(시학과언어학회) 28, 7~29.

오새내(2005), 「20세기 초 서울말 모음 음운현상에 반영된 계층적 지표: 1930년대 김복진의 동화구연유성기자료의 분석」, 『국어문학』(국어문학회) 40, 129~160.

오재혁(2011), 『국어 종결 억양의 문법적 기능과 음성적 특징에 대한 지각적 연구』, 고려대 박사학위논문.

오재혁·송인성·도원영·홍종선(2014), 「20세기 초 구어 연구를 위한 음성 자료의 유형과 특징에 대한 고찰」, 『어문논집』(민족어문학회) 70, 225~258.

이경우(1998), 『최근세국어 경어법 연구』, 태학사.

이기문(1961), 『국어사개설』, 민중서관.

이진희(2003), 「언어의 구어성과 문어성에 관한 연구」, 『독일문학』(한국독어독문학회) 85, 528~542.

이혜영(2006), 「구어의 특징과 구조」, 『새국어생활』(국립국어원) 16-2, 161~173.

이희승(1949), 「초등국어문법」(『역대한국문법대계』1-32), 탑출판사.

장경현(2003), 「문어/문어체, 구어/구어체 재정립을 위한 시론」, 『한국어의미학』(한국어의미학회) 13, 143~165.

장윤희(2012), 「국어 종결어미의 통시적 변화와 쟁점」, 『국어사연구』(국어사학회) 14, 63~99.

장혜진·신우봉·유혜원·홍종선(2014), 「20세기 초 구어 연구를 위한 문어 텍스트의 활용 문제」, 『어문논집』(민족어문학회) 71, 325~351.

전영옥(2006), 「구어의 단위 연구」, 『한말연구』(한말연구학회) 19, 271~299.

전영옥(2009), 「구어와 담화 연구」, 『한국어학』(한국어학회) 45, 45~93.

조아람(2005), 『1920~40년대 모음 'ㅢ', 'ㅟ'의 발음 연구: 유성기 음반 자료를 중심으로』, 성균관대학교 석사학위논문.
지은희(2011), 「국어교육에서 '구어, 문어'와 '구어성, 문어성'의 구분 문제」, 『한국언어문화』(한국언어문화학회) 44, 427~449.
지현숙(2006), 『한국어 구어문법과 평가 1: 이론편』, 하우.
지현숙(2007), 「한국어 구어 문법 교육을 위한 과제 기반 교수법」, 『국어교육연구』(서울대학교국어교육연구소) 20.
차재은(2005), 「1930년대의 한국어 음장에 대한 연구: <보통학교 조선어독본>의 음성 자료를 중심으로」, 『민족문화연구』(고려대학교민족문화연구원) 43, 105~128.
차재은(2006), 「20세기 초의 한국어 모음 체계: 1930년대의 음성 자료를 중심으로」, 『한국어학』(한국어학회) 37, 361~396.
최동현·김만수(1997), 「1930년대 유성기 음반에 수록된 만담·넌센스스케치 연구」, 『한국극예술연구』(한국극예술학회) 7, 61~94.
최범훈(1985), 『한국어발달사』, 통문관.
최현배(1937), 『우리말본』. 정음사.
한성우(2005), 「『보통학교 조선어독본』음성자료에 대한 음운론적 연구」, 『어문연구』(한국어문교육연구회) 33-3, 29~58.
홍윤표(1994), 『근대국어연구(1)』, 태학사.
홍종선(1994), 「개화기 교과서의 문장과 종결어미」, 『한국학연구』(고려대학교한국학연구소) 6, 181~211.
홍종선(1996), 「개화기 시대 문장의 문체 연구」, 『국어국문학』(국어국문학회) 117, 33~58.
홍종선(2000), 「현대 국어 연구를 위한 시기별 언어 자료」, 『현대 국어의 형성과 변천』 박이정, 9~59.
홍종선(2014), 「口語와 文語를 아우르는 사용자 중심의 한국어 문법」, 『어문연구』(한국어문교육연구회) 42, 7~35.
황정인(2012), 『개화기국어 종결어미 연구: 신소설 자료를 대상으로』, 서강대 석사학위논문.
허웅(1975), 『우리 옛 말본』, 정음사.
Biber, D. et al (1999), *Longman Grammar of Spokenand Written English*, London:

longman.

Biber, D. (1988), *Variation across Speech and Writing*, Cambridge: Cambridge University Press.

Brazil, D. (1995), *A Grammar of speech*, London: Oxford University Press.

Chafe, W. (1982), "Integration and Involvement in Speaking, Writing and Oral Literature", in Tannen, D. (ed.) Spoken and Written Language, Norwood. N. J: Abex.

Chafe, W. (1994), *Discourse, consciousness, and time: The flow and displacement of conscious experience in speaking and writing*. Chicago: The University of Chicago press.

Eggins, S. (2004), *An Introduction to Systemic Functional Linguistics*, London: Pinter Publishers.

Halliday, M. A. K. (1994), *Introduction to functional grammar* (2nd edition), London: Edward Arnold.

Hughes, R. (2002), *Teaching and Researching Speaking*, Harlow: Longman.

Koch, P. & W. Oesterreicher (1994), "Schriftlichkeit und Sprache", in Günther, H. & O. Ludwig (Hrsg.), *Schrift und Schriftlichkeit: Ein interdisziplinäres Handbuch internationaler Forschung* (1 Halbband), Berlin: zusammen mit Jurgen Baurmann, pp.587-603.

Miller, J. & R. Weinert (1998), *Spontaneous Spoken Language: Syntax and Discourse*, Oxford: Clarendon Press.

Rühlemann, C. (2012), "Conversational grammar", *The Encyclopedia of Applied Linguistics*, pp.1-7.

# 현대국어 초기 구어체의 실현과 문학적 수용

홍종선

## 1. 머리말

　현대국어의 초기에 해당하는 20세기로의 전환기는 근대 계몽기로, 서양 문물이 들어오면서 동시에 열강 제국의 침략 야욕이 직·간접적으로 나타나던 시기이다. 이에 대한 국내의 반응도 여러 가지 양상을 띠게 되는데, 민족적 자각 가운데 하나로 국문에 대한 인식과 언문일치 운동을 들 수 있다. 이는 우리의 말을 가급적 그대로 우리의 글로 나타내고자 하는, 당시 새로운 지식층 인사들의 인식과 실천이었다.
　조선 말기에 이르기까지 우리의 문자 생활은 한문과 이두 및 언문으로 나뉘어 있어, 말과 글이 일치되지 못한 기형적인 양상을 가졌었다. 양반 사대부들이 주도하던 한문 위주의 문자 생활이 우리의 말을 제대로 담을 수 없다는 문제를 타개하고자, 우리 문자인 한글로 구어에 가까운 글을 쓰기 위하여 신진 지식인들은 국어국문 운동을 전개하였고, 정부도 이를 정책으로 채택하였다. 그러나 한문에 익숙해진 문자 생활의 인습은 국문

전용으로 나가는 데에 여러 어려움으로 나타났다.

본고에서는 20세기 초반 근대 전환기에 전개된, 표기 문자를 한글화하고 구어적으로 표현하고자 하는 언문일치 운동이 역동적으로 시도된 소설 작품을 중심으로 그 변화 과정을 고찰한다. 이를 위해 먼저 당시의 구어(음성 언어)에 나타난 통시적인 언어 변화 양상을 개관하고, 언문일치 운동을 통하여 당시 문어가 어떻게 이러한 구어성으로 접근하였는가를 살피며, 현대국어 초기를 대표하는 신소설『혈의 루』와 현대소설『무정』등에서 표현의 구어성이 실현되는 모습을 논의하기로 한다.

## 2. 현대국어 구어의 형성

구어든 문어든 이전부터 형성되어 있는 '언어'는 단절 없이 지속하면서 변화를 거듭해 가는 연속체이다. 따라서 새롭게 이루어진다는 통시적인 의미의 '형성'이라는 말이 현대국어에서는 적절하지 못하지만, 어떻게 형성되어 있는가를 보는 공시적인 시각으로 언급하고자 한다. 즉 '현대국어'로 구분 설정되어 있는 시기의 초기에, 구어는 어떠한 모습이었는가를 살펴보는 것이다.

공시적인 고찰이라 하여도 여기에서 당시 구어의 전체적인 체계를 언급하는 것은 어렵다. 현대국어 초기의 구어에 대하여 언어적 체계 전반에 관해 활용할 수 있는 자료도 충실히 확보 정리되어 있지 못하고 그간의 연구 성과도 별로 없는 실정인 것이다. 다만 당시 문헌에서 단편적으로나마 찾을 수 있는 문법, 문체적 근거들을 찾아 몇 가지 특징들을 기술하기로 한다.

'현대국어'로 설정되는 시기는 학자들에 따라 약간의 차이가 있으나 대체로 20세기가 시작되는 1900년을 전후하여 그 기점을 잡고 있다. 이기문(1961)에서는 현대국어를 20세기부터로 잡고 있지만 정확한 연도는 밝히지 않고 있다. 언어의 시대 구분이 정확한 연도를 전후하여 이루어지지 않는 성격을 가졌기 때문일 것이다. 김형규(1975)와 박병채(1989)에서는 1894년 갑오경장부터, 민현식(1993)에서는 1876년 개항 때부터 현대국어가 시작한다고 보았다. 홍종선(2000)에서는 현대국어에서도 갑오경장부터 1910년까지를 제1기(현대국어 형성기)라 하여, 제2기(1910년-1945년: 우리말 공용어기), 제3기(1945년 이후: 국어권 분단기)와 구분하였다. 김재용(1993)에서는 19세기 말부터 1910년까지를 민족어가 형성되고 근대문학이 성립하는 시기로 보았다.

본고에서는 초기 문학 작품의 비교를 고려하여 갑오경장 이후 신소설과 『무정』이 등장하는 1910년대까지를 '현대국어의 초기'로 잡고자 하나, 이마저 음성·음운상의 양상은 비록 매우 영성하나마 가장 오래된 녹음 자료로 접할 수 있는 1920년대 무성영화 음반 등의 음성 자료를 참고하기로 한다.

'구어'에 대한 개념이나 범위에도 견해 차이를 보인다. 엄격히 규정하면, 표현 매체를 근거로 '문자로 표현된 글'인 '문어'에 대해 '음성으로 표현된 말'만이 '구어'라고 할 수 있을 것이다. 그러나 '구어체, 문어체', '구어적, 문어적'이라는 말은 구어와 문어를 문체적 성격으로 구분하는 것이다. 같은 구어라도 대화와 강연은 표현 양상이 크게 다르고, 문어라고 해도 드라마 대본과 논설문은 성격에 차이가 많다. 본고에서는 음성 실현체를 접할 수 없는 현대국어 초기를 고찰하므로, 문자로 표현된 문헌어를 대상으로 당시의 구어로 추정되는 표현 양상에 견주어 구어적 성격을 논의하기로 한다.

그리하여 이 연구의 제3장 이하에서는 구어 표현을 문자로 기록한 전사 표현(스크립트)은 물론, 문헌 속에서 구어적 표현이라고 해석되는 대화나 담화 등도 편의상 '구어'의 범위에 넣어 고찰한다. 조사 자료의 한계로 인한 것이다. 또한 구어적 표현이나 구어 표현에 가까운 표현도 함께 고찰하여 당시의 언문일치 의식이 실현되는 양상도 살핀다. 이 경우 '구어'의 범위를 표현 매체나 방식에 근거하기보다 표현체의 문법·문체론적 성격에 근거하게 되는 셈이다. 이러한 고찰도 진정한 '구어'의 모습을 설정하는 데에 기여하는 바가 있을 것이다.

현대국어 초기의 우리말은 후기 근대국어를 계승하며 급변하는 사회 언어생활이 반영되면서 구어와 문어에서 많은 변화가 생겼다. 이전 시대에 비해 달라진 이 시기의 주로 구어와 관련되는 부문에서의 변화를 중부 방언에서 간략히 본다.[1] 당시 구어의 변화 양상을 기술할 때에 근거 제시가 필요하나 분량의 제한으로 변화 내용만을 요약하기로 한다.

문자 언어 생활에서 한문구체나 한문어체[2] 표현은 대부분 사라지고, 문어와 구어 사이에 표현상 차이가 매우 줄었으며, 한글 사용이 급격히 증가하였다. 문어에서 한문체는 1900년대 즉 1910년 이전까지 조금씩이나마 쓰이다가 1910년대에는 많이 줄어들고, 한문구체도 1910년대에는 대부분 사라진 것으로 보인다. 한문어체는 1920년대까지는 신문이나 잡지 등에서 쓰였지만 30년대 이후에는 아주 드물게 부분적으로 나타날

---

1) 현대국어 초기에는 지역에 따른 방언 차이가 크다. 여기에서는 당시 개화 문화를 주도하였던 서울, 경기 지역을 중심으로 하는 중부 방언을 위주로 살핀다.
2) 여기서는 홍종선(1996)에 따라 '한자어'와 구별하여 '한문어'라는 용어를 쓰기로 한다. 한자어는 국어의 일부로 인정되는 한자 차용어이지만, 한문어는 정당한 국어 단어가 되기 어려운 한자어 차용 표현이다. 따라서 '한문어체'는 정상적인 국어 표현이라고 할 수 없는, 현대국어 초기에 보인 과도기적 양상이다. 이런 점에서 '한문구체'는 더욱 심하여, 한문의 구절이 그대로 국어 표현 속에 나타나는 문제이다. 임상석(2008)에서는 국한문체를 '한문 문장체, 한문 구절체, 한문 단어체'로 구별하였다.

뿐이다.

1910년대를 전후하여 일본어와 섞어 쓰는 표현이 나타나고 일제 강점기에 들어서는 이러한 표현이 더욱 늘어났다. 우리말 문장 구조 안에 일본어 어휘가 끼어든다든지, 일본어식 어구 구조를 우리말에 도입하는 표현이 많았고, 우리말과 일본어가 합쳐진 단어 형성도 자주 있었다. 이처럼 국일문 혼용이 여러 가지 양상으로 나타나고, 한국어 사용이 갖가지 방식으로 억압받아, 우리말이 손상되고 존립에 위기를 맞기 시작한 시기였다.

'ㅚ'와 'ㅟ'는 전기 근대국어까지는 하향 이중모음 /oj/, /uj/이었다가 18-19세기 사이에 /ö/, /ü/로 단모음화가 일어났지만, 현대국어의 초기에 들어 다시 /we/, /wi/로 이중모음화하는 경향을 보이기 시작하였다. 'ㅡ>ㅣ' 전설모음화도 진행되고, 'ㄴ'와 'ㄹ'의 두음법칙 현상은 확정되며, 어두 격음화와 경음화 현상이 더 세력을 얻었다. 어두 외의 'ㅎ'음 탈락과, 양순음 아래 'ㅡ'의 원순모음화와, 어간 말음 'ㄱ, ㄷ' 아래 경음화도 확정되었다. 모음의 장·단 변별에 약화 현상이 더 진행되고, 모음조화 현상은 대체로 지켜지기는 하지만 문법 형태소에 음성모음화가 늘어나기 시작하였다. 일부이기는 하지만 명사의 격 곡용 때에 치경 파열음에서 마찰음화가 시작되었다(예: 밭(田)+을>바슬)

주격 '이'와 '가'의 쓰임은 이제 음운론적으로 뚜렷한 상보성을 확보하였고, 주어적 기능의 속격이 간혹 의고적인 용법으로 쓰였다. 문어에서도 서술격은 '이라'에서 '이다'형으로 바뀌어 가며, 부사격 '에'나 '로' 등의 용법이 더 넓어져 오늘날과 같은 여러 가지 의미 기능을 가졌다. 처격 '에'나 '에게'에 '서' 또는 보조사가 덧붙는 표현이 더욱 널리 나타나기 시작하며, 복합조사의 결합이 이전 시대보다 좀더 다양하게 이루어진다.

선어말 어미에서 존칭형 '-샤'가 대부분 '-시어'로 바뀌었고, 서술격 조사 뒤의 '-러-'도 대개 '-더-'형으로 쓰였다. 상대 존대의 '-이-'가 따로 쓰이는 것은 이제 사라졌고, 어말 어미와 결합하던 '-습-'의 용법도 생산성을 잃었다. '-ᄂᆞ/느-'와 관형사형 어미와의 결합형 '-난/는'은 점차 '-는'으로 통일되어 갔다. 이전의 선어말 어미 '-ᄂᆞ-'와 계사 '이-'가 결합한 '-니-'가 '-습' 아래에 놓이게 되었다. 과거형 '-니-'는 '-엇/었-'형으로, 미래 추정의 '-리-'는 '-겟/겠-'으로 대부분 바뀌면서, '-니-'와 '-리-'는 서법적인 요소로 일부 남았다. 비격식체의 '-해, -해요'의 사용은 이후 점차로 늘어 갔다.

파생 접두사 '힛/햇-, 처/쳐-' 등이 새로이 나타나고, '민-, 치-, 애-, 순' 등의 용법이 생산성을 가졌다. 명사 파생 접미사에는 '-기'형이 '-음'보다 생산성을 더 얻었으며, '-적(的), -화(化), -성(性)' 등을 접미한 신조어도 다량으로 만들어졌다. 19세기 중후반 활발하였던 '1음절 한자어 + -히' 구성은 1910년대 이후 많이 줄어들었다. 한자어 합성어가 크게 늘었는데, 일본어에서 새로 만들어진 단어가 차용되는 경우가 많았다. 일본어나 서양 외래어와 우리말이 결합하는 합성어도 급증하였다. 상징어에 다양한 중첩어가 늘어나고, 이러한 말들이 일상어로 다량 수용되었다.

새로운 시제 형태소 '-엇/었-, -는, -겟/겠-'에 의한 현대국어의 시제 체계는 확고해졌지만 '-겟/겠-'은 시제 기능보다는 서법적인 요소를 다분히 가졌고, '-겠-'과 더불어 '-을 것이-'가 함께 쓰이기 시작하였다. 접미 피·사동 형태가 통사적 피·사동 표현으로 바뀌는 현상이 지속되고,(예: 검기다(黑), 물니다(軟) 등). 피동이나 사동의 접미사로 '-이-, -히-, -리-, -기-'가 혼동되던 형태는 이제 대부분 한 가지로 나타나게 되었다. '날리우다'와 같이 이중 사동 형태는 이 시기에도 많았고, '-로 ᄒᆞ야곰' 형태도 거의 사라졌다. 이전 시대에 비해 피동과 사동 표현이 많이 늘었는데, 서양어를 따른 일본어의 영향이 크다.

언문일치 운동의 결과로 문어에서도 접속문의 수가 줄어서 문장의 길이가 무척 짧아졌다. 접속문들에서 공통적인 문법 형태들이 후행절로 귀일하는 경향이 뚜렷해지고, 같은 접속 어미들의 되풀이 현상도 줄었으며, 체언화 내포문 대신에 '것' 보문화 구문을 쓴 표현이 계속 늘어났다.

이제 이러한 당시 구어의 변화 특성을 참고하며, 문자 표현의 구어체를 지향하는 언문일치 운동과 그 실천 가운데 하나인 새로운 문학 작품의 글쓰기 실태를 고찰한다. 특히 이 시기의 대표적 문학 작품인 신소설 『혈의 루』와, 현대소설의 시작이라고 하는 『무정』을 중심으로 이들에 나타난 구어적 성격을 논의하기로 한다.

## 3. 언문일치 운동과 구어체 실현

전통적으로 말과 글이 매우 다른 체제를 수용해 온 조선 시대에, 문자 생활의 주류를 형성하였던 양반 사대부들은 우리말과 표현 구조나 방식이 전혀 다른 한문으로 문자생활을 해 왔다. 이들에게는 조선 시대 초기에 왕명에 의해 반포된 훈민정음도 문자 생활에서 부수적인 표기 수단이었을 뿐이다. 그러나 진서로 인식되던 한자 한문이 지식층을 지배하였다고 해도, 일반 부녀자와 평민들의 문자 생활은 대개 언문으로 통칭되는 한글을 사용하였고 조선 후기에 들어서 그 범위는 조금씩 넓어졌다.

중세국어 시기엔 불경이나 유경 또는 훈계서 등을 한글로 번역한 언해문, 아녀자나 사대부들도 간간이 사용한 언문 편지글들이 일찍부터 한글 문헌으로 남아 있다. 특히 근대국어 시기에 들어 역학서, 의·약서, 농서,

병서 등 실제 생활에 유용한 언해서와 한글 소설이 나타나 한글로 표현된 문헌들이 평민들의 언어생활에서 차지하는 비중이 높아졌다. 이들 한글 문헌들은 문헌의 유형별로 차이가 있지만 대체로 현실 구어와는 어느 정도 거리를 갖는 문어체 표현을 보인다. 이들이 어휘 면에서는 구어와 차이를 비교적 덜 가지나 서술어의 활용 어미나 문장 구조 면에서는 커다란 차이를 보이는 것이다.

이러한 언문 불일치는 근대국어 말기 조선 시대의 거의 끝자락에 이르기까지 지속되어 왔다. 그러나 19세기 말 근대 서구 문물에 개방되고 자주적, 민족적 세계 분위기를 타고 우리의 말과 글에 대한 새로운 자각이 일어나고 우리글에 대하여 '국문' 의식이 싹트게 되었다. 1894년 갑오경장에서 고종 칙령으로 공문서 표기를 국문으로 할 것을 제정하였으나 이러한 규범은 잘 지켜지지 못하여, 1908년 공문서류를 국한문을 쓰도록 개정하였다. 신문이나 잡지, 새로운 학제에 따른 학교 교재들도 순국문이나 국한문 표기가 공존하였다. 인습적으로 사용해 오던 한문 숭상의 전통이 곧바로 한글 전용으로 바뀔 수 없었다. 당시의 일본이나 서구를 경험한 새로운 지식인들도 저간의 사정에 자신들의 국문 의식을 조절하면서 국한문 사용을 권하는 경향이 많았다.

한편 언문으로 된 고전소설들은 17세기 이후 부녀자나 서민 등을 향유층으로 발전하는데, 18세기에 들어서는 새로운 판소리계 소설들도 나타나 이전의 고전 소설과는 달리 일상어를 기반으로 하는 구어체를 폭넓게 보여주었다. 이들 작품에서는 대화가 자유롭게 직접 인용되는 경우가 많아 작중 인물도 그에 걸맞은 발화가 진솔하게 나타나며 서사에서도 일상어가 곧잘 그대로 실현되곤 하였다. 이러한 문체의 표현들이 종종 희화적이거나 흥미 위주를 지향하여 표현이 다소 과장되거나 상투성이 개입되기도 하였지만, 일상적인 구어가 문어로 표현되는 새로운 국면을 보이는 것이다.

(1) 옥제 일즉 옥누를 즁슈ᄒ시고 모든 션관을 다리스 큰 잔치로 낙셩ᄒ실ᄉᆡ 난싱 봉관은 운쇼의 요량ᄒ며 우의예상은 풍편의 표요ᄒ니 <옥누몽 1:1b>
(2) 골십 닐 제 삼승이불 춤을 추고 시별 요강은 장단을 맞추워 쳥그렁 징징 문고루난 달낭달낭 등잔불은 가믈가믈 마시 잇게 잘 자고 낫구나 <열여춘 향슈절가 27a>

문어적 고전소설인 (1)에서는 정돈된 문어를 보지만 판소리계 소설 (2) 에선 생동감 넘치는 음성 상징어 말들의 잔치를 느낀다. 오히려 나열이 너무 많아 과장성과 상투적인 느낌도 들어 내용이 희화되고 있다.

이들 판소리계 소설은 문어적 고전소설에서보다 문어적 어미도 적고 긴 복문 구조도 적은 편이나, 아직도 서술어에 문어적인 어미가 결합하거나 문장이 지나치게 긴 복문 구조로 이루어진 표현들도 종종 나타나, 아직 구어체의 실현에 제대로 미치지 못함이 지적될 수 있다.

(3) ㄱ. 옥제 일즉 (중략) 표요ᄒ니 옥제 파리빅의 유하쥬를 부어 특별이 문창 셩군을 쥬시여 빅옥누 시를 지으라 ᄒ시니 문창이 취흥을 씌여 슈불 졍필ᄒ고 삼장 시를 알외니 제일장의 왈 … <옥누몽 1:1b-2a>
ㄴ. 추쳔을 ᄒ랴 ᄒ고 상단이 압셰우고 나려올 졔 난초갓치 고흔 머리 두 귀를 눌너 곱게 싸아 금봉ᄎ를 졍졔ᄒ고 나운을 둘은 허리 미양의 간는 버들 심이 업시 듸운 듯 아름답고 고은 틱도 아장거러 흔늘거려 가만가만 나올 져그 장임 속으로 드러가니 녹음방초 우거져 금잔듸 좌르륵 쌀인 고듸 황금갓튼 꾀ᄭᅩ리는 쌍거쌍ᄂᆡ 나라들 제 무셩한 버들 빅쳑 장고 놉피 믹고 츄쳔을 하러 할 졔 슈화유문 초록장옷 남방사 홋단 초미 활활 버셔 거러 두고 자쥬영초 슈당혀을 셕셕 버셔 던져 두고 빅방사 진솔 속것 팁 미틔 활신 츄고 연숙마 쳔쥴을 셤셤옥슈

넌짓 드러 양슈의 갈나 잡고 빅능보션 두발 길노 섭젹 올나 발 구를
계 셰류 갓튼 고흔 몸을 단졍이 논이난듸 뒤단쟝 옥비닉 은쥭졀과
압치례 불작시면 밀화쟝도 옥쟝도며 광원사 접겨고리 졔긱 고름의
틱가 난다. <u>상단아 미러라.</u> <열여츈향슈졀가 7b-8a>

(3)을 보면, 고전소설은 문어체 소설이건 판소리계 소설이건 긴 복문 구조를 보인다. (3ㄱ)은 중간의 내용을 생략한 것으로 복잡하고 긴 복문이다. (3ㄴ)은 더욱 긴데, 그나마 밑줄친 부분의 말을 하기 위해 그 앞에서 문장을 끝낸 것이다.

근대국어 시기에 나온 언해 문헌들은 물론 국문 문어체 소설(가정 소설, 영웅 소설, 전기 소설 등)들과 비교하여도 판소리계 소설이 갖는 일상적이고 구어적인 요소는 매우 큰 차별성을 갖는다. 이러한 구어적 표현은 근대 전환기에 들어 언문일치 운동과 민족주의라는 시대적 분위기 속에서 신소설 작품에 계승되었다.

현대국어 초기의 문자 생활은, 이전 시대에서 써 오던 순한문이 그대로 이어지기도 하였지만 신문명을 내세우는 지식인들이 국한문이나 순국문을 주장하고 실천하는 새로운 양상이 나타났다. 한문을 숭상해 오던 사대부들의 뿌리 깊은 문자 의식은 대부분 쉽게 바뀌지 않아 새로운 문화를 수용하는 인식의 정도에 따라 여러 가지 표기 문체를 보이는 것이다. 아래 (4ㄴ)의 내용을 보면 당시 사대부들의 인식과 저항을 짐작할 수 있다. 이러한 변화 과정에서 먼저 나타난 현토식 표현인 한문구 국한문체를 지나고 한문어 국한문체를 거쳐 오늘날에도 사용되고 있는 한자어 국한문체가 쓰이게 되었으며, 드디어 순국문 표기도 실현될 수 있었다.

(4) ㄱ. 故로 茲述顚末而爲好事者傳之ᄒᆞ며 且爲愛讀家一粲ᄒᆞ노라. <일념홍(1906) 1>
    ㄴ. 書旣成 有日에 友人에게 示ᄒᆞ고 其批評을 乞ᄒᆞ니 友人이 曰 子의 志ᄂᆞᆫ 良苦ᄒᆞ나 我文과 漢字의 混用홈이 文豪의 軌度를 越ᄒᆞ야 具眼者의 譏笑를 未免ᄒᆞ리로다 <『서유견문』 서(1895)>
    ㄷ. 우리 大朝鮮은 亞細亞 中의 一王國이라 其形은 西北으로셔 東南에 出혼 半島國이니 <『국민소학독본』(1895) 제1과 대조선국>
    ㄹ. 文浩는 自己가 아는 婦人들中에 그 母親과 叔母(蘭秀의 母親)을 가장 愛敬한다. <이광수 "소년의 비애"『청춘』8(1917)>
    ㅁ. 이 글이 조선글이니 조선인민이 알어서 백사를 한문대신 국문으로 써야 상하귀천이 모도 보고 알어보기가 쉬울 터이라 <『독립신문』 1896.4.7.>

(4ㄱ)은 한문 현토체, (4ㄴ)은 한문어가 많은 국한문체, (4ㄷ)은 한문어가 약간 있는 국한문체, (4ㄹ)은 오늘날에도 사용되는 한자어 국한문체, (4ㅁ)은 순국문체이다. 이들은 모두 현대국어 초기에 발표된 글인데 표현상의 차이가 무척 심하다. 대체로 번호 순서로 시기적인 변화 발전이 진행되었지만, (4)에서 보듯이 연도 진행과 꼭 일치하는 것은 아니고 필자나 글의 성격, 발표지에 따라 차이가 있다.

1896년 창간한 ≪독립신문≫이나 1898년의 ≪대한황성신문≫, ≪제국신문≫ 등은 모두 국문체 신문으로 간행하였지만, 1900년대 들어 ≪대한미일신보≫나 ≪만세보≫, ≪대한민보≫ 등은 국한문체를 도입하였다. 1895년 이후 새로운 학제에 따른 학교의 신교육 교재도 초등 과정에선 순국문이 나타나기도 하였지만, 중등용 이상은 대부분 국한문인데 아주 심한 한문 현토식도 있고 한문구체, 한문어체 교재들도 많았다.

대체로 개화 지식인의 설명문이나 논설의 글은 국한문체를 썼지만, 신소설은 대부분 국문으로 쓰였다. 국한문체나 국문으로 글을 쓰는 것은 일반 서민들도 쉽게 읽을 수 있도록 하려는 목적에 의한 것으로, 조선 시대의 언해서 간행에서와 같은 맥락이었지만 이 시기에는 1차 저술에서부터 이러한 목적을 적용하는 것이었다. 위의 예문 (4ㅁ)을 보면 왜 ≪독립신문≫이 순국문 표기를 하였는지 뚜렷이 알 수 있다. 이러한 목적을 위한 국문 표기는 일찍이 19세기 후반부터 성서나 기독교 관련 책에서 전폭적으로 수용되기 시작하였다.

언문일치는 1차적으로, 신문명의 수용과 계몽에 앞장선 지식인들이 한문을 버리고 우리의 문자를 찾고자 하는 민족적인 운동으로 전개하였지만, 국어학자들은 특히 문자 표기가 음성 실현과 일치하여야 한다는 언어학적인 인식을 바탕으로 국문 생활을 주장하며 한글의 표기 형태 등에 관하여 연구와 논의를 본격적으로 해 나가기 시작하였다. 문자 생활이 한글로 이루어지기 위해선 한글 표기 방식과 형태가 표준화되어야 하기 때문이다. 이 시기에 한글 표기 형태가 체계적이고 합리적으로 확정되어 있지 못한 사정도 한글로 글쓰기가 좀더 활발하게 확대되지 못한 이유 가운데 하나로 꼽힐 수 있을 것이다.

국문 표기 외에 언문일치 운동이 추구하는 제2차적인 목표는 문어 표현이 구어에 가까워지는 구어체 표현의 실현이었다. 그것은 주로 한문구나 한문어를 배격하여 일반인들이 넓게 글을 읽고 뜻을 쉽게 깨우치도록 하는 것과, 문어에서도 서술어 어미를 구어적으로 바꾸어 표현하는 것이었다. 하지만 한자 한문에 익숙해 있는 사람들이 많고 또 우리 언어에 한자어로 된 단어들이 많으므로, 일반적인 설명문이나 논설문 등은 국한문으로 쓰는 것이 더 효율적이라는 생각을 하였다. 그리하여 우리 문자로 글을 쓰는 것의 중요성을 주장하여 새로운 문체를 선보인 유길준은 물론 순국문을 주장하는 주시경, 국문 소설을 주도한 신소설 작가들, 구어체 현대소설을 내건 이광수 등도 지식을 전하거나 계몽 내용을 서술하는 글은 거의가 국한문체를 사용하였다. 다만 국한문체라고 해도 초기엔 한문어가 많이 들어간 혼용체에서 점차 한문어가 줄어들고 한자어 정도가 한자로 노출되는 혼용체로 발전하는 경향을 보였지만, 그 변화 속도가 소설 등 문학 작품 외에서는 그리 빠르지 않았다. 명사절이나 과도하게 덧붙여진 수식어를 서술어화하는 발전도 조금씩 보이고, 서술어의 종결형이 구어 형태에 접근하는 시도가 일부에서 나타나는 것은 모두 언문일치 운동의 결과라고 할 것이다.

언문일치 운동이 구어체를 지향한다고 할 때 소설 작가들이 문장 표현에서 우선적으로 의식한 것은 서술어의 종결형이었다. 이미 여러 종류의 글에서 한글을 사용하면서 한문구나 한문어를 지양하는 변화가 시작되었지만, 소설 장르에서는 여기에서 한 걸음 더 진전하는 것이다. 종전의 소설이 그러하였고 개화기에 나온 국문 신문의 기사에서도 그러하였듯이 문장의 서술어 종결형은 '-디라'니 '-니라'가 대부분이었지만, 개화 문인들은 이들을 '-는다'나 '-었다'로 바꾸는 매우 커다란 변화를 시도하였다.

(5) ㄱ. 훈 쎨기 옥년홰 평지의 픰 갓더니 일컷는 직 옥년봉이라 ᄒ더라 <옥누몽 11b>
ㄴ. 쳐시 더욱 긔이히 역녀 아즈의 일홈을 곳쳐 창곡이라 ᄒ니라 <옥누몽 15b'>
(6) ㄱ. 칠팔셰 되미 셔칙의 칙미ᄒ야 예모졍졀을 일삼으니 회힝을 일읍이 층송 안이 하리 업더라 <열여춘향슈졀가 3a>
ㄴ. 슉종뒤왕 직위 초의 덕이 너부시사 셩자셩손은 계계승승ᄒ사 금고옥족은 요슌시졀이요 으관문물은 우탕의 버금이라. (중략) 조졍의 흐르난 덕화힝곡의 폐엿시니 사히 구든 기운이 원근의 어려잇다 <열여춘향슈졀가 1a>

(5)와 (6)을 보면 문어체 고전소설이나 판소리계 소설이나 모두 '-라'형 종결어미가 일반적임을 알 수 있다. 그러나 판소리계의 (6ㄴ)을 보면 '-다'형 종결어미도 나타나는데, 이는 소설 전체에서도 그러하다. 판소리계 소설은 문장 종결이 비교적 다양하지만 일반적으로 고전소설의 서사문 종결어미는 대부분 '-라'형을 갖는다. 이는 구어 대화문으로 구성되어 있는 역학서를 제외한 거의 모든 언해문이나 훈계서 등에서는 더욱 그러하였다. '-라'형을 '-다'형으로 바꾸는 것은 그러므로 문체상 큰 변혁이라 할 만하다.

'-더라, -니라' 종결형 표현은 서술자 중심으로 화/필자가 청/독자에게 사실이나 이야기의 내용을 전달하는 형식이므로 살아있는 구어의 현장성이 개입하기 어렵다. 이전 시대의 국문 또는 국한문의 문장들은 대부분 '-더라, -니라'형으로 쓰여져 서술 내용을 단순히 일방적으로 전달하거나 선언하는 성격을 가지므로 생동감 있는 구어의 실현이 원천적으로 어려웠으나, 근대 전환기에 들어 '-는다'형을 크게 활용하면서 표현 내용이 화/필자와 거리를 갖는 객관화가 이루면서 자기화가 이루어졌다. 서술 내용에 대해 필자가 객관적인 시각을 가진 거리에서 자신의 생각이나 느낌 또는 알거나 지각하는 내용을 자신의 말로 직접 표현하는 것이다. 이에 따라 소설 속 등장인물의 대화도 직접 인용의 형태가 쉽게 설정될 수 있으며, 묘사적 서술이 현장감과 정밀성을 더할 수 있었다. 이러한 정밀한 묘사나 직접 인용은 곧 구어적 표현에 다가가는 요인도 된 것이다.

여기에 더하여 '-앗다'형 종결은 '-는다'형이 갖는 상황 설정 면에서 다소 제한적이었던 한계를 크게 제거해 준다. 과거 시제는 화/필자와 서술 내용과의 거리를 더 확보하게 하는 것이다.

(7) ㄱ. ?영이는 기쁘다.
    ㄴ. 영이는 기뻤다.
(8) ㄱ. ?내가 밥을 먹더라.
    ㄴ. 내가 밥을 먹었더라.

위에서 (7ㄱ)과 (8ㄱ)이 어떠한 특정한 상황에서의 표현이 아니라면 일반적으로 매우 어색하거나 비문에 가깝지만, (7ㄴ)과 (8ㄴ)은 언제나 매우 자연스럽다. 현재 시제의 감정 형용사는 3인칭 주어와 호응하지 못하고, 동작 동사에 '-더-'가 결합하면 1인칭과 공기하지 못하는데, 이들 서술어에 과거 시제 '-었-'을 더하면 이러한 제약이 사라진다. 이처럼 과거 시제는 표현의 외연을 그만큼 넓히는 효과를 가지며, 단조로운 낭송조의 주관적 서술에서 벗어나 서술 내용을 객관화하는 데에도 기여한다. 서술하거나 묘사하는 내용이 현재 시제보다 과거 시제에서 운신의 폭이 더 넓어지는 요인도 있지만, 국어 표현 그 자체로 볼 때도 과거 시제로 서술하는 것이 소설의 표현 영역을 훨씬 더 넓힐 수 있을 것이다.

소설 속에서 나타나는 구어체 표현의 백미는 등장인물이 말하는 대화에서 실현된다. 전통적으로 언해문이나 문어체 고전소설에서 등장인물의 발화문을 인용할 때에는 아래와 같이 표현되었다.

(9) ㄱ. 그 저긔 兜率陁諸天들히 닐오듸 우리도 眷屬 드외ᄉᆞᄫᅡ 法 비호ᅀᆞᄫᆞ리라 ᄒᆞ고 <월인석보 2:23b-24a>
    ㄴ. 하교ᄒᆞ야 글ᄋᆞ샤듸 내내 아ᄋᆞ의 글 닑ᄂᆞᆫ 소리를 듯고뎌 ᄒᆞ거늘 엇디 말니ᄂᆞᄂᆈ ᄒᆞ오시고 <천의소감언해 1:57b>
(10) ㄱ. 슉시 양구의 듸경 왈 이 아희 문챵 무곡의 졍긔를 합ᄒᆞ여 씌여시니 타일 반다시 듸귀ᄒᆞ리로다 셜픈 인홀불견ᄒᆞ니 <옥누몽 15a>
    ㄴ. 이윽고 소운이 눈을 써 좌우를 슘피며 문 왈 그듸는 엇던 ᄉᆞ람이며 엇지ᄒᆞ여 나를 구ᄒᆞ엿ᄂᆞᄂᆈ ᄒᆞ거늘 <월봉기 상7a>

중세와 근대 국어 언해문에 나오는 발화문 (9)나, 근대 국어 시기 고전 소설의 대화문 (10)에는 피인용문(밑줄친 부분)을 들 때에 인용임을 나타내는 표지로 '닐오딕... ᄒ-, ᄀᆞᆯ오샤딘... ᄒ-, 왈 ... ᄒ-'가 있다. 그러나 판소리계 소설에서는 발화문 인용이 좀더 다양하게 나타난다.

(11) ㄱ. 사또 딕히ᄒ야 허락ᄒ시고 말삼ᄒ시되 <u>남쥬풍물을 귀경ᄒ고 도라오되 시제을 싱각ᄒ라</u> 도령 딕답 <u>부교딕로 ᄒ오리다</u> 물너나와 <u>방자야 나구 안장 지어라</u> 방자 분부 듯고 나구 안장 짓는다 <열여츈향슈절가 5a>
ㄴ. 육분당혜 끄으면셔 <u>나구를 붓드러라</u> 등자 딧고 션듯 올나 뒤를 싸고 나오실 졔 <열여츈향슈절가 5b>

판소리계 소설의 인용 표현은 (11ㄱ)처럼 가시적인 표지를 주기도 하지만, (11ㄴ)처럼 인용 표지가 형태적으로 드러나지 않으면서 자연스럽게 피인용문을 알 수 있게 하였다. 이미 근대 국어의 구어에서 인용 표지를 형태적으로 주지 않는 자연스러운 직접인용 방식이 개발되어 있다.

현대국어 초기의 ≪한성신보≫나 ≪대한매일신문≫에는 '문답체 소설'이라고도 일컫는 서사물이 여러 편 보이는데, 여기에서 발화문 인용은 아래의 (12)와 같다.

(12) 신진사가 ᄀᆞᆯ오딕 <u>우리가 가령 당로ᄒ야 집권을 ᄒ야도 (중략) 형편을 ᄌ셰히 보고 도라오리라</u> ᄒ거늘 니흑즈가 ᄀᆞᆯ오딕 <u>열 번 듯는 것시 ᄒᆞᆫ번 보는 니만 ᄀᆞᆺ지 모ᄒᆞᆫ지라 (중략) 심히 맛당ᄒᆞᆫ 경륜이로다</u> ᄒ고 셔로 작별 ᄒ고 건너갈시 ... <신진사문답기(1896)>

(12)에서 'ᄀᆞᆯ오딕 ... ᄒ-'와 같이 인용 표지를 형태적으로 드러내는 인용 방식은 그 몇 년 후에 나온 신소설에서 (13)과 같이 바뀐다.

(13) ㄱ. 반가온 마음에 소리를 질럿더라
 <u>여보 느 여긔잇소 날 차저다니느라고 얼마나 익를 쑤셧소</u> 하면서 급
 흔 거름으로 언덕 밋흐로 향ᄒ야 느려 가다가 빗탈에 너머저 구르니
 <"혈의 루"『만세보』1906.7.24.>
ㄴ. 악이 느면 반벙어리 갓튼 사룸도 말이 물퍼붓듯 나오는 일도 잇다
 (부인) <u>여보 왼 사룸이오 (중략) 닉몸에 옷이느 버셔 줄 터이니 다
 가져가오</u>
 그 남즈가 못싱긴 마음에 어긔쭝흔 싱곡이 낫다 <"혈의 루"『만세보』
 1906.7.25.>

(13ㄱ)과 (13ㄴ)에서도 피인용문이 제시된다는 예고는 있지만 앞뒤의 행위 설명 안에 녹아 있어 독자들이 수용할 때에 무척 자연스럽게 느낀다. 다만 작중 화자를 괄호로 표시하는 것은 희곡에서 사용하는 방식인데, 희곡이 아닌 소설에서는 다소 어색해 보인다. 이러한 방식은 이후 10-20년 지속되기도 하였다.

이광수는 '문학이란 하오'(1916)에서 문학 작품은 "국한문을 혼용할 경우라도 말하는 모양으로 가장 평이하게 가장 일용어답게 써야 할 것"이라고 하였다. 문학 작품은 일상적인 구어로 써야 한다는 것인데, 정작 그의 소설이 당시의 문단 전체와 비교하면 월등하게 일상적 구어에 접근하였지만 아직 충분히 실천해 놓지는 못하였다. 시대적 그리고 개인적인 한계라고 할 것이다. 이광수를 비롯하여 당시 문필가들은 일반적으로 글의 성격에 따르는 독자층을 고려하여 적절히 국한문 혼용이나 전통적인 문어체 등 문체를 달리하여 썼다. 다른 변화에서와 마찬가지로 구어체로의 발전도 일부 신진 지식인들만이 아닌 일반 언중들의 언어에 대한 인식의 발전을 동반하면서 이루어지는 것이다.

## 4. 문학 작품에서의 구어체 수용

이제 이인직의 『혈의 루』와 이광수의 『무정』을 위주로 이들 작품에 나타난 구어체 표현의 문제를 살핀다. 이 두 작품은 각각 신소설과 현대소설의 효시이면서 작품성도 인정되는 국문학사에서 매우 중요한 소설로, 현대국어 초기 안에서 10년 정도의 차이를 두고 구어체 표현에서도 각기 많은 진전을 보인 것으로 평가되고 있으므로 그 성과의 값을 논의할 만하다고 할 것이다.

이인직은 일본 유학을 통해 그들의 언문일치 운동의 영향을 받았고 귀국 후 이러한 인식이 그의 글쓰기에서 어느 정도 실현되기도 하였지만, 초기에 그의 언문일치 의식은 그리 철저하지 못하였던 듯하다. 1906년 만세보에 연재한 『혈의 루』 초고에는 당시 일본에서 유행했던 이른바 루비식 표기와 비슷한 표기가 종종 보인다.3) 『혈의 루』는 이듬해 개작한 단행본에서 국문 전용 표기로 바꾸며 불필요한 훈독부속 표기를 없앴는데 독자들의 반응에 부응한 조치로 해석된다. 뒤이은 『귀의성』이나 『은세계』 등에서는 훈독부속 표기도 없고 구어체 표현이 더 발전해 갔다.

이해조는 『고목화』(1907), 『구마검』(1908), 『모란병』(1911) 등 초기 작품들에 비해 후대의 『화의혈』(1911), 『춘외춘』(1912)에서 '-라' 등 문어적 표현이 늘어나며, 이는 최찬식에서도 마찬가지이다. 이로 볼 때 신

---

3) 『혈의 루』의 처음 단어가 '日淸戰爭'이며, 첫 문장에서 '淸人의 敗혼 軍士는 秋風에 落葉갓치 훗터지고, 日本군사는 물미듯 西北으로 向ᄒᆞ야 가니'가 나온다. 또 일본 후리가나식 표기를 본떠 구태여 필요하지도 않은 '年(나)히, 秋(가을)볏'과 같은 훈독부속 표기들이 많이 나오고, 우리말에서는 그 의미를 추정할 수도 없는 일본 한자어 '御孃樣(애기), 旦那(영감)' 등을 썼다. 이는 이인직이 일찍부터 일본과 일본 문화를 지향하는 수준을 넘어 정치적인 의도성을 드러낸 것으로 보인다. 권보드래(2012: 268)은 『혈의 루』에서 비교적 많이 나온 종결형 '-다'도 일본어의 '-た' 영향일 가능성을 말하였다.

소설 작가들이 조선 시대의 언해류 문헌이나 고전소설 등에서 보인 문어적 표현에 대해 심각한 성찰과 비판을 통해 이를 극복했다고 보기는 어렵다. 그들은 근대 전환기 외국에서 들어온 민족적 언문일치 분위기를 재빨리 수용한 지식인들이었던 셈이다. 그들이 타파하려던 봉건 시대의 산물인 이전의 고전소설에서 보인 구성이나 내용 그리고 음송의 율격성을 고려한 문어적 표현에서 벗어나려 하였지만, 그들이 신문화로서 택한 일본 문학의 영향 아래에서 거둔 성과는 애초부터 한정적일 수밖에 없었다. 오히려 그들 작품에서 보인 문체나 내용 구성의 변화는 발표 지면의 성격이나 독자들의 취향에 맞추어 가는 모습을 보였다.

일본 문학 작품들의 표현이 신소설을 포함하여 국내 작품들에 미친 영향은 매우 컸다. 이희정(2008)에 의하면, 일본 소설의 번안 소설들은 단문화 현상이 두드러져, 번안 소설 『쌍옥루』나 『장한몽』은 ≪매일신보≫에 같이 연재하던 신소설보다 문장이 훨씬 짧았다고 한다. 전통적으로 민언체였던 문장의 길이나 수식 표현이 짧아지고 단순문화하는 현상은 구어체로 가는 중요한 요소 가운데 하나이다. 언문일치 운동이 진행되면서 신소설은 이전 소설에 비해 문장의 길이가 무척 짧아졌다. 그러나 일본어 원전에서 비롯되는 한자어의 남발이나 관념적 수사법, 신파조의 과도한 표현 등은 구어화해 가는 국내 신문학에 역행하는 영향이었다. 이 또한 신소설 작가들이 내적 성찰이 부족하였음을 보인 결과라고 할 것이다. (14ㄱ)에서 밑줄친 부분은 번안 소설에서 자주 나타나는 상투적인 한자어 비유를 그대로 보여주는데, 이러한 상투성은 신소설에서도 (14ㄴ)과 같이 종종 보인다.

(14) ㄱ. 나와 져 녀즛수이의 사랑은 진실로 <u>진토(塵土) 즁에 싸인 빅옥(白玉) 갓도다</u> <장한몽>

ㄴ. 오늘 쳥츈이 늬일 빅발은 졍흔 일이 아니오 이쳐럼 무졍흔 셰월이 살갓치 쌔른 가온듸 손갓치 잠긴 단녀가는 우리는 ... <츄월식>

그렇더라도 신문명에 앞장선 신소설 작가들은 구어에 근접하는 소설 작품을 써서, 문학 작품을 포함하는 국문 글쓰기에서 언문일치 운동의 실천에 앞서가는 성과를 보였다. 예를 들어 신소설의 첫 작품『혈의 루』에서도 '-더라, -니라' 외에 '-는다'뿐만 아니라 '-었다'형 어미가 종종 사용되었음은 커다란 결실이라 할 것이다. 다만 부녀자 등의 독자 확보의 목적이 다분히 작용한 신소설의 구어체 실험은 일정한 성과 이상을 실현하지 못한 채 1910년대 후반의 장편소설『무정』의 출현을 기다리게 되었다.

1917년 현대소설의 효시라고 일컫는『무정』을 발표한 이광수 역시 일본을 통해 들어오는 서구 문학에 경도되어 있어, 판소리계 소설을 포함한 전통적인 고전소설은 물론 신소설에 대해서도 긍정적인 시각을 갖지 못하였다. 소설은 저급한 흥미 위주나 스토리 중심이 아니라 인물의 내면을 묘사하고 '情의 분자를 포함한 문장'을 그려내는 것이며, '조선문학이라 하면 무론 조선인이 조선문으로 작한 문학을 지칭할 것이라'고 하였는데, 이러한 인식은 신소설에 비해 그의 작품에서 상당한 진전을 보인 부분이다. 그는 한글로만『무정』을 썼고, 국한문을 혼용한 이후의『소년의 비애』나『어린 벗에게』,『방황』에서도 한문어는 드물고 대부분이 한자어에 한자를 노출한 정도였다.4) 실상 순국문이냐 한자어를 포함한 국한문

---

4) 『무정』은 ≪매일신보≫에 발표하였지만 다른 작품들은 잡지『청춘』에 발표한 것으로, 발표지의 성격이나 독자층을 고려하여 표기 체계를 달리한 것으로 국문학계에서는 보고 있다. 그러나『소년의 비애』,『어린 벗에게』,『방황』은『무정』보다 먼저 집필한 것이며, 일본 유학 때에는 일문으로『愛か』라는 소설도 쓰고, 단편소설『무정』(1910)은 한문어도 들어있는 국한문체임을 볼 때, 국문 문체에 대한 이해는 뒤늦게 이루어졌음을 알 수 있다. 이후에도 소설이 아닌 글들은 거의 국한문체인데, 여기에는 한문어가 무척 많이 쓰인 점에서도 그의 국문 표기 의식은 충분히 성숙하였다고 보기 어렵다. 이 시기에는 한문어가 없이 한자어

이냐 하는 것은 구어체의 실현 그 자체에서 큰 문제가 되는 것은 아니다.

그러나 서구 문학을 지향하고 일본 문학의 영향을 많이 받은 이광수는 그가 주장한 '最희 日用語답게'의 범위가 한정적으로 좁혀져 있었다. 『무정』 안에는 그 어느 곳에서도 시정잡배의 걸쭉한 육담이나 시장바닥의 왁자지껄이 없으며, 남녀 간의 진솔한 사랑 나눔이나 다툼도 나타나지 않는다. 종교적으로나 지적으로 상승 지향적인 정제된 인물들과 관련하는 내용과 표현들이 소설의 대부분을 이룬다. 양문규(2013:115)는 이광수 작품에서 언문일치라고 하는 것에 대해서도 "내면을 묘사하는 국문체는 세련된 국문체라기보다는, 일본식 신조어에 영향 받은 현학적인 국한문혼용체로 변화"한 것이라고 하면서, 판소리계 소설에서 그려낸 진정한 언문일체 표현이 신소설에서는 어느 정도 이어졌으나 이광수, 김동인에 이르러 사라졌다고 하였다.

판소리나 판소리계 소설이 일반 서민이나 하층민들의 일상어가 살아 있는 구어체를 적극적으로 도입한 것은 조선 후기의 문자생활에서뿐만 아니라 소설 작품의 표현 방식에서도 매우 혁신적인 시도였다. 그것은 품위와 윤리를 중시하는 양반들이 즐겨하던 한문학에서는 상상할 수 없었으며, 일부 양반들의 여기로 나타내거나 아녀자, 서민들이 통상적으로 접하던 언해나 한글 소설 등 언문 문화에서도 새로운 충격이었다. 이는 우선 내용이나 표현이 손쉽게 흥미를 돋우고, 당시 양반 중심의 봉건 사회에 대한 반항을 질펀하게 펼쳐지는 비속한 일상어 표현을 통해 간접적으로나마 서민들이 함께 공감하며 카타르시스를 경험하는 것이었다. 물론 어려운 한문이나 고상한 표현에 익숙해 있지 않은 몽매한 하층민들로서는 일상적인 구어가 그대로 표현되는 소설이 그만큼 이해하기도 쉽고

정도가 포함된 국한문체 글들이 이미 신문 잡지 등에서 상당수 쓰이고 있었던 것이다.

일체감도 크게 느낄 수 있으므로, 그에 따르는 수요도 지속되며 발전해 올 수 있었다. 따라서 조선 후기에 민중 의식이 높아지면서 서민 문학도 나타나게 되었고, 일상적인 구어체 표현으로 이루어진 판소리나 판소리계 소설이 필연적이며 자연발생적으로 형성되었다고 할 것이다.

그런데 신소설에서 비속어 등이 그대로 드러나는 일상적인 구어 표현은 작가들이 부정적으로 그려내는 하층 계급 인물들의 말에서 주로 쓰여 종종 희화적인 효과를 나타나며, 긍정적인 개화 인텔리 계층의 말에서는 이전의 문어적인 표현이 그대로 쓰이고 있다. 이 문어적 표현은 귀족적 영웅소설 등에서 쓰이던 문체였다.[5] 신소설에서 나타나는 대화문의 구어적 성격은 전통적으로 판소리계 소설에서 나타나는 구어체를 잇는 것이라고 하여도, 언어 표현에 대한 신소설 작가들의 인식에는 한계가 있었던 것이다. 이는, 판소리나 판소리계 소설이 조선 시대의 양반 사회 체제와 문화에 대한 반발이거나 적어도 상대적인 대응이라는 기저 의식을 바탕으로 발전해 온 것이라면, 신소설은 신문명에 대한 개화 계몽과 상업적인 흥미 정도의 목적성을 가지고 썼던 점에서 연유한 것이라고 하겠다. 신소설들이 대개 구시대의 봉건적 제도와 관료들의 학정 등을 비판하고 자주성과 신문명을 부각하려 하였지만, 한편 신소설이 게재되는 신문이나 잡지의 상업성에도 기여하기 위해서 작품의 흥미와 대중성을 중시하였다. 신소설 작가들은 새로운 민주적 민중 의식을 가진 필자라기보다 구시대 양반을 배척하는 새로운 엘리트일 뿐이었다. 그러한 그들 가운데 상당수가 친일 매국에 앞장서거나 동조한 것은 그리 놀랄 일이 아니다.

구어체 표현의 실현은 작가의 이념이나 주장을 효과적으로 드러내기 위한 수단을 넘어 글쓰기의 기본이 되는 원리이다. 그러나 이인직을 비롯

---

5) 양문규(2013: 60-64) 참조.

한 신소설 작가들은 이러한 인식을 충분히 갖지 못하였으므로 위와 같은 표현 양상을 보인 것이라 하겠다. 이는, 작가들이 신소설 작품에서 보여준 구어체 실현이 당시에 크게 일어났던 언문일치의 영향 못지않게 판소리계 소설이 이루어 놓은 구어체 표현에 편승하여 이루어진 결과였음을 말해 준다. 판소리계 소설이 일상적 구어체 표현을 통해 실현한 흥미성이 오랜 동안 지속적으로 보여준 대중성의 효과를 충분히 인식한 신소설 작가들은 그들의 작품에서 이를 손쉽게 원용하였던 것이다.6) 우리보다 조금 앞서 시작된 중국이나 일본의 언문일치 운동은 구어와 크게 유리되어 있던 문어를 배격하고 구어가 곧 문어가 되어야 한다는 의식이며 실천 운동이었다. 신소설 작가들도 이웃 나라의 이러한 이념에 동조하여 영향을 받았지만, 내적 성숙이 부족한 그들이 어릴 때부터 익숙해 있던 문어적 전통에서 철저하게 벗어나기는 어려웠을 것이다.

그러면 신소설에서는 민중의 구어가 어떻게 나타날 수 있었는가? 이인직을 비롯한 많은 신소설 작가들이 내적으로 깊은 고민이나 성찰이 별로 없이 일본 등 외래의 언문일치 운동에서 영향을 받아 이루어 낸 구어화 표현은 결국 부분적인 성취를 이루었을 뿐이다. 즉 속어, 비어, 사투리를 포괄하는 진정한 의미의 구어는 부정적이거나 낮은 계층을 그리거나 그들의 말에서 나타나며, 긍정적인 인물 계층에서는 생동감 있는 구어가 사라지고 이전의 문어체가 쓰였다고 하는 것은, 신소설 작가들이 진정한 언문일치 의식에 미치지 못했음을 말해 준다. 물론 낮은 계층에서 속된 말이 많이 나오고 높은 계층의 언어가 정제된 면을 갖는 경우가 많기는 하지만, 그토록 대부분의 소설 안에서 그들의 사용 언어를 양분시키는

---

6) 실제로 이해조를 비롯한 많은 신소설 작가들은 판소리계 소설들을 새로이 개작하여 신소설 형식으로 발표하였고, 판소리 공연이나 단체와 관련을 갖기도 하였다.

것은 작가의 미숙한 의식을 반영하는 것이다. 결국 신소설 작가들이 판소리계 소설의 구어를 이어받아서 일부 장면에서 사용한 것은, 그들이 기층어나 구어체 또는 언문일치에 높은 인식을 가졌다기보다 판소리계 소설의 속된 말이 그 동안 민중과 잘 호응해 왔음을 알고 소설의 흥미를 높이기 위해 그대로 사용했다고 해석되는 것이다. 판소리계 소설의 표현 방식을 그대로 따르다보니 속된 표현이 과장되게 나타나 희화적이 되거나 수식 표현이 장황해 진실성을 잃는 단점도 역시 답습되는 정도였다. 아래의 (15)는 모두 『혈의 루』에 나오는 인용 표현들이다.

(15) ㄱ. 까마귀를 처죽이고시푼 마암도 싱겨서 마당으로 펄펄 쒸여ᄂᆞ려가셔
　　　집붕우를 쳐어다보면서 까마귀의게 헛팔미질를허며 욕을한다 슈여
　　　— 이경칠놈의 까마귀 포슈들은 다어듸로 근누
　　ㄴ. (구) 네 졸업은 감츅ᄒ다
　　　허허 계집의 직죠가 ᄉᆞ아희보다 ᄂᆞ흔거시로구나
　　　(중략)
　　　늬가 그듸의은혜를바다셔 오늘이럿케 공부를ᄒ얏스니 심히곰압소
　　ㄷ. 옥연아 총에 맛저 죽엇ᄂᆞ야 창에 찔려 죽엇ᄂᆞ야 사름의게 발펴 죽엇
　　　ᄂᆞ야 어리고 고흔살에 가시가 빅힌 것을 보아도 어미된 이 늬 마음에
　　　늬 살이 지긔엽게 압푸던 늬 마음이라

(15ㄱ)은 표현 속에 속어가 포함되어 있는 자연스러운 문장을 보여준다. 그런데 『혈의 루』는 부정적이거나 낮은 신분을 가진 사람의 말은 (15ㄱ)처럼 속되게 표현하고, 구완서처럼 일본 유학을 하는 사람은 언행 모두에서 (15ㄴ)처럼 정제된 문어체를 보이는데, 유학생이 된 옥연이도 긍정적인 대상이 되어 정제된 문어투로 답한다. (15ㄷ)도 현실성이 적은 상투적인 나열이 너무 많아 진실성이 떨어진다.

어쨌든 신소설 작가들은 자신의 작품을 독자들에게 많이 읽혀 소설

게재지에 기여해야 했고7), 자신들도 독자들을 많이 확보하려는 의도가 있었던 것이다. 만약 신소설 작가들이 구어체와 언문일치의 진정한 의미와 효과 그리고 그 의의를 이해하고 받아들였다면 긍정적인 인물에서 문어체로 돌변하는 일은 없었을 것이다. 그들이 생각하는 언문일치는 한문을 국문으로 바꾸고, 일상생활에서 사용하지 않는 지나치게 어려운 한문이나 한자어를 쓰지 않는다는 정도이었지만, 이것도 한문 생활이 아직 풍미하던 당시로서는 많이 앞서 가는 인식이었다고 할 것이다.

양문규(2013: 16)에서는 "구어체란 … 그 시대를 살았던 생활인이 일상의 현장에서 구사한 말을 꾸밈없이 재현한 문체를 가리킨다."고 하였다. 그는 "초기 단편 소설 장르에서 이광수·김동인 등이 시도한 언문일치는 구미-일본어의 번역체를 합성하여 만든 신식 문어이지 구두상의 속어를 주된 원천으로 한 대중 언어는 아니었다."고 하였다. 구어체는 구어를 그대로 반영하는 문체이므로 일반인들이 일상적으로 사용하는 속어로 쓰여야 한다는 것이다. 흔히 '속어'를 '비어'와 비슷하게 개념이나 범위를 설정하여 '비속어'라는 말을 하기도 하나, 이보다는 일반 대중들의 일상어 자체를 지칭하는 것이 타당하다고 본다. 이러한 속어에 때로는 비어가 나타날 수도 있겠지만 일반 언중들이 일상적으로 말하는 그대로의 언어 형태가 그 언어의 구어체가 될 것이다.

1908년 신문에는 아래 (16)과 같은 논설이 있다.

(16) 뎌 샹말과 쇽담으로 지어노흔 칙자는 그러치 아니ᄒ야 일톄 우부우부와 ᄋ동주졸의 편벽되어 즐겨보는 바이라8)

---

7) 신소설 작가들 가운데에는 자기 작품 게재지의 기자 등 관계자인 경우가 많기도 했다.
8) '근일 국문소설 저술하는 자의 주의할 일'(대한매일신보 1908.7.8. 논설). 권보드래(2012: 129)에서 재인용.

당시의 신소설 등에 '샹말과 쇽담'이 많이 있다고 본 것인데, 이것이 지금까지의 한문에서 보이던 엄정한 유학 기반의 글과 대비하여 말한 것이라 하더라도, 신소설이 이전의 한문이나 그 번역 언해문과 비교할 때 언문일치 면에서 큰 차이를 가진 결과로 해석되는 것이다. 속어 지향의 언문일치 운동은 중국이나 일본에서도 나타났고, 우리나라에서도 이에 대한 인식이 새로운 지식층의 글에 일부 반영되었던 것이다.

그러나 이광수 소설에 이르러 이러한 '샹말과 쇽담'은 거의 사라졌다. 서양의 소설 작품이나 일본 소설 가운데 특히 서구의 고급 문화를 지향하는 작품들에 경도된 춘원은, 본인이 부정함에도 불구하고 항상 서구나 일본 문화를 지향하는 계몽 의식이 소설 작품에서도 간섭 작용을 부단히 하였다. 그러한 작가 정신을 가진 춘원의 작품에서 속된 구어 표현이 바탕을 이룰 수 없음은 자명해진다. 이와 같은 이광수의 문체는 이후 김동인, 염상섭 등을 지나 1920년대 현진건, 나도향, 최서해, 이기영 등으로 이어지면서 다시금 굴절을 겪는다.

이광수가 지향하던 언문일치 분야는 다른 곳에 있었다. 그가 이룬 언문일치 표현의 대표적인 표지는 종결어미 '-는다, -었다'로 꼽히는데, 이러한 종결형의 적극적인 도입과 더불어 난삽한 한자어가 아닌 비교적 쉽게 다가오는 일상적인 어휘나 문장 구조 등을 사용하는 것이었다. 그리고 그는 이런 점에서 성공하였다. 그런데 권용선(2004)는 '-는다, -었다'의 일관된 사용이 진학문의 번역서에서부터 시작되었다고 하였다.9) '-는다'와 '-었다' 종결형은 신소설에서도 간간이 사용되고 있지만, 안정적으

---

9) 권용선(2004: 80-86)에 의하면, 진학문이 번역한 체홉의 『사진첩』(1916)이나 그의 창작 『부르지짐(Cry)』(1917)에서 '일관되게 '-다'와 '쓰다'체 종결어미가 사용되고 있다'고 한다. 그는 비슷한 시기에 이광수의 『무정』이나 『소년의 비애』가 종결어미에서 정리된 자기 문체를 보이지 못한 채 혼란스럽지만, 진학문은 외국의 단편소설을 번역하면서 이미 '-다'체로 정리된 문체를 소설 창작에서도 활용한 것이라고 하였다.

로 잘 활용하기 시작하는 작품으로 『무정』을 들 수 있었다. 그런데 '-는다, -이다'는 이보다 몇 년 앞서 ≪매일신보≫에 연재된 조중환의 일본 번안소설 『장한몽』(1913)이나 창작 『속편 장한몽』에서 실현되어 있다. 이희정(2008: 297)에 있는 표에 의하면, 『장한몽』에는 '-라'형이 388개, '-다'형이 963개이며, 『속편 장한몽』에는 '-라'형 333개, '-다'형 2,083개이다. 비슷한 시기의 신소설들에 비하면 번안소설에서 '-다'형이 엄청나게 많은데, 이는 일본 원전 소설에서 많이 나온 '-た' 종결형의 영향인 것이다. 이러한 영향은 그대로 이광수의 『무정』에서 '-라'형 108개, '-다'형 4,114개로 발전하였다. 이로 볼 때 구어체의 상징처럼 내걸려 있는 '-다' 종결형 사용의 성과는 이광수보다도 조중환이나 진학문에서 더 인정받을 만하다고 하겠다. 그것이 비록 일본어 작품이나 러시아 작품 번역에서 영향을 받은 것이라고 해도, 현대국어 초기부터 시작된 '-다'형의 대거 사용이 그 이후 우리의 문어 생활을 지배하는 문장 표현이 되었다면 그 성과는 큰 것이라 하겠다.

흔히 이광수와 김동인을 거쳐 과거 시제 '-었다'를 소설 표현에서 제대로 잘 사용하기 시작하였다고 하는데, 과거 시제는 다른 언어권의 소설에서도 일반적으로 채택될 만큼 일반적인 서술 방식이다. 이처럼 '-다' 종결형이나 과거 시제 '-었다' 등은 그 자체가 '-라, -더라'보다 훨씬 더 구어체라기보다 문장 표현을 구어체로 발전시키기 위한 중요한 기반이 되는 것이다.

오늘날 언문일치의 정도를 판정하려 할 때 서술어의 종결 어미 '-는다, -었다'의 사용에 지나칠 만큼 비중을 높이 두는 경향이 있다. 실제로 '-는다'는 일상적인 구어에서 그렇게 많이 쓰이는 종결형이 아니다. 일상 대화에서는 '-다'보다 이른바 비격식체라고 하는 '-어'계를 훨씬 많이 쓰고,

이러한 정형적인 종결어미 외에 연결어미로 끝내거나 동사/형용사가 아닌 말로 끝나는 경우도 무척 많다. 구어에서 어떠한 내용을 설명하거나 논의할 때에도 '-습니다'나 '-어'를 주로 쓴다. '-다'는 오늘날 오히려 문어체의 대표적인 종결어미로 굳어져 쓰이고 있는 것이다.[10]

김병문(2008)은 '-더라'가 '-었다'로 대체된 것은 언문일치체나 구어화가 아니라 '발화 기원의 소거'라고 하였다. '발화 행위의 흔적을 가급적 지워버리는 것'이라는 것이다. 보고나 회상의 표현인 '-더라'를 '-었다'로 바꾸어 말하면 발화의 기원이 없어진다. 그러면 이 때 어떠한 효과가 나타날까? '-더라'는 청자를 전제로 하는 표현이다. 그런데 김미형(2004: 177)의 지적처럼, 말(대화)이 상황 의존적인 데 비해 글은 탈상황맥락적이다. 그렇다면 글로 표현되는 소설은 '-더라'를 택할 근거가 별로 없다. 어차피 소설은 픽션의 세계이므로 구태여 발화 기원을 밝힐 필요도 없는데, 화-청자가 아닌 필-독자의 관계라서 상황 의존적이지도 않다면 '-더라'에 집착할 필요가 없는 것이다. 대신에 '-었다'는 '-더라'보다 덜 책임 회피적이고 (필자의 개입이 봉쇄되어) 더 객관화한 표현이므로, 전기수가 사라지고 묵독하는 새로운 시대에는 독자에게 더 쉽게 다가갈 수 있도록 해 주는 종결형이다. 하여 '-다'가 '-라'보다는 현장감이 있고 직접적인 화법의 성격을 가지므로 조금은 더 구어적이라고 말할 수는 있을 것이다.[11]

국어에서 문체의 성격은 서술어의 활용형에서 두드러지게 나타나기는 하지만, 표기, 음운, 형태, 어휘나 문장의 구성, 문장의 흐름 등 언어 표현

---

[10] 개화기 때에는 동사와 형용사의 기본형 올림말의 형태를 모두 '-다'가 아닌 '-아/어'로 올린 사전도 있다.
[11] 신문의 보도 기사는 현대국어 초기에 주로 '-더라'형을 사용하였지만, 위와 같은 장점 때문에 보고 성격의 글임에도 1920년대 이후에는 점차 '-었다'형으로 바뀌었다.

전면에 대한 종합적인 면을 모두 고려해야 한다. 흔히 문체를 말할 때 표기를 중심으로 한문체, 국한문체, 국문체로 나누기도 하지만, 이러한 피상적인 분류로는 구어성을 제대로 가늠할 수 없다. 한문체는 원래 우리말과 전혀 다른 구조이므로 논외로 둔다고 해도, 같은 국한문체라도 구어적 성격에서 차이를 많이 가질 수 있으며, 국문체가 국한문체보다 반드시 더 구어적이라고 말하기도 어렵다. 특히 현대국어 초기에 쓰인 국한문체에는 크게 나누어도 현토체, 한문어체, 한자어체가 있어 구어성에서 차이가 매우 크다. 앞의 예문 (4)를 보면 같은 국한문체라 하여도 구어성에서 엄청나게 차이가 있음을 알 수 있다. 또 한문어체 가운데에도 한문어의 수준이나 사용 빈도 정도에 따라 구어성과의 거리에 차이가 많다. 개화기 문학을 논의할 때에 국한문체는 문어적이고 국문체는 상대적으로 구어적이라고 예단하는 경향이 많은데, 이 정도의 차이를 가지고 구어성을 논의하는 것은 별 의미가 없다고 본다. 물론 대체로 국한문 표기 글은 국문 표기 글보다 좀더 문어적이기는 하지만,[12] 구어성을 실질적으로 파악하기 위해선 언어의 각 부문별로 더욱 상세한 조건이나 항목들을 동원해야 한다.

문체 판정은 서술문과 인용문 모두에 적용되어야 하나, 구어체의 특성은 소설의 인용 대화문에서 더욱 두드러지게 나타날 수 있다. 신소설이나 이광수, 김동인 등의 소설에 등장하는 인물들이 말하는 표현의 인용문에

---

12) 음성 언어를 문자 언어로 전사하였을 때 '한자어를 한자로 쓰느냐 한글로 쓰느냐에 구어성의 차이가 있는가' 하는 문제를 제기할 수 있다. 이 때 전자는 국한문 혼용체이고 후자는 국문체인데, 거꾸로 이들을 읽으면 똑같은 형태의 구어(음성 언어)가 되므로 이들 둘은 구어성에서 똑같다고 말할 수도 있다. 그러나 권보드래(2012: 194)는 (근대소설에서) "현실의 생생한 목소리를 담아내는 일은 국문체만이 할 수 있었다"고 하였다. 아무래도 소리글자인 한글로 쓴 것이 실제로 훨씬 더 구어적으로 실현되기는 하였다. 또, 서사는 문어적인 국한문으로 된 소설도 대화문은 국문으로 쓰인 경우가 많은 것이다.

대해 구어성을 고찰할 때에도 소설 속의 등장인물들이 그의 신분이나 발화 상황 등에 따라 적절한 어휘나 발음, 서술어 활용 형태, 문장 구조, 담화 구조를 가졌는가를 종합적으로 검토해야 할 것이다.

하나의 예를 든다. 안예리(2008: 262)에서는 1907-1910년 사이에 나온 '혼용 소설'(역사·전기소설), '순 한글 소설'(신소설), ≪대한매일신보≫에 실린 국한 '혼용 논설'과, '순 한글 논설'에서 명사절 표현의 빈도를 아래와 같이 조사하였다.

|     | 혼용 소설 |       | 순 한글 소설 |       | 혼용 소설 |       | 순 한글 소설 |       |
| --- | --- | --- | --- | --- | --- | --- | --- | --- |
| -음 | 568 | 87.6% | 29 | 7.4% | 450 | 71.2% | 319 | 39.8% |
| -기 | 58 | 8.9% | 143 | 36.7% | 97 | 15.3% | 157 | 19.6% |
| 것 | 23 | 3.5% | 218 | 55.9% | 85 | 13.4% | 326 | 40.6% |
| 총합 | 649 | 100% | 390 | 100% | 632 | 100% | 802 | 100% |

위의 표를 보면, '국·한 혼용 소설과 국·한 혼용 논설에서는 '-음' 명사절에 쓰임이 집중되었으며, 순 한글 소설에서는 '-음'의 축소와 '-기', '것'의 사용 확대가 뚜렷하고, 순 한글 논설에서는 세 유형이 고루 나타나, 서사 방식 및 텍스트 장르가 명사절의 유형별 분포에 결정적인 역할을 하였다.'(안예리 2008: 255)는 해석을 할 수 있을 것이다. 20세기 초기에는 근대국어 이후로 계속되어 온 '-음'의 축소와 '-기'의 증가, 그리고 '것이-' 표현의 확대가 활발하였고, 그러한 변화는 문어보다 구어에서 더욱 앞장서 있었다. 그만큼 신소설은 다른 어떠한 표현 장르보다 언어 변화를 빨리 수용하면서 구어적 성격을 많이 보인 것을 알 수 있다. 이처럼 어떠한 문어 표현에 나타난 구어적 성격을 논의하기 위해선 다양한 기준과 근거를 동원하여 종합적인 평가와 판정을 해야 할 것이다.

이 장에서는 『혈의 루』와 『무정』을 중심으로 구어체의 실현 양상을 살피려 하였는데, 분량 등의 문제로 이들 작품에서 예증을 거의 들지 못하였다. 작품에 나타난 표현 양상을 조사하여 통계 수치도 보이는 등 보완하는 후고를 기약한다.

## 5. 마무리

1900년을 전후한 근대 전환기에는 보수적인 사대부 지식인들과 신문명 지식인들 사이에 우리의 말과 글에 대한 인식과 실천에서 상호 길항이 치열하게 작용하던 시기이다. 한문과 대척 위치에 놓여 있는 국문에 대한 민족주의적 인식을 기반으로 하면서 우리 문자로 된 글을 통하여 일반인들에게 새로운 지식을 쉽고 활발하게 전하고자 하는 언문일치 운동으로 나타났다. 이는 일본이나 중국에서의 언문일치 운동에 비해 시기적으로 조금 늦었지만 비슷한 성격을 갖는다.

국문 인식과 표현에서 근대 전환기의 한 마무리는 1910년을 전후하여 신소설 등이 등장하면서 이루어진다. 비록 미숙한 실현이기는 하지만 전통적인 언문체와 새로운 국문체를 조화롭게 수용 발전하여 구어체 표현에 크게 다가간 성과는 높이 평가할 만하다. 일본어나 일본 문학 등의 영향을 받은 이광수나 김동인 등도 구어체를 향한 국문 글쓰기 도정에서 일정한 진전을 이루었지만, 우리말 문장의 다양하고 자연스러운 성숙은 1920-30년대 작가들에 이르러 그 단계를 더 올릴 수 있었다.

그러나 이인직 신소설의 구어체 실현은, 언문일치에 대한 성실한 내적 성찰을 통한 실천보다는 일본 등의 언문일치 운동의 영향을 받고 판소리계 소설의 구어적 요소를 수용한 한정적인 성과라는 성격이 많다. 일본과 서구의 문화를 지향하였던 이광수의 소설에서도 구어체 실현이 미흡하였던 것 역시 내적인 성찰이 부족하였던 점을 큰 요인으로 꼽을 수 있을 것이다.

소설 등에서 사용된 국문체는 묘사 언어로서의 경험을 통하면서 구어적 성격을 가다듬고, 직접인용 대화문에서 구어 표현은 제대로 실현될 수 있었다. 그러나 구어성에 대한 검증은 표기 등 피상적인 문체 분류나 동사 어미의 활용형 사용 양상 등 단편적인 수준에서 더 나아가 음운, 형태, 통사, 어휘, 담화 등을 종합적으로 고찰하면서 면밀성을 확보할 수 있을 것이다. 현대국어 초기의 언어에 대해서도 제한적으로나마 현전하는 자료를 대상으로 이와 같은 체계적인 분석이 요구된다고 할 것이다.

■ 참고 문헌

강인숙(1999), 『한국 근대소설 정착 과정 연구』. 박이정.
권보드래(2012), 『한국 근대소설의 기원』, 소명출판.
권영민(1999), 『서사양식과 담론의 근대성』, 서울대학교 출판부.
권용선(2004), 「1910년대 '근대적 글쓰기'의 형성과정 연구」, 인하대 대학원 박사논문.
김미형(2004), 「한국어 언문일치의 정체는 무엇인가?」, 『한글』(한글학회) 265, 171~199.
김병문(2008), 「발화기원 소거로서의 언문일치체의 의미에 관하여」, 『사회언어학』(한국사회언어학회) 16-2, 81~103.
김성철(2011), 「활자본 고소설의 존재 양태와 창작 방식 연구」, 고려대학교 대학원 박사논문.
김영민(1997), 『한국 근대소설사』, 솔출판사.
김재용(1993), 『한국근대민족문학사』, 한길사.
김형규(1975), 『국어사개요』, 일조각.
김형철(1997), 『개화기 국어연구』, 경남대 출판부.
류준필(2003), 「근대 계몽기 신문 및 소설의 구어 재현 방식과 그 성격」, 『대동문화연구』(성균관대 대동문화연구원) 44, 207~241.
민현식(1993), 「개화기 국어사 자료에 대하여」, 『국어사 자료와 국어학의 연구』 문학과 지성사.
박병채(1989), 『국어발달사』, 세영사.
신나라 CD(1996), 『유성기로 듣던 무성영화모음』(1,2,3), 킹레코드사.
안예리(2008), 「현대국어 초기 명사절의 사용 양상」, 『한글』(한글학회) 281, 255~288.
양문규(2013), 『한국 근대소설의 구어전통과 문체 형성』, 소명출판.
이기문(1961), 『국어사개설』, 민중서관.
이희정(2008), 『한국 근대소설의 형성과 『매일신보』』, 소명출판.
임상석(2008), 『20세기 국한문체의 형성과정』, 지식산업사.
정승철(1999), 「개화기 국어 음운」, 『국어의 시대별 변천 실태 연구』 4. 국립국어연구원, 7~59.
최경봉(2014), 「근대 학문 형성기, 구어(口語)의 발견과 문법학적 모색」, 『우리어문연구』(우리어문학회) 49, 81~122.
허재영(2011), 「근대 계몽기 언문일치의 본질과 국한문체의 유형」, 『어문학』(한국어문학회 114, 441~467.
홍종선(1996), 「개화기 시대 문장의 문체 연구」, 『국어국문학』(국어국문학회) 117, 33~58.
홍종선(2000), 「현대국어의 시대 구분과 시기별 특징」, 『현대 국어의 형성과 변천 2』(홍종선 편), 박이정.

# 근대 전환기 개화 지식인의 '국문/언문'에 대한 인식과 구어체 글의 형성

홍종선

## 1. 머리말

조선 시기 말부터 대한 제국을 거쳐 일제 강점기 초기에 이르는, 즉 19세기 말부터 20세기 초에 이르는 40-50년간은 사회, 정치면에서나 한국어의 역사에서나 '개화기' 또는 '근대 전환기'나 '근대 계몽기'라 부를 만하다. 중국, 일본으로부터 근대화 문물이 밀려들어오고 외국 선교사 등을 통해 서구의 사회 문화 내용들이 소개되면서, 국내 지식인들 가운데에서도 이러한 외국 문물에 대해 거부적이거나 신중한 태도를 보이는 보수 계층과 이를 적극적으로 수용하려는 개화 계층이 등장하였다.

새로운 문물에 대해 보수적이거나 개화적인 태도는 언어생활 특히 글쓰기에서 극명하게 나타나, 전통적인 한문을 계속 숭상하거나 한문 중심의 국한문 혼용을 주장하는 지식인들이 많았지만, 한글 중심의 문자 생활을 강조하는 개화 지식인들도 있었다.[1] 이와 일부 맞물리는 성격으로,

대부분 구어와 구분되는 문어체 표현의 글쓰기를 하였지만, 구어적인 요소를 비교적 전향적으로 수용하는 글쓰기 의식을 보이는 지식인들도 있었다.2) 물론 이들의 글쓰기는 당시의 사회적 요구와 언론 매체에 따른 선호도에 따라 영향을 크게 받기도 하였다.

이와 같이 급격한 시대 변화의 흐름 속에서 사회 문화 변화에 대응하는 당대 지식인들의 인식 세계에는 신·구가 공존하여 서로 길항을 하거나 영향을 주며 변화해 나가게 된다. 이 연구에서는 근대 전환기 당시 대표적인 개화 지식인들의 한글·한문·한자 표기나 구어체 글에 대한 인식, 그리고 이러한 인식의 구체적 실현 양상을 살핀다. 더불어 한글 표기와 구어체 표현으로 발전해 가는 과정에서 이들이 어떠한 관계를 가지며 시대적 추이를 이끌어 왔는가 등을 논의한다. 또한 이들의 글쓰기는 전통적인 글과 어떻게 연계될 수 있는가에 대해서도 생각해 보기로 한다.

우리말의 글쓰기에서 한문, 한자, 한글 표현의 문제와 문어체인가 구어체인가 하는 문제는 서로 별개의 성격일 수 있다. 특히 근대 전환기에서 '언문일치'는 한문이 아닌 국문체 글쓰기를 지향하는 개념이거나 '말'과 '글'의 일치였다. 전환기 초기에는 주로 전자로 그쳤지만 1920년대 이후에는 후자에 대한 인식이 나타났다. 그런데 당시 개화의 과도기 물결 속에서 이 두 가지 과제는 상당 부분 겹치거나 관련을 갖기도 하며, 이러한 관계는 현대 국어의 글쓰기에서도 중요한 의미를 함유한다. 또한 이는

---

1) 이 글에서, 근대 전환기 당시 사람들의 말이나 생각을 직접 말할 때에는 '국문'이나 '언문'을 쓰고, 필자의 해석이나 생각을 설명할 때에는 '한글'을 쓴다. 당시는 아직 '한글'이라는 명칭이 나오기 이전이거나 일반화하지 않고 '국문/언문'으로 인식하였기 때문이다.
2) '구어, 구어체, 문어, 문어체'의 개념에 대해선 학계의 견해는 똑같지는 않지만, 대체로 '구어'(spoken language)는 입으로 하는 일상적인 말이며, '문어'(written language)는 문자로 쓰여진 글을 가리킨다고 하겠다. 본고에서도 그러하다. 따라서 '구어체'는 일상적인 구어에 가까운 문체이며, '문어체'는 문어적 특성을 가진 문체이다. 이에 대한 자세한 논의는 장혜진 외(2014)를 참조할 수 있다.

현대 국어의 구어와 문어의 형성에도 많은 영향과 결과를 남기고 있다. 따라서 이 연구에서는 이들 두 문제를 특히 연관성에 유의하면서 함께 고찰하기로 한다. 글쓰기에서 국문(한글)과 구어체를 지향하는 우리말의 언문일치 어문 생활의 본격적인 초기 단계를 고찰함으로써 오늘날 문어와 구어의 성격 및 관계 규명에 도움을 줄 수 있으리라 기대한다. 여기에서는 대략 1880년대부터 1910년대까지의 문어에서 우리말 표기와 구어의 실현 양상을, 당대 지식인들의 국문에 대한 인식과 관련하여 고찰하기로 한다.

## 2. 한글 표기와 구어체 글의 역사성

근대 전환기 당시 일반인은 물론 지식인들도 대체로 한문 표기와 문어체 글의 표현을 답습하였으나, 일본 중국, 서양 등에서 들어오는 새로운 물결 가운데 언문일치의 인식과 실천은 대표적인 신시대 분위기를 형성하고 있었다. 이는 전통적으로 써 오던 양반 계층의 문자 언어인 한문으로는 도저히 감당할 수 없는 새로운 표기와 표현 방식으로, 한자를 표기에 드러내든 아니든 적어도 우리말을 그대로 글로써 나타내고자 하는 것이었다. 그러나 이에 대응하는 조선 말기나 대한 제국 시기에 식자층의 반응은 다양하게 나타났다.

조선 시대 말까지 우리의 문자 생활은 몇 가지로 나뉜다. 식자층의 문자 생활을 주도한 양반의 한문 문화는 말과 글이 유리되는, 우리말 구어와 한문 문어의 생활이었다. 일상적으로 말은 한국어를 하더라도, 한문으로 경서를 읽고 문학을 하였으며 편지나 문집 서사가 거의 한문으로 이루어지는 이중적인 언어생활을 하는 양반 사대부들이 대표적인 문자 향유 계층을 이루고 있었다. 이들 사대부 중에는 한글로 문학을 하거나 편지를 쓰는 일이 없지는 않았지만 대부분의 문자 활동은 한문으로 이루어졌다. 이들에게 구어와 문어의 괴리는 거의 문제가 되지 않았을 뿐만 아니라 문어는 구어와 차이를 갖는 좀더 차원 높은 언어 세계라는 인식을 가졌다. 그런데 문화생활의 주류는 이러한 양반 사대부들에 의해 형성되었으므로 우리 문화의 축적이나 계승 그리고 해외 문화의 수용 역시 한문을 통해 이루어져 왔다.

문자 생활의 또 하나의 양상은 이두 표현이다. 한문 문장을 중심으로 토와 유사한 우리말의 이두자를 덧붙이는 정도의 문어 표현으로, 주로 중하급 관청의 관리들의 문서에 많이 쓰이고 불교 경전 등을 읽는 등 불가에서 종종 활용되기도 하였다. 역시 말과 글이 거의 일치하지 않는 불편하고 이중적인 표현 방식의 언어생활이지만, 이 역시 조선 시대 말까지 이어져 왔다. 일상적인 언어생활은 아니지만 한문에 우리말 토(구결)를 달아서 읽는 방식도 한문 경전 학습에서 보편적이어서, 한문에 토를 단 표기 체계는 매우 낯익고 관습적인 문어 형태였다. 토가 달린 이러한 문어 체계의 경험은 근대 전환기에 한문 경전이 아닌 우리말의 국한문 혼용 표기에서도 이른바 현토체 또는 한문구체라 할 수 있는 기형적인 표기 체계를 사용할 수 있다는 가능성을 열어 주었다.

양반 사대부의 문자 생활이 한문이 주를 이룬다고 하더라도 한글을 익힌 평민이나 부녀자는 한글로 소설을 읽고 편지를 쓰는 등의 문자 생활을 하였으며, 한문에는 못 미치더라도 한자를 다소 익힌 계층은 국한문 혼용 언해서를 읽을 수 있었다. 따라서 이들을 위한 언해서가 조선 시대에 지속해서 간행되고, 특히 조선 후기로 오면서 한글 소설이 발달하게 되었다. 한글 소설에서는 우리말을 그대로 표현하고 있으므로 한문이나 이두문과는 비교할 수 없을 정도로 우리말 표현을 제대로 실현할 수 있었고, 이 가운데에는 구어적 요소가 꽤나 자연스럽게 드러나는 작품들도 나타나 하나의 전통적인 한글 문체를 형성하게 되었다. 즉 한글 소설 가운데에는 한문투가 많이 섞이기도 하고 문어적 요소가 많은 문체를 보이는 부류와, 언중의 자연스러운 우리말 언어와 일상적인 구어체의 요소가 다분한 문체를 보이는 부류가 있었다. 전자는 가정, 영웅, 전기 소설 등에서 보이는 국문 문어체 소설에서, 후자는 판소리계 소설에서 많이 찾을 수 있다. (1)에서 원문에 없는 문장 부호와 띄어쓰기는 필자가 써 넣었다.

(1) ㄱ. 할임이 왈 "네난 넉수람이라 엇지 원슈을 짤라갈리요." 셜민 왈 "쇼비 쏘흔 엇지 쥬인을 빅반하고 원슈을 짤라갈리요. 짤려가난 수람이 다 동쳥의 쇼속이라 교녀 만일 쇼식을 들으면 듸환이 상공의게 밋칠가 십푸온이 아직 분이 참어 목견의 환을 면ᄒᆞ옵소셔" <사씨남졍기, 25>
ㄴ. "방졍마진 가막구야 날을 자버 갈나거든 졸으기나 말여무나." 봉사가 이 말을 듯던이 "가만잇소. 그 가막구가 가옥가옥 그러케 울제?" "예 그레요." "좃타, 좃타. 가쯧는 아름다울 가쯧요 옥쯧는 집 옥쯧라, …" <열녀슈졀가, 136>

(1ㄱ)은 문어체를 보이는 고대 소설이다. 한글 전용이라고 하여도 서사나 대화문 모두 구어와는 거리가 상당히 있는 문어 표현을 보인다. 이에 비해 (1ㄴ)은 구어적 요소를 많이 들여온 판소리계 고대 소설로, 일상적인 서민들의 구어가 잘 드러나는 문어이다. 이미 조선 후기 당시에 고대 소설 속에서 언문일치의 순한글 문장을 사용한 것이다.

그러나 국한문으로 표기되었더라도 거의 언문일치에 가까운 표현들은 이미 15세기 문헌에서도 실현되어 있다.

(2) ㄱ. 불휘 기픈 남ᄀᆞᆫ ᄇᆞᄅᆞ매 아니 뮐ᄊᆡ 곶 됴코 여름 하ᄂᆞ니. 시미 기픈 므른

ᄀᆞ모래 아니 그츨씨 내히 이러 바ᄅᆞ래 가ᄂᆞ니. <용비어천가, 제2장>
ㄴ. 世尊이 象頭山애 가샤 龍과 鬼神과 위ᄒᆞ야 說法ᄒᆞ더시다. 부톄 目連이ᄃᆞ려 니ᄅᆞ샤ᄃᆡ 네 迦毗羅國에 가아 아바닚긔와 아ᄌᆞ마닚긔와 아자바님내ᄭᅴ 다 安否ᄒᆞᇣ고 ᄯᅩ 耶輸陁羅ᄅᆞᆯ 달애야 恩愛ᄅᆞᆯ 그쳐 羅睺羅ᄅᆞᆯ 노하 보내야 샹재 ᄃᆞ외에 ᄒᆞ라. 羅睺羅ㅣ 得道ᄒᆞ야 도라가사 어미를 濟渡ᄒᆞ야 涅槃 得호믈 나 ᄀᆞᆮ게 ᄒᆞ리라. 目連이 그 말 듣ᄌᆞᆸ고 즉자히 入定ᄒᆞ야 펴엣던 ᄇᆞᆯᄒᆞᆯ 구필 쓰ᄉᆞᅵ예 迦毗羅國에 가아 淨飯王ᄭᅴ 安否 ᄉᆞᆲ더니, 耶輸ㅣ 부텻 使者왯 다 드르시고 靑衣를 브려 긔별 아라 오라 ᄒᆞ시니, 羅睺羅 ᄃᆞ려다가 沙彌 사모려 ᄒᆞᄂᆞ다 홀씨 <석보상절, 6:1a-2a>

(2)의 문장에서는 오늘날에 보아도 자연스러운 우리글이 그대로 표현되어 있다. 구어와는 다소 거리가 있지만, 한문구나 한문어 등 한문투의 표현이 거의 없는 우리말의 문어가 이미 완성되어 있는 것이다. 순한글로 표기하였건 한자를 혼용하였건 우리글 표현으로서는 사실상 큰 차이가 없다고 하겠다. 개화기를 맞아 새삼스럽게 국한문체나 국문체가 형성되었다고 말할 수가 없는 것이다. 중근대 국어의 언해서에는 우리말이 아닌 표현들이 가끔 나타나기도 하는데, 대부분 어휘 차원이다.

(3) ㄱ. 以慈修身ᄒᆞ샤 善入佛慧ᄒᆞ샤 <법화경언해, 1:37b>
ㄴ. 慈悲心ᄋᆞ로 몸 닷가 부텻 智慧예 잘 드르샤 <석보상절, 13:4b>
ㄷ. 慈로 몸 닷가 부텻 慧예 잘 드르샤 <월인석보, 11:20b>
ㄹ. 慈로 모믈 닷ᄀᆞ샤 佛慧예 이대 드르샤 <법화경언해 1:37b>

15세기 문헌인 (3)에서 한문 원문인 (3ㄱ)에 대해 (3ㄴ, ㄷ, ㄹ)의 언해가 나왔는데. 비교적 직역을 한 (3ㄷ, ㄹ)에서는 우리말이 아닌 단어 '慈, 慧, 佛慧'가 보이지만 의역을 한 (3ㄴ)은 어휘를 포함한 모든 것이 자연스러운 우리말 문장이다. 이상에서 볼 때 훈민정음 문헌이 나타난 초기부터 문어에서도 자연스러운 국한문체의 우리말 표현은 충분히 실현되어 왔음을 알 수 있다. 다만 (2ㄴ)에서 보듯이 문장을 끝맺는 방식이 오늘날과 달라서 긴 만연체의 글이 일반적이었고 구절이나 문장의 종결 형태가 구어와 차이가 있어, 이러한 요소들이 비구어적인 표현으로 지적될 수 있을 것이다.

조선 후기에 한문, 이두문, 구결문, 언문이 문자 언어로 공존하는 가운데 한글의 비중이 가장 높았던 부문은 바로 문학이었다. 역사나 철학 등 인문학은 일부 사대부 계층에서 한문으로 논의하며 학문을 펴고 교육할 수 있었지만, 문학 작품은 사대부 외에 부녀자나 평민들도 향유하는 언어 활동 영역이므로 한문 외에 한글로 된 작품의 수요도 있었던 것이다.

이는 곧 근대 전환기 시대에도 적용되는 원리이며 상황이다. 때문에 문학 작품들에서 다른 분야보다 한글 표기가 먼저 요구되고, 이에 따르는 작품들의 발표와 간행이 잇달았다. 그리하여 하나의 신문 안에서도 논설이나 기사문 또는 문학이라고 하여도 문학의 이론은 한문이나 국한문으로 표기되어도, 소설로 대표되는 문학 작품은 한글로 쓰인 모습을 보이곤 하였다. 단행본 간행물에서도 역사나 철학 또는 다른 논설조의 글은 한문이나 국한문으로 나와도, 소설 작품은 한글 전용이 많고 국한문이라 하여도 대부분 한자가 아주 적었다.

이러한 현상은 수요자들의 요구나 취향에 따라 자연스럽게 형성된 것인데 반해, 목적적으로 간행되는 성서는 다수의 수요자들을 겨냥하여 선교의 효과를 높이기 위해 한글 표기를 하게 된다. 소설의 독자들보다도 더 문해력과 문자 해독력이 떨어지는 대중들도 대상으로 삼으므로 국한문 표기를 넘어 한글 전용 표기가 그 어느 분야보다도 앞서게 되었다. 성경의 문자 표기도 역시 수요자의 상태에 맞추어 표기 체계를 세운 것이므로 신문이나 소설이 한글로 나온 것과 그 성격은 비슷하다고 할 것이다. 다만 소설이 인간 사회의 일상과 관련을 갖는 내용이므로 일상적인 구어를 좀더 적극적으로 받아들여야 독자들에게 공감력을 얻을 수 있다는 인식을 작가들이 하였던 데 비해, 성경은 신앙의 세계이고 경건의 대상이므로 현실 구어를 반영해야 한다는 당위성과 절박함이 떨어지고 그만큼 표현에서 구어적 요소가 적게 나타나게 되었다. 더구나 성경은 오래된 고전을 현대어로 번역하는 성격을 가지므로 오늘날의 언어생활에서 나타나는 구어적 표현과 거리가 생기기 쉽다. 이는 어느 사회 어느 시대에서나 공통되는 현상일 것이다.

근대 전환기에 보이는 한문과 한글의 표기 양상은 아래와 같다.

(4) ㄱ. 禹鼎示象周官辨土要荒之外槪不及焉 <한성순보, 1호(1883.10.1.)>
ㄴ. 歐羅巴人은 體形이 長大ᄒ고 鼻高色白ᄒ며 髮赤眼碧ᄒ고 <1906, 보통학교 학도용 국어독본, 8.28>
ㄷ. 丁吉아 져 硯滴의 一穴을 指로 막고 水에 入ᄒ면 水ᄂᆫ 一滴도 入지 아니 ᄒᄂ니 <1906, 초등소학, 5:17b>
ㄹ. 學校ᄂᆫ 사름을 敎育ᄒ야 成就ᄒᄂ 데니 譬컨듸 各樣 모종을 기르ᄂᆫ 모판이요 <1896, 신정 심상소학, 권1, 1과>
ㅁ. 대뎌 녀ᄌ의 힝ᄒ는 것과 안는 것과 눕는 것과 일어나는 것은 남ᄌ와 다름이 만으니 맛당이 얌전ᄒ고 씩씩ᄒ며 단뎡ᄒ게 ᄒ되 ... <1909, 녀ᄌ소학슈신셔, 데일과>

근대 전환기 문헌에 나오는 예문들 (4)는 근대 최초의 신문 (4ㄱ)을 제외하고는 다 새로운 학제에서 사용하기 위해 만든 교과서인데, 모두가 초급용이다. 당시에는 초급용에서도 표기나 표현에 이와 같이 차이가 많을 정도로 과도기적 모습을 보여준다. (4ㄱ)은 순한문이고, (4ㄴ)은 한문 문장에 한글로 토를 단 정도의 '한문구체' 국한문 혼용, (4ㄷ)은 우리말 통사 구조를 가지지만 우리말 단어라고 하기 어려운 한문어가 섞인 '한문어체' 국한문 혼용, (4ㄹ)은 완전한 우리말 통사 구조와 단어로 되었지만 한자를 섞어 표현한 '한자어체' 국한문 혼용, (4ㅁ)은 모두 한글로 된 '한글체/국문체'이다.3)

(4)의 모든 표현들이 아직 구어적인 문체와는 거리가 있지만 순한글로 표기된 (4ㅁ)은 구어체에 가깝고, 한자어체 국한문 혼용의 (4ㄹ)도 이에 유사하다. 한자 혼용 표기이지만 한문어를 사용한 (4ㄷ)은 대화문에서도 구어체를 보이지 못하여, 이미 근대 국어 시기에도 쓰인 (1ㄴ)과 같은 구어적 표현이 오히려 근대 전환기에는 잘 이어지지 못하고 있다. 구어체는 순한글 표현에서 쉽게 이루어지고, 국한문 혼용도 한자어체에 이르면 구어체에 상당히 근접할 수 있지만 한문어체나 한문구체에선 구어적 표현이 어려움을 보면, 표기법이 구어체와 관련을 깊게 가짐을 알 수 있다.

김상대(1985)는 이 시기에 사용한 국한문 혼용의 기원을 중세 국어의 불경 언해본에서 찾았다. 심재기(1992)도 국어의 국한문체기 경서 등 고전 한문의 언해 과정에서 한문의 해체를 통하여 생성되었으며, 이러한 언해체가 근대 계몽기 국한혼용문의 연원이라고 하였다.4) 이러한 인식

---

3) 국한문 혼용문의 유형인 '한문구체, 한문어체, 한자어체'에 대한 자세한 내용은 홍종선(1996)을 참조할 수 있다. 이를 민현식(2004)에선 '구절 현토체, 어절 현토체, 국문체'라 하고, 임상석(2008)에선 '한문 문장체, 한문 구절체, 한문 단어체'로 분류하였다. 그러나 이들은 한문을 현토했다기보다 우리글 안에 한문식 구절이나 단어를 우리말 단어처럼 사용한 것이다. 또한 '한문 문장체'는 그대로 '한문'으로 해석되기도 한다.
4) (i) 子ㅣ 골 ᄋ샤디 學ᄒ고 時로 習ᄒ면 또ᄒ 깃브디 아니ᄒ랴 <논어언해, 1:1a>
위의 (i)은 '學而時習之 不亦說乎'를 언해한 것으로, 이는 한문 공부를 하기 위해 중국 칠서의 원문을 살려 직역한 특수한 목적의 언해서 표현이다. 유길준의 『서유견문』에서도 이러한 방식의 표현이 많이 나오고 그 서문에서도 '七書諺解의 方式을 大略 效則'했다고 하였다. 이에 대해선 두 가지의 추정이 가능하다. 하나는, 그가 국문을 써야 한다는 논지를 보이고 있으므로 자신의 뜻대로 한글로 저술하고 싶지만 당시 지식인들의 한문 위주의 분위기에 어느 정도 호응하기 위해 한글체와 한문체의 중간적인 표기 표현 형태를 택하였고, 이러한 방식에 권위나 역사성을 주기 위해 사대부들에게 친숙한 칠서언해를 언급하였다는 것이다.

은 김주필(2007), 한영균(2011)에서도 보인다. 그러나 이는 우리의 문어를 한문에 너무 부속화하는 해석이다.5) 한문은 아무리 해체하여도 서로 통사 구조가 달라 원천적으로 우리말이 될 수가 없다. 한문의 해체 과정에서 국한문체가 형성되었다면 언해서가 처음 나타나는 15세기에 한문구체와 한문어체가 다수 있어야 하는데, 한문구체로 된 언해서는 당시든 그 이후든 거의 없고, 한문어체는 16세기 말의 '사서언해' 정도에서 보일 뿐이다. 그러나 사서언해는 중국 경서를 학습하기 위해 한문 문장에 충실하게 직역을 한 특수한 번역서이다.

한문 번역 과정을 통해 국어 문어 표현이 형성되었다는 해석은 근대 전환기의 국한문 혼용 표현이 (4ㄴ)에서 (4ㄷ)을 거쳐 (4ㄹ)로 발전한 것이라는 논리에 근거한 것인데, 이는 잘못이다. 이러한 발전은 당시 지식인들이 우리말로 글쓰기를 하고자 할 때에 전통적인 한문을 극복하지 못한 자신과의 타협을 거치면서 나타난 현상으로, 이 때 발전이라고 한다면 지식인들의 인식이 변화한 수준이지 결코 우리말 문어 표현의 발전은 아니다. 언어 표현의 발전은 그렇게 1-20년 사이에 크게 이루어질 수도 없다. (4ㄹ)과 같은 문어 표현은 한문 번역과 관계가 없이 오래 전부터

---

다른 하나는 그가 이론적으로 국문을 강조하였지만 아직 내적인 설득이 충분하지 못하고, 스스로도 한글체 문장은 익숙하지 못하여 한문과 국문의 중간적인 형태의 표현들을 택하였다고 보는 것이다. 이 두 가지가 어느 정도씩은 다 해당되는 것으로 보인다.

5) (i) 내 이 無常훈 變호야 호야디는 모미 비록 일즉 업디 아니호나(我此無常훈 變壞之身이 雖未曾滅호나) <능엄경언해, 2:4b>

(ii) 클셔 萬法이 브터 비르수미여 <원각경언해, 서31a>

우리말에선 관형어가 여럿일 때 일반적으로 짧은 형태가 피수식 명사에 가깝게 놓이지만, (i)에선 한문 원문에서의 어순을 지켜 짧은 '無常훈'이 좀더 긴 '變호야 호야디는'보다 앞에 왔다. (ii)의 문장은 한문 '大矣哉 萬法資始也'의 어순과 구절 형태에 맞추어 표현되었다. 이는 국어 문장 성분들의 어순에 그만큼 융통성이 많기 때문인데, 이러한 번역문이 우리말 문어의 어순에 영향을 주었다고 볼 수는 없다. 이처럼 언해문은 한문의 어순이나 표현 방식을 존중하는 일이 많지만, 그것이 우리말 문어 그 자체가 될 수는 없다.

원래 우리말에 있는 문어라고 보아야 할 것이다.

우리말의 문어는 중세 국어의 언해문 이전에 이미 고려 시대의 이두, 향찰, 구결의 문장에서 찾을 수 있다. 이 가운데 이두는 한문에 우리말 토를 다는 정도로 당시의 우리말을 제대로 보여주지 못하였지만 향찰과 석독 구결은 우리말 표현을 훨씬 더 상세히 나타낸다. 다만 우리의 문자가 없으니 한자를 빌어 우리말을 표기했던 것이다. 고려 시대의 석독 구결문은 한문을 해체하여 우리말 어순에 맞추어 재배열하여 우리말을 표기한 것일 뿐, 그것이 우리글 문어를 형성하였다고 볼 수는 없다. 물론 차자 표기 과정에서 일부의 표현에서 영향이 전혀 없지는 않았겠지만 구결로 나타난 우리글 국한문체는 어디까지나 우리말을 거의 그대로 글로 표기한 것으로 보아야 한다.

이러한 구결문이 15세기 언해문으로 환원되는 과정은 좀더 연구가 필요하지만, 구결문이나 언해문 모두 한문 해체의 영향이라는 증거는 어휘적인 면에서는 적지 않겠지만 통사 구조 부문에서는 찾기 어렵다고 하겠다. 한자(의 약자)로만 표기된 고려의 구결문조차도 한문을 해체하여 우리말 문어를 만든 것이 아니라, 해체된 한문을 단어화하여 (이미 존재하고 있는) 우리말 문어 구조 속의 각 단어 자리에 놓은 것으로 보아야 하며, 여기에 우리말의 조사나 어미 등을 한자의 음과 훈을 빌어 표기하였을 뿐이다. 물론 우리말에는 한문으로부터 영향을 받은 표현들이 얼마간은 있을 것이겠지만[6] 그것은 극히 일부이고, 국어 문어가 한문의 현토나 언해를 통해 생성되었다는 것은 무리한 생각이다. 우리말 문어 표현의 거의 모두는 구어 그대로이며 종결형 어미 등에서 구어와 약간의 차이를 갖는데, 용언의 어미는 어차피 한문의 영향권이 아니다.

---

[6] 예를 들어 '以'에 대응하는 '-으로써' 등이 그러하다.

한국어에서 구어와 문어가 별개로 시작되었다는 생각 자체가 애초에 잘못 되었다고 본다. 어느 언어든 구어와 문어는 별개가 아니며 말(구어)을 글자로 쓰는 것이 글(문어)인데, 세월이 지남에 따라 글이 (글이 가지는 보수성 때문에) 말의 변화에 그대로 따르지 못하여 차이가 조금씩 생긴 것으로 보인다. 최초에 글을 쓰기 위해 어법이나 표현 방식을 힘들여서 새로 만들었다고 보는 것은 어색하며, 말을 그대로 표기하였다고 보는 것이 자연스럽다. 따라서 국어의 문어도 구어가 그대로 문자화한 표현으로 출발하였다고 해야 마땅하며 한문의 현토나 해체 또는 언해문을 통해 우리글 문어가 형성되었다고 볼 수는 없다. 한자를 섞어서 쓴 것은 당시의 시대 배경에서 당연한 방식이었을 뿐, 한자와 한문은 전혀 별개의 차원이다. 다행히 한문/중국어는 고립어이므로 단어 차원에서(형태의 변화 없이) 차용하기에 아주 손쉬워 한자 차용 단어는 많았을 뿐, 우리말이나 우리글의 구조에 한문으로부터의 영향은 너무나도 적은 것이다.

그렇다면 근대 전환기에 나타난 국한문 혼용 표현들은 언해서에서 연원한다기보다 원래부터 있는 우리말 문어일 따름이며, 그러한 표기가 훈민정음이 나온 직후에 처음으로 본격적으로 문헌에 등장할 수밖에 없던 것이다.[7] 오히려 근대 전환기에 한문구나 한문어를 사용한 국한문 혼용 표현들은 일반 평민들의 인식 언어 속에는 있어 본 적이 없는, 이 시대에 특수하게 한시적으로 나타난 기형적인 형태라고 할 것이다.

차라리 한문과 언해문 그리고 순국문이 별도로 사용되던 조선 시기에는 이러한 기형적인 형태가 나타날 이유가 없었다. 그러나 순한문 문어에 익숙한 계층이 근대 전환기를 맞아 한문이 아닌 우리말의 글을 쓰려 하

---

[7] 이해의 혼란을 줄이기 위해서라면 15세기 언해서에 나온 표기를 '국한문 혼용'이 아니라 '국한자 병용'이라고 해야 할 것이지만, 이미 굳어진 용어에 따라 본고에서도 '국한문 혼용'으로 쓴다.

는 과정에서 목표와 관습의 괴리에서 생겨난 것이 이러한 형태가 되었다. 그리하여 국한문 표기의 초기에는 전통적인 국한문체가 아닌 (4ㄴ)이나 (4ㄷ)과 같이 정상적인 우리글이라고 할 수 없는 가상의 문어 표현을 주로 하였다. 우리글보다 한문에 더 익숙한 당대의 양반 출신들은 개화의 사상을 받아들인 지식인이라 해도 대다수가 관습적인 한문에서 벗어나기가 쉽지 않았다. 그러한 점은 식자층 독자들에게도 어느 정도 적용되는 성격을 가져, 필자들은 글의 내용에 따라 독자를 고려하여 한문어나 한자를 적절히 섞으며 글을 쓰는 일이 많았다.

　하지만 그것은 신문사 편집자들이나 필자 자신의 인식과 판단이었다. 필자들 가운데 일부 개화한 지식인들도 국문으로 쓰는 것이 좋다는 이론은 내세우지만, 우선 자기 자신이 한자어만 들어간 국한문의 글을 쓰는 것을 허락하지 못한 것으로 보인다. 원래부터 우리말 문어로 존재하였던, 한문어(구) 없이 한자어만 들어간 (4ㄹ)과 같은 표현을 외면한 것이다. 그리하여 초기에는 (4ㄴ)이니 (4ㄷ)과 같은 글을 쓰다가 수구적인 자기 자신의 의식을 설득하고 극복하여 점차 (4ㄹ)과 같은 자연스러운 우리글의 형태를 갖추게 된 것으로 이해할 수 있다.8) 그것은 지식인 스스로의 자각도 있었겠지만, (4ㄴ)이나 (4ㄷ)과 같은 글이 일반 독자들에게 (4ㄹ)보다 더 이해력을 높이는 글이 아니며, 일반인들이 오히려 (4ㄹ)과 같은 글을 원한다는 것을 지식인들이 알고 표현 방식을 바꾼 결과이기도 했을 것이다. 물론 이러한 과정들을 거치면서 전통적인 언해체가 다시금 지식인들이 인식하는 바탕이 되었겠지만, 이처럼 자연스러운 우리글 형태를

---

8) 사실상 개화 초기에 사대부들에게는 우리글에 들어가는 한문구나 한문어가 한자어와 크게 다르다는 분별 인식도 그리 높았다고 보기 어렵다. 당시에 통용된 용어가 '국한자 혼용'이 아닌 '국한문 혼용'인 것도, 우리글 속에 표기 수준의 한자가 아닌 한문, 즉 한문어나 한문구가 함께 쓰일 수 있음이 전제되었음을 보여준다. 한자어는 한문이 아닌 것이다.

두고 굳이 (4ㄴ)이나 (4ㄷ)과 같은 글을 쓴 것은 그들 자신이 가졌던 자기 한계였었고 결국 극복 과정을 겪은 후 (4ㄹ)로 바뀌었음을 말해 준다고 하겠다.

## 3. 근대 전환기 지식인의 '국문/언문' 인식과 구어체

조선 시대에 이어지는 대한제국에서는 갑오경장을 맞아 관공서 문서의 표기 원칙을 '국문'으로 쓰고 한문/한역을 덧붙일 수 있다는 고종 칙령 제1호(1894.11.21.)와 칙령 제86호(1895.5.8.)를 발표한다. 이는 당시 일본, 중국 등 우리나라 주변 국가들의 시대적 분위기인 민족주의나 언문일치 운동의 영향이 컸지만, 한글의 위상을 재정립하는 데에 새로운 이정표를 세우는 사건이었다. 비록 한글 전용이 관청이나 개인들의 글쓰기에서 제대로 지켜지지 못하였지만, 이는 상징적인 선포로서의 의의가 클 뿐만 아니라 이후 한글 표기를 확대해 나가는 데에 기반을 제공해 주는 실질적인 역할도 하게 되었다.

일부 개화 지식인들도 한글로 표기하고 구어체의 글을 써야 한다는 의식을 가지고 있었으나 실제로 이를 구현하는 데에서는 시대적 한계로 인한 괴리가 있었다. 전통적으로 정신세계를 지배해 오던 한문 숭상과 일상적 습관은 쉽게 바뀌기 어려워, 한글 표기에 대한 저항은 매우 크게 지속되었다. 우선 양반 사대부들의 인식에 변화를 가져오기가 쉽지 않았고, 일부 개화 지식인들의 새로운 인식과 의지도 당시 주류를 이루는 전통적 한문 표기 분위기 속에서 뜻대로 실천하기가 어려웠다.

그것은 한 개인 안에서도 내적인 갈등이나 혼란을 가져오기도 하였는데, 순한글 표기의 글이 한문이나 국한문 혼용의 글보다 의사 전달력에서 크게 부족하다는 인식에서 비롯되는 것이었다. 또한 각 언론 매체가 지향하는 표현 방식도 표기 서사나 표현 양상에 직간접으로 영향을 주었다. 이로 인해 개인에 따라서 인식과 실제 표현이 유리되거나, 크든 작든 차이가 나타나는 경우가 많았다.

(5) ㄱ. 乙支文德의 歷史를 讀ㅎ다가 氣旺旺ㅎ며 膽躍躍ㅎ야 卽仰天呌曰 然歟 然歟아 我民族의 性質이 乃如是歟아 如是偉大의 人物과 偉大의 功業은 於古에도 無比며 於今에도 無比니 我民族性質의 强勇이 乃如是歟이 <1908, 을지문덕, 서론>

ㄴ. 本書는 吾人의 西遊ㅎ 時에 學習ㅎ는 餘暇를 乘ㅎ야 見聞을 募輯ㅎ고 又或 本國에 歸ㅎ 後에 書籍에 考據ㅎ니 傳廳의 誤謬와 事件의 遺漏가 自多ㅎ 則 不朽에 傳ㅎ기를 經營홈 아니오. <1895, 서유견문, 서12>

ㄷ. 만일 一都商務에 係ㅎ미 잇뿐 則此에 議論ㅎ니 그 商買에 便利ㅎ미 甚大흔 故로 近年에 日本도 쪼흔 이를 倣行ㅎ여 全國中에 會議局이 凡 二十七處가 잇다 ㅎ더라 <한성주보 제1호(1886.1.25.) 외보>

ㄹ. 그러ㅎ고로 가족의 륜긔가 亂운즉 그 家이 敗ㅎ고 국가의 륜긔가 어지러운 즉 그 國가 亡ㅎ며 샤회의 륜긔가 어지러운 즉 그 人民이 衰ㅎ나니라 <1908, 노동야학독본, 3>

ㅁ. 죠선이 졈졈 외국 사룸들과 겹게 되얏는지라 데일 겹을 사룸들은 일본과 쳥국 인민들이라 <1896, 독립신문, 제56호 논설>

(5)에서 보면 당시에 국문 사용을 주장하거나 효용성을 말하던 지식인들도, 어렸을 때부터 익힌 한문의 영향으로 정작 자신의 글에서는 국한문 혼용을 하였음을 알 수 있다. (5ㄱ)은 민족주의적인 바탕에서 국문 사용을 강조하였던 신채호의 소설 『을지문덕』에 나오는 서사 표현인데, 한문구 국한문 혼용체 표기를 보여 준다. 이론적으로는 한글로만 글을 쓸 듯

하나, 실제로 발표하는 글들은 모두 국한문 혼용 가운데에서도 한문구체나 한문어체가 많다. 이러한 모습은 (5ㄴ)과 (5ㄹ)의 저자 유길준에서도 마찬가지로 나타난다. 오히려 신문에서는 일반 독자들을 위해 자연스러운 한자어 국한문체 표현인 (5ㄷ)과 순한글체 (5ㅁ)을 보여 준다.

당시에도 지리서『사민필지』(1889)나 의학서『신학신설』(1891), 그리고 <독립신문>(1896) 등과 같이 전문성을 가진 책이나 다양한 지식을 전달하는 신문도 (5ㅁ)과 같이 순한글로 나왔으므로 지식을 언급하는 글은 국한문 혼용이어야 한다는 생각은 한문에 익숙한 지식인들의 잘못된 인습적 인식이었다고 볼 수 있다. 더구나 국한문의 글조차 힐난의 대상이 되던 시대였던 만큼[9], 순한문은 아니더라도 한문구나 한문어를 섞어 쓰는 국한문체 글쓰기는 이러한 지식층의 분위기와 타협하고자 하는 의도도 있었을 것이다.

(5ㄹ)과 같은 편법적인 표기 방식은 일부 교과서나 신문 등에서 보이는데 독자들을 위한 배려로 이해되지만, 이 역시도 올바른 판단이라고 보기는 어렵다. 어디까지나 저자 자신의 인습적 인식이 판단에 커다란 근거가 된 결과라고 보기 때문이다. 그리하여 신소설「혈의누」에서도 (5ㄹ) 같은 표현 방식이 처음 <만세보>에 연재할 때는 종종 나타났다가, <제국신문>에 연재하는 하편에서는 없어졌고, 나중에 광학서포에서 간행한 단행본에서는 전면적으로 사라졌다. 불과 1년 미만의 시간차를 두고 이렇게 큰 변화를 보인 것은 표기법의 발전이나 작가가 가진 표기 의식의 변화라기보다 독자들의 성향을 어떻게 판단하여 대응하였는가의

---

[9] 당시 지식인을 독자로 하는 <한성순보>는 관리들의 반발로 순한문 신문으로 창간하였고, <한성주보>도 국한문과 한글 신문으로 창간하였으나 곧 순한문 신문으로 바뀌었다. 유길준『서유견문』은 한문어가 많은 국한문 혼용임에도 불구하고 그 서문에서, 이 책을 친구에게 보이니 '한글과 한자를 섞어 써서 문장가의 궤도를 벗어난 일이기 때문에 식견 있는 사람들의 비방과 웃음을 면하기 어렵다'는 비평을 받은 사실을 쓰고 있다.

문제였다고 볼 수 있는데, 이처럼 짧은 시간 안에 바꾼 것은 처음의 판단이 잘못되었음을 말해 준다고 할 것이다.

이 당시 (5ㄱ)이나 (5ㄴ) 또는 (5ㄷ)과 같은 글을 쓴 것을 놓고, 그 글의 필자가 가졌던 인습적 인식의 한계인가, 아니면 당시 지식인 독자들 분위기와의 적절한 타협인가, 아니면 이 두 가지 모두인가를 판단하는 것은 쉽지 않을 것이다. 같은 근대 전환기 공간에서 살았다고 해도 개인적인 배경이나 경험 등으로 한문과 한글에 대한 인식에 차이가 있었을 것으로 추정된다. 여기에서 당시 새로운 문체와 표현을 전개한 대표적인 세 개화 지식인 유길준, 주시경, 이광수의 글의 일부분을 원문 그대로 복사하여 들어 본다. 세 사람 모두 국문의 중요성을 갈파하고 우리말은 우리글로 쓸 것을 주장하는 글을 신문 등에 발표한 바 있다.

아래의 글 (6)은 각각 <황성신문>에 실린 유길준, 주시경, 이광수의 글이다. 세 글이 모두 같은 신문에 3년 이내의 시간 차이를 가지며, 독자층 역시 같다고 상정되므로 거의 같은 조건에서 발표한 글이라고 할 수 있을 것이다.

(6) ㄱ. 유길준 '소학교육에 대ᄒᆞᆫ 의견'(황성신문 1908.6.10.)

ㄴ. 주시경 '필상자국문언'(황성신문 1907.4.1.)

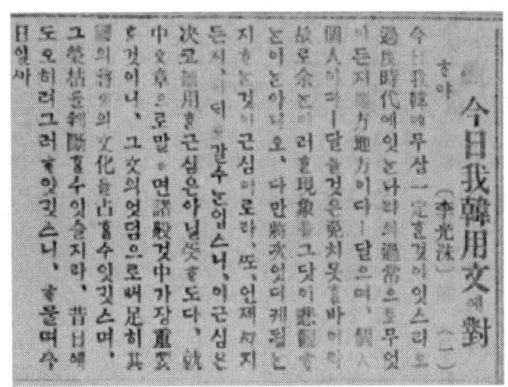

ㄷ. 이광수 '금일아한용문에 대ᄒᆞ야'(황성신문 1910.7.24.)

　　세 글 모두 한문구는 없지만 한문어는 조금씩 포함하는 국한문 혼용체이다. 이 글들이 발표된 시기는 지식과 논리가 담긴 저서나 신문이 순한글로 나온 지 10여 년이 지나고, 이인직의 "혈의루"가 <만세보>에 실린 1906년 이후로, 이제는 순한글이거나 적어도 한문어는 없는 한자어 국한문체를 갖추어야 할 듯하다. 세 글이 모두 우리글 쓰기를 내세우는 내용이고, 필자들 모두가 우리글 표기에 누구보다도 앞서는 인식을 보였기에 이러한 기대를 할 만하다. 그러나 이 세 글은 모두 이 글이 실린 <황성신문>의 다른 기사나 글들에 비해 더 한글체에 가까워진 흔적이 보이지 않고, 소설 작가인 이광수의 글에서 비한자어(고유어)가 비교적 많이 쓰인 정도이다.

위 글의 세 필자 가운데 유길준은 순한글로 쓴 글이 없다. 주시경은 위의 글보다 10년 전 <독립신문>에는 순한글로 많은 글을 발표하였다. 그러나 개인적인 저술인 문법서에서는 책에 따라 국한문체와 순한글체를 번갈아 보였다. 이광수는 소설은 한글이나 한자어 국한문 표기를 하되 지식인 독자를 염두에 두는 논설문은 한문어가 적잖이 나타나는 국한문체를 이후에도 많이 발표하였다.

이러한 사실들을 볼 때, 발표지에 따라 그리고 독자층에 따라 한글과 한자를 혼용 표기해야 하는 당시의 분위기를 거역하기가 어려웠음을 알 수 있다. <독립신문>에서 순한글로 활발하게 논지를 펼치던 주시경도 <황성신문>에서는 비슷한 논설 장르인 (6ㄴ)에서 한문어가 섞인 국한문체 글을 발표한 것이다. 다만 아쉬운 것은 국한문체라 하더라도 한문어가 아닌 한자어로 그치지 못한 점이다. 한문어는 우리말이 아니기 때문이다. 그러나 위의 세 글에는 모두 많지는 않지만 한문어가 들어있다. 이는 한문에 익숙한 이들 필자에게, 문사들이 비교적 많이 쓰는 일부의 한문어에 대해선 한자어가 아니라는 인식이 별로 없었던 듯하다. 예를 들어 위의 글에 나오는 '我韓'이 우리말 한자어가 아니라는 인식을 하지 않은 채 '우리' 자리에 습관적으로 '我'를 쓰는 것이다. 그러나 당시에도 순한글체의 글에서는 항상 '우리'로 쓰인다. 한자와 한글 표기는 이처럼 어휘 선택에서도 차이를 크게 가지는 것이다.

1896년 <독립신문>의 한글 전용을 주도하였던 주시경도 자신의 초기

저서 『대한국어문법』(1906)의 '국문강의'에서는 한문, 국한문, 순한글이 한꺼번에 나오는 등 한문에서 완전히 탈피하기가 어려웠다. 이어서 『국어문전음학』(1908)과 『국어문법』(1910), 『조선어문법』(1913)에서는 국한문으로, 『말의 소리』(1914)에서는 부자연스러울 만큼 고유어로 새말을 만들어 넣으면서 한글만으로 썼다. 독자들이 한문이나 국한문이 아닌 한글만으로 읽을 수도 있다는 앎과, 저자 자신도 이젠 자신있게 한글로만 쓰겠다는 의식을 가지고 실천에 옮기는 것이 이처럼 여러 단계를 거쳐야 할 만큼 쉽지는 않았던 듯하다.

일찍이 조선 시대의 김만중이나 유득공과 같은 열린 사대부들도 촌부의 노래나 일상어가 사대부의 한문보다 자신의 성정을 더욱 진실되게 표현한다고 하면서도 스스로는 한문으로 글을 썼던 것은 당시 시대적 분위기의 압박이 컸고, 개인적으로는 인식을 실천하기 위한 자각에 한계가 있었기 때문일 것이다.

순한글 표기에서는 한문어가 나타날 수가 없을 뿐만 아니라, 자연스럽게 표현도 구어에 가깝게 나타난다.

(7) ㄱ. 외국과 뇌국 각싴 식물을 우리가 파는듸 갑도 헐ᄒᆞ고 모도 샹등 물건만 미미ᄒᆞ오. 와셔 보시고 합의커든 단골로 졍ᄒᆞ시오 <1896, 독립신문, 제1호, 3면 광고>
ㄴ. 以上 三種은 上品으로 製造ᄒᆞ야 衛生上에 至極 有益ᄒᆞ오니 毋論 某人ᄒᆞ고 社에 內顧ᄒᆞᆸ <1905, 대한매일신보 2호, 4면 광고>

순한글 표기로 되어 있는 (7ㄱ)은 거의 구어에 가까운 표현이다. 이는 국한문 표기에서는 쉽지 않은 언어 구사라고 할 것이다. (7ㄱ)보다 9년 뒤에 나온 (7ㄴ)의 국한문체 광고는 어휘나 활용 어미 등에서 너무나 큰 차이를 보이는데, (7ㄴ)에 비해 (7ㄱ)이 구어에 가까움은 확연하다. 국한문체라고 해도 (5ㄷ)과 같은 표기에서는 (1ㄴ), (4ㅁ), (7)처럼 구어적인 표현이 불가능한 것은 아니겠으나, 당시의 글에서 이와 같이 구어적으로 쓴 국한문체는 보기 어렵다. 한글 표기가 곧 구어일 수는 없지만, 이처럼 구어 표현은 한글이나 국한문 등 표기 체계와 관련을 깊게 갖는다고 하겠다.

이 시기에도 구어적 표현은 소설과 같이 대화가 많이 들어간 서사적 글에서 잘 나타난다.

(8) 일젼에 엇더흔 쇼경 한아이 막되를 쭈덕거리고 모쳐 망건가 압흐로 지나 가는되 그곳에서 망건일 하는 안즘방이가 그 쇼경을 불너 갈오되 여보게 그동안 엇지허여 오릭 맛나지 못허엿나 쇼경이 되답허되 즈연 그럿케 되엿네마는 그동안 슐이나 잘 먹엇나 여보게 아모 말 말게 말허면 긱 막히네 슐를 먹기컨니와 슐 먹는 사름의 입도 구경치 못허네 <대한매일신보 (1905.11.17.), 쇼경과 안즘방이 문답>

(9) ㄱ. 까마귀를 쳐죽이고시푼 마암도 싱겨서 마당으로 펄펄 쒸여ᄂ려가셔 집봉우를 쳐이다보면시 까마귀의게 혓필밋질를허니 욕을 한나 슈여
― 이 경칠놈의 까마귀 포슈들은 다 어듸로 ᄂ누

ㄴ. (구) 네 졸업은 감츅ᄒ다
허허 계집의 직죠가 ᄉ아희보다 ᄂ흔 거시로구나
(중략)
닉가 그듸의 은혜를 바다셔 오늘 이럿케 공부를 ᄒ얏스니 심히 곰압소

(8)과 (9)은 근대 전환기에 신문에 게재된 서사적 글들이다. (8)은 대화체의 글이지만 구어체에 이르지 못하였고, (9)에 와서 구어적인 표현이 나타난다. 그러나 개화기 새로운 시대를 반영한다는 신소설 「혈의루」(9)에서도 그 표현들이 충분히 구어적이지는 못하다. 홍종선(2015: 51)은 양문규(2013)에 따라 예문 (9)를 들면서, 「혈의루」는 부정적이거나 낮은 신

분을 가진 사람의 말은 (9ㄱ)처럼 속되게 표현하고, 구완서나 옥연이처럼 일본 유학을 하는 사람은 언행 모두에서 (9ㄴ)처럼 정제된 문어체를 보인다고 하였다. 긍정적인 대상은 생생한 구어체 대화문으로 표현하지 않는다는 것이다. 소설 「혈의루」가 '구어성'에서는, 투박한 일상어가 잘 녹아 있는 판소리계 소설의 표현에도 미치지 못하는 면이 있다고 하겠다.

문어에서 구어성은 음성 언어를 전사한다는 것을 뜻하지 않는다. 양문규(2013)과 홍종선(2015)에선 진정한 구어적 표현은 일상적인 구어가 그대로 반영되는 표현이라 하였다. 그러한 점에서 등장인물들의 대화나 묘사에 일상적인 구어와 거리가 있는 주로 고답적인 말들로 채워진 이광수의 「무정」 역시 아직 완성도가 높은 구어체에 이르지는 못한 것으로 이해된다. 흔히 신소설에 와서 구어성이 크게 실현되었고 「무정」에서는 구어적 표현이 거의 완성된 듯이 평가하지만, 이러한 평가의 근거는 대개 문장 종결형이 종전에 '-니라, -이라, -더라' 형에서 '-다' 더 나아가 '-었다'로 바뀐 것을 들고 있다. 그러나 구어에서 실제적으로 '-다'는 별로 쓰이지 않고 주로 '-어'계, 즉 '해체'를 주고받는다. '-다'형이야말로 문어체의 전형적인 종결형이다.

근대 국어까지 그리고 근대 전환기에도 상당 기간 '-니라, -이라, -더라'가 쓰이다가 '-다, -었다'로 바뀐 것은, 분명 서술 표현에서 독자를 덜 소외시키는 진일보를 성취하였고 구어성을 조금은 더 확보하는 효과를 얻었음은 인정할 수 있지만, 구어적 표현과는 거리가 멀다. 권보드래(2012)는 '-다'체가 고립된 개인의 언어로, 소설이 내면 탐색을 기초로 하는 글쓰기, 현실성의 효과를 발휘하는 글쓰기로 서는 데 큰 역할을 하였다고 하였다. '-다'는 김병문(2008)이 지적하였듯이 '발화 기원의 소거' 역할을 한다. 따라서 소설에서의 묘사적 서술뿐만 아니라 어떠한 사실의 설명이나 논설을 서술할 때에도 적합하다. 즉 화자가 서술 과정에서 이탈하여 서술 내용을 객관화하는 표현을 만드는 데 효과적이므로, 소설을 포함한 대다수의 문어에서 종결형 어미로 굳게 자리를 차지하게 된 것이다.10)

이런 점에서 구어적 표현이 비교적 잘 실현되어 있는 표현 장르라는 소설도 대화문을 제외하고는 구어적이라고 말하기 어렵다. 국어에서 문어와 구어의 차이는 문장 종결 형태에서 두드러지게 나타나기 때문이다. 그렇다면 국어에서 언문일치는 아직 매우 멀리 있는 셈이다. 근대 전환기에 들어 한문에서의 탈피를 성공적으로 이루면서 기형적으로 나타났던 한문구체와 한문어체를 극복하고 전통적인 한자어 국한문 혼용체와 한글체를 찾아냈지만 진정한 구어체에 이르는 도정은 아직도 많이 남아 있었고, 그 이후 오늘날에 이르면서 아주 조금씩 구어체에 접근하고 있는 상태인 것이다. 사실 형식적이지 않은 일상적인 구어에서는 이른바 용언의 종결형이라고 하는 어미 형태로 문장을 끝내는 경우가 그리 많지 않다. 국어에서 문어가 얼마나 구어성을 가져야 하며, 그러한 구어성은 어떤 부문에서 어떠한 방식으로 갖출 수 있는가 하는 문제는 앞으로 다양한 면에서 접근과 시도가 있어야 할 것이다.

문어가 구어와 일치되기를 목표로 하는 '언문일치'는 어느 시대의 어느 언어에서나 완벽하게 이룰 수는 없다. 어느 언어든지 구어에서 또는 문어에서 주로 쓰이거나 특성을 나타내는 표현들이 있다. 우리말에서는 단어는 물론 문장 구조 특히 문말 어미에서 이러한 요소들이 많이 나타난다. 또한 일상어가 그대로 문어로 들어앉기에 주저되는 내용들도 없지

---

10) 구어에서 '-다'형은 '-습니다'에서 나타난다. 구어에서, '-다'는 많이 사용하지 않으면서 '-습니다'는 널리 쓰는 것은 높임을 더함으로써 공손성이 더해져 화자가 발화 내용에서 이탈해 있거나 관찰자에 머무는 발화 성격을 누그러뜨리게 되기 때문으로 보인다.

않다. 그러나 일상적인 구어와 너무나 확연하게 차이를 갖는 문어 표현은 언문일치나 구어체라고 말할 수가 없는 것이다. 하나의 문장을 놓고 그 문장의 구어성 문제를 말할 수도 있겠지만, 긴 글이나 문학 작품에서 문체를 논의할 때에는 개별 문장의 어휘, 형태뿐만 아니라 전체적으로 내용 표현 방식도 고려해야 할 것이다.

19세기 말 중국이나 일본 등에서는 서구 문화의 영향을 받아 언문일치 운동이 거세게 일어났다. 일본은 특히 구두 언어(말)와 서기 언어(글) 사이에 차이가 너무 커서 간편한 구두 언어 쪽으로 통일하자고 주장하였다. 중국의 청나라 말기나 18-19세기 일본 국학자들의 음성중심주의는 모두 뜻글자인 한자를 극복하려는 시도를 낳았다.[11] 그들은 한자 대신 로마자를 사용하자는 주장까지도 하였지만, 중국에서는 백화문과 같은 구어적 표현을 문어에 대량 도입하였고, 일본에서는 중국 문화와 한문에서 탈피하고 서구 문화를 지향하면서 글쓰기에서는 가나 표기를 확대하고 구어적 표현으로 바꾸는 변화를 크게 이루었다.

우리나라의 언문일치는 중국이나 일본의 영향을 받으며 그들과 다소 성격을 달리하는 면도 있었다. 우리나라는 우리말 구어를 완벽하게 표기할 수 있는 한글(문어) 체계가 있는 것이다. 백채원(2014)에서는 20세기 초기 언문일치의 개념을, 우리말을 국문으로 표기하는 것, 구어를 문장에 반영하는 것, 발음을 표기에 반영하는 음소적 표기, 규범에 맞는 올바른 문장을 쓰는 것과 같이 네 가지 유형으로 나누고, 이렇게 의미가 다양하게 나타난 것은 개인마다 언어적 배경이 다르고 국문 표기에 대한 표준 규범이 없었기 때문으로 보았다. 근대 전환기의 언문일치는 전통적인 한

---

11) 가라타니 고진 지음/이경훈 옮김, 『에크리튀르와 내셔널리즘 유머로서의 유물론』(2002: 74) 참조.

문에서 벗어나 한글로 글을 쓰는, 즉 이웃 나라에서처럼 한문으로부터 탈피하여 국문으로 글을 쓰는 것으로 시작하여 점차 구어와 문어의 일치를 지향하는 방향성을 가지게 된 것이다. 이는 적어도 두 가지 점에서 근거를 가졌다. 우리나라도 우리말을 충분히 적을 수 있는 고유한 글자를 가지고 있다는 민족주의적인 의식과, 원래 말과 글은 하나인데 한글이 음소문자로서 우리의 말소리를 그대로 문자에 반영할 수 있다는 언어학적인 인식이었다. 전자가 주로 개화한 지식인들의 일반적인 주장이라면 후자는 시기적으로는 조금 늦지만 언어학에 식견을 가진 지식인들의 견해였다.

1900년을 전후하여 나타나는 각종 신문이나 잡지, 서구 문물 소개서, 번역서, 성경, 새 학제의 교과서 등에는 온전한 한문에서부터 국한 혼용, 순한글에 이르기까지 다양한 표기와 문체를 보이고 있다. 1883년 순한문으로 창간한 <한성순보>는 1886년 <한성주보>에 이르러 순한문, 국한문, 순한글 신문으로 발진하였다. 1896년 순한글로 창긴힌 <독립신문>은 당시로는 획기적인 기획이었다. 이어 <미일신문>(1898)과 <그리스도 신문>(1897), <뎨국신문>(1898)도 순한글로 나왔고, 「녀즈초학」(1894), 「가뎡잡지」(1906), 「이언」(1883이후), 「녀즈독본」(1908), 「초목필지」(1909)도 한글로 되었다. 1904년 <대한민일신보>는 국문을 거쳐 국한문판과 영문판으로 발행하다가 1907년부터는 순한글판도 함께 발행하였다. 그러나 이들보다 나중에 나온 <만세보>(1906-1907)나 <대한민보>(1909-1910) 그리고 1910년대 유일한 한국어 신문이던 <매일신보>도 주로 국한문으로 표기되었다. <만세보>는 한 때 부속 국문체를 사용하다가 소설은 한글로, 논설과 기사는 국한문으로 표기하였다. 이러한 방식은 <매일신보>로 이어진다. 지식이나 논리를 나타내는 글은 한글만으로는 어렵다는 인식이다.

흔히 <독립신문>의 순한글 표기를 놓고, '문명국 따라하기'를 추종하여 시대를 너무 앞서간 실패한 문체라고 평가하고 있다. 가령 김윤식(1980: 190)도 '시대착오적인 산물'로 '공허한 국문체'라 하였다. 그러나 <독립신문>의 순한글 표기는 당시 주류를 이루지 못하였지만, 한문을 숭상하던 사대부 지식인들은 물론 평민들에게도 한글만으로 훌륭하게 우리말을 표현할 수 있음을 과시하며 새로운 가능성을 보였다는 점에서 큰 충격과 자극을 주었고, 그만큼 커다란 성과를 거둔 꼭 필요한 거사였다고 평가할 수 있다. 역사의 발전이 정반합 과정이나 진보와 보수의 길항 과정을 겪는다면, <독립신문>의 순한글 표기 시도는 시기적으로도 의미를 갖는다고 할 것이다. 이러한 자극이 한글만 겨우 깨친 평민이나 부녀자들의 독서 문자생활을 수면 위로 올려, 신소설 등과 같은 새로운 한글 독서물의 독자층을 이루게 한 것도 한글 문자생활을 발전시킨 큰 동력을 제공한 것이다.

이처럼 일반인들이 보는 신문이나 성경 등은 문학 작품보다 먼저 한글 전용을 시행하기도 하였지만 신문은 이후에 국한문 표기가 일반화하였다. 그러한 가운데에서도 신문에서 소설만은 한글 전용 표기가 많았는데, 소설이 그만큼 지식층 외에도 일반 독자들을 대상으로 하였기 때문으로 보인다. 더구나 구어적 표현은 소설에서 먼저 성과를 거두었다. 이는 설명과 보고의 특성을 가진 신문이나 성경에 비해 대사(대화)나 묘사가 요구되는 소설의 특성과 관련을 갖는다.

한 개인의 글도 발표지에 따라서, 발표 내용이나 독자 계층에 따라서 표기와 표현 방식을 달리하는 일도 흔하였다. 심지어 하나의 연재물에서도 회차에 따라 다른 표기와 표현이 나타나기도 하였다. 이와 같이 격심한 변화와 혼돈의 시대를 지나며 당시 언중을 이끈 지식인들의 한글 표기와 구어체 글에 대한 인식도 다양하게 가지며 개인적인 발전이나 변화도 나타났던 것이다.

## 4. 마무리

19세기 말 이후 20세기 초까지는 근대 전환기라고 해도 일반 언중이나 사회 지도적 위치에 있는 지식인이나 대부분은 기존의 가치관과 습속에서 사유하고 행동하여, 문자 생활에서도 한글문이 아닌 한문을 우대하던 시기였다. 이러한 시대 분위기 속에서 일부 개화 지식인들은 우리의 말과 글에 대하여, 특히 문자 생활에서 국문으로 표현하는 문제에 새로운 인식과 실천을 하여 현대 국어의 발전에 기여하는 시대적 역할을 해 내기도 하였다. 오늘날 문어 표현의 형태에는 이들의 실천이 그 단초가 된 것들이 많이 있다.

15세기 중세 국어 시기 문헌에서 오늘날 보아도 자연스러운 문어 표현은 나타나고, 근대 국어에 들어서는 구어적 표현이 살아있는 소설들이 등장하였다. 이는 평민의 한글 위주의 문자생활에서 이어지고 있었다. 이들은 한글로만 쓰든가 한자 표기를 섞어 쓰기도 하였지만 적어도 거의 철저한 우리말 형태와 통사 구조를 가진 문장 표현을 한 것이다. 오히려 근대 전환기에 한문 문장을 탈피하여 우리글로 표현하고자 한 개화 지식인들은 사회적인 그리고 개인적인 관습으로 인하여 전통적인 사대부의 한문이나 한문투의 표현에서 오랫동안 머뭇거려야 했다. 개화 지식인들은 독자들을 계몽하는 한편 한문에 익숙한 자신들도 설득하고 극복하는 과정을 거쳐 우리말 국한문체나 한글체로 나갈 수 있었다.

독립신문 등에서 보였던 순한글체는 시대 환경에 크게 앞서서 넓고 길게 호응을 받지 못하였으나, 아직 한문 위주의 글을 쓰던 근대 전환기에 큰 충격을 주고 이후 한글체 표현의 가능성을 보여주는 등 커다란 역할을 하였다. 순한글 표기가 일제 강점기를 지나면서 더욱 기를 쓰지 못하였지만, 광복 후에도 기나긴 국한문 혼용의 기간을 거쳐 점차 세력을 갖고, 특히 문자생활의 기계화에 힘입어 근래에는 절대적인 자리를 갖게 되었다.

■ 참고 문헌

가라타니 고진 지음/이경훈 옮김(2002), 『에크리튀르와 내셔널리즘 유머로서의 유물론』, 문화과학사.
고영근(2000), 「개화기의 한국어문 운동」, 『관악어문연구』(관악어문학회) 25, 5~21.
권보드래(2012), 『한국 근대소설의 기원』, 소명출판.
김미형(2004), 「한국어 언문일치의 정체는 무엇인가?」, 『한글』(한글학회) 265, 171~199.
김병문(2008), 「발화 기원 소거로서의 언문일치체의 의미에 관하여」, 『사회언어학』(한국사회언어학회) 16-2, 81~103.
김상대(1985), 『중세국어 구결문의 국어학적 연구』, 한신문화사.
김윤식(1980), 『한국 근대문학 양식 논고』, 아세아문화사.
김인선(1991), 「갑오경장 전후 개화파의 한글사용」, 『주시경학보』(주시경연구소) 8.
김주필(2007), 「19세기 말 국한문의 성격과 의미」, 『진단학보』(진단학회) 103, 193~218.
김흥수(2004), 「이른바 개화기 표기체의 유형과 양상」, 『국어국문학』 39, 국어국문학회.
민현식(1994), 「개화기 국어 문체 연구」, 『국어국문학』 111, 국어국문학회.
백채원(2014), 「20세기 초기 자료에 나타난 '언문일치'의 사용 양상과 그 의미」, 『국어국문학』 166, 국어국문학회.
신지연(2005), 「근대적 글쓰기의 형성과 재현성」, 고려대 박사논문.
심재기(1992), 「개화기의 교과서 문체에 대하여」, 『국어국문학』(국어국문학회) 107,

181~194.

안예리(2012), 「시문체의 국어학적 분석」, 『한국학논집』(계명대학교한국학연구원) 46, 233~264.

양문규(2013), 『한국 근대소설의 구어전통과 문체 형성』, 소명출판.

이기문(1984), 「개화기의 국문 사용에 관한 연구」, 『한국문화』(서울대 한국문화연구소) 5.

이병근(2003), 「근대 국어학의 형성에 관련된 국어관: 대한제국 시기를 중심으로」, 『한국문화』 32, 서울대 한국문화연구소.

임상석(2008), 『20세기 국한문체의 형성과정』, 지식산업사.

임상석(2012), 「유길준의 국한문체 기획과 문화의 전환」, 『우리어문연구』(우리어문학회 43), 441~466.

43, 우리어문학학회.

임형택(1999), 「근대 계몽기 국한문체의 발전과 한문의 위상」, 『민족문학사연구』(민족문학사학회 14-1, 8~43.

장혜진·신우봉·유혜원·홍종선(2014), 「20세기 초기 구어 연구를 위한 문어 텍스트의 활용 문제」, 『어문논집』(민족어문학회) 71, 325~351.

성승철(2003), 「주시경과 언문일치」, 『한국학연구』(인하대 한국학연구소) 12, 33~49.

조성산(2009), 「18세기 후반~19세기 전반 조선 지식인의 어문 인식 경향」, 『한국문화』(화 서울대학교규장각한국학연구원_ 47, 177~202.

한영균(2011), 「『서유견문』 문체 연구의 현황과 과제」, 『국어학』(국어학회) 62, 225~269.

홍종선(1996), 「개화기 시대 문장의 문체 연구」, 『국어국문학』 117, 국어국문학회.

홍종선(2015), 「현대국어 초기 구어체의 실현과 문학적 수용」, 『한국언어문학』(한국언어문학회) 92, 33~61.

# 20세기 전기 구어 자료의
# 격조사 실현 양상에 대한 연구

유 혜 원

## 1. 머리말

 이 연구의 목적은 20세기 전기 구어 자료의 격조사 실현 양상을 분석하여, 20세기 전기 구어의 특징을 고찰하는 것이다. 20세기 전기는 1900년~1945년에 해당하는 시기로, 국어사에서 현대국어의 출발점이자 현대국어 초기에 해당하는 시기로 볼 수 있다. 홍종선(2009:152)에서는 현대국어의 시기를 3기로 나누고 있는데, 제1기 갑오경장에서 1910년대 말은 현대국어 형성기, 제2기 1920년대 초에서 1945년까지는 현대국어의 정착기, 제3기 1945년 이후는 현대국어 발전기로 구분하고 있다. 위의 분류에서 본 연구가 다루고 있는 자료는 현대국어 제1기와 2기에 해당하는 시기의 자료로, 음성으로 남아 있는 구어 자료가 연구의 대상이 된다. 특히 이 연구에서 관심을 가지는 것은 이 시기 구어의 격조사 특징을 규명하는 것으로, 음성 자료를 기반으로 격조사가 실현되는 양상 및 격조사가 비실현되는 양상을 계량적으로 분석해 보고,[1] 20세기 전기의 격 실현 양상이 현대국어와 어떤 관련성을 갖는지 고찰해 보고자 한다.

이 연구를 위하여 20세기 전기(1900년부터 1945년)에 만들어진 녹음 자료와 시청각 자료를 수집하여 전사하였다. 이 연구의 대상이 된 구어 자료는 일방향 말하기와 쌍방향 말하기가 모두 포함된 것으로, 전체 14시간 59분(전체 899분) 분량으로 어절 수는 56,178개이다. 다음은 연구 대상이 된 수집 자료의 현황을 정리한 것이다.[2]

(1) 연구 대상 자료 현황

| 번호 | 연도 | 자료 유형 | 크기(분) | 자료 |
|---|---|---|---|---|
| 1 | 1926 | 격식적 독백 연설(전문) | 7 | 월남 이상재 선생 육성 녹음 |
| 2 | 1928 | 격식적 독백 강연(전문) | 4 | 고루 이극로 선생 육성 녹음 |
| 3 | 1920~1930 | 비격식적 독백 구연(일반) | 47 | 김복진 동화 구연 자료(10편) |
| 4 | 1935 | 비격식적 독백 낭독(일반) | 39 | 보통학교 조선어 독본 |
| 5 | 1936 | 격식적 독백 인터뷰(일반) | 3 | 손기정 선수 소감 음성 |
| 6 | 1930~1939 | 비격식적 대화(일반) | 181 | 유성기로 듣던 연극 모음(27편) |
| 7 | 1900~1945 | 비격식적 독백(일반) | 201 | 유성기로 듣던 무성 영화(27편) |
| 8 | 1936~1941 | 비격식적 대화(일반) 비격식적 독백(일반) | 417 | 한국어 제작 영화(9편) |

---

1) 여기에서 조사의 비실현은 격조사가 나타날 수 있는 자리에 나타나지 않고 보조사 등의 다른 조사의 개입도 없는 것을 지칭한다. 흔히 '생략, 탈락' 등의 명칭이 쓰이기도 하지만, 격조사의 비실현을 문법적 결여로 보지 않는 관점에서 '조사 생략'이라는 용어 대신 '격조사 비실현'이라는 용어를 채택하였다. 조사 생략의 명칭에 대한 문제는 김지은(1991), 임홍빈(2007), 유혜원(2015) 등을 참고할 수 있다.
2) 자료 유형에 대한 분류 방법은 Eggins(2004)의 실현역(register) 분류의 세 가지 기준 즉 영역(field), 방법(mode), 역할(tenor)을 받아들인 오재혁 외(2014)를 따랐다. 이 분류 체계에서 방법(mode)은 언어가 산출되는 매체에 따른 분류이므로, 음성으로 발화되는 구어의 방법(mode)은 모두 동일하다. 다음으로 영역(field)에 따라 구어는 전문 영역과 일반 영역으로 나눌 수 있는데, 위의 자료에서는 격식적 독백인 연설, 강연 자료가 전문 영역이고, 나머지 자료는 일반 영역이다. 역할(tenor)는 참여자 간의 상호 작용 또는 격식과 관련되는 개념으로 일방향과 양방향 말하기로 나누고, 다시 그 각각은 격식적 말하기와 비격식적 말하기로 구분할 수 있다.

위의 자료들은 모두 음성으로 발화된 구어 자료라 할 수 있지만, 구어의 세부적인 속성에 따라 언어적 표현이 다르게 나타날 수 있다. 실제로 구현정·전영옥(2002), 장경현(2003), 민현식(2007), 장혜진 외(2014) 등에서는 이러한 차이를 반영하여 구어체 구어, 문어체 구어 등의 명칭으로 구어를 분류하였다. 위의 자료에서 1번~5번의 자료는 한 사람이 주로 말하는 독백의 일방향 말하기이고, 6번~8번은 쌍방향의 말하기 자료이다. 따라서 위의 자료들을 세부적으로 나누어 보면 일차적으로 1~5의 일방향 자료와 6~8의 쌍방향 자료로 나눌 수 있다. 그런데 6, 7, 8의 자료는 1~5의 자료와 비교하여 분량이 많을 뿐만 아니라 장르적 특징이 상이하기 때문에, 이 자료에 나타난 언어적 차이가 있을 것으로 예상되어, 계량적 연구에서 이 자료들을 좀 더 구분하여 볼 필요가 있다. '유성기로 듣던 무성 영화'의 경우 변사의 해설과 변사의 연기라고 하는 독특한 형식을 취하고 있어서, 장르적 특징이 강하게 드러난다.3) 또한 서재길(2007:123)에서 유성기 연극은 새로운 청각 미디어의 도입과 더불어 등장한 새로운 형태의 극예술로서 '미디어 연극'이라 할 수 있다고 제시되어 있는데, 장르적 특징과 자료의 성격이 유성기 영화와 일반 영화와도 구분될 것으로 예상된다.4) 8의 영화 자료는 현대적 의미의 영화와 가장 가까운 형태이고, 언어적 표현 역시 현대국어의 일반 자유 발화와 가장 유사하다고 볼 수 있다. 따라서 1~5번의 일방향 자료와 6번의 유성기 연극, 7번의

---

3) 변사가 해설을 하는 유성기 무성 영화 자료의 경우 자연스러운 구어라 볼 수는 없으나, 변사의 발화에도 그 시대의 언어적 특징이 반영되었을 것으로 판단하기 때문에, 여러 가지 의미에서 중요한 자료라 할 수 있다. '유성기로 듣던 무성 영화'에 대한 자세한 정보는 오재혁 외(2014)를 참조할 수 있다.
4) 서재길(2007:124)에서는 유성기 연극이 녹음 실물이 존재하기 때문에 배우들의 음성과 배경, 음악, 효과 등의 청각적 특색이 그대로 드러나 있어서 신연극의 '연극성'을 이해하는 데 도움이 된다고 제시하고 있다. 유성기 영화와 연극은 모두 유성기 음반으로 남아 있기는 하지만, 장르의 특성이 상이하기 때문에 두 장르의 언어적 특징에도 차이가 있다.

유성기 영화, 8번의 영화를 구분하여 계량적 현황을 분석해 보고자 한다.
  이 연구를 위해 우선 격조사의 실현 양상을 계량화하여 제시하고, 이를 현대국어 구어 연구 자료와 비교하였다. 또한 '주격조사(이/가), 목적격조사(을/를), 보격조사(이/가), 관형격조사(의), 부사격조사(에), 부사격조사(로), 부사격조사(와)'가 생략된 문장을 추출하고 이들을 분석하였다.5) 생략된 조사의 판단은 기본적으로 사전의 문형 정보를 따랐다. 아울러 조사의 쓰임이 현재와 다르다고 판단되는 문장들도 함께 수집하고 분석하여 20세기 전기의 조사 실현 양상을 파악하고자 하였다. 이를 토대로 현대국어의 형성기와 정착기에 해당하는 20세기 전기의 구어의 특성을 파악할 수 있게 될 것이다.

## 2. 격조사 사용 양상의 계량적 분석

  격조사 연구에서 전체적인 경향성을 파악하기 위해 격조사 사용 양상을 계량적으로 파악하는 것이 필요하다. 실제로 현대국어 문어와 구어에 대한 격조사 사용 양상에 대한 기존 연구와의 비교를 통해 이 시기 자료의 언어적 특징을 파악할 수 있을 것이다. 격조사 사용 양상은 격조사가 나타난 빈도를 파악하는 것을 기본으로, 격조사가 쓰일 수 있는 자리에 나타나지 않고 다른 보조사도 나타나지 않은 채로 비실현된 빈도를 파악하고, 실현 빈도와 비실현 빈도의 비율 등을 통해서 이 시기 격조사 사용 양상의 계량적 현황을 파악해 보고자 한다.

---

5) 조사가 생략된 문장은 연구자가 직접 수작업으로 추출하여 유형별로 분류하였다. 반복적으로 나오는 표현의 경우에도 모두 모아서 기본적으로 계량화할 수 있도록 하였다. 연구자 개인이 수작업으로 하였기 때문에 100% 정확도가 있다고 하기는 어려우나, 이 시기 언어의 경향성을 보여주는 데에는 무리가 없다고 판단된다.

우선 격조사 실현의 계량적 현황을 살펴보기 위해 수집된 20세기 전기 구어 자료의 규모와 내용을 살펴보면, 전체 56,178개 어절로 구성되어 있고 이 자료에 나타난 발화문의 수는 약 9,284개이다.6) 일방향 자료인 (1)의 1~5번 자료의 발화문의 수는 1084개이고, 쌍방향 대화의 중 유성기 연극의 발화문 수는 2923개, 유성기 영화 1937개, 영화 자료 3340개로, 쌍방향 대화의 발화문의 길이가 상대적으로 짧게 나타나는 것으로 보인다. 전체 자료에서 격조사가 실현된 계량적 현황은 아래와 같다.

(2) 격조사의 실현 현황

| 조사 | 빈도(비율) |
|---|---|
| 주격조사 | 3333 (26.32%) |
| 보격조사 | 15 (0.12%) |
| 관형격조사 | 1708 (13.49%) |
| 목적격조사 | 3752 (29.62%) |
| 부사격조사 | 3582 (28.28%) |
| 호격조사 | 275 (2.17%) |
| 합계 | 12665 (100%) |

※ ( ) = (해당 격조사 실현 빈도/ 전체 격조사 실현 빈도)×100

주격조사의 경우 '이/가'가 가장 많이 나타나고, '께서'는 43회, '께옵서'는 2회 나타난다. '께옵서'가 나타난 자료는 조선어 독본으로, '언문의 제정'에서 세종대왕의 업적을 설명하는 부분에서 '세종대왕께옵서는'의 형태가 2회 나타나고 있다. 목적격조사는 '을/를'이 가장 많이 나타나고 'ㄹ'처럼 앞 말에 축약된 형태로 나타나는 경우가 111회 있었다. 이 경우

---

6) 문장이라는 용어 대신 발화문이라는 용어를 쓴 것은 구어를 대상으로 하기 때문이다. 여기에서 발화 단위를 나눈 기준은 고려대학교 민족문화연구원 음성언어센터에서 만든 성인 자유 발화 말뭉치의 발화 단위를 구분한 기준을 따른 것이다. 발화 단위 구분 기준의 첫 번째는 대화 차례의 이동(turn taking), 두 번째는 종결 어미 실현에 의한 통사적인 완결성, 세 번째는 후행 발화 내용의 변화에 의한 의미적인 완결성, 네 번째는 운율적인 완결성 등이다.

'이걸(이것을), 그걸(그것을), 걸(것을), 어딜(어디를)' 등 대명사와의 축약이 일어난 표현이 많이 나타나는 특징을 보였다. 보격조사의 경우 총 15회가 나타나는데 아래의 (3)은 보격조사가 쓰인 문장의 사례를 보인 것이다.

(3) ㄱ. 조끔도 백성에게 이익허는걸 하자고 <u>마음먹은</u> 게 아니라 기어이 남은 죽이고 나만 살자는 남을 헤치고 나만 위허자는 그러한 목적으로 하는 것이니까.(월남 이상재)
ㄴ. 이 승리는 결코 <u>내 개인의 승리가</u> 아니라 전 우리 일본 국민의 승리라고 할 것이외다. (손기정 선수)
ㄷ. 영애 그러나 내 한 몸은 기왕 <u>이 지경이</u> 되었습니다마는 장차 사랑을 희롱하시려는 깨끗한 새악시들이여.(유성기 연극)
ㄹ. 인선 어떡-하다가 <u>이 지경이</u> 되였단 말이냐.(유성기 영화)
ㅁ. 남편 당신은 <u>정희 어머니가</u> 아니오?(영화 미몽)

관형격조사의 경우 모두 '의'로 실현되었다. 호격조사는 275회가 나타났는데, 세부적인 항목별 실현 빈도는 아래와 같다.

(4) 호격조사의 형태별 실현 빈도

| 형태 | 빈도 |
|---|---|
| 아 | 231 |
| 야 | 35 |
| 여 | 5 |
| 이여 | 1 |
| 이시여 | 3 |

호격조사의 경우 '아/야'의 형태가 가장 많이 나타나서 현대국어와 다르지 않은 분포를 보이고 있다. '여'의 경우 유성기 영화 '벤허'에서 '멧

사라여'의 형태로 나타나고 있으며, '이시여'는 유성기 연극 '저승에 맺는 사랑(친구들이시여)', 유성기 영화 '종소리'(부인이시여), 유성기 영화 '네 아들'(신령님이시여)에서 나타나고 있어서 유성기 연극과 영화 내용의 특성상 의고적 표현들이 포함되어 있음을 확인할 수 있다.

격조사 실현과 관련하여 한 가지 특징적인 것은 주격조사와 목적격조사의 실현 비율이다. 현대국어 구어 조사의 특징에 대해 연구한 김건희·권재일(2004)에 따르면 주격조사는 1527회, 목적격조사 731회, 관형격조사 55회, 부사격조사 1271회로 나타났다. 주격조사가 가장 많은 비율로 나타나고 목적격조사는 그 절반 정도에 불과한 반면, (2)의 자료에서는 목적격조사와 주격조사의 실현이 거의 유사하지만 오히려 목적격조사의 실현 비율이 더 높게 나타나고 있다. 김건희·권재일(2004)에서 제시된 문어에서의 격조사 실현 양상에서는 주격조사 836회, 목적격조사 1349회, 관형격조사 934회, 부사격조사 1768회 출현하는 것으로 나타나고 있어서, 현대국어이 구어자료와 달리 목적격조사가 주격조사보다 많이 나타나는 특징을 보였다. 이러한 계량적 현황을 통하여 20세기 전기 구어 자료와 현대국어의 구어 자료, 현대국어 문어 자료 모두 주격과 목적격조사의 실현 비율이 다르게 나타나고 있음을 알 수 있다. 이러한 차이가 나타나는 이유로는 시대적 차이, 구어와 문어의 매체의 차이, 사용역 혹은 장르의 차이로 볼 수 있지만, 파악할 수 있는 가장 강력한 이유는 사용역 혹은 장르의 차이라고 볼 수 있다. 김건희·권재일(2004)의 자료는 "20~30대 나이의 대학(원)생, 회사원"의 일상생활을 중심으로 한 실제 대화 자료인데 반해, 20세기 초의 구어 자료는 다양한 형태의 자료가 포함되어 있기 때문인 것으로 파악된다. 특히 공적 독백의 경우 대화가 보여주는 전형적인 구어의 성격보다는 문어적 성격을 많이 가지고 있어서, 이러한 자료의 성격이 위와 같은 차이를 보이는 원인이라 분석할 수 있다.
 실제로 이러한 면모는 20세기 전기의 자료의 종류별 계량적 분포를 살펴보아도 알 수 있다.

(5)

|  | 독백 | 유성기연극 | 유성기영화 | 영화 |
|---|---|---|---|---|
| 주격조사 | 596 | 1004 | 954 | 779 |
| 목적격조사 | 675 | 977 | 1495 | 605 |

 일반대화처럼 가장 구어적 성격이 두드러진다고 판단되는 유성기 연극과 영화 자료에서 주격조사가 목적격조사에 비해 많이 나타나는 특징을 보여주는 반면, 일방향 자료와 유성기 영화에서는 목적격조사가 더 많이 나타나고 있다. 특히 유성기 영화의 경우 변사의 연기이기는 하지만 대화처럼 진행된 부분에서 주격조사와 목적격 조사는 각각 407회, 467회로 그 차이가 크지 않은 반면, 변사의 설명(해설) 부분에서는 주격조사 547회, 목적격조사 1028회로 그 차이가 매우 크다는 사실을 알 수 있다. 유성기 영화의 경우 음성으로 발화되기는 했으나 변사에 의해 구연되는 특징으로 말미암아 전형적인 구어적 속성을 갖기보다는 무성 영화 장르적 속성이 반영되는 한편, 이러한 장르적 속성은 기존의 문어와 가까운 양상을 보여준다고 볼 수 있다. 현대국어에서 문어는 목적격조사가 많이 나타나고 구어는 주격조사가 많이 나타나는 것과 유사하게 일반대화의 성격이 두드러지는 유성기 연극과 영화에서는 주격조사가 목적격조사보다 많은 빈도로 나타나고 있어서, 일상대화와 같이 비격식적인 대화 자료에서는 주격조사가 목적격조사보다 많이 나타나는 경향성을 가진다고 판단할 수 있다.

이 시기 격조사 실현에서 또 다른 특징은 부사격 조사의 다양한 변이형이 출현한다는 것이다. 예를 들면, '로'의 변이형인 '루', '한테'의 변이형 '헌테' 등을 통해서 이 시기에도 부사격조사의 다양한 형태가 출현한다는 사실을 확인할 수 있다. 또 하나 주목해 볼 만한 것은 '에게'와 '한테'의 출현 빈도이다. 기존 연구에서 '한테'는 구어에 주로 나타나는 형태로 언급되어 왔으며, 현대국어 구어 조사에 대한 계량적 연구인 김건희·권재일(2004)에서 '한테'는 총 60회, '에게'는 3회가 출현하였으며, 이 자료의 문어 연구에서는 '에게'가 35회, '한테'는 0회로 특징적인 모습을 보여주었다. 반면 20세기 전기 구어 자료에서는 '한테(변이형 포함)'가 54회인데 반해, '에게'는 모두 230회로 '에게'의 출현 빈도가 훨씬 높았음을 알 수 있다. 이지연·김민국·윤정원(2008)에서는 근대 계몽기의 자료를 토대로 격조사에 대한 연구를 진행하면서 고경태(2000:106)에서 '한테'가 1940년대 간행된 문헌에서 발견된다고 하는 논의를 반박하면서 신소설 자료에서 'ᄒᆞᆫ테'가 나타나고 있음을 제시하고 있다. 이 신소설 자료는 1908년에 간행된 '빈상설4'로 20세기 전기 문어 자료에서도 이러한 형태를 확인할 수 있다. 따라서 20세기 전기 구어에서도 구어의 특성을 보여주는 '더러, 한테'가 나타나기는 하지만, 현대국어에서처럼 구어에서의 쓰임이 광범위하게 나타나지는 않는 듯하다.

한편 구어 연구에서 구어의 문법적 특징으로 가장 많이 언급되는 것이 생략과 축약이다. 격조사 역시 구어에서 격조사가 생략된 형태 즉 격조사 비실현이 빈번하다고 알려져 있다. 20세기 전기의 구어 자료를 토대로 격조사가 비실현된 언어 표현을 추출하고 이들의 계량적 현황을 자료 종류별로 제시하면 다음과 같다.

(6) 자료별 격조사 비실현 횟수

| | 월남 | 김복진 | 독본 | 고루 | 유성기 연극 | 유성기 영화 | 영화 | 합계 |
|---|---|---|---|---|---|---|---|---|
| 주격조사 | | 22 | 11 | | 106 | 100 | 150 | 389 |
| 목적격조사 | 7 | 25 | 13 | | 102 | 50 | 208 | 405 |
| 속격 '의' | 4 | 26 | 11 | 1 | 63 | 43 | 73 | 221 |
| 보격 | | 2 | | | 3 | 3 | 17 | 28 |
| 부사격 '에' | 3 | 3 | 2 | | 20 | 30 | 64 | 122 |
| 부사격 '(으)로' | | 1 | 1 | | 3 | 1 | 9 | 15 |
| 부사격 '와/과' | 1 | 2 | 7 | | 30 | 58 | 34 | 132 |

연구대상으로 삼은 자료 중 손기정의 자료에서는 조사 생략이 거의 발견되지 않았다. 이 자료는 손기정이 금메달을 따고 나서 소감을 발표한 부분으로 인터뷰의 형식을 띠고 있으나 격식적 독백 발화에 가깝다. 손기정의 자료는 3분 정도의 분량으로, 자료가 많지 않아 조사 의 비실현이 거의 없다고 해석할 가능성도 있지만, 발화 내용 등을 고려해 보면 스크립트에 충실한 연출된 발화일 가능성 또한 배제하기 어렵다.7)

20세기 전기에 나타난 조사 실현형과 비실현형의 비율을 격조사 종류별로 비교해 보면 다음과 같다.8)

---

7) 오재혁 외(2014:245)에서는 이 자료에 대한 언어적 분석에서 여타의 격식적 발화에 비해 발화 단위가 짧은 특성이 있는 한편, 구어에서 축약의 형태로 많이 쓰이는 표현이 '달리었습니다, 따라버리었습니다'처럼 축약되지 않은 형태로 사용되거나, '가득하였으므로, 있음'과 같은 문어적 표현이 나타나고 있음을 지적하고 있다. 이러한 특성들을 감안해 볼 때, 이 자료가 자연스러운 구어의 환경에서 발화되었다고 보기 어려운 면이 있다는 분석도 가능하다.
8) 이 자료에 나타난 수치는 격조사가 나타날 자리에 보조사가 실현된 경우가 제외된 것임을 밝힌다.

(7)

| | 실현형(비율) | 비실현형(비율) | 총합 |
|---|---|---|---|
| 주격조사 | 3333 (89.55%) | 389 (10.45%) | 3722 |
| 보격조사 | 15 (34.88%) | 28 (65.12%) | 43 |
| 관형격조사 | 1708 (88.54%) | 211 (11.46%) | 1929 |
| 목적격조사 | 3752 (90.26%) | 405 (9.74%) | 4157 |
| 부사격 에 | 1643 (93.09%) | 122 (6.91%) | 1765 |
| 부사격 (으)로 | 885 (98.33%) | 15 (1.67%) | 900 |
| 부사격 와/과 | 81 (38.03%) | 132 (61.97%) | 213 |

실현형과 비실현형의 비율에서 특징적인 것은 보격조사와 부사격조사 '와/과'를 제외하고 실현형의 비율과 비실현형의 비율이 주격조사, 관형격조사, 목적격조사에서 크게 차이가 나지 않는다는 것이다. 이는 현대국어 구어의 계량적 연구인 김건희·권재일(2004)의 결과와 매우 다르다. 이 연구에서는 주격조사의 경우 실현형이 79.82%, 비실현형이 20.18%인데 반해, 목적격조사는 실현형이 54.51% 비실현형이 45.49%로, 조사별 실현형과 비실현형의 비율이 차이가 나지만, 20세기 전기 자료에서는 이러한 특징이 덜 두드러지게 나타났다. 또한 실현형과 비실형의 비율을 현대국어와 비교해 보았을 때 20세기 전기가 현대국어에 비해 조사의 비실현이 덜 빈번하다는 사실도 발견할 수 있다. (7)에 나타난 조사 중 비실현의 빈도가 높은 것은 부사격 '와/과'로 볼 수 있는데, 이 역시 김건희·권재일(2004)에서의 비실현 비율이 95.77%라는 것을 감안하면 비실현의 비율이 현대국어와 비교했을 때 낮다는 사실을 알 수 있다. 그러나 문어와 비교했을 때 문어의 격조사 비실현 비율이 5% 이내라는 점을 감안해 보면 20세기 전기 구어 자료의 현황은 문어에 비해 격조사의 비실현이 빈번하게 일어난다는 사실을 알 수 있다.

국어사적으로 격조사 생략, 즉 조사 비실현에 대한 연구로는 중세국어의 격조사 생략을 다룬 황국정·차재은(2004), 근대국어를 대상으로 한 현풍 곽씨 언간의 격조사 생략을 다룬 전병용(2008), 현대국어의 구어를 다룬 김건희·권재일(2004)를 들 수 있다. 황국정·차재은(2004)에서는 전기 중세국어의 격조사 생략에서 '주격조사>목적격조사>접속조사>관형격조사>부사격조사'의 순으로 격조사 생략이 나타나며, 후기 중세국어의 격조사 생략 빈도는 '목적격조사>주격조사>접속조사> 관형격조사>부사격조사' 순으로 나타나고 있음을 밝히고 있다. 전병용(2008)에서 다룬 현풍 곽씨 언간은 17세기 전기의 자료로 판본 자료에 비해 구어체의 특성이 많이 나타난다고 제시되어 있으며, 격조사 생략 비율은 '주격조사·대격조사>속격조사>처격조사>여격조사>공동격조사>구격조사'의 순으로 나타난다고 제시되어 있다. 이렇게 볼 때 주격조사와 목적격조사의 생략 비율의 차이는 시대별 특징으로 보기보다는 해당 자료의 성격이 반영되는 것으로 해석할 가능성이 높아진다. 실제로 주격조사와 목적격조사의 생략 비율의 차이가 어디에서 비롯된 것인지를 좀 더 분석해 볼 필요가 있다. 이를 위해 독백자료와 유성기 영화, 유성기 연극, 영화 자료에서의 주격과 목적격조사의 실현형과 비실현형의 비율을 살펴보면 아래와 같다.

(8)

|  | 주격조사 | | 목적격조사 | |
|---|---|---|---|---|
|  | 실현형 | 비실현형 | 실현형 | 비실현형 |
| 독백 | 596(94.75%) | 33(5.25%) | 675(93.75%) | 45(6.25%) |
| 유성기연극 | 1004(90.45%) | 106(9.55%) | 977(90.55) | 102(9.45%) |
| 유성기영화 | 954(90.51%) | 100(9.49%) | 1495(96.76%) | 50(3.24%) |
| 영화 | 779(83.85%) | 150(16.14%) | 605(74.41%) | 208(25.58%) |

20세기 전기 자료에서 자료별 조사 실현과 비실현의 비율을 살펴보면 주격조사의 조사 실현과 비실현의 비율이 현대국어와 가장 유사한 자료가 영화이다. 영화 자료가 자연스러운 자유 발화와 가장 유사하다는 점에서 장르의 특징이 일면 조사 실현과 비실현 비율에 영향을 줄 수 있다는 판단이 가능하다. 대화와 같은 비격식적 자유 발화에서 조사 비실현이 빈번하게 일어난다는 점에서 조사 비실현에 대한 일반적 인식과 일치하는 면이 있다. 그럼에도 불구하고 20세기 전기는 현대국어의 구어에 비해 격조사 비실현이 덜 빈번하다는 사실을 비율의 수치를 통해 확인할 수 있다. 목적격조사의 경우 영화에서 조사 비실현의 비율이 매우 높은 편이긴 하지만, 현대국어와 비교했을 때 역시 차이가 난다는 사실을 알 수 있다. 이러한 사실을 통해 내릴 수 있는 결론은 장르적 특성이 격조사 실현과 비실현에 영향을 미치긴 하지만, 이러한 점을 감안한다고 하더라도 20세기 전기보다는 현대국어 구어에서 격조사의 비실현이 더욱 빈번하다고 결론내릴 수 있을 것이다.[9]

지금까지 20세기 전기 구어 자료의 격조사의 실현 비실현의 계량적 현황에 대해 살펴보았다. 현대국어와 비교했을 때 20세기 전기 구어 자료의 격조사 사용의 계량적 분포에서도 약간의 차이가 있음을 확인할 수 있었다. 이제 격조사 실현 및 비실현의 질적 분석을 통하여 격조사의 쓰임이 현대국어와 어떻게 관련되는지 알아보기로 한다.

---

9) 김건희·권재일(2004)에서 현대국어 구어에서 격조사가 실현되지 않는 경우를 살펴보면 주격 조사가 386회, 목적격조사 610회로 나타나고 있으며, 문어의 경우 주격조사 생략이 14회, 목적격조사가 26회로 나타나고 있다.

## 3. 20세기 전기 구어의 격조사 실현의 특징

20세기 전기 구어 연구를 통해 가장 큰 관심은 이 시기를 특정할 만한 두드러진 언어 변화가 있었는가 하는 것이다. 따라서 이 장에서는 격조사의 실현 양상에서 이 시대의 자료에 두드러지게 나타나는 현상을 현대국어와 비교하면서 분석하기로 한다. 현대국어 문법의 변천을 연구한 홍종선(2000:45)에서는 갑오경장부터 1910년대 후반까지 제1기에서는 격조사 형태가 일부 문헌에서 이전 시대의 모습을 보여, 주격이나 보격의 '가'형 자리에 '이'형이 쓰인 경우가 적지 않았다고 제시하면서 그 이후 시기인 제2기의 현대국어의 특징으로 주격조사 '이'와 '가'가 음운론적으로 뚜렷한 상보성을 확보하고 있으며, 오늘날의 격조사 목록 및 용법 거의가 제2기에 만들어졌다고 제시하고 있다. 즉 이 연구의 대상이 된 거의 모든 자료가 1920년대 이후 자료인 점을 감안하면 이 논문에서 다루는 20세기 전기의 구어 자료는 제2기의 시대적 특징을 공유하고 있는 것으로 보인다. 실제로 주격조사 실현에서 '이'형과 '가'형이 음운론적으로 뚜렷한 상보성을 확보하고 있다는 사실을 자료를 통해 확인할 수 있다. 다만 조선어 독본과 유성기 영화 자료에 '가'가 나타나야 할 자리에 '이'가 실현된 경우가 매우 드물게 발견되었다.

(9) ㄱ. 아동1 매일 수백 명의 맹인에게 주찬을 하사하시고 일일이 임검하든 차 제 사 일 만에 나타난 <u>맹인 하나이 의복이 남루하고 용모가 파리하</u>나 틀림없는 자기의 부친이므로 심청은 기쁨을 이기지 못하야.
    ㄴ. 봉자는 피곤한 몸 힘없는 다리를 끌고 쓸쓸히 집을 찾아 돌아왔을 때 그 뒤를 이어서 아^지 못하는 어떠한 <u>부인 하나이</u> 찾아온 것이었습니다.
    ㄷ. 춘호    우리집과 저집과의 관계를 박창기가 <u>알 배</u> 있습니까?

ㄹ. 인규    이거이 모두가 누구의 힘인 줄 아니?

위의 자료에서 보듯이 (9ㄱ, ㄴ)의 '맹인 하나이'와 '부인 하나이'에서 주격조사 '가' 대신 '이'가 나타나고 있다. 또한 (9ㄷ)에서는 '배'가 '바 + l(주격조사)'의 쓰임으로 '이'가 축약되어 실현되고 있다. 이 역시 '바가'가 '배'로 실현된 경우로 '가' 대신 '이'가 쓰이고 있다. (9ㄹ)은 '이것이'가 '이거이'로 실현된 것으로 '이거가'가 음운론적 조건으로 맞는 표현이긴 하지만, '이것'과의 관련성 등에서 '이거이'로 실현된 것으로 분석할 수 있다. 이러한 예를 통해 1920년대 이후에도 이전 시기의 영향이 언어적으로 남아 있음을 확인할 수 있다.

주어적 속격이 이 시기에도 간간히 쓰이고 있다.10)

(10) ㄱ. 동수    그리고 이천만의 동포와 삼천 리 강산이 <u>우리의 올 때를</u> 기다리고 있을 것이 아닌가.(유성기 영화)
  ㄴ. 싱빈처   무엇보다도 <u>안나 요한의 학교를 그만둔다는 것</u>부터 전 득별히 반대에요.(영화)
  ㄷ. 바드    이것이 <u>나의 창작을 할 수 없는</u> 큰 원인이겠지요.

주어적 속격은 현대국어에서도 간혹 쓰이나 (10)의 경우 현대국어에서는 주어적 속격의 형태로 잘 나타나지 않는다는 점에서 차이가 있다. 이처럼 (9)와 (10)에서 나타난 표현은 이 시기의 구어가 현대국어 구어보다 이전 시기의 특징을 더 많이 갖고 있음을 보여주는 사례라 할 수 있다.

이 시기 자료에서 또 하나 특징적으로 나타나는 것은 격조사가 겹쳐서 나타나는 경우가 많이 발견된다는 것이다.

---

10) 이지연 외(2008)에서는 근대 계몽기 자료 중 국한 혼용 자료에서 주어적 속격이 자주 출현하고 있음을 밝히고 있다.

(11) ㄱ. 깜짝 놀라 돌아다보니 교의에 누워 자던 사나이가 담요 <u>속에로</u> 십원짜리 지화 한 장을 내주었다.
ㄴ. 그러는 사이에 어언간 O보름은 지내고 후보름이 되었을 때 일행이 돌아오는 뱃노래 소리는 바다 <u>저편으로부터에</u> 들려오는 것^이었다.
ㄷ. 노인    *자* 저간 이야기는 차차 하려니와 오래간만에 <u>고향에를</u> 왔으니 어서 내 집으로 가세.
ㄹ. 이 두 아이가 쓰러져 있는 배는 몹시도 출렁거리는 물결에 밀려서 어느 이상한 <u>섬가에까지</u> 떠내려 왔을 때 바람도 자고 비도 그쳤습니다.
ㅁ. 그래 왕자는 기뻐서 옳지 이게 생명수로구나 하고는 병을 꺼내서 한 병 넣어가지고 말을 타고 내려오다 보니까 <u>길 옆에가</u> 큰 바윗돌이 하나 있습니다.

(11ㄱ)의 경우 '에로'는 '으로'의 잘못으로 해석할 가능성도 있지만, 부사격조사 '에'와 '로'가 결합된 형태로 파악할 수 있다. (11ㄴ)의 경우 '으로부터'의 결합형은 현대국어에도 빈번하게 나타나지만, '으로부터에'는 현대국어에서 거의 찾아보기 힘든 예로 볼 수 있다. (11ㄷ)은 부사격조사 '에'와 목적격조사 '를'이 결합된 형태로 매우 빈번하게 나타나는 결합형이다. 현대국어에서 '에'와 '를' 결합형이 축약된 형태인 '엘'로 많이 나타난다는 점과 비교되는 형태라 할 수 있다. (11ㄹ)은 부사격조사 '에'와 '까지'가 결합된 형태이며, (11ㅁ)은 부사격조사 '에'와 주격조사 '가'가 결합되어 나타난 형태이다. (11ㅁ)의 형태는 특히 김복진 동화 구연 자료에서 빈번하게 나타나는 것으로 김복진 동화 구연 자료에 나타난 예를 더 살펴보면 아래와 같다.

(12) ㄱ. <u>얼마쯤을 가다가</u> 보니까 <u>앞에가</u> 큰 개천이 있는데 그 개천 우에는 하얀 백조들이 떠서 돌아댕기며 놀고 있었습니다.
ㄴ. 수돌이는 너무도 이상해서 나무 위를 올라가보니까 나뭇가지 <u>위에가</u>

크고 시퍼런 칼 한 자루가 얹혀있습니다.
ㄷ. 그런데 박첨지는 바른편 목에가 커다란 혹이 달리고 맹첨지는 왼편 목에가 커다란 혹이 달려있습니다.

위의 예문들의 특징을 분석해 보면 장소와 관련된 의미를 가진 명사에 부사격조사와 주격조사 '가'가 결합하고 있다는 특징이 나타난다. 이러한 형태는 다른 자료에서는 거의 찾아보기 힘들기 때문에, 이러한 형태가 구어에서 보편적으로 쓰이던 표현인지 아니면 김복진의 개인적 발화 습관이 반영된 형태인지는 좀 더 고찰이 필요할 듯하다.

(13) ㄱ. 그리고 얼마 후에 음악회에서 은숙을 처음 보고 거의 일 년 동안이나 황금의 무장을 갖추 오고 지O의 병사를 몰아 그를 정복하려 하였으나 필수의 노력은 결국 수포에 돌아가고 말았던 것이다.
ㄴ. 그들은 우연한 도중에서 만나 길동무가 된 후에 천하의 기승 금강산 일경을 두루 돌아 다시금 은숙은 서울로 영일은 운외사로 돌아왔다.
ㄷ. 카츄샤는 다만 용서하세요 한 마디 말을 남겨 놓고는 한 걸음 두 걸음 차츰차츰이 멀어진다.
ㄹ. 정희   아버지. 아니야. 나가 잘못했어요.
ㅁ. 이원진   자네와 나와는 친한 친구가 아닌가.
ㅂ. 춘호   우리집과 저집과의 관계를 박창기가 알 배 있습니까?

위의 예문은 격조사의 쓰임이 현대와 다른 양상을 보이는 예를 제시한 것이다. (13ㄱ)은 현대국어에서 '수포로 돌아가다'의 형태로 쓰이는 것으로, 현대국어의 쓰임과 차이를 보인다. 마찬가지로 (13ㄴ) 역시 '도중에'라는 표현이 많이 쓰이는데 반해 '도중에서'로 나타나고 있다. 연구 대상이 되는 자료에서 이 두 표현은 모두 유성기 영화 자료에서 변사의 설명 부분에 나타나는 표현이라는 특징이 있으며, 전체 자료를 통틀어 '수포로, 도중에'와 같은 표현은 확인할 수 없었으며, '수포에'는 1회 '도중에서'는 2회 나타나고 있다. 이들은 모두 의미적 연관성이 있는 부사격조사 중 다른 형태가 쓰인 경우로 그 당시의 언중들의 선호 표현으로 해석할 수 있을지 다른 요소가 개입되었다고 판단할지는 좀 더 연구가 필요하다. 특히 이 표현이 모두 유성기 영화 자료의 변사의 설명 부분에 나타나고 있어서 이를 자료의 성격과 관련지어 고찰해 볼 필요가 있을 듯하다. (13ㄷ)은 '차츰차츰'이라는 의태부사에 '이'가 붙은 형태로 이 '이'가 조사인지 아니면 부사화 접미사 '이'인지 이론의 여지가 있다고 하겠다. (13ㄹ)의 경우 일인칭 대명사와 주격조사 '가'가 결합된 형태로 '1인칭 대명사 + 가'의 형태로 형태소 분석된 것 중 '내가'는 155회 나타나고, '나가'는 위의 형태 하나만 나타난다. 위의 예문은 영화 <미몽>에 나타난 것으로 아이의 발화이다. 따라서 이 시기에 '내가'가 보편적으로 쓰이고 있으나 아동의 발화 등에서 '나가'가 일부 확인되는 것으로 보는 것이 합리적일 듯하다. (13ㄹ, ㅁ)은 부사격조사 '와/과'의 쓰임이 특징적인 형태로 볼 수 있다. 현대국어에서 'A와 B'를 이어서 동일한 문장성분으로 나타낼 때 '와/과'를 한번만 쓰는 것이 일반적이다. 그러나 이 시기 표현의 경우 'A와 B와'와 같이 '와/과'를 두 번 쓰는 것이 빈번하게 나타난다. 따라서 이러한 '와/과'의 쓰임이 현대국어와 다른 점이라 볼 수 있다.

근대계몽기의 국어 격조사에 대한 연구인 이지연 외(2008:119~120)에서는[11] 목적격 조사를 취하는 구문이 현대국어와는 다른 양상으로 나타나는 경우가 있다고 지적하면서 대표적인 구문으로 '를>로'의 변화를 나타내는 예로 '삼다'류 동사를 들고 있다. 이 논의에서는 현대국어에서 '삼다'류 동사의 격틀이 'NP1이 NP2를 NP3로 V'이어서 NP2에는 자격

---

11) 이 논의에서는 근대계몽기를 갑오경장에서 1910년까지를 지칭하고 있다. 즉 홍종선(2009)의 논의에 따르면 현대국어 제1기에 해당하는 시기이며, 이 논의의 자료는 1906년부터 1909년까지 간행된 자료 총 6만 어절이라고 밝혀져 있다.

이나 지위의 변화를 입은 사람이, NP3에는 새로 얻게 될 자격이나 지위가 나타나지만, 근대계몽기 자료에서는 'NP1이 NP2로 NP3을 V'의 격틀이 나타나며, NP2와 NP3는 현대국어와 동일하게 나타난다고 하고 있다. 실제로 20세기 전기 자료에서는 이러한 특징과 현대국어의 특징이 혼재되어 나타나는 듯하다.

(14) ㄱ. 아동1 사람들은 누구나 다 이 말에 찬성하얐으나 그러면 <u>누구로 임금을 삼겠느냐는</u> 문제에 이르러서는.
　　 ㄴ. 아동1 심청이 이에 숨기지 않고 자기의 내역을 사뢰였드니 국왕께서는 매우 감탄하사 마침내 <u>심청으로 왕비를 삼으셨다</u>.
　　 ㄷ. 공자는 수신제가치국평천하지도를 다 <u>인 한 자로 본령을 삼으셨고</u>, 이것을 도덕의 근본으로 하셨습니다.

(14)의 예문은 이지연 외(2008)에서 제시한 형태의 격틀을 보여주는 예시로 지위의 변화를 입게 되는 '누구, 심청, 자'가 '로'와 공기하고 있으며, 새로 얻게 될 자격인 '임금, 심청, 본령'이 '을/를'과 공기하고 있다. 그러나 아래의 예문처럼 '로'와 '를'의 실현이 위와 다른 예시 또한 발견된다.

(15) ㄱ. 병운　　이 한마디를 남기고 가는 <u>병운이의 과거를 당신네들의 표본으로나 삼아</u> 주십시오.
　　 ㄴ. 성순　　<u>당신의 사랑을 무기로 삼아</u> 끝까지 싸우겠습니다.
　　 ㄷ. 강병조가 천치의 아들을 두고 배필을 구하던 중 <u>순이 아버지에게 받을 돈이 있는 것을 기화로 삼아</u> 마침내 혼인을 강청하야 가련한 순이는 병조의 집 민며느리로 끌려갔다.
　　 ㄹ. 옥임　　바느질품을 팔아가며 그 자식 하나 길르느라고 <u>고생을 낙을 삼아</u> 살아왔습니다.
　　 ㅁ. 춘성　　최후의 한 사람까지 <u>성을 벼개 삼아</u> 명예의 전사를 했습니

다.
ㅂ. 이 은촛대와 은접시를 자본 삼아 기필코 착한 사람이 되리라고 나에게 약속한 그 일을.

(15ㄱ, ㄴ, ㄷ)은 (14)의 예와 다르게 '변화를 입게 되는 대상'이 '를'과 함께 실현되고, 새로 얻게 될 자격을 '로'로 실현하고 있어서 격틀의 실현이 서로 다르게 나타나는 것을 볼 수 있다. (15ㄹ)에서는 '로' 대신 '을'이 실현되어 이중 목적어 구문과 같은 형태로 실현되기도 하고, (15ㅁ, ㅂ)에서는 뒤에 나오는 명사에 조사가 생략되어 나타나는 형태를 취하고 있다. 따라서 이 시기의 자료는 이전 시기의 특징과 현대국어의 특징이 혼재되어 나타나는 양상을 보이고 있다고 해석할 수 있다.

이지연 외(2008:132)에서는 근대 계몽기 '로'의 특징적 쓰임의 또 다른 하나로 '로'가 불구동사 '더불다'와 함께 쓰여 동반의 의미로 사용되었다고 제시하고 있는데, 이 논문의 연구 자료에서 '더불다' 동사가 1회 나타났고, 이 논의에서 제시된 것처럼 '로'와 공기하여 나타나는 현상을 보이고 있다. 이를 통해 근대 계몽기와 20세기 전기까지도 '로 더불어'가 나타나고 있음을 확인할 수 있다.[12]

(16) 여러 학자로 더불어 연구하신 끝에 온전 과학적으로 새로 지으신 글씬데 서역 일천사백사십육 년에 반^포^하게 되었습니다.

지금까지 20세기 전기 구어의 격조사 실현에 어떤 특징이 있는지 구체적인 예문을 통해 분석해 보았다. 다음 장에서는 격조사 비실현의 특징을

---

[12] 이지연 외(2008)에서는 이밖에도 '에 인하다'가 근대 계몽기에 나타나고 있다고 하면서 근대 국어의 '를 인하다'가 현대국어의 '로 인하다'로 변화하는 과정에 '에 인하다'가 나타난다고 설명하고 있는데, 이 연구를 위한 자료에서는 '로 인하다'의 형태만 나타나고 있어서, 1920년 이전의 분포와는 차이가 있음을 보여주고 있다.

분석하여 20세기 전기 문법의 특징에 대해 좀 더 고찰해 보기로 한다.

## 4. 20세기 전기 구어의 격조사 비실현의 특징

중세국어와 근대국어를 대상으로 격조사 비실현에 대한 연구는 황국정·차재은(2004), 전병용(2008)을 각각 들 수 있다. 중세국어 자료를 대상으로 한 황국정·차재은(2004)에서는 주격조사가 빈번하게 생략되는 구문으로 존재동사 구문과 상태동사(형용사) 구문을 들고 있고, 특히 석보상절을 대상으로 한 후기 중세국어에서 주격조사의 생략은 상태동사(형용사)에서 많고 자동사나 타동사일 경우는 주로 관형사절에서 일어나며, 부사격조사의 생략이 매우 드물다고 제시하고 있다. 이는 이 시기 자료에서도 나타나는 현상인 듯하다. 주격조사가 자동사와 상태동사에서 생략되는 경우가 빈번하였으며, 관형사절의 주어인 경우 격조사의 비실현이 많이 나타났다.

(17) ㄱ. 장철수    인순이 다리 아프지 않아?
    ㄴ. 인순     옥분 언니 아주머니 계실 텐데요.
    ㄷ. 토끼는 솔방울 떨어지는 소리를 듣더니 깜짝 놀라서 귀를 쫑긋쫑긋 하고 앉아 있으니까
    ㄹ. 모      그렇지만 눈 어두우신 어머님을 집에 혼자 계시게 할 수는 없어^요.

위의 자료에서 (17ㄱ, ㄴ)은 상태동사와 존재동사 구문에서 주격조사가 생략된 경우이고, (17ㄷ, ㄹ)은 관형사절에서 주격조사가 생략된 경우이다. 관형사절에서 주격조사가 생략된 경우 중 연극 자료 등에서 '주름

잡힌 얼굴에, 자애 깊은 노모의'처럼 7음절로 구성된 표현이 반복적으로 나타나고 있는 특징을 보였다. 전병용(2008)에서는 격조사 생략의 특징을 제시하면서 생략을 통하여 운율이 한층 강화된다고 제시하고 있는데, (17ㄷ, ㄹ)이 이러한 예로 분석할 수 있다. 즉, 연극이나 영화 등 특정 장르의 구어에서 운율적 효과를 위해 격조사가 비실현되기도 한다는 것이다.

주격조사 비실현에서 또 하나 특징적인 것은 주어가 화자나 청자일 경우 주격조사가 비실현되는 경우가 빈번하다는 것이다.

(18) ㄱ. 얘 꼬맹이 돼지야 내일 아침에 <u>내 일찍이 올테니</u> 저 고개 너머 밭에 가서 참외도 따먹고 놀다오자 하고 늑대가 꾀니까
ㄴ. 동자2 너 누구냐?

(18ㄱ)은 화자가 주어인 경우로 주격조사가 생략되어 나타났으며, (18ㄴ)은 청자가 주어인 경우로 주로 반말체에서 주격조사 비실현이 빈번하게 나타나고 있다.

목적격조사의 비실현도 다양한 환경에서 많이 나타나는데, '좀' 등과 같은 부사가 인접하는 경우, 관형절 안에 쓰인 목적어, 수사가 인접하여 목적격 중출이 될 수 있는 경우, 하나의 단위처럼 반복적으로 쓰이는 경우, 운문에서 운율적 효과를 위한 경우(반복 표현 포함), 부정 표현과 공기하는 경우(~지 마라, 마라), '하다'에 인접한 목적어 등에서 조사 비실현이 빈번하게 나타나고 있다. 이 중 1음절 부사가 인접하는 경우 목적격조사의 생략은 좀 더 빈번하게 나타나고 있는데, 운율적으로 이러한 부사가 목적격조사를 대신하는 듯한 느낌을 주기도 한다.[13]

---

13) 이러한 현상은 주격조사에서도 빈번하게 나타나고 있다. "내 꼭 기다릴테니"와 같이 '꼭,

(19) ㄱ. 노인은 성이 잔뜩 나서 너 고생 *좀* 해봐라 하고는 요술을 부렸습니다.
ㄴ. 순애  *저* 손 좀 잡아주세요.

주격조사와 마찬가지로 관형절 안에 나타난 목적어에 목적격조사가 비실현되는 경우가 빈번하다.

(20) ㄱ. 옛날 어떤 나라에 <u>머리 열둘 가진 큰 구랭이가</u> 있었습니다.
ㄴ. 아동3 그래도 안 오기에 좀 더 나가본다는 것이 <u>앞 못 보는 탓</u>으로 실족하야 개천에 빠져 헤매든 차에 마침 지나가든 노승이 건져주며 하는 말이.

(20ㄱ)에서 '머리 열둘'처럼 수사가 명사에 인접해서 나타나는 경우 목적격 중출의 구성이 가능한 예인데, 이 경우 목적격조사 둘 다 비실현되고 있으며, (20ㄴ)은 '앞 못 보는 탓'이 하나의 단위처럼 반복해서 나타나는 특징을 보였다.

부사격조사의 비실현은 시간표현과 장소표현 다음에 많이 나타났으며, '찾아들다, 들어가다, 가다, 오다' 등의 동사 앞에서 '에'가 실현되지 않고 나타나고 있다.

(21) ㄱ. 그런 즉 이전은 아마 <u>이전</u> 열국대로 허더래도 또 시방 세계 현상과 같은 갑다.
ㄴ. 일남   아 아버지 <u>여기</u> 나와 계세요?
ㄷ. 성칠   우리 시골 꼬라지가 <u>서울</u> 가서 행세하는데 꼭 알아둘 게 뭔지 아니?

---

좀, 참, 더' 등과 같이 일음절 부사가 오는 경우 주격조사 비실현이 빈번하게 나타나고 있다.

(21ㄱ)은 시간표현, (21ㄴ)은 장소표현 다음에 부사격조사 '에'가 실현되지 않은 예이고, (21ㄷ)은 이동동사와 장소명사가 공기하는 경우 '에'가 실현되지 않는 예이다. 실제로 (21ㄷ)은 현대국어에서도 조사 비실현이 매우 빈번하게 일어나는 경우로, 이 시기에도 부사격조사 '에'의 비실현이 현대국어와 다르지 않음을 확인할 수 있다.14)

조사 비실현이 두드러지게 나타나는 격조사는 공동격조사 '와/과'이다. '와/과'의 비실현은 '같다' 앞에서 나타나고, '같다' 앞에 '와/과'는 실현되는 경우보다 비실현되는 경우가 훨씬 더 많다는 것을 확인할 수 있다.

(22) ㄱ. 백옥 같은 흰 쌀일세.
ㄴ. 집주인 내 당신네들 같은 사람 보기를 처음 봤소.

위에서 보듯이 '같은' 앞에 '백옥, 당신네들'에 '와/과'가 비실현되어 나타난다. '같다' 앞에 '와/과'가 실현되는 경우는 독백 발화에서 좀 더 빈번하게 찾아볼 수 있다.

(23) ㄱ. 그런 즉 이전은 아마 이전 열국대로 허더래도 또 시방 세계 현상과 같은 갑디다.
ㄴ. 이때 나는 신궁 대회 때 스타트와 같은 가벼운 기분이었습니다.
ㄷ. 아동7 하도 이상하기에 가보았드니 말은 하날로 올라가 그 자리에 박과 같은 알 한 개가 있었습니다.

(23ㄱ)은 월남이상재 선생의 연설이고, (23ㄴ)은 손기정 선수의 발화,

---

14) '에'가 실현되지 않는 현상에 대한 국어학적 해석에 대해서는 유혜원(2015)을 참조할 수 있다.

(23ㄷ)은 조선어독본의 내용으로 주로 격식적인 독백 발화에서 '와/과'가 나타나는 경향을 보였다.

지금까지 살펴보았듯이 격조사의 비실현은 현대국어와 그 양상에서 큰 차이를 보이지는 않았지만 이 시기의 몇몇 특징들을 확인할 수 있었다. 격조사의 비실현이 운율을 맞추기 위한 장치로 쓰이고 있는 점 등을 고려해 보면 그 당시 언중의 표현의 선호나 습관을 파악할 수 있는 장치로 격조사의 비실현을 이해할 수 있을 듯하다.

## 5. 마무리

지금까지 20세기 전기 구어 자료에 나타난 격조사의 특징에 대해 살펴보았다. 이 연구에서는 격조사의 실현 및 비실현 양상을 계량적 분석을 통해 살펴보고, 자료를 질적으로 분석하여 내용적 측면에서 현대국어와의 차이를 고찰하고자 하였다. 이 연구를 통하여 20세기 전기는 근대 계몽기와 현대국어를 잇는 교량적 역할을 하는 시대로 현대국어의 특성과 그 이전 시기의 특성이 혼재되어 있는 것으로 보이나, 거리상으로 본다면 현대국어와 공유된 특성이 더 많이 나타난다고 판단된다. 예를 들면, 근대국어와 현대국어의 격조사 실현의 구문적 변화를 보인다고 알려진 '로'와 '를'의 분포에서 근대국어와 현대국어의 모습을 모두 보여주고 있으나, 그 빈도 면에서는 현대국어의 특성을 지닌 구문이 훨씬 많이 나타나고 있다는 사실을 통해 이러한 면모를 확인할 수 있다.

이 연구는 현재 남아 있는 영상 및 녹음 자료를 전사한 구어 자료를 토대로 격조사 실현 및 비실현 양상을 실증적으로 살폈다는 점에서 의의가 있다고 하겠다. 그러나 이 연구의 대상이 된 자료는 영화 연극 등의 자료와 격식적 독백 발화가 주를 이루고 있어서, 이 자료가 이 시기의 순수한 구어라 할 수 있는가 하는 문제는 여전히 남아 있다고 하겠다. 그러나 영화나 연극과 같은 문화적 장르에서도 그 시대의 언어가 반영된다는 점을 전제한다면 이 연구에서 다룬 자료와 분석이 20세기 전기 구어의 특성을 보여준다고 할 수 있겠다. 다만 이 연구의 대상이 된 자료가 음성 자료를 전사하여 구축한 56,127개 어절 규모이기 때문에, 구어와 문어를 아우르는 이 시기의 자료들과 비교 연구를 통해 20세기 전기의 언어적 특징을 좀 더 총체적으로 파악할 수 있도록 해야 할 것이다. 또한 이 논문이 다루고 있는 조사는 격조사에 한정된 것으로 보조사에 대해서도 이러한 연구가 이루어져야 할 것이다. 이는 후고를 기약한다.

■ 참고 문헌

구현정·전영옥(2002), 「구어와 구어 전사 말뭉치」, 『한국어 구어 연구1: 구어 전사 말뭉치와 그 활용』, 한국문화사.
김건희·권재일(2004), 「구어 조사의 특성: 문법 표준화를 위한 계량적 분석」, 『한말연구』(한말연구학회) 15, 1~22.
민현식(2007), 「구어적 통용과 문어적 오용」, 『문법교육』(한국문법교육학회) 6, 53~113.
서재길(2007), 「드라마, 라디오, 레코드: 극예술연구회의 미디어 연극 연구」, 『한국극예술연구』(한국극예술학회) 26, 121~153.
오재혁(2014), 「20세기 초 구어 연구를 위한 음성 자료의 유형과 특징에 대한 고찰」, 『어문논집』(한국문학언어학회) 70, 225~258.
유혜원(2015), 「부사격조사 '에' 비실현에 대한 연구」, 『한국어학』(한국어학회) 66, 189~214.
이지연·김민국·윤정원(2008), 「근대 계몽기의 격조사 목록과 기능 연구」, 『국제어문』(국제어문학회) 44, 107~141.
장경현(2003), 「문어/문어체, 구어/구어체 재정립을 위한 시론」, 『한국어의미학』(한국어

의미학회) 13, 143~165.

장혜진·신우봉·유혜원·홍종선(2014), 「20세기 초 구어 연구를 위한 문어 텍스트의 활용 문제」, 『어문논집』(민족어문학회) 71, 325~351.

전병용(2008), 「현풍 곽씨 언간의 격조사 생략에 대한 고찰」, 『동양고전연구』(동양고전학회) 33, 414~435.

홍종선(2009), 「20세기 국어 문법의 통시적 변화」, 『국어국문학』(국어국문학회) 152, 35~61.

황국정·차재은(2004), 「중세국어의 격조사 생략에 대한 고찰: 석보상절과 석독구결 자료를 중심으로」, 『민족문화연구』(고려대학교민족문화연구원) 41, 131~155.

Eggins,S. (2004), *An Introduction to Systemic Functional Linguistics*, London: Pinter Publishers.

# 20세기 전기 구어에 나타난 국어의 보조사 연구

유혜원

## 1. 머리말

이 연구는 20세기 전기 구어에 나타난 국어 보조사의 계량적 현황을 분석하고, 이를 토대로 이 시기 보조사의 특징을 고찰하고자 하는 것이다. 20세기 전기는 1900년~1945년에 해당하는 시기로 음성 자료로 남아 있는 구어 자료를 전사한 고려대학교 20세기 전기 구어말뭉치를 연구의 대상으로 삼았다. 이 자료는 격식적 독백인 연설 및 강연 자료 '월남 이상재 선생 육성 녹음, 고루 이극로 선생 육성 녹음, 김복진 동화 구연 자료, 보통학교 조선어독본, 손기정 선수 소감 음성'와 비격식적 대화와 독백 자료인 '유성기로 듣던 연극 모음(27편), 유성기로 듣던 무성 영화(27편), 한국어 제작 일반 영화(9편)'로 구성되어 있다.[1] 이 자료는 전체 14시간

---

1) 코퍼스 구축과 관련된 자세한 내용은 오재혁 외(2014)와 장혜진 외(2014)를 참조할 수 있다. 여기에서 특히 격식적 독백과 비격식적 대화 및 독백의 구분이 타당한지에 대한 의문이 제기될 수 있는데 이는 유성기로 듣던 무성영화의 장르적 특징에 기반한 구분임을 밝히며, 더 자세한 내용은 위의 자료를 참조할 수 있다. 아울러 제기될 수 있는 연극 자료나 영화

59분(전체 899분) 분량으로 어절 수는 56,178개이다.[2]

보조사에 대한 기존 연구는 보조사의 범주 논의[3], 보조사의 분포와 의미 기능에 대한 논의가 많았으며[4], 사적으로 문법화를 비롯하여 보조사의 변천에 대한 연구가[5] 주를 이루었다. 본 연구의 대상 자료는 20세기 전기 구어인데, 20세기 전기는 현대국어 형성기로 후기 근대국어의 영향이 남아 있는 한편, 현대국어의 특징이 정착되는 시기이다. 따라서 이 연구는 기본적으로 공시적 성격을 갖지만, 20세기 전기 구어 자료에 나타난 보조사의 목록과 분포를 고찰하는 과정에서 이전 시기와 이후 시기와의 비교를 통해 이 시기 보조사의 특징을 파악할 수 있을 것이다. 이 연구는 코퍼스에 나타난 보조사의 분포 현황을 면밀히 분석하여 이 시기 보조사의 특징을 개관하는 한편, 보조사가 구어에서 어떻게 쓰이고

---

자료가 장르적 성격 때문에 전형적인 구어라고 보기 어렵다는 문제제기 또한 일면 타당성이 있으나, 장르적 성격을 갖는 자료라고 하더라도 말로 발화되었다면 그 발화 안에는 그 당시의 구어적 특성이 반영되었으리라는 것이 이 연구의 전제이다. 해당 장르의 주된 기능과 문체의 상관성에 대한 논의는 중요한 연구 주제일 수 있으나 이 연구 주제와는 별도로 다루어야 한다.

2) 이 자료의 규모가 계량적 연구를 하기에 적다는 점은 한계이자 문제라는 지적이 가능하다. 이는 일면 타당하다. 그러나 이 연구의 대상이 된 자료는 음성으로 녹음된 것을 전사한 구어 자료이고, 구어 자료 구축의 특성상 문어와 같이 대규모 연구가 어렵다는 특수성이 있다. 이는 대부분의 구어 자료가 갖는 공통의 문제이기도 하다. 실제로 현대 한국어 구어를 대상으로 조사에 대해 연구한 김건희·권재일(2004:5)의 자료 규모는 약 60분 분량에 불과하다. 따라서 본 연구의 대상이 된 자료가 충분하다고 보기는 어렵지만, 이 시기 언어의 특성을 파악할 수 있는 수준이라고 판단된다. 특히 이 연구가 어휘에 대한 연구가 아니고 보조사라는 문법범주에 대한 연구이기 때문에 충분히 연구의 의의가 있다고 판단된다.

3) 보조사 범주에 대한 논의는 최현배(1961), 채완(1993), 이원근(1996), 홍사만(2002), 황화상(2015) 등을 참조할 수 있다. 보조사의 범주 문제는 보조사로 분류될 수 있는 것을 어떤 용어로 규정할 수 있는지에 대한 문제와 특정 보조사 형태가 주변범주와의 구분이 모호한 경우에 대한 논의로 다시 분류할 수 있다.

4) 보조사의 분포에 대한 연구로는 나은미·최정혜(2009), 황화상(2012) 등이 있고, 보조사의 기능과 의미에 대한 연구는 박철우(2015), 임동훈(2015), 홍사만(2002) 등을 들 수 있다.

5) 보조사의 사적 연구로 대표적인 논의는 하귀녀(2005), 박진호(2015), 문병렬(2009), 허재영(2007) 등을 들 수 있다.

있는지에 대해서도 고찰하여 궁극적으로 이 시기 구어의 특징을 밝히고자 한다.

이를 위해 2장에서는 보조사의 형태별 계량적 현황을 통하여 이전 이후 시대의 보조사 목록과 어떤 차이가 있는지 고찰할 것이고, 3장에서는 보조사가 다른 조사와 결합하는 결합 유형을 다각도로 분석하여 이들의 문법적 특징을 고찰하게 될 것이다. 마지막으로 이 시기 구어 자료에 특징적으로 나타나는 보조사를 좀 더 세밀하게 분석할 것이다. 이를 통해 20세기 전기 구어에 나타난 보조사의 특징을 조망하고자 한다.

## 2. 보조사의 계량적 현황

20세기 전기 자료에 나타난 보조사의 분포적 특성을 알아보기 위해 20세기 전기 구어에 나타나는 보조사를 추출하고, 이들의 특징을 살펴보고자 한다. 세종계획의 지능형 형태소 분석기를 돌려 태깅한 결과를 토대로 '/JX' 표지로 태깅된 어절을 추출하고, 이를 종류별로 정리하였다. 보조사가 나타나는 총 어절 수는 6,351개이고, 70개 종류의 보조사(type)가 총 6,476회 나타났다.[6] 보조사의 유형별 출현빈도를 정리하면 아래와 같다.[7]

---

[6] 어절수와 출현횟수가 차이가 나는 것은 '하나뿐만이, 하나뿐만은'과 같이 한 어절에 2~3번까지 보조사가 출현하는 경우가 있기 때문이다.
[7] 이러한 연구 방식의 문제점은 형태소 분석기가 보조사로 처리한 항목만을 보조사의 형태로 인지할 수 있다는 것이다. 따라서 형태소 분석기에서 보조사로 분석되지 않아서 놓치는 형태가 있을 수 있으며, 오분석이나 분석의 방식이 달라서 생기는 차이도 있을 수 있다. 이러한 문제는 기존의 연구를 참조하고, 연구대상이 된 코퍼스의 질적 분석을 통해 보완하고자 하였다.

<표 1> 보조사 유형별 출현 빈도(빈도순)

| 보조사 | 빈도 | 보조사 | 빈도 | 보조사 | 빈도 |
|---|---|---|---|---|---|
| 는 | 1672 | 두 | 20 | 이라던지 | 2 |
| 은 | 1110 | 그래 | 17 | 이래도 | 2 |
| 도 | 999 | 다가 | 14 | 하고 | 2 |
| 요 | 932 | 이란 | 13 | 가 | 1 |
| 만 | 320 | 이요 | 11 | 가지 | 1 |
| ㄴ | 311 | 마저 | 9 | 난 | 1 |
| 까지 | 157 | 이나마 | 8 | 는커녕 | 1 |
| 이나 | 97 | 인들 | 8 | 다아 | 1 |
| 야 | 94 | 이야말로 | 6 | 든 | 1 |
| 나 | 93 | 야말로 | 5 | 든가 | 1 |
| 부터 | 68 | ㄴ들 | 4 | ㄹ | 1 |
| 들 | 59 | 만큼 | 4 | 라던지 | 1 |
| 다 | 54 | 부텀 | 4 | 라든가 | 1 |
| 이야 | 40 | 이라고 | 4 | 라야 | 1 |
| 밖에 | 38 | 라고 | 3 | 래도 | 1 |
| 그려 | 34 | 란 | 3 | 뺵에 | 1 |
| 라도 | 33 | 을랑 | 3 | 설라믄 | 1 |
| 든지 | 31 | 이든지 | 3 | 욧 | 1 |
| 이라도 | 31 | 까정 | 2 | 이고 | 1 |
| 뿐 | 28 | 나마 | 2 | 이든 | 1 |
| 마는 | 26 | 라두 | 2 | 이라든지 | 1 |
| 대로 | 25 | 버텀 | 2 | 이래야지 | 1 |
| 마다 | 25 | 서껀 | 2 | 커녕 | 1 |
| 조차 | 24 | | | | 1 |

현대국어 코퍼스 자료에서 유형별 빈도를 제시한 강범모·김흥규(2009)는 다양한 장르의 대규모 언어 코퍼스에 기반한 연구이다. 이 자료는 한국어의 구어와 문어를 아우르는 자료로 한국어의 표준적 자료 현황을 보여주는 것으로 의의가 있다. 이 연구의 대상으로 삼은 20세기 전기 구

어 코퍼스의 개략적인 특징을 알아보기 위해 강범모·김흥규(2009)에서의 보조사 목록과 위의 자료를 비교해 보면, 강범모·김흥규(2009)에서 총 120개의 보조사 형태가 제시되어 있는데, 그 중 51개의 항목이 공통으로 들어 있음을 확인할 수 있다.[8]

(1) ㄱ. 가, 다아, 라던지, 라든가, 라야, 래도, 설라믄, 옷, 이고, 이든, 이든지, 이라고, 이라던지, 이라든지, 이래야지, 이요, 인들, 이라던지, 이래도, 하고[9]
ㄴ. 가정, 거나, 거냐, 고, 그랴, 그류, 그리여, 까자, 까장, 까짓, 깨나, 꺼정, 꺼지, 끼지, ㄴ커녕, 냐, 넌, 느은, 대루, 던가, 데로, 든다, 따가, 따라, 또, ㄹ라무니, ㄹ랑, 로, 리을랑, 마, 마난, 마당, 마동, 마아는, 마안, 마자, 만은 배끼, 백이, 버틈, 부텅, 분, 사, 사말로, 손, 쇼, 야말루, 에서만큼, 예, 요오, 요이, 요인, 유, 유우, 으나, 은커녕, 을, 이곳, 이사, 일랑, 치고, 치고는 치구, 치군, 토록, 투, 는[10]

(1ㄱ)은 20세기 전기 구어 자료에만 나타나는 보조사의 목록이고, (1ㄴ)은 강범모·김흥규(2009)에만 나타나는 보조사 목록이다. 코퍼스의 규

---

[8] 강범모·김흥규(2009)의 기초가 된 코퍼스 규모는 약 1,500만 어절이며, 형태의미분석 말뭉치를 토대로 추출된 자료이다. 따라서 여러 가지 면에서 이들을 일대일로 비교하는 것은 문제가 될 수 있다. 그러나 본문에서 밝힌 것처럼 강범모·김흥규(2009)가 한국어의 표준을 제시하고 있다는 점에서 목록이나 비율의 비교 등은 가능할 것으로 판단된다. 이러한 비교를 통해 20세기 전기 구어의 개략적인 특성을 파악하는 데에는 무리가 없으리라 생각한다.
[9] 위의 목록에서 '백에'는 감범모·김흥규(2009)에서는 '배께'로 표기되어 있으나, 이는 표기법 상의 차이이고, 동일한 형태라 인지하여 위의 목록에 포함하지 않았다.
[10] 강범모·김흥규(2009)의 목록과 (1ㄱ)의 내용에서 가장 많이 차이가 나는 것 중 하나가 '이고, 이든~이래도'처럼 '이-'로 시작되는 목록들이 (1ㄱ)에는 많으나 (1ㄴ)에는 잘 나타나지 않는다는 것이다. 이는 강범모·김흥규(2009)에서 '이다' 활용어미와 구분하기 어려운 보조사의 처리 기준이 마련되어 있고, 이 기준에 따라 배제된 것이 많아서인 듯하다. 강범모·김흥규(2009)에서는 '대상 형태가 용언의 어미로 사용되는가? 대상 형태가 체언에 후행할 때 서술어의 자격을 가지고 사용되는가?'를 기준으로 이러한 기준이 적용되는 많은 경우를 어미로 처리했을 뿐만 아니라, '종결어미+요'는 종결어미로 통합하여 분석하는 등 보조사 판별에 좀 더 엄격한 기준이 적용된 듯하다.

모가 크고 다양한 종류의 자료가 포함되어 있는 (1ㄴ)에서 다양한 변이형들이 나타나는 것을 확인할 수 있었다. 강범모·김홍규(2009)의 현대국어 코퍼스에 나타난 보조사의 빈도별 순위와 <표 1>의 자료를 비교해 보면 몇 가지 차이를 발견할 수 있다. 우선 빈도 순위에서 특징적 차이를 보인다. 1위부터 3위까지는 '는, 은, 도'로 순위가 동일하나, 강범모·김홍규(2009)의 현대국어 자료에서는 4위~10위가 '만, 까지, ㄴ, 부터, 나, 밖에, 이나'인데, 20세기 전기 구어 자료에서는 '요'가 '만'보다 더 많이 나타나고, 'ㄴ'이 '까지'보다 많이 나타나며, 현대국어의 13, 14위의 '요, 야'가 20세기 전기 구어 자료에서는 10위 안에 드는 것을 알 수 있다.11)

이러한 계량적 분포의 경향은 배진영 외(2013:216~219)에서도 확인 가능하다. 이 연구에서는 대화, 소설, 신문, 학술 사용역별 보조사 쓰임을 제시하고 있는데, 모든 사용역에서 공통적으로 '은/는, 도, 만' 3개의 보조사가 전체 사용빈도의 80%를 차지하고 있음을 제시하고 있다. 또한 이 자료에서는 자료별 누적 빈도가 사용역에 따라 다름을 제시하고 있는데, 누적 빈도 비율이 90%까지인 어휘 유형 빈도는 대화 8, 소설 6, 신문 5, 학술 4로 대화의 어휘 다양도가 가장 높음을 제시하였다. 이는 '대화'에서 문어 사용역에서는 발견되지 않는 많은 구어 변이형이 나타난 것으

---

11) <표1>의 자료와 강범모·김홍규(2009)와의 비교 결과가 언어 처리 지침의 차이에서 비롯된 것이라는 의문을 가질 수 있다. '요'나 '이다'와 관련된 부분은 지침의 다름이 작용한 부분이라는 생각이 들지만, 나머지 부분을 모두 지침의 차이라고 보기는 어려운 면이 있다. 또한 제기될 수 있는 문제를 보충하기 위해 다양한 사용역에 대한 계량적 연구인 배진영 외(2013)의 자료와의 세밀한 비교도 함께 제시하였기 때문에, 이러한 문제는 아래에서 해소되었다고 판단된다. 또한 <표1>의 변이형태 처리 문제에 대해서도, 구어 연구의 경우 많은 변이형태를 발굴하고 이를 비교 분석하는 것이 의의가 있다고 판단되기 때문에 이러한 분석 방식을 채택하였다. 아울러 이 연구의 대상 자료 역시 강범모·김홍규(2009) 자료의 기초 분석을 위해 사용한 도구인 세종 형태소 분석기를 사용하고 있기 때문에 몇몇의 수정을 위한 세부 지침이 다를 수는 있으나 기본 분석 툴은 같은 것이라는 점에서 제기될 수 있는 문제들이 연구방법론의 측면에서 큰 문제가 되지 않는다고 판단된다.

로 해석할 수 있으며, 이는 구어와 문어에 대한 지금까지의 연구 결과와도 부합한다. 배진영 외(2013)의 사용역별 빈도 현황에서 또 하나 특징적인 것은 '대화'에서는 빈도순이 'ㄴ, 요, 야'이지만,12) 다른 사용역에서는 '야'가 '요'보다 더 높은 순위에 있다는 것이다. '대화'가 구어이고, 나머지 사용역이 문어라는 점을 통해 구어인 대화문에서 '요'의 사용이 더 빈번하다는 사실을 파악할 수 있다.

　위의 두 연구 결과와의 비교를 통해 20세기 전기 구어 자료에서 'ㄴ, 요, 야'의 사용이 빈번함을 확인할 수 있다. 특히 'ㄴ, 요'의 경우 구어라는 특징이 반영된 것으로 해석할 수 있고, 이를 통해 이 연구의 대상이 된 전기 구어 자료가 구어적 성격을 갖고 있음을 확인할 수 있다.13) 위에서 살펴본 것처럼 전기 구어 자료가 영화, 연극, 연설 등 특정 장르에 해당하는 것이기 때문에, 이 자료가 장르적 특성을 보여 전형적 구어로 보기 힘들다는 주장 또한 제기될 수 있지만, 이러한 보조사의 계량적 현황을 통해 이 자료가 구어적 성격을 갖고 있다고 해석할 수 있다.

　20세기 전기 구어 자료에 나타난 보조사 목록을 현대국어 보조사 목록과 근대국어 보조사 목록과 각각 비교했을 때 몇 가지 차이를 발견할 수 있다. 현대국어 보조사인 (1ㄴ)에 나타난 형태 중 가장 두드러지는 것은 '치고' 부류에 해당하는 보조사가 20세기 전기 구어 자료에 나타나지 않는다는 것이다. 근대국어 보조사 연구에서 '치고'는 보조사로 거의 다루어지지 않았으나, 최현배(1948)의 목록에 '치고'가 있는 것으로 보아 19세기 말이나 20세기 초쯤에 '치고'가 보조사 용법으로 쓰였을 것으로

---

12) 어휘 다양도가 가장 높은 '대화'에서 'ㄴ, 요, 야'가 각각 3위, 8위, 16위로 다른 사용역에 비해 'ㄴ, 요'가 매우 높은 순위로 나타남을 알 수 있다.
13) 'ㄴ'은 구어에서 준말이 빈번하게 나타난다는 점을 반영하는 것이고, '요'는 '해요체'를 실현하는 요소라는 점에서 이 두 보조사가 구어적 특징을 반영한다고 해석하는 데에는 무리가 없으리라 생각한다.

추정해 볼 수 있다. 이 시기 문어 자료에서 '치고'가 보조사로 판단되는 용례를 찾아볼 수 있는데, 1907년 10월 18일자 <대한매일신보>에 다음과 같은 쓰임을 확인할 수 있다.

(2) 일전에 모모 대관의 별실을 내여셔 잔치를 빅셜ᄒ고 단셩샤 일판을 쳥ᄒ야 딜탕ᄒ게 놀다가 홀디에 살풍경이 니러남으로 연회를 다 맛치지 못ᄒ고 무미케 헤여젓다 ᄒ니 속담에 닐ᄋ기를 잔치<u>치고</u> 됴흔 잔치가 별노 업다 흠이로고(1907년 10월 18일자 대한매일신보)

이러한 자료를 토대로 시기를 정확하게 확정할 수는 없지만 '치고'가 현대국어 초기에 보조사 용법으로 사용되었다고 판단할 수 있다.14)

다음으로 근대국어 연구에서는 보조사로 분류되지 않았으나,15) 20세기 전기에 나타난 보조사로 제시된 것으로 '서껀'이 있다. 김수정(2000:130)에서는 '서껀'이 현대국어 제2기 즉, 1930년대 이후에 나온 표현으로 추정된다고 하면서 다음과 같은 예문을 제시하였다.

ㄱ. 밭허구 산허구 집<u>서껀</u> 판 겁니다.("농군" 문장 7집(1939))
ㄴ. 어머님<u>서껀</u>, 오라버니<u>서껀</u> 다 편안하시니까? ("미망" 문학사상(1985))

---

14) 최현배(1948)에서는 보조사 목록으로 '가운데, 가지, 까지, 나, 나마, 는, 도, 든지, 라도, 로, 로서, 마다, 마자, 만, 밖에, 부터, 서껀, 안으로, 야, 야말로, 인들, 조차, 치고, 커녕'의 23개를 제시하면서, '치고'를 보조사로 분류하고 있으나, 채완(1993:72)에서는 현대국어의 특수조사 연구를 통해 '치고'는 동사의 활용형으로 생각되며 사전에 조사로 등록되어 용법이 제시되어 있지만, 이러한 특수한 쓰임은 동사 '치다'의 문제로 보아야 한다고 제시하고 있어서 '치고'에 대한 범주 구분에 이견이 있다.
15) 근대국어 보조사 목록에 대해서도 학자 간 이견이 많지만 대표적으로 김승곤(1986)에서는 근대국어의 보조사 목록으로 '으란, 이나/이어나, 마다, 나마, 인ᄃ·ㄹ, ㅅ지, 쑨, 좃차/조츠, 대로/딕로, 무즉, 만, 는/은/논/온/ㄴ, 도, 사/야, 븟터/붓터, 셔, 곳, ᄂ커니와, 금'을 설정하고 있다.

이러한 '서껀'은 20세기 전기 구어 자료에도 2회 나타나고 있다.

(4) 수일: 학교에 가서 월사금을 몰짱 털어서 여비를 만들어준 거라던지.
　　수일: 그뿐인가?
　　수일: 이 망토<u>서껀</u>.
　　수일: 그리고 이 구두<u>서껀</u>.
　　순애: 아이 고마워라.
　　수일: 사실 이번 사건^은 나보다도 순애 쪽에서 더 감사해야 하오.
　　　　　　　　　　　　　　　(유성기 연극_신장한몽)

이 자료는 1930년대 유성기 연극 자료이다. <신장한몽>과 같은 신파극은 1910년대부터 존재했으나 장르의 특성상 존재 대본을 확인하기가 쉽지 않아 '서껀'이 언제부터 쓰였는지 정확히 확인하기 어려우나, 1930년 이전부터 쓰였을 것으로 추정해 볼 수 있다.

20세기 전기 구어의 보조사 목록 중 기존 연구에서 잘 다루어지지 않았던 특징적인 목록의 용례를 통해 이 시기 보조사의 쓰임에 대해 좀 더 고찰해 보기로 한다.

(5) ㄱ. 헌즉 악으로 악은 이기느냐 아니요 필경은 세상은 선으<u>루다아</u> 악을 이기는 것인즉.(월남이상재)
　　ㄴ. 본래 사천 년 내려오면서 습관이<u>라든지</u> 무엇으로 보던^지 길러 오기를 도덕심으로 길러 온 까닭에 그 지식이 도덕으로 자라나고(월남이상재)
　　ㄷ. 영애　　조물의 신이요 이것이 여자<u>라야</u>만 받을 운명입니까?(유성기연극_눈물저즌자장가)
　　ㄹ. 카츄샤　*자* 어서 가<u>요</u>.(유성기영화_부활)
　　ㅁ. 여자4　꼭 뵈기 싫은 게 등신같이 앉아<u>설라믄</u>.(영화_집없는천사)

(5ㄱ)의 '다아'는 기존 연구에서 잘 다루어지지 않았던 형태로 형태적으로 볼 때 '다', '다가'의 변이형으로 추정된다. 김승곤(2014:324~325)은 20세기 초 보조사에 대한 연구에서 유지보조사 '다가'는 15세기부터 19세기까지는 동사 뒤에 쓰였는데 20세기로 접어들면서 동사 뒤에는 그대로 쓰이나, 명사 뒤에 쓰일 때는 '에'와 합하여 '에다가'로 사용되는 점이 옛날과 다르다고 하고 있다. 실제로 위의 목록에서 '다가'와 '다'는 거의 '에다, 에다가'의 형태로 나타나고 있고 의미 또한 유사하다. 또한 표준국어대사전에서 보조사 용법의 '다가'는 '((장소나 방향, 수단, 대상을 나타내는 받침 없는 부사어나 일부 조사에 붙어)) 의미를 더 뚜렷하게 하는 보조사'로 정의되어 있어서 '다아'를 '다가'의 변이형으로 보는 데 무리가 없으리라 생각한다.

(5ㄴ)의 '라든지'의 경우 현대국어 보조사 목록에는 '든지'만 제시되어 있다. '라든가, 이라던지, 이라든지' 등의 형태는 현대국어 보조사 목록에서 '든가, 든지, 던지'와 같은 계열로 파악해 볼 수 있으며, 이 형태는 '이다'와 관련하여 범주 설정의 문제가 있는 것으로 파악된다. 김승곤(2014:295)에서는 보조사 '든지'에 대해 <소년(1908)>에서는 '던지'로 쓰이다가 그 이후부터는 '든지'로 통일되었다고 제시하고 있다. 그러나 이 시기의 표기가 통일되지 않고 혼란스러웠다는 점에서 이러한 논의가 모든 텍스트에 적용된다고 보기 어려운 점이 있을 뿐만 아니라, 녹음으로 남아 있는 구어 자료를 전사한 위의 자료에서도 '던지'와 '든지'가 혼재되어 사용되고 있기 때문에, 김승곤(2014)의 이러한 주장을 받아들이기는 어려울 듯하다.

(5ㄷ)의 '라야' 역시 '이다'와 관련하여 범주 구분에 이견이 있는 형태이다. '라야'는 현대국어 보조사 목록에는 나타나지 않았지만, 표준국어

대사전에 보조사로서의 용법이 기재되어 있으며, 의미 또한 차이가 없는 것으로 보인다.16) '라야'는 근대국어 연구의 보조사나 어미 목록에서 찾아보기 힘들지만, 1900년대 초기에 발간된 <신학월보>나 <경향보감> 등에서 '(이)라야' 형태가 빈번하게 나타나고 있어서 이 형태가 언제부터 나타났는지에 대해 알아내기 위해서는 좀 더 이른 시기의 자료들이 검토되어야 할 것이다.17)(5ㄹ)의 '욧'과 (5ㅁ)의 '설라믄'은 위의 현대국어 목록에는 존재하지 않는다. (5ㄹ)은 연극에서 극적인 어조로 발화된 형태로 '요'의 변이형으로 파악가능하다. (5ㅁ)의 '설라믄'은 표준국어대사전에서 '설랑'에 '은'이 붙어 변이된 형태로 해석하고 있다. 위 예문의 의미를 현대적으로 생각해 보면 '꼭 뵈기 싫은 게 등신같이 앉아가지고'의 의미로 해석될 수 있을 듯하다.18)

이 시기 보조사의 특징을 좀 더 세밀하게 고찰하기 위해 보조사가 결합하는 선행범주를 살펴보고 현대국어의 쓰임과 비교해 볼 수 있다. 보조사가 결합할 수 있는 선행범주는 '명사, 대명사, 수사, 접사, 부사, 연결어미, 종결어미, 전성어미, 격조사, 보조사' 등 다양하게 나타난다.19) 우선

---

16) 표준국어대사전에 '라야1'의 의미가 "((받침 없는 체언이나 부사어 뒤에 붙어))어떤 일의 조건으로서 그것 이외에 다른 것은 불가능하며 그것이 꼭 필요함을 나타내는 보조사."로 기술되어 있어서, '여자'라는 조건이어야 가능하다는 위 예문의 의미와 차이가 없음을 확인할 수 있다.
17) 위의 예문으로는 "이 편지를 쉽바틱(Sympathique)이란 먹으로 썻스니 다만 이 글 볼 줄 아는 이라야 보느니라"와 같은 것을 들 수 있다.
18) 채완(1993)에서는 특수조사 즉 보조사의 목록으로 다루어진 것 중 '나, ㄴ들, 든지, 라면, 야말로'에 대한 문법범주를 고찰하면서 이 중 '나, 야말로'는 특수조사로, 'ㄴ들'은 어미로, '든지, 라면'은 '계사'의 활용형으로 보는 것이 타당함을 논증하고 있다. 이 논의에서 다루는 보조사 목록 중에도 범주적 이견이 있는 목록이 있어, 개별조사들의 문법범주를 확정하기 위해서는 좀 더 정밀한 연구가 필요하다.
19) 여기에서 보조사와 결합하는 선행범주는 형태소 분석 단위별로 즉, 세종 코퍼스의 태그 단위로 정리한 것임을 밝힌다. 따라서 기본적으로는 품사를 기준으로 하되, 품사로 분류되지 않는 어미류와 접사가 포함되었음을 밝힌다.

이 논문의 연구 대상 자료에서 조사와 결합하여 나타나는 보조사는 아래와 같다.

(6) ㄱ. 격조사 결합형 : 까지, ㄴ, ㄴ들, 나, 는, 다, 다아, 도, 들, 라도, 만, 밖에, 버팀, 부터, 야, 야말로, 요, 조차
　　ㄴ. 보조사 결합형 : ㄴ, 나, 는, 도, 라도, 래도, 만, 야, 요, 은, 이라도, 이야

보조사와 결합하는 격조사는 주로 부사격조사이며, 주격조사나 목적격조사, 속격조사와 결합하는 보조사는 '만, 뿐, 하고' 등처럼 제한적인 모습을 보였다. 다른 보조사와 결합하는 보조사는 상대적으로 그 유형 수가 적었는데, '야, 요'가 특히 다른 보조사와 결합하여 나타나는 경우가 많았다.

다음으로 보조사가 어미류와 결합하는 경우도 빈번하게 나타났는데, 그 목록을 보이면 다음과 같다.

(7) ㄱ. 종결어미 결합형 : 그래, 그려, ㄴ, 는, 도, 든가, 마는, 만, 야, 요, 옷
　　ㄴ. 연결어미 결합형 : 까지, ㄴ, 나, 는, 도, 두, 든, 든지, 들, 라도, 마는, 만, 밖에, 버팀, 부터, 부텀, 야, 요, 용, 은
　　ㄷ. 전성어미 결합형 : 까지, 나, 는, 도, 라도, 만, 야, 은

(7ㄱ)은 종결어미와 결합하여 나타나는 보조사이다. 이들 중 특히 종결어미와만 결합하여 나타나는 형태는 '그래, 그려, 든가, 옷'인데, '그래, 그려'는 각각 16회, 34회와 같이 비교적 많이 나타나 이들 보조사는 종결어미와 결합하는 보조사로 판단할 수 있는 반면, '든가, 옷'은 1회씩 출현하고 있어서, 이들의 경우는 종결어미와만 결합한다고 판단하기 어렵다. 특히 '든가'의 경우, '든, 든지'의 분포와 유사할 것으로 판단되는데, '든

지'의 경우 종결어미, 대명사, 명사, 연결어미 등과 결합하여 나타난다. (7ㄱ, ㄴ)의 '마는'은 종결어미와 연결어미와 결합하는데, 종결어미와 결합하는 경우가 22회, 연결어미와 결합하는 경우가 5회로 나타났다.

(8) ㄱ. 군인   말할 거리가 못되지마는 너 같은 인종은 이곳으로부터 떠나가거라.(유성기영화_벤허)
    ㄴ. 멧사라  유대인의 감정을 해하려는 것은 아니지마는 그러나 완고한 유대인은 지배자에게 공손할 것을 잊어서는 아니 된다.(유성기영화_벤허)
    ㄷ. 노래   실은 봄바람은 은은히 불리어 동리 늙은 총각 길룡이의 김매는 손을 멈추게 할 뿐만 아니라 환희에 넘치는 웃음이 흘러나오더니마는 한달음에 피리 소리 나는 곳으로 뛰어올라왔다.(유성기영화_처녀총각)
    ㄹ. 아아 너무도 순결한 그 처녀의 깨끗한 몸에 독수를 데이기는 너무도 참혹하다는 것을 깨달은 듯이 멈칫이 서더니마는 (웃음) 빙그레 웃고 입맛을 쩍쩍 다시고서는 그 사나이 역시 담요 하나를 끄집어내 몸에다 휘휘 감더니 그냥 그 자리에 쓰러져 그 역시 잠이 들어 버렸었다. (유성기영화_비오는포구)
    ㅁ. 이 소식을 들은 정포은은 늙은 이 몸을 나라를 위하여 바치는 것이야 무엇이 아까우랴마는 자기 한 사람이 없어지면 이 나라가 하루아침에 없어져 버릴 것을 생각을 허니 정포은의 마음은 한없이도 어지러웠던 것입니다.(유성기연극_고려말엽 정몽주 실전)

위의 예시에 나타난 '못되지마는, 아니지마는, 흘러나오더니마는, 서더니마는, 아까우랴마는'의 '-지, -더니, -랴'는 형태소 분석기에서 연결어미로 분석되었으나, 실제 예문에서는 종결어미로 분석할 수 있어서 '마는'을 종결어미와 결합하는 보조사로 분류할 수 있다.[20]

---

20) 여기서 흥미로운 것은 '마는'의 이러한 예시가 유성기 영화, 유성기 연극에서 주로 나타나고 있다는 점인데, 유성기 음반에 수록된 그 당시 연극 영화의 문체적 특징을 보여주는 것으

보조사 중에서 '까지, ㄴ, 나, 는, 도, 만, 요, 은' 등은 위의 어미류뿐만 아니라 여러 범주에 두루 쓰이고 있음을 확인할 수 있다. 남기심·고영근(1985:105)에서는 '는, 도, 만'을 명사, 부사, 용언의 연결어미 등에 두루 쓰이므로 통용보조사로 보았으며, '요, 마는, 그려, 그래'는 문장 끝에만 쓰인다고 하여 종결보조사로 지칭하고 있는데, 위의 결과는 이러한 기술과 대체로 부합한다.[21]

보조사는 대체로 명사와 결합하는 빈도가 높지만, 보조사의 종류에 따라서는 결합 유형에서 특징적인 면모를 보이는 보조사가 있다. 예를 들어, 고빈도 보조사인 '도'의 경우, 격조사 결합 122회, 대명사 146회, 명사 418회, 명사형전성어미 21회, 보조사 12회, 부사 64회, 수사 5회, 어근 1회, 연결어미 76, 의존명사 77회, 접사 26회, 종결어미 1회로 접사가 '-들, -이'처럼 명사 결합형이라는 것을 감안한다면 체언과 결합하는 비율이 압도적으로 높다는 사실을 알 수 있다. '는'의 경우 격조사와 결합하는 경우 318회, 대명사와 결합하는 경우가 397회, 명사와 결합하는 경우가 702회로, 명사가 여전히 많기는 하지만, '는'은 상대적으로 격조사와 대명사와 결합하는 경우가 많다는 것을 알 수 있다. '는'이 대명사와 결합하는 빈도가 높다는 것은 '는'이 주어와 결합하는 경우가 많기 때문으로 분석된다.

이 자료에서 특히 명사(의존명사), 대명사, 수사와 같은 명사류와 주로 결합하는 보조사가 있다. 그 목록은 아래와 같다.

---

로 판단할 수 있을 것이다.
21) '설라믄'의 경우 연결어미와 결합하여 나타났는데, 빈도가 단 1회로 나타나 이 보조사의 결합적 특징이라고 판단하기에 예시가 충분하지 않은 한계가 있다. 그러나 위의 목록에 대한 검증을 위한 자료가 보강된다면 이러한 보조사 부류의 목록을 확장할 수 있을 것이다.

(9) ㄱ. 같이, 난, 는커녕, 니, 이고, 이든, 이라든지, 이래야지, 커녕, 하고
ㄴ. 다, 다가, 야말로, 이라도, 이야, 조차
ㄷ. 대로, 란, 마다, 마저, 뿐, 서껀, 을랑, 이나, 이나마, 이든지, 이라고, 이라던지, 이란, 이래도, 이야말로, 이요, 인들

(9ㄱ)은 명사와 결합하나 빈도가 1~2회에 국한된 것으로 명사류와의 결합이 빈번하다고 판단내리기 어려운 항목들이다. (9ㄴ)은 명사류뿐만 아니라 다른 조사와의 결합이 나타나는 경우로, '다, 다가, 야말로, 조차'는 격조사와의 결합이 나타났고, '이라도, 이야'는 보조사와의 결합이 나타났다. (9ㄷ)은 명사류와의 결합만 나타나는 목록들을 제시한 것이다. 이 중 '뿐'의 경우 '명사 결합 18, 수사 결합 4, 접사 결합1'회로 각각 나타나서 수사와의 결합이 다른 보조사에 비해 빈번하게 나타났다. 여기에서 또 하나 특징적인 것은 '(이)-'와 관련된 형태로 나타나는 보조사의 경우 명사류와의 결합이 빈번했는데, 이들이 '이다'와 관련하여 해석될 가능성이 있음을 보여주는 사례라 생각한다.

지금까지 20세기 전기 구어에 나타난 보조사의 계량적 현황과 결합 범주의 특징에 대해 살펴보았다. 20세기 전기 구어의 보조사는 대체로 현대국어와 큰 차이는 없으나, 몇 가지 형태와 분포 면에서 특징적인 현상을 발견할 수 있었다. 다음 장에서는 보조사가 다른 조사와 중첩되는 양상을 분석해 보면서 20세기 전기 구어에 나타난 보조사 쓰임의 특징에 대해 좀 더 면밀히 살펴보도록 하겠다.

## 3. 조사 결합형의 계량적 현황

보조사가 다른 조사와 공기하여 하나의 어절을 형성하는 경우 어떤

분포를 보이는지 살펴보기 위해 조사 결합형을 모아서 유형화하였다.22) 황화상(2012:106~107)에서는 우리말 조사가 두 개가 중첩되는 것이 가장 흔하기는 하지만 한 어절에 최대 4개까지 중첩될 수 있다고 하면서 네 개가 중첩되는 형태로 '에서+뿐+만+이'가 있다고 밝히고 있다. 20세기 전기 구어 자료에서는 네 개의 조사가 결합되는 형태는 발견되지 않았고, 3개가 결합되는 경우가 최대였으며, 조사가 세 개 결합되는 형태는 16개 유형으로 나타났다. 예시는 다음과 같다.

(10) 3개 이상의 조사가 결합한 어절
    ㄱ. 밑에서야만: 밑/NNG +에서/JKB+야/JX+만/JX (영화_반도의봄)
    ㄴ. 폐하로부터서 : 폐하/NNG+로/JKB+부터/JX+서/JKB (유성기영화_네아들)
    ㄷ. 낳기까지에는 : 낳/VV+기/ETN+까지/JX+에/JKB+는/JX (유성기연극_어머니의힘)
    ㄹ. 정희에게만은: 정희/NNP+에게/JKB+만/JX+은/JX (영화_반도의봄)
    ㅁ. 씨한테만은: 씨/NNG+한테/JKB+만/JX+은/JX (유성기연극_신장한몽)
    ㅂ. 하나뿐만을: 하나/NNG+뿐/JX+만/JX+을/JKO (유성기영화설명)
    ㅅ. 하나뿐만은: 하나/NNG+뿐/JX+만/JX+은/JX (유성기영화설명)

위의 형태를 범주별로 유형화해보면 아래와 같다.

(11) 조사 결합 유형
    ㄱ. 부사격조사 + 보조사 + 보조사: 밑에서야만, 정희에게만은, 씨한테만은, 비명같이밖에는, 뒤로부터는, 이제로부터는, 내일서부터는
    ㄴ. 부사격조사 + 보조사 +부사격조사: 폐하로부터서, 저편으로부터에

---

22) 여기에서 '조사 결합형'은 조사가 둘 이상이 함께 나타나는 경우를 지칭하는 것이다.

ㄷ. 보조사 + 부사격조사 + 보조사: 낮기까지에는, 당신만에게는, 열성만
   으로도
ㄹ. 보조사 + 보조사 + 주격격조사/목적격조사: 하나뿐만을, 하나뿐만이,
   방초뿐만이
ㅁ. 보조사 + 보조사 + 보조사: 하나뿐만은(2)

 위의 결합 유형과 형태를 현대국어 조사의 결합형을 분석한 연구인 황화상(2012)의 유형들과 비교했을 때, 황화상(2012:107)에 제시되지 않는 유형은 (11ㄴ)의 '부사격조사 + 보조사 + 부사격조사'이며 실제로 이 유형에 속하는 '폐하로부터서, 저편으로부터에'는 현대에는 잘 쓰지 않는 표현이다. 반면 유형적으로는 현대국어에 나타나기는 하지만, '밑에서야만, 비명같이밖에는, 뒤로부터는, 이제로부터는, 내일서부터는' 등의 결합형은 다소 어색한 것으로 판단된다. 이 표현들이 사용된 문장은 아래와 같다.

(12) ㄱ. 반루:       영감님 그 편지는 아마 아메리카에 가 있는 나의 요셉에게
                  서 온 편지지요?
     배달부:     아니올시다.
     배달부:     황제 폐하로부터서 내리신 것입니다.
     반루:       얘야 안도류스야 어서 와서 이 편지를 좀 읽어 다오.
ㄴ. 감독:       한 개의 좋은 영화는 단지 예술적 양심과 열성만으로도 불
                  가능합니다.
     감독:       역시 확실한 자본과 조직적 계획 밑에서야만 되는 줄을 압
                  니다.

 (12ㄱ)은 배달부가 편지가 황제 폐하에게서 온 것임을 알리는 장면에서 '로부터서'가 사용되었으며, (12ㄴ)은 감독이 좋은 영화에 대한 자신의 생각을 밝히는 부분으로 강조를 하려는 의도에서 '밑에서야만'이라는 표

현을 쓰고 있음을 확인할 수 있다. 이처럼 조사가 세 개 결합한 경우는 대체로 유성기 연극이나 유성기 영화에서 발견할 수 있다.23) 이는 이 시기 유성기로 녹음된 연극이나 영화가 가진 문체적 특징과도 관련이 있는 것으로 생각되는데, 이러한 장르의 신파조의 어조가 조사 결합과 같은 언어적 특징과 연결될 수 있을 것으로 판단된다.24) 이처럼 유성기 연극이나 유성기 영화 자료에 나타나는 또 하나의 언어적 특징은 아래와 같다.

(13) ㄱ. 순사: *에* 그러면은 피해자와의 관계는?(유성기연극_말못할사정)
ㄴ. 이 강산 이 마당에 봄이 오면은(유성기연극_순동이의 효성)
ㄷ. 북풍한설 치운 겨울에 가난으로 말미암아 불도 많이 못^ 땐 방 안에서 손끝이 시려우면은 입에 대고 훅훅 녹여 가며 열심히 공부를 하는 수동이.(유성기연극_모생애)
ㄹ. 노인: 또 며느리도 몸이 *좀* 튼튼하면은 또 모르겠으나 지금은 아주 건강을 회복하기가 힘든 사람.(유성기연극_모성애)

위의 예문처럼 보조사 '은'이 연결어미 '-ㄴ다면, -면' 다음에 붙어서 나오는 경우가 있다. 이 경우는 보조사가 특별한 기능을 수행한다기보다는 말을 늘여서 하는 경향을 반영한 것으로 볼 수 있다. 20세기 전기 구어

---

23) 여기에서 유성기 연극과 유성기 영화라는 것은 1996년에 <유성기로 듣던 무성영화 모음> 시디 3장과 1998년에 <유성기로 듣던 연극 모음> 시디 3장에 해당하는 것으로 전자에는 모두 27편의 무성 영화에 대한 변사의 구연 음성이 수록되어 있고, 후자에는 1930년대 연극 27편의 음성 자료가 수록되어 있다.(오재혁 외(2014:231))
24) 오재혁 외(2014)에서는 유성기 영화의 일부분인 변사의 음성 중에서 영화를 해설해 주는 자료를 일반적 비격식적 일방향 구어 자료로 분류하면서, 변사들의 발화가 매우 독특한 억양을 가지는 등 특징적인 면모를 보인다고 제시하고 있다. 또한 유성기 연극 자료는 이 시기의 극의 특성상 신파극의 성격이 강한 것으로 파악된다. 이승희(2005:44~45)에서는 이 시기 신파극 공연의 특징을 정리하면서 언어적인 성격을 '사건 진행이 구어체 대사로 이루어진 장막극이지만, 대상의 발성법이 가부키 대사발성법의 영향으로 자연스럽지 않은 억양을 사용한 것으로 보인다.'로 제시하고 있어서, 이 시기의 유성기 연극 역시 자연스러운 구어라고 보기 어려운 점이 있다.

자료 중 유성기 연극과 유성기 영화에서만 이러한 현상이 나타나는데 이것이 이 시기 이러한 장르의 문체적 특징인지, 아니면 이 시기 구어의 일반적 상황인지에 대해 좀 더 면밀히 연구해 보아야 하나, 이러한 표현이 현대국어 구어에서도 관찰 가능하다는 점에서 이를 구어의 특징으로 볼 수 있을 듯하다.[25]

다음으로 두 개의 조사가 결합한 유형(type)은 113개이며, 2개 조사가 결합한 형태의 총 수(token)는 747개 어절이다. 두 개의 조사가 결합한 결합형은 다음과 같다.

<표 2> 조사 결합 형태별 빈도(가나다 순)

| 결합형 | 빈도 | 결합형 | 빈도 | 결합형 | 빈도 | 결합형 | 빈도 |
|---|---|---|---|---|---|---|---|
| 가요 | 1 | 론 | 2 | 선 | 1 | 에서버틈 | 1 |
| 가지도 | 1 | 로나 | 3 | 서는 | 2 | 에서야 | 1 |
| 고나 | 1 | 로는 | 10 | 서도 | 2 | 에서요 | 1 |
| 고는 | 1 | 로든지 | 1 | 서야말로 | 1 | 에야 | 9 |
| 고도 | 1 | 로만 | 1 | 엔 | 23 | 와는 | 4 |
| 고요 | 7 | 로부터 | 7 | 엔들 | 2 | 와도 | 3 |
| 과는 | 3 | 로서는 | 4 | 에겐 | 6 | 으로나 | 1 |
| 과도 | 3 | 로썬 | 1 | 에게까지 | 2 | 으로는 | 11 |
| 구요 | 4 | 만요 | 1 | 에게는 | 25 | 으로도 | 6 |
| 까진 | 2 | 만으로 | 2 | 에게도 | 11 | 으로만 | 1 |
| 까지나 | 1 | 만은 | 38 | 에게든지 | 1 | 으로부터 | 6 |
| 까지는 | 8 | 만을 | 4 | 에게서도 | 1 | 으로서는 | 2 |
| 까지도 | 10 | 만의 | 1 | 에까지 | 7 | 으로야 | 3 |
| 까지만 | 3 | 만이 | 10 | 에나 | 7 | 으루는 | 1 |
| 까지요 | 1 | 만이라도 | 3 | 에는 | 183 | 으루다아 | 1 |
| 까지의 | 1 | 만큼만 | 1 | 에다 | 48 | 을조차 | 1 |
| 께도 | 1 | 밖에는 | 7 | 에다가 | 12 | 이다 | 1 |
| 께선 | 2 | 백에는 | 1 | 에도 | 46 | 이라고는 | 1 |

---

25) 연구 대상으로 삼은 20세기 전기 구어 자료에서는 이러한 표현이 유성기 연극과 유성기 영화에서만 나타나고 있지만, 1950년대에 나온 영화 등의 자료뿐만 아니라 세종계획의 현대 구어 말뭉치에서도 빈번하게 출현하는 것으로 보아 이는 구어의 특징으로 파악할 수 있을 듯하다.

| 께서는 | 19 | 보다는 | 5 | 에두 | 3 | 이로나 | 1 |
|---|---|---|---|---|---|---|---|
| 께서도 | 4 | 보다도 | 21 | 에든지 | 1 | 조차도 | 1 |
| 께옵서는 | 2 | 보다야 | 3 | 에들 | 1 | 하곤 | 1 |
| ㄴ요 | 5 | 보담도 | 2 | 에라도 | 3 | 하고는 | 2 |
| 는야 | 2 | 부턴 | 2 | 에만 | 2 | 하고도 | 1 |
| 는요 | 2 | 부터는 | 6 | 에부터 | 1 | 하고의 | 1 |
| 두요 | 1 | 부터라도 | 2 | 에선 | 2 | 한텐 | 2 |
| 들을 | 8 | 부터래도 | 1 | 에서는 | 33 | 한테는 | 2 |
| 들이야 | 1 | 뿐으로 | 1 | 에서도 | 12 | 한테도 | 1 |
| 라야만 | 1 | 뿐이 | 3 | 에서만 | 1 | 한테라도 | 1 |
| | | | | 은요 | 2 | | |

위의 결합형의 분포 형태를 살펴보면 아래와 같다.

(14) ㄱ. 격조사 + 보조사 : 74종
　　 ㄴ. 보조사 + 격조사 : 8종
　　 ㄷ. 보조사 + 보조사 : 31종

(14ㄱ)과 같이 격조사가 앞에 오는 경우를 살펴보면 '께서, 께옵서'가 주격조사인 것을 제외하면 '께, (으)로, 에, 에게, 한테'와 같은 부사격조사가 많다는 사실을 알 수 있다. (14ㄴ)과 같이 격조사가 보조사를 후행하는 경우는 '까지의, 만으로, 만이, 만의, 만을, 만이, 뿐이, 하고의'의 단 8종뿐이다. 보조사 '만'은 부사격조사뿐만 아니라 주격조사와 목적격조사와도 자유롭게 결합한다는 사실을 확인할 수 있다. 김수정(2000:131)에서는 보조사 '만'이 중세국어에서는 체언과 직접 결합하였고, 근대국어에 와서 격형과 결합하기 시작했지만, 예시가 드물며, 있다고 해도 '만'이 격조사에 후행하는 형태만 나타났으며, 현대국어 제2기인 1930년대부터 다양한 격과의 결합 양상이 나타난다고 하고 있다. 그러나 이 연구

의 대상으로 삼은 구어 자료에서 '까지만, 라야만, 로만, 만요, 만으로, 만은, 만을, 만의, 만이, 만이라도, 에만, 에서만, 으로만' 등 '만'의 다양한 조사 결합형이 나타나는 것으로 보아, 김수정(2000)에서 제시한 것처럼 현대국어 제2기인 1930년대부터 다양한 격과의 결합 양상이 나타난다고 보기보다 좀 더 이른 시기부터 '만'이 다른 격조사와 결합하는 경우가 생산적이었다고 판단하는 것이 합리적일 듯하다. 실제로 1906년에서 1910년 사이에 편찬된 <경향보감> 자료에서 보조사 '만'의 결합 양상을 살펴보면, '에만, 으로만'처럼 부사격조사가 앞에 오는 형태도 많이 나타나기는 했지만, 아래와 같이 다양한 결합 양상을 확인할 수 있었다.

(15) ㄱ. 그런고로 사롬이 본셩<u>만으로도</u> 텬쥬를 대개 알만 ᄒ나 텬쥬를 볼 수 는 도모지 업셔요.
ㄴ. 내 몸이 죽기 젼에 다만 몃 사롬<u>의게만이라도</u> 셰를 주엇스면 이것이 이 셰샹에셔 뎨일 긴ᄒ고 크게 됴흔 일이 되겟다 ᄒ더라.

(15ㄱ)은 보조사 '만' 다음에 '으로' 부사격조사와 다시 보조사 '도'가 결합된 형태로 나타나며, (15ㄴ) 역시 '의게'라는 부사격조사와 보조사 '만' 다음에 보조사 '이라도'가 결합된 형태로 나타난다. 따라서 '만'이 격조사에 후행하는 형태만 나타난다고 하는 김수정(2000)의 기술과는 달리 '만'이 부사격조사 다음에 오는 경우가 좀 더 이른 시기부터 있었음을 확인할 수 있다. 그러나 <표 2>에서 확인할 수 있는 '만이, 만을, 만의'와 같이 주격, 목적격, 속격 조사와의 공기 형태는 이 시기 문어자료에서도 확인하기가 어려워 1900년 초기에는 이러한 쓰임이 많지 않았다고 볼 수 있다. 그렇다고 하더라도 1950년대 이전의 20세기 전기 구어에서 '만'의 다양한 조사 결합이 생산적인 현상을 통해 그 이전부터 '만'의 다양한

조사 결합형들이 쓰이기 시작했고, 이 시기에 확산된 것으로 보는 것이 타당할 듯하다.

조사 결합형에서 또 하나 특징적인 것은 '다가'의 경우로 앞에서 살펴보았듯이 부사격조사와 결합하여 나타나고 있다. '다가'의 경우 총 14회가 나타나는데, 12회가 '에다가'의 형태로 나타나며, 2회는 '데다가'의 형태로 나타나, '데다가' 역시 '데(에)다가'로 해석할 여지가 있으며, '다가'의 변이형으로 생각되는 '다아'는 '으루다아'의 형태로, '다'는 주로 '에다'의 형태로 나타나고 있으며 이는 현대국어의 쓰임과도 다르지 않음을 확인할 수 있다.

황화상(2012:133~134)에서는 '은/는, 도, (이)야'는 어떤 다른 보조사도 후행하지 못한다고 지적한 것처럼 '은/는'과 '도'는 대체로 조사 결합형에서 가장 바깥쪽에 오는 것이 일반적이다. 그러나 '은/는'이 '야, 요'와 결합한 형태를 확인할 수 있으며, '두'의 경우 '요'와 결합하여 나타났는데, 아래와 같은 예에서 이를 확인할 수 있다.

(16) ㄱ. 고동은 울어도 나는야 웃는다.(유성기영화_반도의 봄, 노래)
　　 ㄴ. 일남　　　 저 농장은요 두 개에 일원하구요 함은 칠이 벗어졌다고 팔 전밖에는 안 주겠지요.(유성기연극_아리랑)
　　 ㄷ. 최춘:　　 자 산뜻이 저두요 하고 허락해 주세요.(유성기연극_사의승리)

(16ㄱ)은 영화에 삽입된 노래 부분으로 노래 가사에서 이러한 표현이 쓰이고 있음을 확인할 수 있으며, (16ㄴ)과 같이 구어에서는 존칭을 나타내는 '요'가 보조사 '은' 다음에 나타나는 경우가 있음을 확인할 수 있었다. (16ㄷ)은 보조사 '도'의 변이형으로 볼 수 있는 '두'가 '두요'의 형태로 나타났다. (16ㄱ)과 같은 표현은 1930년대 가요 자료에서도 발견할

수 있다.

(17) 나는야 네 거리 별명 잇는 따리야(유행가, 조명암 작사, 손목인 작곡, 이난영 노래, 오케 20004, 1939년)

이처럼 '야, 요'는 구어체에서 보통 '은/는, 도'의 바깥쪽에 공기하여 나타나는 경우가 빈번하였음을 알 수 있다.

지금까지 20세기 전기 구어에 나타난 보조사의 계량적 현황 및 분포 등을 분석하면서, 이 시기 보조사의 특징을 살펴보았다. 이를 통해 연구 대상 자료가 20세기 전기 구어이기 때문에 시기적 장르적으로 몇 가지 특징이 있음을 밝혔다. 다음 장에서는 20세기 전기 구어 자료에서 생산적으로 나타날 뿐만 아니라 다양한 형태와 결합하여 나타나는 '요, 야'의 쓰임에 대해 좀 더 면밀히 분석해 보기로 한다.

## 4. 20세기 전기 보조사의 특징: '요, 야'를 중심으로

20세기 전기 구어의 계량적 연구를 통해 이 시기에 특징적으로 나타나는 보조사를 살펴보고, 조사 결합 유형의 세밀한 분석을 통해 이 시기 조사 결합에서 특징적인 면모를 확인할 수 있었다. 특히 조사 결합 유형에서 조사 세 개가 결합된 경우가 주로 유성기 연극과 유성기 영화에서 나타나, 이것이 장르적 성격과 관련 있는 언어적 특징임을 고찰하였다. 또한 기존 보조사 연구에서 상대적으로 많이 다루어지지 않았던 '요, 야'가 다른 보조사가 후행할 수 없다고 제시되어 왔던 '은/는, 도'와 결합하여 나타날 수 있음을 밝혔다. 특히 '요, 야'는 현대국어와 비교했을 때

20세기 전기 구어에서 상대적 빈도가 높아 생산적으로 쓰였던 것을 감안하여 이 두 조사가 20세기 전기 구어 자료에서 어떤 분포를 보이는지 살펴보는 것이 이 시기 구어의 특징을 고찰하는 데 도움이 될 수 있을 것이다. 따라서 이 장에서는 이 두 조사의 쓰임을 좀 더 면밀히 분석함으로써, 이 시기의 언어적 특징을 밝히고자 한다.

보조사는 '요'는 총 932회가 나타나는데, '요'가 결합하는 선행 범주는 매우 다양하게 나타났으며, 이를 정리하면 아래와 같다.

(18) 감탄사 : 41회, 격조사 20회, 대명사 : 9회, 명사 : 9회, 수사 : 1회,
　　　보조사 : 12회,　부사 : 8회, 연결어미 : 4회, 종결어미 : 822회

감탄사는 '아니, 암, 아무렴, 천만에, 글쎄' 등과 부사는 '꼭, 어서, 왜, 도, 꽉' 등과 수사는 '하나'와 '요'와 결합하여 나타났으며, '요'와 결합한 연결어미는 '-는/ㄴ데, -아도/아두, -지만, -어서'이었다. 명사와 대명사의 경우 '명사/대명사 + 요'가 하나의 발화를 형성하여 나타나는 경우가 많았으며, 평서문과 의문문이 비슷한 분포로 나타났다. 격조사와 결합하여 나타나는 경우는 인용격조사 '고/구'와 목적격조사 'ㄹ'이었으며, '요'와 결합한 보조사는 'ㄴ/은, 까지'로 나타났다. 그런데 '요'가 결합하는 선행 범주가 무엇이든지 상관없이 이들은 공통된 특징을 보이는데, 그것은 '요'가 결합된 어절이 발화 종결의 기능을 하고 있다는 것이다.[26]

'요'가 발화 종결의 기능을 하고 있음은 종결어미 다음에 나타나는

---

[26] 대체로 '요'가 결합하는 어절은 발화 종결의 위치에 나타나지만 그렇지 않은 경우가 3회 나타났다. 이들은 모두 보조사 '은/는'과 '요'가 결합한 경우에 해당하는데 보조사 '은/는'과 '요'가 결합한 경우는 총 4회 나타났다. 영화 <미몽>에서 '집은요?'는 발화 종결 위치가 맞지만, (16ㄴ)에 <유성기 연극 아리랑>의 '농장은요'와 김복진 동화구연 '저는요, 나는요'는 발화 종결이 아니다. 그러나 이 세 가지 예를 제외하면 '요'는 발화 종결 위치에 나타나고 있어서 이 시기 '요'는 주로 발화 종결의 기능을 하고 있는 것으로 파악할 수 있다.

'요'가 압도적으로 많다는 사실을 통해서도 확인할 수 있다. 이는 '요'의 확산이 청자대우법에서의 '해요체'의 성립과 관련이 있음을 말해주는 것으로 이 시기에 '해요체'가 구어적 환경에서 많이 쓰이고 있음을 말해주는 것이다. '해요체'의 전형적 쓰임을 보이는 예는 아래와 같다.

(19) 남편    *그래* 어딜 가?
     애순    데파트에 가요..
     남편    *아이* 뭘 또 사길래 데파트엘 간단 말요.27)
     애순    또 산다니요?
     애순    주제가 사나워서 나갈 수가 있어야지요..
     애순    그래서 양복 사러 가요..
                                    <영화 미몽>

(19)는 부부 간의 대화로 남편은 부인에게 '하오체'를 쓰고 있고, 부인은 '해요체'를 쓰고 있음을 확인할 수 있다. 이러한 패턴은 20세기 전기 구어자료에서 전형적인 것으로 주로 여성과 어린이의 발화에서 '해요체'가 나타남을 확인할 수 있다.28) 현대국어에서는 여성과 어린이뿐만 아니라 성인 남성의 발화에서도 '해요체'를 빈번히 발견할 수 있다는 점에서, 현대로 오면서 '해요체'를 실현하는 '요'의 쓰임이 확대되었다고 유추해 볼 수 있다. 따라서 이에 대해서는 좀 더 심도 있는 연구가 필요할 것으로 보인다.

---

27) 남편 발화의 '말요'는 '말이오'의 '하오체'로 해석할 수 있다. 20세기 전기에 만들어진 영화를 실제로 전사한 이 자료에서 실제 발화는 '말요'였음을 확인할 수 있는 사례이다. 이것이 '요'가 '이오'에서 기원했음을 주장한 고광모(2000) 등의 논의에 논거가 될 수 있으나, 이를 논증하기 위해서는 좀 더 치밀한 자료 분석이 필요할 것이다.
28) 김정호(2005:15)에서는 1920년대 청자 높임법 설정의 문제에서 중심에 놓인 것이 해요체에 독자적인 등급을 부여하는가와, 부여한다면 어디에 위치시키는가라는 것임을 지적하면서, 이 시기 청자 높임법의 체계에 '해체'와 '해요체'를 독자적인 등급으로 포함시킬 수 있음을 주장하고 있다.

다음으로 현대국어에 잘 나타나지 않는 표현으로 '-ㅂ니다요, -ㅂ시다요'가 나타나는데, 전자가 8회, 후자가 1회 나타난다.

(20) 수일: 아무리 이수일이가 무의무탁한 거지가 될망정 아내를 판 돈으로는
　　　　　유학을 아니 가.
　　　수일이는 돌아서며 소매로 얼굴을 가리우고 저 하날을 우러러 눈물을 흘린다.
　　　주저하던 순애도 인제는 참다못해 그의 곁으로 덤비어 들었다.
　　　순애: 수일 씨 제가 모든 것을 다 <u>잘못했습니다요</u>.
　　　순애: 제가 제가 잘못했어요.
　　　　　　　　　　　　　　　　　　　　　　　　　<유성기영화_장한몽>

(21) 오빠: 그동안에 취직 하나는 못하는 내게 성공이 다 뭐냐?
　　　오빠: 열 번 스무 번 자살하려고 했다.
　　　오빠: 그러나 니가 나 때문에 못 죽는 것처럼 차마 니 눈앞에서 그런 꼴은
　　　　　　못 보이겠더라.
　　　여동생: 오빠 우리 형제는 너무나 <u>불행합니다요</u>.
　　　오빠: OO 아버지 때문에도 너는 죽어야 한다.
　　　　　　　　　　　　　　　　　　　　　　　　<유성기연극_말못할 사정>

'-ㅂ니다요, -ㅂ시다요'는 모두 유성기 연극과 유성기 영화에서만 나타났으며, 1회를 제외하고는 모두 여성의 발화로 나타났음을 확인할 수 있었다. 이러한 표현은 아랫사람이 윗사람에게 쓰는 표현으로 볼 수 있으나, 대부분의 대화 상황이 궁지에 몰린 여성이 대화 남성에게 애원하는 듯한 장면에서 나타나는 것으로 보아 이러한 형태의 화계가 일반적 두루 낮춤의 형태가 아니라 자신을 매우 낮추는 겸양의 표현으로 높임 정도는 '아주 높임'으로 파악할 수 있다.[29]

---

[29] 이러한 특징을 통해 유성기 영화나 연극이 좀 더 이전 시기의 언어적 특징을 포함하고

20세기 전기 구어 자료에서 특징적인 분포를 보인 또 하나의 보조사는 '야'이다. '야'는 20세기 후기 구어 자료에 비해 많이 나타나는 특성을 보인다. 실제로 20세기 후기 구어 자료에서 '야'는 전체 어절 수 대비 약 0.07%만 나타나는 반면, 전기 구어 자료에서는 전체 어절 수 대비 약 0.16% 출현하였다.[30] '야'는 '요'와 비교했을 때 결합한 선행요소가 제한적임을 알 수 있다. '야'는 총 94회 나타났는데, 결합한 선행범주는 아래와 같다.

(22) 어미 : 29. 격조사 : 17, 보조사 5, 부사 : 3, 명사 23, 대명사 17

어미는 27회가 연결어미, 1회가 명사형 전성어미, 1회가 종결어미와 결합하여서 '요'가 종결어미와 주로 결합했던 것과는 달리 연결어미와 주로 결합했으며, 명사, 대명사, 부사와 결합하여 나타나는 것으로 파악되었다. 격조사는 부사격조사 '에'와 결합한 형태가 9회로 가장 많았고, '보다야, 으로야, 보다야, 에서야'와 같은 형태로 나타났다. 20세기 후기 자료에서도 명사와 대명사와 결합하는 경우가 많이 나타났으며, 부사격조사와 결합하는 경우도 빈번한 편으로 총 32회로 나타났으며, '에, 에서, (으)로, 와/과, 서, 하고' 등의 부사격조사와 '야'가 공기하여 나타났다. 이는 '야'의 결합적 특성이 20세기 전기와 후기에 비슷하게 나타남을 보여주는 것이라 하겠다. '야'의 쓰임에서 가장 특징적인 것은 보조사와

---

있다고 해석할 여지도 있을 듯하다. 실제로 '-ㅂ니다요'와 같은 표현이 하인이 주인에게 발화하는 장면에서 많이 나타나는 것 등을 통해 유추해 볼 수 있으나, 이 표현이 현대에서도 간혹 쓰이고 있다는 점에서 이러한 해석의 어려움이 있다. 따라서 이에 대해서도 심도 있는 연구가 필요하다.

30) 20세기 전기 구어 자료는 전체 어절 수가 56,178회이고 20세기 후기 구어 자료는 전체 어절 수가 457,913으로 여기에서 보조사 '야'를 추출하여 오류로 보이는 항목을 제외하고 필자가 대략적으로 계산한 수치이다.

함께 나타나는 것이다. 보조사와 공기하는 어절은 '동정까지야, 몸까지야, 나는야(2회)'로 나타나는데, 이러한 형태가 모두 유성기 연극과 유성기 영화에서만 나타나는 특징을 보였다.31) 이러한 언어적 특징이 이 시대의 유성기 연극 영화의 장르적 문체가 반영된 것으로 파악할 가능성이 있다.32) 20세기 후기 구어자료에서는 보조사와 공기하는 예가 딱 두 용례만 발견되었으며, '지금부터야, 나는야'의 형태로 나타났다. 후기 구어 자료가 전기 구어 자료 규모의 12배 이상이라는 점을 감안하면, 보조사 다음에 나타나는 '야'의 형태가 이 시기의 구어에 좀 더 생산적으로 쓰였음을 보여주는 것이라 하겠다.

지금까지 20세기 전기 구어 자료에서 특징적 면모를 보인 두 보조사 '요'와 '야'를 분석하였다. 이들은 모두 어절의 가장 바깥쪽에 결합하는 특징을 가졌지만, '요'가 전형적 구어에서 생산적으로 쓰이는 데 비해, '야'는 유성기 연극이나 유성기 영화 등 좀 더 특징적 문체에서 많이 나타난다는 사실을 확인할 수 있다.33)

---

31) 이러한 예로 유성기연극 <신장한몽>에 나오는 대화는 다음과 같다. "수일: 아니 그럼 순애는 김가를 동정한단 말이요?/ 순애: 동정까지야. / 순애: 그렇진 않지만 너무 가엾지 않아요?"
32) 보조사의 계량적 분포를 살피는 과정에서 유성기 연극과 유성기 영화에서 특징적인 언어 현상이 많이 나타남을 제시하였다. 특히 유성기 영화의 경우 변사가 신파조로 상황을 설명하고, 연기를 진행하는 과정으로 극이 구성되기 때문에, 전형적인 구어보다는 문어적 성격이 강할 것으로 판단될 뿐만 아니라 유성기 영화나 연극만이 갖는 언어적 특징도 분명히 있으리라 생각된다. 그러나 어떤 언어적 특징이 이러한 장르에 특화된 것인지를 연구하기 위해서는 좀 더 많은 자료들이 보충되어야 할 것이다. 다만, 이 시기 대중문화에서 유성기영화나 연극의 신파조의 극이 성행하였다면 분명 이러한 언어적 특징 또한 이 시기 언어의 특징으로 파악해 볼 가능성이 있다고 하겠다.
33) '야'의 특징을 좀 더 면밀히 분석하기 위해서는 연구 자료를 문어로 확장하여 연구할 필요가 있다.

## 5. 마무리

　이 연구에서는 20세기 전기 구어에 나타난 국어 보조사의 계량적 현황과 분포를 중심으로 이 시기 보조사의 특징에 대해 고찰하였다. 우선 보조사의 유형별 출현 빈도를 현대국어 보조사의 유형별 출현 빈도와 비교하여, 이 시기에 특징적으로 쓰인 보조사의 형태를 근대국어와 현대국어의 연구 자료와 비교하였다. 또한 보조사가 결합하는 선행범주를 조사하여 결합 가능한 선행범주별로 보조사를 유형화하였다. 조사 결합의 양상을 면밀히 분석하여 현대국어의 결합 양상과 다른 언어자료들이 주로 유성기 연극과 유성기 영화에서 나타남을 확인하였다. 마지막으로 연구 대상으로 삼은 자료에서 특징적인 형태인 '요, 야'의 분포를 좀 더 면밀히 고찰하여 이 시기에 해요체에 쓰이는 보조사 '요'는 주로 여성과 어린이의 발화에서 나타나는 특징이 있음을 제시하였으며, '야'가 다른 보조사와 결합한 형태가 이 시기의 특성으로 언급될 수 있음을 지적하면서 이러한 형태가 주로 유성기연극과 유성기영화에 나타남에 주목하였다. 따라서 이 시기의 구어의 특징을 좀 더 정밀히 고찰하기 위해서는 유성기 영화와 유성기 연극의 장르 특징적 언어 연구의 필요성을 확인할 수 있었다.

　20세기 전기 구어를 대상으로 한 이 연구는 이 시기 언어 자료의 특징을 폭넓게 보여주었다는 면에서 의의를 갖지만, 깊이 있는 고찰을 하지 못한 것은 한계이다. 또한 이 연구 자료가 20세기 전기의 유성기 연극이나 영화, 또는 일반 영화 자료를 전사한 것이 대부분을 차지하기 때문에 이러한 장르적 성격이 반영되었을 가능성이 있어서 이 시기의 순수한 구어의 특성만을 고찰했다고 보기 어려운 점이 있다. 따라서 좀 더 많은 자료가 보강된다면, 이 시기의 특정 장르의 언어적 특징뿐만 아니라 이 시기 구어의 특징을 좀 더 면밀히 고찰할 수 있을 것이다. 이를 위한 후속 연구가 필요하다.


■ 참고 문헌

강범모·김흥규(2009), 『한국어 사용 빈도』, 한국문화사.
고광모(2000), 「상대 높임의 조사 '-요'와 '-(이)ㅂ쇼'의 기원과 형성 과정」, 『국어학』(국어학회) 36, 259~282.
김건희·권재일(2004), 「구어 조사의 특성 : 문법 표준화를 위한 계량적 분석, 『한말연구』(한말연구학회) 15, 1~22.
김수정(2000), 「현대 국어 보조사의 변천」, 『현대 국어의 형성과 변천 1』, 박이정.
김승곤(2014), 『국어 조사의 어원과 변천 연구』, 글모아출판.
김정호(2005), 「1920년대 청자 높임법의 사회언어학적 연구」, 『우리말글』(우리말글학회) 34, 69~98.
나은미·최정혜(2009), 「현대국어 보조사의 분포에 대한 연구: 사용 빈도와 선행 요소와의 결합 환경을 중심으로」, 『한국학연구』(고려대학교한국학연구소) 30, 131~159.
남기심·고영근(1985), 『표준국어문법론』, 탑출판사.
문병렬(2009), 「중세 국어 한정 보조사의 의미·기능과 그 변화 양상」, 『국어학』(국어학회) 54, 137~164.
박진호(2015), 「보조사의 역사적 연구」, 『국어학』(국어학회) 73, 375~435.
박철우(2015), 「보조사의 기능과 정보구조」, 『국어학』(국어학회) 73, 269~307.
배진영 외(2013), 『말뭉치 기반 구어 문어 통합 문법 기술1 어휘부류』, 박이정.
오재혁·송인성·도원영·홍종선(2014), 「20세기 초 구어 연구를 위한 음성 자료의 유형과 특징에 대한 고찰」, 『어문논집』(민족어문학회) 70, 225~258.
이숙경(2006), 「후기 근대국어의 문법화」, 『후기 근대국어 형태의 연구』, 역락.
이승희(2005), 「식민지 시대의 신파의 기원과 형성」, 한국영화학회 학술발표대회 논문집, 한국영화학회, 37~56.

이원근(1999), 「토씨의 하위 분류 재고」, 『한글』(한글학회) 245, 115~138.

임동훈(2015), 「보조사의 의미론」, 『국어학』(국어학회) 73, 333~373.

장혜진·신우봉·유혜원·홍종선(2014), 「20세기 초 구어 연구를 위한 문어 텍스트의 활용 문제」, 『어문논집』(민족어문학회) 71, 325~351.

채완(1993), 「특수조사 목록의 재검토」, 『국어학』(국어학) 23, 69~92.

최현배(1948, 1961), 『우리말본』, 정음사.

하귀녀(2005), 「국어 보조사의 역사적 연구」, 서울대학교 박사학위논문.

허재영(2007), 「한국어 보조사의 문법화: 개화기 한국어를 중심으로」, 『한민족문화연구』(한민족문화학회) 22, 59~79.

홍사만(2002), 『국어 특수조사 신연구』, 도서출판 역락.

황화상(2012), 『국어 조사의 문법』, 지식과 교양.

황화상(2015), 「보조사와 주변 범주: 보조사, 접미사, 의존 명사를 중심으로」, 『국어학』(국어학회) 73, 309~334.

# 20세기 전기 구어에 나타난
# 정도부사의 실현 양상

장혜진

## 1. 머리말

이 연구의 목적은 20세기 전기 구어 자료에 나타나는 정도부사의 실현 양상을 고찰하는 데 있다. 정도부사는 기본적으로 형용사를 수식하여 그 정도를 나타내는 기능을 하는데, 형용사 이외에 상태성을 지닌 동사, 일부 관형사나 부사, 체언을 수식하기도 한다. 홍사만(2002a: 155-156)에서는 정도부사는 정도 분화가 가능한 말(상태어)을 피한정어로 선택하여 그 정도 영역을 등급화, 강(약)의화하는 분화사의 성격을 띠는, 즉 [-정도]의 피한정어를 선택하여 [+정도]의 부사적 관계 구성으로 변화시키는 기능어라고 하였다.

정도부사에 대한 연구는 다양한 관점에서 이루어져 왔는데, 최근 들어 구어와 문어 혹은 여러 실현역(register)에 따른 정도부사의 사용에 대한 연구가 수행되었다. 김혜영·강범모(2010)에서는 구어에 나타난 정도부사를 대상으로 성별과 언어 사용의 상황(공적, 사적)에 따른 차이를 관찰하였다. 한영균·고은아(2011)에서는 '아주, 매우, 너무, 되게'를 대상으로 구어, 구어체, 문어에서 사용되는 용법을 제시하였고, 배진영(2012)에서는 구어와 소설, 신문, 학술산문에서 나타나는 정도부사에 대해 논의하였다. 그러나 이들 연구는 모두 한정된 정도부사를 대상으로 하였기 때문에 정도부사의 전체적인 실현 양상을 살피기에는 어려움이 있다.

또한 정도부사에 관한 선행 연구는 대부분 '현재(contemporary)' 국어를 대상으로 한다. 이보다 앞선 시기의 정도부사에 대한 연구는 중세어 부사 '안직, 아직, ᄆᆞᄉ, ᄀᆞ장'을 연구한 박선우(1998), 중세 및 근대국어의 정도부사를 고찰한 조익선(1988) 등을 찾아볼 수 있을 따름이다. 즉, 근대국어와 '현재' 국어 사이의 정도부사에 대한 연구는 찾아보기가 어려운 실정이다. 홍종선(2016)에서는 '현대국어'를 대상으로 한 연구에서 현대국어의 범위와 시기에 대한 고려가 부족함을 지적하면서, 현대국어의 시작 시기에 해당하는 20세기 초 국어는 암암리에 배제되어 왔다고 하였다. 현대국어의 특성을 밝히기 위해서는 현대국어의 전 시기에 대한 균형 있는 연구가 필요하다.

이에 본고에서는 기존 연구에서 다룬 바 없는 20세기 전기 구어의 정도부사를 대상으로 하여 그 실현 양상을 고찰한다. 이때 20세기 전기 구어 자료를 방법(mode)에 따라 나누어 실현역에 따른 차이를 살핀다. 이와 같은 연구를 통해 정도부사 연구의 외연을 확장하고, 현대국어 초기 구어의 특성을 파악하는 데 일조할 수 있을 것이다.

## 2. 연구 자료

### 2.1. 20세기 전기 구어 자료와 그 분류

이 연구에서 이용한 자료는 20세기 전기의 음성 및 영상 자료를 수집하여 전사한 '고려대 구어 말뭉치(1): 20세기 전기'이다.[1] 이 자료는 총 980분 분량으로, 어절 수는 58,765개이다.[2] 자료에 대한 세부적인 정보는 <표 1>과 같다.[3]

<표 1> 20세기 전기 구어 자료

| 자료 명 | 어절 수 |
| --- | --- |
| 이상재 연설(1926) | 631 |
| 이극로 강연(1928) | 221 |
| 김복진 동화 구연(1934) | 4,388 |
| 보통학교 조선어독본 낭독(1935) | 3,579 |
| 손기정 소감(1936) | 270 |
| 영화 <조선 우리의 후방> 설명(1939) | 722 |
| 유성기 영화(1930년대)[4] | 16,997 |
| 유성기 연극(1930년대) | 16,526 |
| 영화(1936-1941) | 15,431 |
| 합계 | 58,765 |

---

[1] 20세기 전기는 1945년을 기준으로 그 이전의 현대국어 시기를 말한다. 현대국어는 1894년 갑오경장을 기점으로 하여 현재까지 이르는 120여 년의 시기를 포함한다. 홍종선(2009)에서는 1894년에서 1910년대 말을 현대국어 형성기(제1기), 1920년대 초에서 1945년을 현대국어 정착기(제2기), 1945년 이후를 현대국어 발전기(제3기)로 시대 구분하였다. 이 연구에서 이용한 자료는 1926년에서 1941년의 것이므로 현대국어 제2기가 연구 대상이라 할 수 있다.
[2] 유혜원(2015)에서는 '고려대 구어 말뭉치(1): 20세기 전기' 자료의 규모를 899분, 56,178어절로 보고한 바 있다. 그러나 이후 해당 시기의 영화 자료인 '수업료(1940)'를 추가로 자료화하면서 자료의 규모가 늘어나게 된 것이다.
[3] 각 자료에 대한 상세한 설명은 오재혁 외(2014), 정연주·정경재·홍종선(2015)를 참조할 수 있다.

20세기 전기 구어 자료는 Eggins(2004)에서 제시한 방법(mode), 역할(tenor), 영역(field)에 따른 분석 방법을 참조하여 분류하였다. 방법(mode)은 매체적 특성으로, 상호작용 여부, 대화 참여자의 수 등을 기준으로 언어 사용의 전형적 상황을 구어 담화와 문어 텍스트로 나눈다. 따라서 방법에 따라 크게 구어와 문어로 나뉘지만 그 안에서 세부적인 구분이 가능하다. 여기서는 둘 이상의 대화 참여자가 상호작용을 하는 대화 자료를 '양방향', 한 명의 대화 참여자가 상호작용 없이 하는 독백 자료를 '일방향'으로 분류하였다.5)

〈표 2〉 일방향+양방향 자료에서 일방향과 양방향의 비율

|  | 일방향 | 양방향 |
|---|---|---|
| 김복진동화구연 | 3,294(75%) | 1,094(25%) |
| 조선어독본 | 2,810(79%) | 769(21%) |
| 유성기영화 | 10,192(60%) | 6,805(40%) |
| 유성기연극 | 1,416(9%) | 15,110(91%) |

20세기 전기 구어 자료에서 〈이상재〉, 〈이극로〉, 〈손기정〉, 〈영화설명〉는 모두 한 명의 대화 참여자가 상호작용 없이 하는 독백으로 구성되어 있으므로 일방향 자료에 속한다. 그리고 〈영화〉는 모두 둘 이상의 대화 참여자가 상호작용을 하는 대화로 구성되어 있으므로 양방향 자료

---

4) '유성기 음반에 수록된 영화설명 대본'에 대한 해설에 따르면 무성영화는 1923년에서 1934년에 걸쳐 제작되었으며, 녹음은 주로 1935년을 전후하여 콜럼비아, 리갈, 빅터 등의 레코드 회사에서 SP 음반으로 제작된 것을 채록한 것이다. 따라서 유성기 영화 자료는 1930년대 자료로 표시하였다.
5) 오재혁 외(2014)에서도 Eggins(2004)를 따라 20세기 전기 구어 자료를 분류하였다. 그러나 오재혁 외(2014)에서는 음성 자료는 모두 구어라는 방법(mode)을 사용한 것으로 보고 역할과 영역에 따라 자료를 분류하였고, 일방향과 양방향의 분류를 역할(tenor)의 하위로 처리하여 본고의 입장과 다소 차이를 보인다.

에 속한다. 그 외 <동화구연>, <조선어독본>, <유성기영화>, <유성기연극>의 경우는 일방향 자료와 양방향 자료가 혼재되어 있다. 이들 자료에서 일방향과 양방향의 어절 수와 비율을 보이면 <표 2>와 같다.

<동화구연>과 <조선어독본>은 양방향 자료가 20%가량 나타난다. <유성기영화>의 경우 일방향 자료에 해당하는 변사의 해설이 높은 비중을 차지하는 반면, <유성기연극>은 변사의 해설보다 등장인물의 대화가 압도적으로 많다. 이를 바탕으로 20세기 전기 구어 자료를 분류한 결과는 <그림 1>과 같다.

| 일방향 | | | | | 양방향 | |
|---|---|---|---|---|---|---|
| 이상재 | 조선어 | 동화 | 유성기영화 | | 유성기연극 | 영화 |
| 이극로 | 독본 | 구연 | | | | |
| 손기정 | | | | | | |
| 영화설명 | | | | | | |

<그림 1> 20세기 전기 구어 자료의 방법(mode)에 따른 분류

역할(tenor)은 참여자 간의 사회적 역할 관계를 나타내는 것으로, 힘(power), 접촉 빈도(contact), 정서적 관련(affective involvement)을 기준으로 격식과 비격식을 분류한 것이다. '격식'은 참여자가 힘의 위계적 차이가 있고 접촉이 빈번하지 않거나 일회성이며 정서적 관련이 낮은 반면, '비격식'은 참여자가 동등한 힘을 가지고 접촉이 빈번하며 정서적 관련이 높다. 20세기 전기 구어 자료에서는 <이상재>, <이극로>, <손기정>을 격식 자료로, 나머지를 비격식 자료로 분류할 수 있다.

영역(field)은 상황적 변수로, 전문적인 상황과 일반적인 상황을 분류한 것이다. '전문'적인 상황은 어떤 지식이 가정되는 전문적인 내용을, '일반'적인 상황은 어떤 지식이 가정되지 않은 일상적인 내용을 다루는 것이다. 20세기 전기 구어 자료에서는 강연인 <이극로>가 전문 자료로 분류될 수 있고, 낭독인 <조선어독본>에 일부 전문적인 내용이 포함되어 있다. 그 외의 자료는 일반 자료로 분류할 수 있다.

이와 같은 분류는 현대국어 전체 자료를 분류하기 위한 것으로, 20세기 전기 구어 자료의 경우 전문 자료와 격식 자료가 일반 자료와 비격식 자료에 비해 현저히 적기 때문에 영역 및 역할에 따른 비교는 어렵다. 따라서 이 연구에서는 20세기 전기 구어 자료를 방법에 따라 나누어 정도부사의 실현 양상을 관찰하고, 그 외 개별 자료의 특성에 따라 정도부사의 실현 양상에 차이가 있는 경우 이를 따로 언급할 것이다.

## 2.2. 정도부사 목록과 그 분류

정도부사의 목록은 연구자들마다 큰 차이를 보인다. 최현배(1937)에서는 정도의 높음을 보이는 정도부사로 '매우, 훨씬, 퍽, 끔찍이, 대단히, 심히, 극히, 지극히, 하고, 너무, 하도, 가장, 자못, 영, 아주, 전혀, 꽤', 정도의 낮음을 보이는 것으로 '조금, 좀, 약간, 거의(거진)'를 제시하였다. 이후 여러 연구에서 정도부사의 목록이 가감되고 있으며, 그 목록은 여전히 열린 집합이라 할 수 있다. 기존 연구에서 정도부사로 제시된 바 있는 단어를 모두 합하면 총 189개이다.[6]

---

[6] 정도부사 목록은 서상규(1991: 11-13), 손춘섭(2001: 98-99), 서정수(2005: 170-181)를 참조하였다. 서상규(1991)은 김규식(1909), 주시경(1910), 이규영(1913), 김두봉(1916/1922), 리필수(1923), 강매(1925), 이상춘(1925/1946), 김희상(1927), 홍기문(1927), 박승빈(1931/1937), 장지영(1932), 신명균(1933), 최현배(1937), 장하일(1947), 이영철(1948), 심의린(1949), 고창식(1965), 서정수(1975), 박선자(1983), 김선희(1985), 김영희(1985) 등 21개 연구에서 제시한 정도부사의 목록을 종합하여 제시하였다. 손춘섭(2001)은 최현배(1937), 서정수(1975), 정철주(1982), 박선자(1983), 박지홍(1984), 이석규(1987), 서상규(1991), 손남익(1995) 등 8개 연구에서 제시한 정도부사의 목록을 제시하였다.

(1) 선행 연구에서 제시한 정도부사 목록
가득이/가뜩이, 가뜩이나, 가령, 가우, 가장, 갓치, 거의, 거의거의, 거진, 게다가, 겨우, 결코, 고까지로, 고다지, 고루게, 고만, 그만, 고작, 곧, 과히, 굉장히, 그다지, 그리, 그야말로, 그지없이, 그토록, 극히, 근, 근근히, 기껏, 깊이, 깊이깊이, 꼭, 꽤, 끔찍이, 끔찍하게, 너무, 너무나, 너무너무, 넉넉히, 다, 다만, 다소, 단, 단지, 대단히, 대략, 더, 더구나, 더군다나, 더더구나, 더더군다나, 더더욱, 더러, 더욱, 더욱더, 더욱더욱, 더욱이, 더한층, 덜, 도무지, 도시, 도저히, 되게, 둘에7), 딱, 또, 똑, 뚝, 마구, 마땅히, 마치, 많이, 매, 매매, 매우, 멀리, 모두, 모름직이, 몹시, 무려, 무장, 무지, 무지무지하게, 무진장, 무척, 바로, 반드시, 별로, 보다, 보통, 부디, 불과, 비교적, 비록, 사무/사못, 상당히, 설마, 쇠통, 수없이, 실로, 심히, 썩, 아득히, 아무리, 아무쪼록, 아스라이, 아주, 알맞게, 약, 약간, 어찌, 얼마, 얼마간, 얼마나, 얼추, 여간, 역시, 영, 영영, 영판, 오죽, 오직, 온전, 온전이, 완전, 완전히, 워낙, 월등히, 유난히, 유달리, 유독, 일층, 자못, 자지리, 작히, 잔뜩, 잘, 저다지, 저으기, 적게, 적이, 전연, 전혀, 절대로, 정말, 정말로, 정히, 제법, 제일, 조금, 조금도, 조끔, 좀, 좀더, 좀처럼, 좀체, 지극히, 지독하게, 지지리, 진짜, 진짜로, 쪼끔, 참, 참말, 참말로, 참으로, 척, 천연, 첫재, 최고로, 최대로, 크게, 터무니없이, 통, 특히, 퍽, 퍽이나, 하고, 하도, 한, 한결, 한껏, 한층, 확실히, 훨, 훨씬, 휘영청, 흔이

기존 연구에서 제시한 정도부사 목록을 참고하여 20세기 전기 구어에 나타나는 정도부사의 목록을 작성하였다. 기존 연구에서 제시한 목록 가운데 '첫째, 근' 등과 같이 부사로 실현되지 않은 것이나 '멀리, 모두, 아득히' 등과 같이 실제 자료를 검토해 보았을 때 정도부사로 보기 어려운 것은 제외하였다. 그리고 정도부사의 목록을 구성할 때 '조금/좀', '제일/젤'과 같은 준말의 경우는 통합하여 '조금', '제일'을 대표형으로 제시하

---
7) 이는 주시경(1910)에서는 제시한 것이다. 서상규(1991)에는 '둘에⋯'로 제시되어 있는데, 이는 '둘에, 둘에서, 둘에는, 둘에야, 둘에도, 둘엔들, 둘에나, 둘에만'을 통틀어 나타낸 것이다.

였다. 20세기 전기 구어 자료에서 나타난 정도부사는 총 57개이다. 구체적인 목록은 (2)와 같다.

(2) 20세기 전기 구어에 나타난 정도부사의 목록
가뜩이, 가뜩이나, 가장, 거의, 거진, 결코, 과히, 그다지, 그리, 극히, 기껏, 깊이, 꽤, 끔찍이, 너무, 너무나, 대단히, 더, 더욱, 더욱더욱, 더한층, 도무지, 도저히, 마치, 많이, 매우, 몹시, 별로, 실로, 썩, 아무리, 아주, 어찌, 얼마나, 여간, 영, 오죽, 오죽이나, 워낙, 일층, 자못, 잔뜩, 적이, 전혀, 절대로, 정말, 제일, 조금, 좀체, 좀체로, 참, 참말, 참으로, 통, 퍽, 하도, 훨씬

정도부사는 여러 가지 기준에 의해 분류될 수 있다. 우선 서정수(2005)는 정도부사를 일반 정도부사, 특수 정도부사, 비교 정도부사로 나누었다. 일반 정도부사는 형용사, 지정사구 따위 피수식어와 두루 결합할 수 있는 것이고, 비교 정도부사는 견줌의 대상을 제시하여 수식 정도를 상대적으로 한정하는 것이다.[8] (2)에 제시한 20세기 전기 구어 자료에 나타난 정도부사를 일반 정도부사와 특수 정도부사로 나누어 제시하면 (3)과 같다.[9]

(3) 20세기 전기 구어에 나타난 정도부사의 분류
ㄱ. 일반 정도부사: 가뜩이, 가뜩이나, 가장, 거의, 거진, 극히, 기껏, 깊이, 꽤, 끔찍이, 너무, 너무나, 대단히, 더, 더욱, 더욱더욱, 더한층, 많이, 매우, 몹시, 실로, 썩, 아무리, 아주, 어찌, 얼마나, 영, 오죽, 오죽이나, 워

---

[8] 비교 정도부사는 '더/덜'인데, 여기서는 이를 일반 정도부사에 포함하여 다룰 것이다.
[9] 서정수(2005: 179-181)에서 제시한 특수 정도부사의 목록은 '휘영청, 똑, 마치, 작히, 적이, 정히, 아득히, 아스라이, 그리, 그다지, 별로, 과히, 전연, 전혀, 결코, 도무지, 조금도, 도저히, 좀처럼, 절대로, 통'이다. 이 가운데 '적이'는 '적이 놀라다/적이 당황하다/해가 막 떨어진 뒤라 그런지 그녀의 웃음이 적이 붉게 보였다/그렇다면 별 큰일도 아니구나 싶어 적이 가슴이 가라앉았다.' 같이 다양한 피수식어와 공기하므로 일반 정도부사로 분류한다(예문: <표준국어대사전> 참조).

낙, 일층, 자못, 잔뜩, 적이, 정말, 제일, 조금, 참, 참말, 참으로, 퍽, 하도, 훨씬
ㄴ. 특수 정도부사: 결코, 과히, 그다지, 그리, 도무지, 도저히, 마치, 별로, 여간, 전혀, 절대로, 좀체, 좀체로, 통

일반 정도부사는 다시 다양한 기준에 따라 하위 분류될 수 있다. 정도부사에 관한 초기 연구에서는 최현배(1937)과 같이 정도부사를 정도의 높음과 낮음이라는 2가지 부류로 구분하였다. 이후 여러 연구에서 3~8등급으로 다양한 등급화가 시도되었다.[10] 이 가운데 이석규(1987)와 홍사만(2002b)의 분류가 합리적인 측면이 있다.

이석규(1987)는 기준의 관여 여부에 따라 [+기준]과 [-기준], 피수식어를 강화하느냐 약화하느냐에 따라 [강화]와 [약화]로 정도부사를 분류하였다. 그리고 정도의 등급에 따라 크기1, 크기2, 크기3으로 나누고 크기의 등급에 관계없이 두루 쓰이는 것을 크기0으로 표시하였다. 홍사만(2002b)는 정도의 눈금에 위치를 매기는 부류와 두 개 또는 그 이상의 항목들의 정도를 비교하여 그 차이를 표시하는 부류로 정도부사를 나누었다. 그리고 전자는 1등급에서 4등급의 네 부류로, 후자는 최상등급, 1등급에서 3등급, 무등급의 다섯 부류로 세분하였다. 이때 최상등급은 3항 이상의 전체 비교를 나타내는 것이고, 무등급은 차이의 크기에서는 무표적인 것을 말한다.

본고에서는 정도부사를 비교 대상의 유무와 정도의 등급을 기준으로 하위 분류하였다. 이는 이석규(1987)와 홍사만(2002)의 정도부사 분류 방

---

10) 홍사만(2002b)는 기존 연구에서 제시한 정도부사의 등급 구분을 비판적으로 검토하였다. 최현배(1937), 한길(1983)은 2등급, 이충우(1986)은 3등급, 정철주(1982), 이석규(1987)은 5등급, 온영두(1985), 서정수(1987)은 6등급, 임유종(1999)는 7등급, 김승곤(1996)은 8등급으로 정도부사를 등급화하였다. 보다 상세한 내용은 홍사만(2002: 37-44) 참조.

식을 대체로 수용한 것이다. 비교 대상의 유무와 정도의 등급을 기준으로 한 정도부사의 분류는 <표 3>에 제시한 바와 같다.

<표 3> 20세기 전기 구어에 나타난 일반 정도부사의 분류

|  | 상대 정도 | 절대 정도 |
| --- | --- | --- |
| 최상등급 | 가장, 제일 | - |
| 1등급 | 훨씬 | 아주, 매우, 너무, 너무나, 대단히, 몹시, 아무리, 하도, 영, 잔뜩, 가뜩이, 가뜩이나, 극히, 자못, 워낙, 끔찍이 |
| 2등급 | 일층, 더욱, 더욱더욱, 더한층 | 퍽, 썩, 참, 참말, 참으로, 정말, 실로, 어찌, 많이, 깊이, 얼마나, 오죽, 오죽이나 |
| 3등급 | 거의, 거진 | 꽤, 적이, 기껏 |
| 4등급 | - | 조금 |
| 무등급 | 더 | - |

먼저 정도부사를 비교 대상의 유무에 따라 '상대 정도'와 '절대 정도'로 나누었다. '상대 정도'는 비교 대상이 실재하는 것을, '절대 정도'는 비교 대상이 실재하지 않는 것을 말한다.[11] 정도의 등급에 따른 분류는 홍사만(2002b)와 같이 1등급에서 4등급으로 나누고, 상대 정도에 최상등급과 무등급을 두었다. 각 등급에 해당하는 정도부사의 목록은 선행 연구와 실제 사용된 예문을 바탕으로 분석하여 설정하였다. 대체로 1등급은 보통 정도보다 훨씬 더 넘거나 정도가 매우 심함을 나타내고, 2등급은 일정한 정도보다 상당히 또는 한 단계 더 넘은 정도를 나타낸다. 그리고 3등급은 보통보다 조금 더 하거나 어느 한도에 매우 가까운 정도를, 4등급은 정도가 적음을 나타낸다.

---

11) '상대 정도', '절대 정도'라는 용어는 홍사만(2002b: 44)에서 가져온 것이다.

## 3. 20세기 전기 구어의 정도부사

20세기 전기 구어 자료에 나타난 정도부사는 총 57개 유형이 534번 나타난다. 가장 많이 나타난 정도부사는 '참'으로, 총 56회 나타났다. 다음으로 '너무'(52회), '퍽'(41회), '더'(40회), '얼마나'(37회), '너무나'(32회), '아주'(31회), '조금'(31회)의 순으로 관찰되었다.

(4) 20세기 전기 구어에 나타난 정도부사(괄호 안은 빈도)
가뜩이(1), 가뜩이나(2), 가장(12), 거의(2), 거진(2), 결코(6), 과히(2), 그다지(2), 그리(9), 극히(1), 기껏(1), 깊이(1), 꽤(3), 끔찍이(1), 너무(52), 너무나(32), 대단히(8), 더(40), 더욱(6), 더욱더욱(1), 더한층(1), 도무지(11), 도저히(3), 마치(8), 많이(4), 매우(6), 몹시(12), 별로(4), 실로(1), 썩(1), 아무리(12), 아주(31), 어찌(4), 얼마나(37), 여간(13), 영(1), 오죽(1), 오죽이나(4), 워낙(1), 일층(1), 자못(1), 잔뜩(5), 적이(1), 전혀(2), 절대로(6), 정말(5), 제일(19), 조금(31), 좀체(1), 좀체로(2), 참(56), 참말(2), 참으로(10), 통(2), 퍽(41), 하도(8), 훨씬(2)

### 3.1. 일방향 자료

20세기 전기 구어 자료 가운데 일방향 자료는 <이상재>, <이극로>, <손기정>, <영화 설명>의 4종이다. <이상재>는 월남 이상재 선생의 연설 자료, <이극로>는 고루 이극로 선생의 '조선 말소리'에 대한 기록 음성 자료이다. <손기정>은 손기정 선수의 올림픽 금메달 획득 소감 자료이며, <영화 설명>은 영화 '조선 우리의 후방'에 대한 변사의 설명 자료이다. 이 가운데 <이극로>에는 정도부사가 한 번도 나타나지 않았다.

먼저 <이상재>에는 '거의, 더, 아주, 제일, 조금'의 5가지 정도부사가 총 13회 사용되었다. <이상재>에서는 '제일'이 총 5회로 가장 많이 관찰된다. 이 가운데 1회는 축약형 '젤'로 나타난다. 다음으로 '아주'와 '더'가 각 3회씩 나타나고, '거의'와 '조금'이 1회 사용되었다. '조금'은 '조끔'으로 실현된다.

(5) ㄱ. 이왕에 하나님이 이 세계를 한 번 온전히 세계를 온전한 세계로 맨드시자고 조선을 **제일** 약한 조선을 택허고 **제일** 적은 조선을 택허고 **제일** 도덕심이 있는 조선 청년을 택해서 이와 같은 것으로 벌써 품부해 주서서 작정해 논 노릇이니까 허니까 아무리 사람의 힘으로 정하고 허자고 헌대도 필경 끝에 가서는 하나님의 뜻대로 될 줄 알고 그럴 줄 알고서 그걸루 낙관해. <이상재>
ㄴ. 헌즉 이 세계는 이렇게 악화되어 가는데 필경에 가서는 그 사람 죽이기 좋아하는 사람과 사람 살리기 좋아하는 조선 사람이란 거의 남을 조끔도 때리거나 아니 남한테 맞는 것은 좋아해도 그저 남 때리는 것은 **아주** **젤** 싫어하는 것이여. <이상재>
ㄷ. 그런즉 그게 만일 **조끔만** **더** 크게 부풀려 나가게 되면은 조선두 같이 따라서 멸망 가운데 들어가. <이상재>

다음으로 <손기정>에서는 정도부사가 3회, <영화 설명>에서는 2회 실현된다. <손기정>에서는 '일층'과 '더', '결코'가 <영화 설명>에서는 '자못'과 '더한층'이 각 1회씩 나타난다. '일층', '자못', '더한층'은 20세기 전기 구어 자료에서 일방향 자료인 <손기정>과 <영화 설명>에서만 나타난다.

(6) ㄱ. 좌등 코치 역시 응원 중의 한 사람이 OO에 큰 기를 흔들면서 인제는 육 킬로가 남았다고 큰 고함을 지르는 소리에 **일층** **더** 나는 용기를 내었습니다. <손기정>
ㄴ. 몽고는 우리 일본과 제휴하야 신동아를 건설해 온 터인데 덕왕 일행은 조선신궁을 참배하고 남총독을 방문하고서 그때의 임시로 있었던 경성제국대학에 있는 육군병 지원자 훈련소를 시찰하고 총후 조선의

철석 같은 젊은이들의 의기에 **자못** 감탄하면서 시찰하고 갔습니다. <영화 설명_조선 우리의 후방>

ㄷ. 그런데 나라에서는 의전 회의에서 항일 정권을 전멸하려는 제국의 꿋꿋한 대방책이 설정되어 장개석 일당을 없앨 때까지 정의의 칼을 거두지 않겠다고 성명하였으니 우리 국민은 진정한 지나 사변은 이제부터 시작되었다는 괄렴으로 전통인 존엄한 일본정신하에 경심성무 애국의 대의에 본받아 신전에 무운이 장구키를 기원하고 내선일체로 항상 황국신민 서사를 제창하여 <u>더한층</u> 시국인식을 깊이하지 않으면 아니 됩니다. <영화 설명_조선 우리의 후방>

## 3.2. 일방향+양방향 자료

20세기 전기 구어 자료 가운데 일방향과 양방향 자료가 혼재된 자료로 <조선어독본>, <동화구연>, <유성기영화>, <유성기연극>이 있다. <조선어독본>은 보통학교 조선어독본을 낭독한 자료이고, <동화구연>은 동화 구연가 김복진이 10편의 동화를 구연한 것이다. <유성기영화>와 <유성기연극>은 유성기 음반에 녹음된 영화와 연극 각 27편씩이다.

<표 4> <조선어독본>에 나타난 정도부사

| | | 상대 정도 | 절대 정도 |
|---|---|---|---|
| 일반 정도부사 | 최상등급 | 가장(7) | - |
| | 1등급 | - | 극히(1), 너무(1), 대단히(1), 매우(2), 하도(2) |
| | 2등급 | - | 깊이(1), 썩(1), 어찌(1), 얼마나(1), 참(2), 참으로(2), 퍽(2) |
| | 3등급 | - | - |
| | 4등급 | - | 조금(1) |
| | 무등급 | - | |
| 특수 정도부사 | | - | 결코(1), 그리(1), 마치(2), 여간(1), 좀체로(2) |

먼저 <조선어독본>에는 19개의 정도부사가 총 32개 나타난다. <조선어독본>에 나타난 정도부사는 <표 4>와 같다.

<조선어독본>에는 '가장'이 총 7회 사용되어 가장 많이 나타났고, '매우, 하도, 참, 참으로, 퍽'가 각 2회씩 사용되었다. 그리고 절대 정도의 1등급에서 '극히'와 절대 정도의 2등급에서 '깊이, 썩'은 20세기 전기 구어 자료 가운데 <조선어독본>에만 나타나는 정도부사이다. <조선어독본>에서 특수 정도부사는 '마치, 좀체로'가 2회씩, '결코, 그리, 여간'이 1회씩 사용되었다.

(7) ㄱ. 세종대왕께옵서는 이조 역대의 임금 중에 <u>가장</u> 거룩하신 어른이신데 <u>깊이</u> 백성을 사랑하사 널리 팔도에 어진 자를 구하시고 열성을 다하시와 국정을 보살피셨음으로 농사 교육을 비롯하야 음악 천문 그 외의 백반사업이 크게 진보하얏고 또 내지와의 교통 북경 여진의 방비 등 훌륭한 치적이 많았습니다. <조선어독본>
ㄴ. 그래서 이 아기는 보통 아기가 아니라 생각하고 다려다가 길렀드니 점점 장성하야 갈수록 <u>극히</u> 영민하고 또 기운이 셉니다. <조선어독본>
ㄷ. 그리하야 언문은 제정되어 국법으로써 장려한 것인데 읽기 쉽고 쓰기 쉽게 <u>썩</u> 훌륭하게 되었으므로 점차 보급되어 오늘날에는 국어의 가나와 같이 조선어를 발표함에 없지 못할 편리한 글자가 되었습니다. <조선어독본>

<동화구연>은 15개의 정도부사가 총 54개 실현된다. <동화구연>에 나타난 정도부사는 <표 5>에 제시한 바와 같다. 먼저 상대 정도의 최상등급은 '제일'이 5회 나타난다. 앞서 <조선어독본>에서 이 부류에 '가장'만 나타난 것과 대조적이다. 절대 정도 1등급에서는 '너무, 아주, 잔뜩'이 4회씩, '몹시'가 3회, '가뜩이나, 워낙'이 1회씩 나타난다. 절대 정도 2등

급에서는 '참'이 10회 나타나는데, '참'은 <동화구연>에서 가장 많이 나타나는 정도부사이다. 또한 이 부류에서 '퍽'이 4회, '어찌'가 3회, '참말'이 2회, '얼마나'가 1회 나타난다. 그리고 '참말, 거진, 워낙'은 <동화구연>에서만 나타나는 정도부사이다. 특수 정도부사로는 '도무지'만 5회 나타난다.

<표 5> <동화구연>에 나타난 정도부사

| | | 상대 정도 | 절대 정도 |
|---|---|---|---|
| 일반 정도부사 | 최상등급 | 제일(5) | - |
| | 1등급 | - | 가뜩이나(1), 너무(4), 몹시(3), 아주(4), 워낙(1), 잔뜩(4) |
| | 2등급 | - | 어찌(3), 얼마나(1), 참(10), 참말(2), 퍽(4) |
| | 3등급 | 거진(2) | - |
| | 4등급 | - | - |
| | 무등급 | 더(5) | - |
| 특수 정도부사 | | | 도무지(5) |

(8) ㄱ. 그래 집으로 간 첫째 왕자는 아버지 생명수를 떠 왔습니다 하고는 따라서 드렸더니 임금님은 어 <u>참</u> 착하다 하고 한 모금 마시더니 별안간에 병이 더해서 그만 돌아가시게 됐습니다. <동화구연_생명수>
ㄴ. 우리 저 집에 가서 길을 물어보고 우리 집에를 찾아가자 응 하고 둘이 손목을 잡고 뛰어가서 그 집을 자세히 보니까 그 집은 보지도 못하던 <u>참말</u> 이상스러운 집이었습니다. <동화구연_현철이와 옥주>
ㄷ. 아 그래서 둘째 왕자는 그 생명수 병을 받아가지고 고맙다고 인사를 하고 집으로 뛰어와서 보니까 임금님은 <u>거진</u> 돌아가시게 됐습니다. <동화구연_생명수>
ㄹ. 쌀분아 뱃전을 꼭 잡아라 놓치면 큰일 난다 하고 어떻게든지 정신을 차리려고 애를 썼지마는 <u>워낙</u> 모진 바람이 불고 비가 퍼부으니까 둘이

다 정신을 잃고 그만 쓰러졌습니다. <동화구연_돌문이와 쌀분이>

<유성기영화>에는 25개의 정도부사가 92회 나타난다. <유성기영화> 자료에 나타나는 정도부사의 목록과 빈도는 <표 6>과 같다.

<표 6> <유성기영화>에 나타난 정도부사

| | | 상대 정도 | 절대 정도 |
|---|---|---|---|
| 일반 정도부사 | 최상등급 | 가장(4) | - |
| | 1등급 | - | 가뜩이(1), 끔찍이(1), 너무(13), 너무나(11), 대단히(1), 매우(1), 몹시(2), 아무리(4), 아주(2), 영(1) |
| | 2등급 | 더욱(1) | 얼마나(14), 오죽(1), 오죽이나(2), 참(6), 참으로(5), 퍽(3) |
| | 3등급 | 거의(1) | - |
| | 4등급 | - | 조금(3) |
| | 무등급 | 더(7) | - |
| 특수 정도부사 | | | 결코(2), 도무지(1), 마치(4), 절대로(1) |

<유성기영화>에서 상대 정도 최상등급의 정도부사는 '가장'만 나타난다. 절대 정도 1등급에서는 '너무'와 '너무나'가 각각 13회와 11회로 사용 빈도가 높다. 절대 정도 2등급에서는 '얼마나'가 14회 사용되었고, '참'과 '참으로'가 각 6회와 5회 사용되었다. 특수 정도부사로는 '마치'가 4회 사용되었고, '결코'가 2회, '도무지, 절대로'가 각 1회씩 나타난다. 이 가운데 '끔찍이, 오죽'은 <유성기영화>에서만 나타나는 정도부사이며, '마치, 참으로, 오죽이나'도 <유성기영화>에서 사용빈도가 높다.

(9) ㄱ. <u>끔찍이도</u> 다정하던 네가 그렇게도 명민한 두뇌를 가졌던 네가 으쩌다

가 이 모양이 되었단 말이냐. <유성기영화_아리랑>
ㄴ. 초록은 동색이라니 부인이나 내나 가삼 아픈 일이 <u>오죽</u> 많겠소? <유성기영화_종소리>
ㄷ. 횡폭한 로마의 군인들은 길을 횡단했다는 죄명 아래 젊은 여자를 잡아 가지고 머리채를 끄들며 <u>마치</u> 개나 도야지와 같이 천대하였다. <유성기영화_벤허>
ㄹ. 응 오날은 동리도 비고 집도 비고 서울서 온 그 자식도 없으니 <u>참으로</u> 좋은 기회. <유성기영화_아리랑>

'너무'는 <유성기영화>에서 보조사가 결합하여 나타나는 경우가 많다. 총 13회 가운데 10회가 보조사 '도'가 결합한 '너무도'로 실현되었다. '너무나'는 '너무나도'가 1회 나타났다. '몹시'와 '끔찍이'는 모두 보조사 '도'가 결합되어 나타났으며, '퍽'은 '퍽도'와 '퍽은'이 각 1회씩 나타난다.

(10) ㄱ. 마치 자기를 비웃는 듯한 그 웃음이 <u>너무도</u> 얄미웁기도 했다. <유성기영화_비 오는 포구>
ㄴ. 지나간 꿈이라기에는 <u>너무나도</u> 잊혀지지 않는 추억이 지금의 나를 괴롭히는구나. <유성기영화_승방비곡>
ㄷ. 전쟁 전 생일과는 <u>몹시도</u> 틀립니다그려. <유성기영화_네 아들>
ㄹ. 참 그때는 카츄샤도 <u>퍽은</u> 어리더니. <유성기영화_부활>

<유성기연극>에서는 34개의 정도부사가 총 160회 나타난다. <유성기영화>에서 정도부사가 92회 사용된 것과 비교해 보면 같은 유성기 음반 자료이지만 <유성기연극>에서 정도부사가 더 많이 사용됨을 알 수 있다. <유성기연극> 자료에 나타난 정도부사의 목록과 빈도는 <표 7>에 제시한 바와 같다.

<표 7> <유성기연극>에 나타난 정도부사

| | | 상대 정도 | 절대 정도 |
|---|---|---|---|
| 일반 정도부사 | 최상등급 | 제일(5) | - |
| | 1등급 | 훨씬(2) | 가뜩이나(1), 너무(21), 너무나(19), 매우(1), 몹시(3), 아무리(8), 아주(8), 잔뜩(1), 하도(1) |
| | 2등급 | 더욱(5), 더욱더욱(1) | 실로(1), 얼마나(9), 오죽이나(2), 정말(2), 참(11), 참으로(3), 퍽(6) |
| | 3등급 | - | 기껏(1), 적이(1) |
| | 4등급 | - | 조금(10) |
| | 무등급 | 더(15) | - |
| 특수 정도부사 | | 결코(2), 과히(2), 그다지(1), 그리(6), 도저히(2), 마치(2), 별로(2), 여간(3), 전혀(2), 절대로(1) | |

<유성기연극>에서는 상대 정도의 최상등급에서 '제일'만 5회 사용되었다. 앞서 살펴본 <유성기영화>에서 '가장'만 사용되었던 것과 대조적이다. 절대 정도 1등급에서는 '너무'가 21회, '너무나'가 19회로 많이 사용된다. 절대 정도 2등급에서는 '참'이 11회로 가장 많이 나타나며, 그 외에 '얼마나'가 9회, '퍽'이 6회 나타난다. 그리고 <유성기영화>에서는 나타나지 않았던 '정말'이 2회 나타난다. 특수 정도부사는 비교적 다양하게 나타나는데, '그리'가 6회로 가장 많이 나타난다. '과히, 기껏, 더욱더욱, 실로, 적이, 전혀, 훨씬'은 <유성기연극> 자료에서만 나타난다.

(11) ㄱ. 아무리 이 몸이 가루가 되도록 일을 해서라도 너 하나 중학 대학을 마쳐서 <u>정말</u> 훌륭한 사람을 맨들고야 말 터이다. <유성기연극_모성애>
ㄴ. 듣자오니 월급을 <u>과히</u> 많지 않으시다든데 그 적은 월급으로 이렇게 해 주시니 고맙습니다만 집안 살림이 어찌 궁색하시겠어요. <유성기

연극_순사와 신부>
ㄷ. 공양왕 사년 사월 왕도에도 봄은 이르러 먼 산은 <u>적이</u> 자주 빛이 돌아 보이되 조정을 흔드는 시컴한 싸움 때문에 이 나라 백성들의 불안한 마음에는 아직도 봄이 이르지를 못하였습니다. <유성기연극_일편단심: 고려말엽 정몽주 실전>
ㄹ. 난 외려 따분한 샌님보다는 저렇게 떠들어 부치는 사람들이 <u>훨씬</u> 명랑하고 좋은걸요. <유성기연극_신장한몽>
ㅁ. 그리고 너를 이만치 훌륭하게 기르신 너의 어머니는 <u>실로</u> 훌륭한 어진 어머니시다. <유성기연극_모성애>

20세기 전기 구어에서 '너무'는 대체로 부정적인 의미로 사용된다. 그러나 <유성기연극>에서 긍정적인 의미로 사용된 예가 나타난다.

(12) 이 몸은 얼마나 동궁마마를 찾았는지 모르는데 아마 월정교반에 달빛이 <u>너무도</u> 아름다우니 관월을 하시려 나오셨나요? <유성기연극_낙랑동주와 마의태자>

<유성기연극> 자료에서는 '더욱'과 '더욱더욱'의 사용이 눈에 띈다. 20세기 전기 구어 자료에서 '더욱'은 총 6회 나타나는데, 이 가운데 <유성기연극>에서 5회가 실현된다. 그리고 '더욱더욱'은 앞서 언급한 바와 같이 <유성기연극>에서만 나타나는데, 이는 20세기 전기 구어 자료에서 나타난 정도부사의 반복형으로 유일한 예이다.

(13) ㄱ. 아 너희들의 노래를 들으니까 내 가슴은 <u>더욱</u> 슬프다. <유성기연극_아리랑>
ㄴ. 그러니 <u>더욱더욱</u> 분발하여서 훌륭한 사람이 되어 다고 <유성기연극_모성애>

그리고 <유성기연극>은 앞서 살펴본 <유성기영화>와 마찬가지로 정도부사에 보조사가 결합된 예가 나타난다. '너무'에 보조사 '도'가 결합한 경우가 6회, 보조사 '들'이 결합한 경우가 1회 나타난다. 그리고 '몹시'에 보조사 '도'가 결합되기도 한다.

(14) ㄱ. 그러나 이대로 죽어 브린다면 너무도 원통해요. <유성기연극_말 못할 사정>
ㄴ. 아이 그렇지만 너무들 했어요. <유성기연극_신장한몽>
ㄷ. 말과 함께 풀밭에 쓰러져 꿈 길을 더듬는 태자와 공주의 모양이 몹시도 안타깝구나. <유성기연극_동방의 비가>

### 3.3. 양방향 자료

20세기 전기 구어 자료에서 양방향 자료로 <영화>가 있다. 1936년에서 1941년 사이에 제작된 영화 9편으로 구성된 자료이다. <영화> 자료에는 26개의 정도부사가 총 178회 사용된다. <영화>에 나타나는 정도부사의 목록과 그 빈도는 <표 8>과 같다.

<표 8> <영화>에 나타난 정도부사

| | | 상대 정도 | 절대 정도 |
|---|---|---|---|
| 일반 정도부사 | 최상등급 | 가장(1), 제일(4) | - |
| | 1등급 | - | 너무(13), 너무나(2), 대단히(6), 매우(2), 몹시(4), 아주(14), 하도(5) |
| | 2등급 | - | 많이(4), 얼마나(12), 정말(3), 참(27), 퍽(26) |
| | 3등급 | - | 꽤(3) |
| | 4등급 | - | 조금(16) |
| | 무등급 | 더(9) | - |
| 특수 정도부사 | | 그다지(1), 그리(2), 도무지(5), 도저히(1), 별로(2), 여간(9), 절대로(4), 좀체(1), 통(2) | |

<영화>에서 상대 정도의 최상등급은 '가장'과 '제일'이 나타나는데, '제일'의 빈도가 더 높게 나타난다. 절대 정도의 1등급에서는 '아주'가 14회로 가장 많이 사용되었고, 다음으로 '너무'가 '13회 나타난다. 절대 정도 2등급에서는 '참'과 '퍽'이 각 27회와 26회로 사용빈도가 높게 나타난다. 그리고 <유성기연극>과 같이 '정말'이 정도부사로 사용된 예가 나타난다. 특수 정도부사도 비교적 다양하게 나타나는데, '여간'이 9회로 가장 많이 사용되고, '도무지'가 5회, '절대로'가 4회 나타난다. <영화>에서는 다른 구어 자료에 비해 '참, 퍽, 좀, 여간, 하도'의 빈도가 높다. 그리고 '많이'와 '꽤'는 영화 자료에서만 나타난다.

(15) ㄱ. 원진이는 <u>정말</u> 좋은 동무를 가졌단 말이야. <영화_군용열차>
 ㄴ. 언니 <u>참</u> 미안하오. <영화_어화>
 ㄷ. 음악과 영화를 <u>퍽</u> 좋아해요. <영화_반도의 봄>
 ㄹ. 맥이 <u>여간</u> 가늘지 않는데. <영화_집 없는 천사>
 ㅁ. 그 너석이 니기는 것이 <u>하도</u> 수상해서요. <영학_집 없는 천사>

20세기 전기 구어 자료에서 '너무'는 대체로 부정적인 의미로 사용되는데, <영화>에서는 긍정적인 의미로 사용된 예가 나타난다. 앞서 <유성기연극>에서도 '너무'가 긍정적인 의미로 사용된 예가 나타남을 살펴보았다. 20세기 전기 구어 자료에서 긍정적인 의미로 사용된 '너무'는 총 52회 중 2회이다.

(16) 애순    왜 그렇게 보세요?
 불륜남   당신이 <u>너무</u> 아름다워서요.
 애순    원 별말씀을 다.
 불륜남   정말입니다.  <영화_미몽>

'많이'와 '꽤'는 <영화>에서만 나타나는 정도부사이다.

(17) ㄱ. 아직 어린애니 앞으로 <u>많이</u> 사랑해 주세요. <영화_어화>
ㄴ. 아유 그동안 평양도 <u>많이</u> 변했죠? <영화_반도의 봄>
ㄷ. <u>꽤</u> 고단하지요. <영화_군용열차>
ㄹ. 아니 이게 하나에 십오 전씩이라니 <u>꽤</u> 비싸졌지. <영화_반도의 봄>

## 4. 20세기 전기 구어에 나타난 정도부사의 자료 유형별 특징

20세기 전기 구어에서 자료 유형별 정도부사의 유형빈도와 사용빈도, 각 자료에서 어절 수 대비 정도부사의 사용 비율을 정리하면 <표 9>에 제시한 바와 같다.

<표 9> 자료 유형별 정도부사의 빈도와 비율

|  |  | 유형빈도 | 사용빈도 | 사용 비율 |
|---|---|---|---|---|
| 일방향 | 이상재 | 4 | 13 | 2.06 |
|  | 이극로 | 0 | 0 | 0.00 |
|  | 손기정 | 2 | 3 | 0.74 |
|  | 영화 설명 | 2 | 2 | 0.28 |
| 일방향+양방향 | 조선어독본 | 19 | 32 | 0.89 |
|  | 동화 구연 | 15 | 54 | 1.23 |
|  | 유성기 영화 | 25 | 92 | 0.54 |
|  | 유성기 연극 | 34 | 160 | 0.97 |
| 양방향 | 영화 | 26 | 178 | 1.15 |
| 합계 |  | 57 | 534 | 0.91 |

정도부사는 대체로 각 자료에서 1% 내외로 사용된다. 일방향 자료인 <이상재>, <이극로>, <손기정>, <영화 설명>은 정도부사가 사용되지 않거나 정도부사의 사용빈도 자체가 낮다. 이를 제외하면 정도부사의 사용 비율이 높은 자료는 <동화구연>, <영화>, <유성기연극>이고, 정도부사의 사용 비율이 낮은 자료는 <유성기영화>, <조선어독본>이다. <동화구연>을 제외하면 양방향 자료의 비율이 높은 자료에서 정도부사가 상대적으로 많이 사용되고, 일방향 자료의 비율이 높은 자료에서는 정도부사가 상대적으로 적게 사용된다고 할 수 있다.

자료 유형별로 정도부사의 특성을 관찰해 보면 다음과 같다. 먼저 상대 정도의 최상등급에 해당하는 '가장'과 '제일'의 실현 양상을 통해 자료 유형별 차이를 살펴볼 수 있다. <조선어독본>과 <유성기영화>에서는 '가장'만 나타나고, <동화구연>과 <유성기연극>에서는 '제일'만 나타난다. <영화>에서 '가장'과 '제일'이 모두 나타나기는 하지만 '제일'의 빈도가 훨씬 더 높다. 즉 <동화구연>을 제외하면 일방향 자료의 비율이 높은 자료에서는 '가장'이, 양방향 자료의 비율이 높은 자료에서는 '제일'이 주로 사용된다.

<조선어독본>에는 다른 자료와 비교해 보았을 때 절대 정도의 1등급을 나타내는 정도부사 가운데 '너무'와 '매우'의 사용이 특징적이다. 20세기 전기의 구어 자료에서는 '너무'의 빈도가 높은데, <조선어독본>에서는 그 빈도가 낮다. 또한 '매우'의 경우 다른 자료에 비해 <조선어독본>에서 상대적으로 많이 실현된다. 절대 정도의 2등급을 나타내는 정도부사에서는 '참으로'의 사용이 눈에 띄는데, 이는 <영화>나 <동화구연>과 같은 자료에서는 사용되지 않는다. 그리고 '좀체로, 극히, 깊이, 썩'은 <조선어독본>에서만 관찰할 수 있다.

<동화구연>에서는 절대 정도의 1등급을 나타내는 정도부사 가운데 '아주'와 '너무'가 많이 나타난다. 이는 앞서 살펴본 <조선어독본>에서는 '아주'가 사용되지 않고 '너무'의 사용빈도가 낮은 것과 다른 양상을 보이는 것이다. 이처럼 <동화구연>과 <조선어독본>은 일방향과 양방향 자료의 비율이 비슷하지만, 정도부사의 실현 양상은 큰 차이를 보인다. <동화구연>은 절대 정도의 2등급을 나타내는 '참'이 가장 높은 빈도로 사용되었다는 점도 양방향 자료인 <영화>와 유사한 특성이다.

<유성기영화>와 <유성기연극>은 같은 유성기 음반 자료이기 때문에 다른 구어 자료와 차별되는 특성을 공유할 것으로 예상된다. 두 자료에서 고빈도로 사용되는 정도부사를 관찰해 보면 '너무'와 '너무나'가 고빈도로 사용된다는 공통점이 있는데, 특히 '너무나'의 경우 20세기 전기의 다른 구어 자료와 달리 유성기 자료에서만 고빈도로 나타난다. 그리고 '너무'에 보조사가 결합한 형태는 총 21회 중 17회가 유성기 자료에서 나타난다. 유성기 자료에는 보조사 결합형이 많이 나타나는데, '너무나도, 몹시도, 퍽도, 퍽은' 등이 주로 유성기 자료에서 나타난다. 또한 '아무리, 더욱, 오죽' 등도 다른 유형의 구어 자료에서는 거의 사용되지 않고 유성기 자료에서만 나타난다.

그러나 <유성기영화>는 <유성기연극>에 비해 정도부사의 사용 비율이 현저히 낮다는 점에서 차이를 보인다. 그리고 상대 정도의 최상등급에서 <유성기영화>는 '가장'만, <유성기연극>은 '제일'만 사용된다. 그 외에도 <유성기영화>와 달리 <유성기연극>에서는 절대 정도의 4등급을 나타내는 '좀'이 고빈도로 사용되고, <영화> 자료에서 고빈도로 나타나는 '아주'가 상대적으로 많이 사용된다는 점이 관찰된다. 그리고 '정말'이 정도부사로 사용된 예는 20세기 전기 구어 자료 가운데 <유성기연극>

과 <영화>에서만 관찰된다.

<영화>에는 절대 정도의 2등급에 해당하는 정도부사의 사용빈도가 매우 높다. 그 중에서도 '참'과 '퍽'의 빈도가 높게 나타나는데, 특히 '퍽'은 다른 유형의 구어 자료에 비해 <영화>에서 압도적으로 많이 사용되었다. '좀, 아주' 등과 같은 정도부사도 다른 유형의 자료에 비해 <영화>에서 고빈도로 사용된다. '많이'가 정도부사로 사용된 예는 <영화>에서만 나타난다. 또한 '너무'가 긍정적인 의미로 사용된 예도 <영화>에 나타나는데, 양방향 자료의 비율이 높은 <유성기연극>에서도 긍정적인 의미로 사용된 '너무'가 나타남을 관찰하였다.

20세기 전기 구어 자료에서 정도부사의 자료 유형별 특징을 살펴본 결과, 방법에 따른 자료 유형별로 정도부사의 실현 양상에 차이가 있음을 알 수 있다. 일방향 자료의 비율이 높은 <조선어독본>은 상대 정도의 최상등급으로 '가장'만이 사용되며, 다른 구어 자료에서는 고빈도로 나타나는 '너무'가 낮은 빈도를 보인다. 그리고 다른 구어 자료에서는 나타나지 않거나 빈도가 매우 낮은 '매우'의 빈도가 상대적으로 높은 것이 특징적이다. 반면 양방향 자료인 <영화>에서는 상대 정도의 최상등급에 '제일'이 주로 사용된다. 그리고 '퍽'이 다른 자료에 비해 압도적으로 많이 사용되며, '좀'과 '아주'도 상대적으로 많이 나타난다. 그리고 다른 구어 자료에서는 사용되지 않은 '많이'가 정도부사로 실현된 예가 나타나고, '꽤'도 <영화>에서만 사용된다.

이와 같이 일방향과 양방향이라는 방법(mode)의 차이가 정도부사의 실현 양상과 관련이 있다는 것은 <유성기영화>와 <유성기연극> 자료를 통해서도 뒷받침된다. 두 자료는 유성기 음반 자료라는 공통점 때문에 유사한 특성이 많이 나타나지만, 차이점이 존재한다. 일방향 자료의 비율이 높은 <유성기영화>는 일방향 자료인 <조선어독본>과 마찬가지로 상대 정도의 최상등급에서 '가장'만이 사용되고, 양방향 자료의 비율이 높은 <유성기연극>은 '제일'만 사용된다. 또한 <유성기연극>에서 '좀'과 '아주'가 상대적으로 많이 실현된 것과 '정말'이 정도부사로 사용되는 것은 양방향 자료인 <영화>와 유사하다. 또한 '너무'가 긍정적인 의미로 사용된 예가 <유성기연극>과 <영화>에서만 나타난다는 점도 특기할 만하다.

## 5. 마무리

지금까지 20세기 전기 구어 자료에 나타나는 정도부사의 실현 양상을 고찰하였다. 20세기 전기 구어 자료를 방법(mode)에 따라 분류하여 살펴본 결과, 대체로 양방향 자료의 비율이 높을수록 정도부사가 많이 사용된다는 것을 관찰하였다. 개별 정도부사 가운데 자료 유형별 차이를 가장 잘 보여주는 것은 상대 정도 최상등급의 '가장'과 '제일'이었다. 대체로 '가장'은 일방향 자료의 비율이 높은 자료에서, '제일'은 양방향 자료의 비율이 높은 자료에서 주로 사용되었다. 또한 양방향 자료에 가까울수록 '좀'이나 '아주'의 빈도가 높고 '정말'이 정도부사로 사용되며, 양방향 자료에서는 다른 자료에서는 관찰되지 않는 '많이'와 '꽤'를 관찰할 수 있다.

<조선어독본>은 '너무'의 빈도가 낮고 '매우'의 빈도가 상대적으로 높다는 점에서 다른 구어 자료와 차이를 보인다. 이 자료는 문자로 기록된 자료를 낭독한 것이기 때문에 다른 구어 자료와 차이를 보이는 것이라 할 수 있다. <조선어독본>의 이와 같은 특성은 해당 시기 문어 자료의

특성과 가까울 것으로 예상되는데, 이에 대한 면밀한 고찰을 위해 해당 시기 문어와 구어에서 나타나는 정도부사의 실현 양상에 대해 논의할 필요가 있다. 또한 <동화구연>은 일방향 자료에 가깝지만 정도부사의 사용 비율이나 개별 정도부사의 특성이 양방향 자료와 유사한 측면을 보이므로 이에 대해서도 추가적인 고찰이 필요하다.

■ 참고 문헌

김혜영·강범모(2010),「구어 속 강조적 정도부사의 사용과 의미」,『한국어학』(한국어학회) 48, 101~129.
박선우(1998),「중세어 부사 '안직, 아직, 믓, ㄱ장'의 의미연구」,『한국어학』(한국어학회) 7, 159~191.
배진영(2012),「구어와 문어 사용역에 따른 정도부사의 분포와 상용 양상에 대한 연구」,『국제어문』(국제어문학회) 54, 95~140.
서상규(1991),「정도부사에 대한 국어학사적인 조명과 그 분류에 대해」,「언세어문학」(연세대학교 국어국문학과) 23, 219~266.
서정수(2005),『한국어의 부사』서울: 서울대학교 출판부.
손춘섭(2001),「정도부사의 의미와 기능에 대한 고찰」,『한국어의미학』(한국어의미학회) 9, 97~130.
오재혁 외(2014),「20세기 초 구어 연구를 위한 음성 자료의 유형과 특징에 대한 고찰」,「어문논집」(민족어문학회) 70, 225~258.
유혜원(2015),「20세기 전기 구어 자료의 격조사 실현 양상에 대한 연구」,『우리어문』(우리어문학회) 53, 399~429.
이석규(1987),「현대국어 정도 어찌씨의 의미 연구」, 건국대학교 박사학위논문.
임규홍(1998).「부사 '정말'류의 담화적 의미」,『한국어의미학』(한국어의미학회) 2, 237~254.
정연주·정경재·홍종선(2015),「20세기 전기 구어 자료에서의 '안' 부정법」,『어문논집』(민족어문학회) 75, 109~145.

조익선(1988), 「국어 정도부사의 고찰: 중세·근세어를 중심으로」, 『한국어문학연구』(동악어문학회) 23, 351~388.
주시경(1910), 『국어문법』 경성: 박문서관.
최현배(1937), 『우리말본』 경성: 연희전문학교 출판부.
한영균·고은아(2011), 「유의적 정도부사의 빈도·분포·결합관계의 분석과 그 활용」, 『한국어의미학』(한국어의미학회) 35, 335~394.
홍사만(2002a), 「국어 정도 부사의 피한정어 연구」, 『어문학』(한국어문학회) 76, 153~176.
홍사만(2002b), 「국어 정도 부사의 하위 분류」, 『어문론총』(경북어문학회) 36, 31~74.
홍종선(2009), 『20세기 국어 문법의 통시적 변화』, 『국어국문학』(국어국문학회) 152, 35~61.
홍종선(2016) 「20세기 초 국어의 국어사 시대 설정과 문법 특징」, 제64차 한국어학회 전국학술대회 발표집, 101~110.
Eggins, S. (2004), *An Introduction to Systemic Functional Linguistics*, London: Pinter Publishers.

# 20세기 음성 자료에서 나타나는 체언 말 자음의 교체 현상

송인성

## 1. 머리말

이 연구의 목적은 20세기 음성 자료에 나타나는 체언 말 자음 /ㅈ, ㅊ, ㅌ, ㅋ, ㅍ/의 교체 양상을 분석하여, 20세기 현대국어에서 체언 말 자음이 실현되는 양상을 고찰하는 데에 있다.

체언 말 자음의 교체 현상은 체언의 마지막 음절인 종성이 모음으로 시작하는 조사와 결합할 때, 이 말음이 다른 소리로 교체되어 나타나는 현상을 의미한다. 예를 들어 '꽃'의 말음 /ㅊ/가 '이, 에, 으로' 등의 조사와 결합하는 경우에 [꼬치, 꼬체, 꼬츠로]로 실현되는 것이 아니라 [꼬시, 꼬세, 꼬스로]와 같이 /ㅊ/가 [ㅅ]로 교체되어 실현되는 것이다.

체언 말 자음 /ㅈ, ㅊ, ㅌ, ㅋ, ㅍ/가 수의적으로 마찰음이나 평폐쇄음으로 실현되는 현상은 현대국어에서 공시적으로 관찰되는 현상이다. 기존의 연구에서는 이 현상의 원인을 파악하기 위하여 다양한 차원에서 분석을 시도하였고(최태영, 1977; 곽충구, 1984; 김경아, 1995; 박선우, 2006; 오재혁, 2006; 오재혁·신지영, 2007; 이동석, 2009; 임현열, 2009; 오정란, 2015 등), 사회 언어학적인 관점에서 체언 말 자음의 연령별, 지역별 실현 현황을 분석하기도 하였다(강희숙, 1992; 강은지·이호영·김주원, 2004; 김태경, 2008 등). 이와 같은 기존의 연구에서는 체언 말 자음의 재구조화에 관한 동기와 원인을 설명하기 위하여 중세국어와 근대국어의 문헌 자료에서 나타난 표기를 통해 통시적으로 접근하거나, 실제 체언 말 자음의 음성 실현형이 어떻게 나타나는지 공시적으로 분석을 시도하였다.

이 연구에서는 체언 말 자음의 교체 현상이 20세기 현대국어에서 어떻게 실현되는지 알아보기 위해 해당 시기의 실제 음성 자료를 이용하여 분석을 수행하고자 한다. (1)은 20세기 전기 음성 자료에서 '빛'에 모음으로 시작하는 조사가 결합하여 실현된 사례이다. (1)의 예문처럼 '빛'의 말음 /ㅊ/는 [ㅊ] 이외에 [ㄷ], [ㅅ], [ㅈ], [ㅌ]와 같이 다양한 교체 양상을 보인다.

(1) ㄱ. 성낸 가마귀가 흰 빛을[비츨] 새오나니.<1930유성기연극_일편단심>
ㄴ. 어두운 밤빛을[비들] 헤쳐 내며 산굽이를 휘돌아 그 그림자는 적연히 스러져 간다.<1930유성기영화_네 아들>
ㄷ. 내 님이 잇난 이날 밤 저기 저 달이 안개 속에 파묻히어서 빛을[비슬] 내지 못하거든.<1930유성기연극_신장한몽>
ㄹ. 서산에 기우는 저녁 햇빛은[비즌] 처량한 사람들의 얼굴을 맥없이 바라볼 때.<1930유성기영화_아리랑>
ㅁ. 낭자의 얼굴은 달빛에[비테] 비치어 더욱 창백해 뵈이고 거푸 나오는 그 몹쓸 기침은.<1930유성기연극_불여귀>

현대국어가 시작되는 20세기 전기의 국어를 대상으로 한 연구가 그리

많지 않고,[1] 20세기 현대국어 전체를 대상으로 한 연구도 부족한 실정이다.[2] 특히 음성 자료를 바탕으로 20세기 전기의 음성·음운 특징을 분석한 연구는 그 수가 적고, 일부 연구에서는 한 가지 연구 자료만을 선택하여 연구를 진행하였다(오새내, 2005; 한성우, 2005; 이유기, 2007 등[3]).

이에 본 연구에서는 다양한 장르의 자료로 구축된 20세기 전·후기 음성 자료(고려대 구어 말뭉치)를 이용하여, 20세기 현대국어에서 나타나는 체언 말 자음의 교체 현상을 파악하는 데 중심을 두고 논의를 진행한다. 체언 말 자음이 20세기 현대국어에서 실현되는 양상을 면밀히 파악하고자 세부적으로 시기를 나누어, 각 시기에서 체언 말 자음이 교체되는 양상을 분석한다.

## 2. 연구 자료

이 연구에서 사용한 자료는 '고려대 구어 말뭉치: 20세기 전기, 후기'이다. 이 자료는 20세기에 존재하는 음성 및 영상 자료를 수집하여 전사한 것이다.[4] 전기 구어 자료의 내용은 <표 1>과 같다.

---

[1] 20세기 전기 자료를 대상으로 체언 말 자음의 교체 현상에 대해 다룬 연구에는 김지형·김진해(2010), 이유기(2007) 등이 있다. 김지형·김진해(2010)에서는 1912~1932년에 간행된 '활자본 고소설' 133편을 대상으로 논의를 진행하였고, 이유기(2007)에서는 유성기 음반 자료를 바탕으로 20세기 전기에 나타나는 다양한 음운 현상을 관찰하면서 체언 말 자음의 교체 현상을 언급하였다.
[2] 홍종선(2009:36)에서는, 현재부터 격변의 시기 100여 년을 지내오는 동안 현대국어에는 매우 많은 변화가 있지만 이에 관한 관심이 부족한 실정임을 지적하고 현대국어 안에서 일어난 국어의 변화 모습을 면밀하게 고찰할 필요가 있다고 하였다.
[3] 오새내(2005)는 '김복진 구연동화', 이유기(2007)은 '유성기 음반', 한성우(2005)는 '조선어독본' 자료를 이용하여 논의하였다.
[4] 홍종선(2009:37-44)에서는 현대국어를 세 시기로 나누어, 제1기(1894년-1910년대 말) 현대국어 형성기, 제2기(1920년대 초-1945년) 현대국어 정착기, 제3기(1945년-현재) 현대국어

〈표 1〉 고려대 구어 말뭉치: 20세기 전기

| 자료 유형 | 연도 | 크기(분) | 자료 |
|---|---|---|---|
| 연설 | 1926 | 7 | 월남 이상재 선생 육성 녹음 |
| 강연 | 1928 | 4 | 고루 이극로 선생 육성 녹음 |
| 구연 | 1930년대 | 48 | 김복진 동화 구연 자료(10편) |
| 낭독 | 1935 | 39 | 보통학교 조선어 독본 |
| 인터뷰 | 1936 | 3 | 손기정 선수 소감 음성 |
| 대화, 독백 | 1930년대 | 181 | 유성기로 듣던 연극 모음(27편) |
| | 1930년대5) | 201 | 유성기로 듣던 무성 영화(27편) |
| 대화, 독백 | 1936-1941 | 499 | 한국어 제작 영화(10편) |

20세기 전기 구어 자료는 1926년부터 1941년까지 현존하는 녹음, 시청각 자료를 구어 유형에 따라 구축한 것으로 자료의 크기는 58,765어절(981분)이다.

20세기 후기 구어 자료는 1948년부터 1999년까지 존재하는 음성 자료를 구축한 것으로 자료의 크기는 457,913어절(8,019분)이다. 이 자료도 20세기 전기 자료의 특성을 고려하여 구어 유형에 따라 음성 자료를 수집하였다. 그 내용은 <표 2>와 같다.

---

발전기로 구분하였다. 본고에서는 이를 따라 제1기와 제2기에 해당하는 자료를 20세기 전기 자료로, 제 3기에 해당하는 자료를 20세기 후기 자료로 본다.
5) 유성기 음반에 수록된 해설에 따르면, 유성기로 듣던 무성영화 모음(27편)은 1935년을 전후하여 콜럼비아, 리갈, 빅터 등의 레코드 회사에서 SP 음반으로 제작된 것을 채록한 것이다.

〈표 2〉 고려대 구어 말뭉치: 20세기 후기

| 자료 유형 | 연도 | 크기(분) | 자료 |
|---|---|---|---|
| 홍보 | 1950~1990년대 | 487 | e영상역사관 |
| 강연 | 1990년대 | 204 | MBC명강의 일요광장 |
| 설명 | 1960, 1990년대 | 350 | DBS다큐 한국 찬가, MBC다큐스페셜 |
| 토론 | 1980, 1990년대 | 441 | DBS라디오'어떻게 생각하십니까', MBC백분토론, KBS심야토론 |
| 인터뷰 | 1970년대 | 150 | DBS리포트 민요의 고향 |
| 설명 | 1990년대 | 240 | MBC 출발 비디오 여행 |
| 대화 등 | 1940~1990년대 | 5,430 | 영화(28편), 드라마(14편), 만화(9편) |
| 인터뷰, 대화 | 1960, 1970년대 | 717 | DBS라디오 '나의 데뷔', '얘기의 샘', '유쾌한 응접실', '일요방문' |

자연스러운 구어 발화에서 체언 말 자음이 교체되는 양상을 명확하게 분석하기 위하여, 아나운서가 발화한 자료(명강의 일요광장 일부, 출발비디오여행 일부, 유쾌한 응접실 일부)와 공적인 홍보나 교육을 목적으로 구현된 자료(e영상역사관, MBC다큐스페셜 일부, 조선어독본), 지역 방언이 확연히 실현된 자료(DBS리포트 민요의 고향, 영화 또순이6) 일부)는 분석에서 제외하였다. 따라서 이 연구에서 실제 사용한 말뭉치의 크기는 전기 자료에서 55,186어절, 후기 자료에서 410,942어절이다.

---

6) 영화 '또순이'에서 주인공 또순이를 비롯하여 아버지, 어머니 등의 주요 인물은 함경도 지역 방언을 구사한다. 다음은 영화에서 지역 방언이 제시된 내용이다.

  아버지  너 내 묻는 말에 바른 대로 말할 수 있지비? 그놈이 뉘기냐?
  또순   뉘기 말이오?
  아버지  말만 한 간나가 끌고 댕기면서 담배까지 사 줘?
  어머니  아이고 아니 어째 이러오. 말로 하지 않고.

## 3. 체언 말 자음의 교체에 관한 계량적 분석

이 연구에서 분석 대상이 되는 체언 말 자음은 /ㅈ, ㅊ, ㅌ, ㅍ, ㅋ/이다.7) 20세기 전·후기 음성 자료에서 이와 같은 체언 말 자음의 교체 양상을 파악하기 위하여, 해당 체언 말 자음이 실현된 단어의 출현 빈도와 유형 빈도를 파악하였다. 또한 분석 대상이 되는 단어가 후행하는 조사와 결합하여 교체될 수 있는 환경에서 나타나는 빈도를 파악하기 위하여, 해당 단어에 모음으로 시작하는 조사가 결합한 조사 결합형의 출현 빈도와 유형 빈도를 파악하였다. 이에 관한 정보는 <표 3>과 같다.

<표 3> 체언 말 자음의 전체 단어 및 조사 결합형의 빈도(회)

| 체언 말 자음 | 전체 단어 | | 조사 결합형 | |
|---|---|---|---|---|
| | 출현 빈도 | 유형 빈도 | 출현 빈도 | 유형 빈도 |
| ㅈ | 212 | 3 | 123 | 3 |
| ㅊ | 343 | 8 | 142 | 7 |
| ㅌ | 411 | 13 | 253 | 10 |
| ㅍ | 758 | 7 | 612 | 7 |
| ㅋ | 24 | 2 | 19 | 2 |
| 총합(회) | 1,748 | - | 1,153 | - |

### 3.1. /ㅈ/

이 연구 자료에서 체언 말 자음 /ㅈ/가 모음으로 시작하는 조사와 결합하여 실현된 단어는 '빛'(79회), '낮'(34회), '젖'(10회)이다. '빛, 낮, 젖'의

---

7) 20세기 음성 자료에서 /ㅅ/도 체언 말 위치에서 교체되는 양상을 보인다. 1930년대 유성기연극·영화 자료와 1948년 '독립전야' 영화 자료에서 '것', '곳'과 같은 단어의 말음 /ㅅ/가 /ㄷ/로 실현되기도 하였다. 그런데 체언 말음 /ㅅ/가 /ㄷ/로 교체되는 현상은 전체 체언 말음 /ㅅ/가 실현된 것에서 1% 이하의 낮은 출현 비율을 보였기 때문에 전체 논의에서 제외하였다.

말음 /ㅈ/가 실현되는 양상은 <표 4>와 같다.

<표 4> 20세기 '빛, 낮, 젖'의 말음 실현 양상(회)

| 단어/말음 | | 연도 20-30년대 | 40년대 | 50년대 | 60년대 | 70년대 | 80년대 | 90년대 | 총합 |
|---|---|---|---|---|---|---|---|---|---|
| 빛 | [ㅅ] | 8 | 0 | 2 | 43 | 3 | 4 | 1 | 61(77.2%) |
| | [ㅈ] | 1 | 0 | 0 | 10 | 0 | 0 | 3 | 14(17.7%) |
| | [ㅊ] | 1 | 0 | 0 | 0 | 1 | 2 | 0 | 4(5.1%) |
| | 총합 | 10 | 0 | 2 | 53 | 4 | 6 | 4 | 79(100.0%) |
| 낮 | [ㅅ] | 1 | 0 | 0 | 1 | 0 | 1 | 0 | 3(8.8%) |
| | [ㅈ] | 8 | 0 | 1 | 8 | 6 | 6 | 2 | 31(91.2%) |
| | 총합 | 9 | 0 | 1 | 9 | 6 | 7 | 2 | 34(100.0%) |
| 젖 | [ㅅ] | 0 | 0 | 0 | 9 | 0 | 0 | 1 | 10(100.0%) |
| | 총합 | 0 | 0 | 0 | 9 | 0 | 0 | 1 | 10(100.0%) |
| 총합 | | 19 | 0 | 3 | 71 | 10 | 13 | 7 | 123(100.0%) |

<표 4>에서와 같이, /ㅈ/ 말음 체언 가운데에서 가장 고빈도로 실현되는 단어는 '빛'(79회)이다. '빛'은 말음이 [ㅅ]로 61회(77.2%), [ㅈ]로 14회(17.7%), [ㅊ]로 4회(5.1%)의 출현 빈도를 보인다. 이처럼 '빛'의 말음은 주로 [ㅅ]로 실현되는데, 이를 각 시기별로 살펴보면 90년대를 제외하고 '빛'이 주로 [ㅅ]로 교체되어 실현되고 있다.[8] (2)는 '빛'의 말음이 교체되는 사례이다.

(2) ㄱ. 어머닐 보고 빛을[비슬] 못 갚을 테면 날 첩으로 달라 그르겠죠<1939

---

[8] 60년대 자료에서 말음 /ㅈ/가 다른 시기의 자료에 비해서 출현 빈도가 높고, 이때 말음 /ㅈ/가 [ㅅ]로 교체하는 현상이 고빈도로 나타난다. 이는 1965년 'DBS 라디오방송 유쾌한 응접실'에서 '채무'에 대한 주제로 담화가 진행되어 '빛'이 고빈도로 나타나기 때문이다. 이 자료에서 6명의 화자가 말음 /ㅈ/를 [ㅅ](35회: m01 2회, m02 2회, m03 6회, m04 4회, m05 10회, m06 11회)로 실현했다. 이외에 60년대에는 영화 자료 2편, 라디오 드라마 1편, 라디오 대화 1편에서 7명의 화자가 각각 말음 /ㅈ/를 [ㅅ](8회)로 실현하였다. 이처럼 다수의 화자가 /ㅈ/를 [ㅅ]로 실현하였기 때문에 60년대 말음 /ㅈ/가 [ㅅ]로 실현되는 것은 특정 화자에게서 집중되어 나타나는 현상은 아니다.

영화_어화>
ㄴ. 저는 생각하기에 그건 빚의[비시] 아니라고 생각하는데요.<1965라디오_유쾌한 응접실>
ㄷ. 재벌들이 막대한 은행 빚으로[비스로] 골프장이나.<1989TV_박경재 시사토론>
ㄹ. 아버지의 빚을[비츨] 갚으려면 돈 삼백 원이 있어야 하지를 않느냐.<1930유성기영화_처녀총각>
ㅁ. 이번에는 빚을[비츨] 한번 천 만원을 꿔 보자.<1970라디오_유쾌한응접실>.
ㅂ. 사장님이 빚에[비체] 몰려 가지고 뭔가 일을 저지를 거 같은 느낌이 들었어요<1980TV드라마_수사반장>

'낮'(34회)은 말음이 [ㅈ]로 31회(91.2%), [ㅅ]로 3회(8.8%)가 나타나서, '낮'의 말음 /ㅈ/는 거의 교체되지 않고 실현된다. 이러한 실현 양상은 20세기 내 모든 시기에서 동일하다. (3)은 '낮'의 말음이 [ㅅ]로 교체되는 사례이다.

(3) ㄱ. 요새 우리 애비가 마음을 뺏긴 곳이 있다 하더니 밤낮을[나슬] 헤아리지 아니하는구려.<1930유성기연극_낙랑공주와마의태자>
ㄴ. 또 미국에 와서도 밤과 낮으로[나스로] 나라와 동포를 위해 동분서주 하느라고.<1963라디오드라마_여명80년>
ㄷ. 멀쩡한 대낮에[나세] 은행을 턴다던가.<1988영화_개그맨>

'젖'(10회)은 말음이 모두 [ㅅ](10회, 100.0%)로 교체되어 실현되는 결과를 보인다. 그러나 이 단어는 60년대(9회) 자료에서 집중되어 나타나기 때문에 시기별로 실현되는 양상을 파악하기는 어렵다.9) (4)는 '젖'의 말

---

9) 60년대 자료에서 나타난 '젖'(9회)은 3개의 자료에서 6명의 화자가 발화한 것으로, 일부 화자에게 편중되어 실현된 결과는 아니다.

음이 [ㅅ]로 교체되는 사례를 제시한 것이다.

(4) ㄱ. 내 젖이[저시] 나빴어요.<1964영화_검은머리>
    ㄴ. 제가 저 애를 품에 안아서 젖을[저슬] 물려도<1965라디오드라마_이 사람을>
    ㄷ. 아이 녀석 웬 젖을[저슬] 요렇게 빠나?<1968라디오드라마_향토무대>
    ㄹ. 넌 조종사고 뭐고 가서 엄마 젖이나[저시나] 더 먹고 와.<1993TV드라마_파일럿>

'빚, 낮, 젖'에서 실현되는 체언 말 자음 /ㅈ/는 20세기 전체 자료에 걸쳐 주로 '빚, 젖'에서 [ㅅ]로 교체되었다. 그리고 '빚'의 일부에서는 말음 /ㅈ/가 [ㅊ]로 교체되기도 하였다. '낮'의 말음 /ㅈ/는 매우 적은 수가 [ㅅ]로 교체되었고, 20세기 전 시기에서 주로 말음이 교체되지 않고 [ㅈ]로 실현되는 특성을 보인다.

## 3.2. /ㅊ/

체언 말 자음 /ㅊ/가 모음으로 시작하는 조사와 결합하여 실현된 단어는 '빛'(57회), '꽃'(51회), '몇'(12회), '숯'(10회), '낯'(7회), '덫'(3회), '돛'(2회)이다. 20세기에 이 단어의 말음 /ㅊ/가 교체되는 양상은 <표 5>와 같다.

<표 5>에서 가장 고빈도로 실현된 '빛'(57회)은 말음이 [ㅊ]로 36회(63.2%), [ㅅ]로 13회(22.8%), [ㄷ]로 5회(8.8%), [ㅌ]로 2회(3.5%), [ㅈ]로 1회(1.8%) 실현된다. 20세기 전기에 해당하는 20-30년대에 '빛'은 말음이 [ㅊ](2회)보다 [ㅅ](10회), [ㄷ](5회), [ㅈ](1회), [ㅌ](1회)로 출현 빈도가 높게 나타나는 특징이 있다. 반면에 60~90년대에 '빛'의 말음은 대부

분 [ㅊ]로 실현된다. (5)는 20-30년대에 '빛' 말음이 교체되는 사례이다.

<표 5> 20세기 '빛, 꽃, 몇, 숯, 낯, 덫, 돛'의 말음 실현 양상(회)

| 단어/말음 | | 20-30년대 | 40년대 | 50년대 | 60년대 | 70년대 | 80년대 | 90년대 | 총합 |
|---|---|---|---|---|---|---|---|---|---|
| 빛 | [ㄷ] | 5 | 0 | 0 | 0 | 0 | 0 | 0 | 5(8.8%) |
| | [ㅅ] | 10 | 0 | 0 | 1 | 0 | 0 | 2 | 13(22.8%) |
| | [ㅈ] | 1 | 0 | 0 | 0 | 0 | 0 | 0 | 1(1.7%) |
| | [ㅊ] | 2 | 0 | 0 | 19 | 10 | 2 | 3 | 36(63.2%) |
| | [ㅌ] | 1 | 0 | 0 | 0 | 0 | 1 | 0 | 2(3.5%) |
| | 총합 | 19 | 0 | 0 | 20 | 10 | 3 | 5 | 57(100.0%) |
| 꽃 | [ㄷ] | 6 | 0 | 0 | 0 | 0 | 0 | 0 | 6(11.7%) |
| | [ㅅ] | 5 | 2 | 1 | 2 | 2 | 0 | 2 | 14(27.5%) |
| | [ㅊ] | 0 | 4 | 2 | 10 | 9 | 2 | 4 | 31(60.8%) |
| | 총합 | 11 | 6 | 3 | 12 | 11 | 2 | 6 | 51(100.0%) |
| 몇 | [ㅊ] | 2 | 1 | 0 | 2 | 3 | 3 | 1 | 12(100.0%) |
| | 총합 | 2 | 1 | 0 | 2 | 3 | 3 | 1 | 12(100.0%) |
| 숯 | [ㄷ] | 1 | 0 | 0 | 0 | 0 | 0 | 0 | 1(10.0%) |
| | [ㅅ] | 1 | 0 | 0 | 4 | 0 | 0 | 0 | 5(50.0%) |
| | [ㅈ] | 3 | 0 | 0 | 0 | 0 | 0 | 0 | 3(30.0%) |
| | [ㅊ] | 0 | 0 | 0 | 0 | 0 | 0 | 1 | 1(10.0%) |
| | 총합 | 5 | 0 | 0 | 4 | 0 | 0 | 1 | 10(100.0%) |
| 낯 | [ㅅ] | 1 | 0 | 0 | 0 | 0 | 0 | 0 | 1(14.3%) |
| | [ㅊ] | 1 | 1 | 1 | 3 | 0 | 0 | 0 | 6(85.7%) |
| | 총합 | 2 | 1 | 1 | 3 | 0 | 0 | 0 | 7(100.0%) |
| 덫 | [ㅅ] | 0 | 2 | 0 | 0 | 0 | 0 | 0 | 2(66.7%) |
| | [ㅊ] | 0 | 0 | 0 | 0 | 0 | 0 | 1 | 1(33.3%) |
| | 총합 | 0 | 2 | 0 | 0 | 0 | 0 | 1 | 3(100.0%) |
| 돛 | [ㅊ] | 0 | 0 | 0 | 2 | 0 | 0 | 0 | 2(100.0%) |
| | 총합 | 0 | 0 | 0 | 2 | 0 | 0 | 0 | 2(100.0%) |
| 총합 | | 39 | 10 | 5 | 42 | 25 | 8 | 14 | 142(100.0%) |

(5) ㄱ. 내가 가는 발자국에 피가 고이거든 행여나 그 피 빛이[비시] 빨갛거들랑.<1930유성기연극_마즈막편지>

ㄴ. 쌔빨간 피는 백설과 얼음 위에 진홍빛을[비들] 물들인다.<1930유성기영화_사랑을 찾아서>

ㄷ. 서산에 기우는 저녁 햇빛은[비즌] 이 처량한 사람들의 얼굴을 맥없이

바라볼 때.<1930유성기영화_아리랑>
ㄹ. 낭자의 얼굴은 달빛에[비테] 비치어 더욱 창백해 뵈이고.<1930유성기영화_불여귀>

'꽃'(51회)은 말음이 [ㅊ]로 31회(60.8%), [ㅅ]로 14회(27.5%), [ㄷ]로 6회(11.8%) 실현된다. '꽃'도 '빛'과 동일하게 20-30년대와 그 외에 시기에서 말음 /ㅊ/ 실현에 차이를 보인다. 20-30년대에는 /ㅊ/가 [ㄷ](6회), [ㅅ](5회)로 실현되고 [ㅊ]로 실현되지 않는 반면, 40~90년대에는 '꽃'의 말음이 대체로 [ㅊ]로 실현되는 모습을 보인다. (6)은 20-30년대에 '꽃'의 말음이 교체되는 사례이다.

(6) ㄱ. 아까시아 꽃이[꼬시] 필 대로 다 피었다가 낙화가 질 듯 말 듯 꽃잎이 하나 둘 날리는 때였었네.<1930유성기연극_마즈막편지>
ㄴ. 봄 동산에 향기를 자랑하던 한 떨기의 장미꽃은[꼬슨] 사나운 폭풍우에 여지없이 짓밟혀.<1930유성기영화_원앙암>
ㄷ. 청춘의 붉은 꽃은[꼬는] 사랑의 이슬을 빋아 먀야흐로 피어난다.<1930유성기영화_아리랑>
ㄹ. 사랑에 꽃이[꼬디] 핀 청춘의 그 두 가슴.<1930유성기영화_방아타령>

'몇'은 말음이 모두 [ㅊ](12회, 100%)로만 나타난다. 각 시기별 균일하게 실현되지만 출현 빈도가 1~3회로 낮게 나타난다. '숯'(10회)은 말음이 [ㅊ](1회)보다 [ㅅ](5회), [ㅈ](3회), [ㄷ](1회)로 실현되는 현상을 보였다. '낯'(7회)은 [ㅅ] 1회, [ㅊ] 6회로 실현되고, '덫'(3회)은 [ㅅ] 2회, [ㅊ] 1회로 실현되고, '돛'(2회)은 [ㅊ]로만 2회가 나타났는데, 이 단어들은 자료에서 출현하는 빈도가 낮기 때문에 시기별로 실현되는 특성을 논의하기 어렵다. (7)은 '숯', '낯', '덫'의 말음이 교체되는 사례이다.

(7) ㄱ. 자꾸 숯을[수슬] 만져서 불을 꺼뜨리는 습관이 있습니다.<1963라디오_유쾌한응접실>
　　ㄴ. 숯이[수지] 현기증으로 고만 상기가 돼서.<1930김복진동화구연_콩 배터진 이야기>
　　ㄷ. 콩은 얘 숯에[수다] 불을 피우면 니가 먼저 죽지 않니 하니까.<1930김복진동화구연_콩 배터진 이야기>
　　ㄹ. 나는 무슨 낯을[나슬] 들고 이 세상에 용납을 하란 말이냐.<1930유성기연극_정희의옵바>
　　ㅁ. 꿩 덫을[더슬] 놓으면 그까짓 비둘기쯤이야<1949영화_내마음의고향>.

체언 말 자음 /ㅊ/는 주로 '빛', '꽃'에서 20세기 각 시기에 걸쳐 교체형으로 [ㅅ]가 실현되는 특성을 보인다. 그리고 20-30년대에는 주로 '빛', '꽃', '숯'과 같은 단어에서 교체형 [ㄷ, ㅅ, ㅈ, ㅌ]의 전체 출현 빈도가 표준형 [ㅊ]보다 높게 나타나는 것이 특징이다.[10]

## 3.3. /ㅌ/

체언 말 자음 /ㅌ/로 실현된 단어는 '밑'(88회), '끝'(73회), '곁'(34회), '밭'(26회), '바깥'(12회), '겉'(11회), '볕'(5회), '팥'(2회), '콩팥'(1회), '머리숱'(1회)이 있다. 20세기에서 /ㅌ/ 말음 단어가 교체되는 양상은 <표 6>과 같다.

---

10) '표준형'은 '표준 발음형'을 의미한다. 체언 말음이 다른 소리로 교체되지 않고 원래 지니고 있는 말음이 실현된 경우이다.

<표 6> 20세기 '밑, 끝, 곁, 밭, … 머리숱'의 말음 실현 양상(회)

| 단어/말음 | 시대 | 20-30년대 | 40년대 | 50년대 | 60년대 | 70년대 | 80년대 | 90년대 | 총합 |
|---|---|---|---|---|---|---|---|---|---|
| 밑 | [ㅌ], [ㅊ] | 9 | 10 | 3 | 34 | 8 | 8 | 16 | 88(100.0%) |
|  | 총합 | 9 | 10 | 3 | 34 | 8 | 8 | 16 | 88(100.0%) |
| 끝 | [ㄷ] | 3 | 0 | 0 | 0 | 0 | 0 | 0 | 3(4.1%) |
|  | [ㅅ] | 10 | 0 | 0 | 0 | 1 | 1 | 0 | 12(16.4%) |
|  | [ㅊ] | 0 | 0 | 0 | 2 | 0 | 0 | 2 | 4(5.5%) |
|  | [ㅌ], [ㅊ] | 9 | 1 | 2 | 16 | 4 | 8 | 14 | 54(74.0%) |
|  | 총합 | 22 | 1 | 2 | 18 | 5 | 9 | 16 | 73(100.0%) |
| 곁 | [ㅊ] | 0 | 0 | 0 | 0 | 1 | 0 | 3 | 4(11.8%) |
|  | [ㅌ] | 6 | 2 | 3 | 4 | 4 | 7 | 4 | 30(88.2%) |
|  | 총합 | 6 | 2 | 3 | 4 | 5 | 7 | 7 | 34(100.0%) |
| 밭 | [ㅅ] | 1 | 0 | 0 | 0 | 0 | 1 | 1 | 3(11.5%) |
|  | [ㅌ], [ㅊ] | 7 | 2 | 2 | 1 | 2 | 4 | 5 | 23(88.5%) |
|  | 총합 | 8 | 2 | 2 | 1 | 2 | 5 | 6 | 26(100.0%) |
| 바깥 | [ㅅ] | 0 | 0 | 0 | 0 | 1 | 0 | 1 | 2(16.7%) |
|  | [ㅌ] | 3 | 0 | 0 | 3 | 2 | 1 | 1 | 10(83.3%) |
|  | 총합 | 3 | 0 | 0 | 3 | 3 | 1 | 2 | 12(100.0%) |
| 겉 | [ㅌ] | 0 | 0 | 0 | 5 | 1 | 4 | 1 | 11(100.0%) |
|  | 총합 | 0 | 0 | 0 | 5 | 1 | 4 | 1 | 11(100.0%) |
| 볕 | [ㄷ] | 1 | 0 | 0 | 0 | 0 | 0 | 0 | 1(20.0%) |
|  | [ㅌ], [ㅊ] | 2 | 1 | 0 | 1 | 0 | 0 | 0 | 4(80.0%) |
|  | 총합 | 3 | 1 | 0 | 1 | 0 | 0 | 0 | 5(100.0%) |
| 팥 | [ㅌ], [ㅊ] | 0 | 0 | 0 | 0 | 2 | 0 | 0 | 2(100.0%) |
|  | 총합 | 0 | 0 | 0 | 0 | 2 | 0 | 0 | 2(100.0%) |
| 콩팥 | [ㅊ] | 0 | 0 | 0 | 1 | 0 | 0 | 0 | 1(100.0%) |
|  | 총합 | 0 | 0 | 0 | 1 | 0 | 0 | 0 | 1(100.0%) |
| 머리숱 | [ㅅ] | 0 | 0 | 0 | 0 | 0 | 0 | 1 | 1(100.0%) |
|  | 총합 | 0 | 0 | 0 | 0 | 0 | 0 | 1 | 1(100.0%) |
| 총합 |  | 51 | 16 | 10 | 67 | 26 | 34 | 49 | 253(100.0%) |

<표 6>에서와 같이 /ㅌ/ 말음 단어 가운데 가장 고빈도로 실현된

'밑'(88회)은 말음이 모두 [ㅌ](88회, 100%)로만 실현된다. 또한 '밑' 외에도 다수의 단어에서 말음이 주로 [ㅌ]로 실현되었는데, '곁'은 [ㅌ]로 30회(88.2%), [ㅊ]로 4회(11.8%), '밭'은 [ㅌ],[ㅊ]로11) 23회(88.5%), [ㅅ]로 3회(11.5%), '바깥'은 [ㅌ]로 10회(83.3%), [ㅅ]로 2회(16.7%), '겉'은 [ㅌ]로 11회(100%)와 같이 나타난다. (8)은 '곁', '밭', '바깥'의 말음이 교체되는 사례이다.

(8) ㄱ. 그러나 그러다간 하나 둘 내 곁을[겨츨] 떠나곤 말아요.<1974영화_별들의고향>
ㄴ. 임자 없는 배나무가 배 밭이[바시] 있더라는 거예요.<1990TV_명강의일요광장>
ㄷ. 대합실에 들어와 있으라고 했지만 바깥이[바까시] 좋대나요?<1979만화_빨강머리 앤>

'끝'은 다른 단어에 비하여 말음이 교체되는 비율이 약간 높게 나타난다. '끝'(73회)은 [ㅌ],[ㅊ]로 54회(74.0%), [ㅅ]로 12회(16.4%), [ㅊ]로 4회(5.5%), [ㄷ]로 3회(4.1%) 실현된다. 그런데 이는 20-30년대에 '끝'의 말음이 [ㄷ](3회), [ㅅ](10회)로 빈번하게 실현되는 데 원인이 있으며, 이 시기의 사례를 제하면 [ㅌ],[ㅊ]로 실현되는 비율이 88.2%가 되어 다른 /ㅌ/ 말음 단어들과 유사해진다. (9)는 '끝'의 말음이 교체되는 사례를 제시한 것이다.

(9) ㄱ. 마지막 길 떠난 동수를 조상하듯 처량한 그 울음만이 끝이[끄디] 없이

---

11) [ㅌ], [ㅊ]에서 [ㅊ]는 /ㅌ/에 /ㅣ/ 모음이 결합하여 구개음화된 결과이다. 구개음화는 현대국어에서 필수적으로 일어나는 음은 현상이다. 따라서 /ㅌ/에 /ㅣ/ 모음이 결합하여 [ㅊ]가 실현되는 경우는 /ㅌ/에 /ㅣ/ 외의 모음이 결합하여 [ㅊ]가 실현된 경우와 구별하여, 말음 /ㅌ/가 표준형 [ㅌ]로 실현되는 경우와 함께 제시한다.

흘러온다.<1930유성기연극_사랑을찾아서>
ㄴ. 부르고 또 불러 보아도 끝이[끄디] 없는 영일이가 자기를 부르는 음향 윤곽조차 흩어지는.<1930유성기영화_승방비곡>
ㄷ. 그것이 이러한 끝을[끄슬] 맞는 시초가 될 줄이야 생각이나 해 보았겠습니까?<1930유성기연극_무엇이숙자를죽였나>
ㄹ. 가난으로 말미암아 불도 많이 못 땐 방안에서 손 끝이[끄시] 시려우면 은 입에 대고 훅훅 녹여가며.<1930유성기연극_모성애>
ㅁ. 삼천원이 무엇이길래 삼천원으로 끝을[끄츨] 맺었던 철이.<1964라디오드라마_이 사람을>
ㅂ. 그 대신 뒤끝은[끄츤] 없어요.<1990TV드라마_마지막승부>

이외에 출현 빈도가 매우 낮은 '볕'(5회)은 [ㅌ], [ㅊ]로 4회, [ㄷ]로 1회, '팥'은 [ㅌ], [ㅊ]로 2회, '콩팥'은 [ㅊ]로 1회, '머리숱'은 [ㅅ]로 1회의 출현 빈도를 보이며 실현되었다. (10)은 '볕', '콩팥', '머리숱'의 말음이 교체되는 사례이다.

(10) ㄱ. 낙동강 뿌리가 아침 볕에[벼데] 한없이 번쩍이고 있었다.<1930유성기영화_아리랑>
ㄴ. 이 간에 붙고 콩팥에[콩파체] 붙는 이 간신 같은 놈.<1961영화_서울의 지붕밑>
ㄷ. 치 머리숱은[머리수슨] 왜 이렇게 적담?<1990만화_영심이>

체언 말음 /ㅌ/는 20세기 전체 시기에 걸쳐서 교체형으로 [ㅅ]가 실현된다. 20-30년대에 주로 '끝'에서 교체형으로 [ㄷ]와 [ㅅ]가 실현되는데, 말음의 실현되는 비율이 표준형 [ㅌ]보다 높게 나타나는 특징이 있다. 60년대~90년대에는 주로 '끝'과 '곁'과 같은 단어에서 말음 /ㅌ/가 [ㅊ]로 교체되기도 한다.

## 3.4. /ㅍ/

체언 말 자음 /ㅍ/가 모음으로 시작하는 조사와 결합하여 실현된 단어는 '앞'(498회), '옆'(87회), '잎'(10회), '무릎'(7회), '숲'(5회), '헝겊'(3회), '늪'(2회)과 같다. 20세기에 /ㅍ/ 말음 단어가 교체되는 양상은 <표 7>과 같다.

<표 7> 20세기 '앞, 옆, 잎, 무릎, 숲, 헝겊, 늪'의 말음 교체 양상(회)

| 단어/말음 | | 20-30년대 | 40년대 | 50년대 | 60년대 | 70년대 | 80년대 | 90년대 | 총합 |
|---|---|---|---|---|---|---|---|---|---|
| 앞 | [ㅍ] | 61 | 14 | 28 | 125 | 39 | 75 | 156 | 498(100.0%) |
|   | 총합 | 61 | 14 | 28 | 125 | 39 | 75 | 156 | 498(100.0%) |
| 옆 | [ㅍ] | 16 | 1 | 4 | 20 | 9 | 9 | 28 | 87(100.0%) |
|   | 총합 | 16 | 1 | 4 | 20 | 9 | 9 | 28 | 87(100.0%) |
| 잎 | [ㅂ] | 1 | 0 | 0 | 0 | 0 | 0 | 0 | 1(10.0%) |
|   | [ㅍ] | 1 | 0 | 0 | 3 | 1 | 2 | 1 | 9(90.0%) |
|   | 총합 | 2 | 0 | 0 | 3 | 1 | 2 | 1 | 10(100.0%) |
| 무릎 | [ㅂ] | 0 | 0 | 3 | 0 | 1 | 0 | 3 | 7(100.0%) |
|   | 총합 | 0 | 0 | 3 | 0 | 1 | 0 | 3 | 7(100.0%) |
| 숲 | [ㅍ] | 1 | 0 | 0 | 0 | 4 | 0 | 0 | 5(100.0%) |
|   | 총합 | 1 | 0 | 0 | 0 | 4 | 0 | 0 | 5(100.0%) |
| 헝겊 | [ㅂ] | 3 | 0 | 0 | 0 | 0 | 0 | 0 | 3(100.0%) |
|   | 총합 | 3 | 0 | 0 | 0 | 0 | 0 | 0 | 3(100.0%) |
| 늪 | [ㅍ] | 0 | 0 | 0 | 0 | 0 | 1 | 1 | 2(100.0%) |
|   | 총합 | 0 | 0 | 0 | 0 | 0 | 1 | 1 | 2(100.0%) |
| 총합 | | 84 | 15 | 35 | 148 | 54 | 87 | 189 | 612(100.0%) |

<표 7>에서와 같이, '앞'(498회), '옆'(87회)은 다른 발음형으로 교체없이 모두 [ㅍ]로 실현되었다. '숲'(5회), '늪'(2회)도 마찬가지로 말음이 모두 [ㅍ]로 실현되었다. '잎'(10회)도 말음이 [ㅍ]로 9회, [ㅂ]로 1회가 실현되어서 대부분 [ㅍ]로 실현되었다. 반면에 '무릎(7회)'과 '헝겊(3회)'은 말음 /ㅍ/가 모두 [ㅂ]로 교체되는 양상을 보인다. (11)과 (12)는 '헝겊'

과 '무릎'의 말음이 [ㅂ]로 교체되는 사례이다.12)

(11) ㄱ. 저 아가씨한테 가서 빨간 헝겊을[헝거블] 하나 얻어오면 물을 주지 그럽니다.<1930김복진 구연>
ㄴ. 아가씨한테서 빨간 헝겊을[헝거블] 얻어 오래요.<1930김복진 구연>
ㄷ. 아가씨를 주구 빨간 헝겊을[헝거블] 하나 얻어서 냇물한테 갖다 주니.<1930김복진 구연>

(12) ㄱ. 남편들이 전과를 고백하면서 무릎을[무르블] 꿇고 사과할 때까진.<1956영화_서울의 휴일>
ㄴ. 내 앞에 깍듯이 무릎을[무르블] 꿇고 말이에요.<1958영화_자유결혼>
ㄷ. 칼을 버리고 무릎을[무르블] 꿇어라 어서.<1971영화_인간 사표를 써라>
ㄹ. 차라리 무릎이[무르비]라도 꿇고 빌지 그래.<1990TV드라마_창공>

체언 말 자음 /ㅍ/는 20세기 음성 자료에서 거의 대부분이 [ㅍ]로 실현된다. 출현 빈도가 다른 /ㅍ/ 말음을 지닌 단어에 비해 낮지만, 20세기 전체 시기에 걸쳐 '무릎', '헝겊'에서 말음 /ㅍ/가 [ㅂ]로만 실현되는 특성을 보인다.

## 3.5. /ㅋ/

체언 말 자음이 /ㅋ/로 실현된 단어는 '녘'(10회), '부엌'(9회)이 있다. 20세기에서 /ㅋ/ 말음 단어가 교체되는 양상은 <표 8>과 같다.

---

12) '헝겊'은 김복진 동화구연에서만 나타나기 때문에 자료의 한계가 존재한다.

<표 8> 20세기 '녘, 부엌'의 말음 실현 양상(회)

| 시대<br>단어/말음 | | 20-30<br>년대 | 40년대 | 50년대 | 60년대 | 70년대 | 80년대 | 90년대 | 총합 |
|---|---|---|---|---|---|---|---|---|---|
| 녘 | [ㄱ] | 2 | 0 | 0 | 3 | 3 | 1 | 0 | 9(90.0%) |
| | [ㅋ] | 0 | 0 | 0 | 1 | 0 | 0 | 0 | 1(10.0%) |
| | 총합 | 2 | 0 | 0 | 4 | 3 | 1 | 0 | 10(100.0%) |
| 부엌 | [ㄱ] | 4 | 1 | 0 | 0 | 0 | 2 | 1 | 8(88.9%) |
| | [ㅋ] | 0 | 0 | 0 | 0 | 0 | 0 | 1 | 1(11.1%) |
| | 총합 | 4 | 1 | 0 | 0 | 0 | 2 | 2 | 9(90.0%) |
| 총합 | | 6 | 1 | 0 | 4 | 3 | 3 | 2 | 19(100.0%) |

<표 8>에서와 같이 /ㅋ/ 말음으로 실현된 '녘', '부엌'은 출현 빈도가 낮지만 주로 [ㄱ]로 실현된다. 60년대 자료에서 '녘'에 [ㅋ]가 1회 실현되고 90년대 자료에서 '부엌'에 [ㅋ]가 1회 실현된다. (13)과 (14)는 '부엌'과 '녘'의 말음이 [ㄱ]로 교체되는 사례이다.

(13) ㄱ. <u>부엌에서</u>[부어게서] 똑딱똑딱 똑딱똑딱 하는 소리가 나고.<1930김복진 동화 구연>
　　 ㄴ. 아저씨 내일 끝나거든 <u>부엌으로</u>[부어그로] 오세요.<1948영화_마음의 고향>
　　 ㄷ. 어쩌면은 <u>부엌이</u>[부어기] 큰 식당 주방 같네요.<1988만화_영심이>
　　 ㄹ. 아침에 <u>부엌에</u>[부어게] 턱 나와 가지구 음식을 만드시구 그래요.<1992TV방송_명강의 일요광장>

(14) ㄱ. 내일 <u>동녘이</u>[녀기] 밝기 전에는 끝을 마칠 예정입니다.<1930유성기 연극_동방의비가>
　　 ㄴ. 결혼한 지 반년이 채 못 되는 동생 부부는 구름이 달을 가린 어두운 <u>들녘으로</u>[녀그로] 나와.<1968라디오드라마_향토무대>
　　 ㄷ. 잘 나갔을 때는 새벽<u>녘에</u>[녀게] 시장기가 돌아요.<1973라디오방송_유쾌한 응접실>
　　 ㄹ. 구속 일보 직전 밤새도록 술 마시다가 새벽<u>녘에</u>[녀게] 자살했

다.<1980TV드라마_수사반장>

체언 말 자음 /ㅋ/(19회)는 다른 체언 말 자음보다 출현 빈도가 매우 낮고, 유형 빈도도 '부엌', '녘'과 같이 2개로 가장 낮다. 말음 /ㅋ/는 20세기 음성 자료에서 주로 [ㄱ]로 교체되어 실현되고 일부가 [ㅋ]로 실현되는 특성을 보인다.

## 4. 20세기 현대국어에서 체언 말 자음의 교체 양상

지금까지 20세기 음성 자료에서 체언 말 자음 /ㅈ, ㅊ, ㅌ, ㅍ, ㅋ/의 교체 현상에 대하여 살펴보았다.

20세기 현대국어에서 체언 말 자음의 교체 현상은 자음에 따라서 다양하게 실현된다. 체언 말 자음 /ㅈ/는 [ㅅ, ㅊ]로, 체언 말 자음 /ㅊ/는 [ㄷ, ㅅ, ㅈ, ㅌ]로, 체언 말 자음 /ㅌ/는 [ㄷ, ㅅ, ㅊ]로 실현되어 두 개 이상의 형태로 교체된다. 그리고 체언 말 자음 /ㅍ/와 /ㄱ/는 [ㅂ]와 [ㄱ]로 실현되어 단일한 형태로 교체된다.

체언 말 자음 /ㅈ, ㅊ, ㅌ/는 각 교체형에 따라 실현 비율의 차이는 있지만 20세기 전 시기에서 교체형으로 [ㅅ]가 실현되는 특성이 있다. 마찬가지로 20세기 전 시기에서 체언 말 자음 /ㅍ/와 /ㅋ/는 교체형으로 [ㅂ]와 [ㄱ]가 실현된다. 교체형 [ㄷ]는 체언 말 자음 /ㅊ, ㅌ/에서 실현되고, 교체형 [ㅈ]는 체언 말 자음 /ㅊ/에서 실현되는데 20-30년대 자료에서만 나타난다. 교체형 [ㅊ]는 체언 말 자음 /ㅈ, ㅌ/에서 실현되는데 20-30년대와 60~90년대 자료에서 나타난다.

(15) 20세기 음성 자료에서 체언 말 자음의 교체형 실현
  ㉠ /ㅈ, ㅊ, ㅌ/   →   [ㅅ]         <20세기 전체>
  ㉡ /ㅍ/, /ㅋ/     →   [ㅂ], [ㄱ]    <20세기 전체>
  ㉢ /ㅊ, ㅌ/      →   [ㄷ]         <20-30년대>
  ㉣ /ㅊ/          →   [ㅈ]         <20-30년대>
  ㉤ /ㅈ, ㅌ/      →   [ㅊ]         <20-30년대, 60~90년대>

체언 말 자음 /ㅈ, ㅊ, ㅌ/가 [ㅅ]로 교체되는 마찰음화와 /ㅍ/와 /ㅋ/가 [ㅂ]와 [ㄱ]로 교체되는 평폐쇄음화 현상은 20세기 전 시기에서 나타난다. 이 두 현상이 실현되는 원인에 대하여 이동석(2009:107-116)에서는 체언 말 자음의 강도를 낮추기 위해 약자음화하려는 움직임으로 보았다. 또한 오정란(2015:86)에서는 마찰음화와 평폐쇄음화의 재구조화된 기저형이 규범형에 비해 노력 경제에 보다 부합한 음성형으로 파악하고, 이와 같이 재구조화된 기저형이 규범적 기저형을 언젠가는 대체하게 될 것으로 예측하였다.

체언 말 자음 /ㅊ, ㅌ/가 [ㄷ]로 교체되는 현상과, 체언 말 자음 /ㅊ/가 /ㅈ/로 교체되는 현상은 20-30년대의 자료에서만 나타난다. 20세기 전기에 해당하는 이 시기는 20세기 내의 다른 시기에 비해 '빛', '꽃', '끝'과 같은 단어에서 체언 말 자음이 다양한 교체형으로 실현되는 특성을 보인다. 체언 말 자음 /ㅊ/가 [ㄷ]로 교체되는 현상에 대하여 이유기(2007:197)에서는 어말 /ㅊ/가 휴지나 실사 앞에서 [ㄷ]로 실현되는 현상에 유추된 것으로 해석하기도 하였다.[13]

체언 말 자음 /ㅈ, ㅌ/가 [ㅊ]로 교체되는 현상은 20-30년대 자료와

---

13) 체언 말 자음 /ㅅ/도 교체형으로 [ㄷ]가 실현된다. 이유기(2007:197-198)에서는 말음 /ㅅ/가 /ㄷ/로 나타나는 현상은 근대국어에서 'ㄷ' 종성과 'ㅅ' 종성 사이에 심한 혼란이 일어났던 것과 관련된 것으로 보았다.

60~90년대 자료에서 나타난다. 여기서 말음 /ㅌ/가 [ㅊ]로 교체되는 현상은 /ㅌ/에 /ㅡ/나 /ㅔ/ 모음으로 시작하는 조사가 결합하여 실현된 경우로, /ㅌ/에 /ㅣ/ 모음이 결합할 때 [ㅊ]로 나타나는 구개음화가 과대 적용된 유추 현상으로 보인다(박선우, 2006:88). 이 현상에 대하여 유필재(2000:57-60)에서는 체언 말 자음 /ㅌ/와 /ㅊ/가 /ㅅ/로 재구조화되고 있는데, 기원적으로 /ㅌ/ 말음인 '밑', '밭', '솥' 등과 같은 단어가 /ㅊ/ 말음으로 재구조화되고 다시 /ㅅ/ 말음으로 재구조화될 때 나타나는 과정으로 보기도 하였다.14)

체언 말 자음 /ㅈ, ㅊ, ㅌ, ㅍ/는 실현 단어와 20세기 내의 시기에 따라서 교체형으로 실현되는 비율이 다르지만, 체언 말 자음 /ㅋ/는 실현 단어와 시기와 상관없이 [ㄱ]로 교체되는 특징을 보인다. 말음 /ㅋ/가 거의 대부분 [ㄱ]로 실현되는 현상은 21세기 현재에도 동일하게 나타나는 현상으로 볼 수 있다.15)

다음으로 난어별 말음 교체 양상을 살펴보면, '빛'(17/19회 87.1%), '꽃'(11/11회 100.0%), '끝'(13/22회 59.1%)은 20-30년대 자료에서 교체형이 고빈도로 나타난다. 그리고 '빛'(65/79회 82.3%), '녘'(9/10회 90.0%), '부엌'(8/9회 88.9%)은 20세기 전체 자료에서 교체형이 고빈도 실현된다.16) 체언 말 자음이 표준형으로 고빈도의 출현 빈도를 보이는

---

14) 유필재(2000)에서는 체언 말 자음 /ㅌ/, /ㅊ/가 /ㅌ~ㅅ/, /ㅌ~ㅊ~ㅅ/와 같이 두 부류로 교체되는 것으로 보고, 이 교체 현상은 평음 계열의 체언 말 자음에서 나타난 것과 동일한 것으로 예측하였다. 즉, 18세기에 /ㄷ, ㅈ/ 말음 어간이 /ㅅ/ 말음 어간으로 변화한 것과, 19세기에 /ㄷ/ 말음이 /ㅈ/ 어간으로 변하였다가 /ㅅ/ 어간으로 재구조화한 것과 관련된 것으로 보았다.
15) 대화 말뭉치를 바탕으로 이 현상을 분석한 김태경(2008)의 분석 결과에서도 '부엌'은 모두 [부억](13/13회, 100%)으로 제시되었고, 자극-반응 실험을 진행하여 결과를 도출한 오재혁(2006)에서도 '부엌'(87.3), '새벽녘'(73.6%)은 [ㄱ]로 실현되는 비율이 높게 나타났다.
16) 말음 /ㅍ/를 지닌 단어 가운데 '헝겊'(100%), '무릎'(100%)의 말음은 모두 [ㅂ]로 실현된다. 그런데 '헝겊'은 20세기 전기 자료에만 등장하고 '무릎'은 20세기 후기 자료에만 등장하고, 두 단어 모두 출현 빈도가 낮아서 본문 중에는 제시하지 않았다.

단어는 '낮'(31/34회 91.2%), '밑'(88/88회 100.0%), '곁'(30/34회 88.2%), '밭'(23/26회 88.5%), '바깥'(10/12회 83.3%), '앞'(498/498회 100.0%), '옆'(87/87회 100.0%)이 있다. 이 단어들은 20세기 전체 자료에서 표준형이 고빈도로 실현되는 특성을 보인다.

(16) 20세기 음성 자료에서 체언 말 자음의 교체 단어의 실현
  ㉠ 교체형 고빈도 ┬ 빛, 꽃, 끝           <20-30년대>
                └ 빚, 녘, 부엌         <20세기 전체>
  ㉡ 표준형 고빈도 ── 낮, 밑, 곁, 밭, 바깥, 앞, 옆  <20세기 전체>

20-30년대에 체언 말 자음의 교체형이 고빈도로 실현된 단어는 '빛', '꽃', '끝'이다. 이 단어들은 20세기 전기에 해당하는 자료에서 주로 [ㅅ], [ㄷ]로 교체되며 교체형의 출현 빈도가 높게 나타난다. 이와 같은 사실을 바탕으로 '빛', '꽃', '끝'은 20세기 전기에서도 말음의 교체가 활발하게 실현되고 있음을 파악할 수 있다.

유필재(2000:57)에서는 현재 말음 /ㅊ, ㅌ/가 /ㅅ/로 교체되는 현상은 재구조화 과정에 있는 공존형인 것으로 해석하였다. 체언 말 자음 /ㅊ, ㅌ/의 재구조화 과정의 진행 상황이나 단계를 정확하게 파악하기 어렵지만, 이 연구의 분석 결과에서는 20-30년에서도 말음 /ㅊ, ㅌ/를 지닌 '빛', '꽃', '끝'과 같은 단어는 말음이 /ㅅ/로 활발하게 교체하고 있었다.

20세기 전 시기에서 체언 말 자음이 교체형으로 고빈도로 실현되는 '빚', '녘', '부엌'과 같은 단어는, 체언 말 자음이 교체된 형태 [ㅅ], [ㄱ]가 20-30년대부터 90년대까지 실현되면서 지속적으로 체언 말 자음의 교체가 나타나고 있다.

곽충구(1984:2~3)에 따르면, '빚(債)'은 후기 중세국어의 문헌에서 /ㄷ/

말음으로 나타나는데, 현대국어에서는 /ㄷ/가 /ㅅ/로 변화된 모습을 보여주고 있다고 하였다. '빛'은 정서법상 '빛'으로 되어 있으나 사실 몇몇 지역방언을 제외하고 중부방언에서는 말음이 /ㅅ/로 재구조화되어 있다고 밝히고 있다.

'녘', '부엌'이 20세기 이전의 문헌에서 실현 양상을 살펴보면, '녘'은 16세기 후반부터 문헌에 등장하는데, 15세기의 '녁'이 16세기에 '녘'으로 재구조화되어 현대국어에까지 이르고 있다(정윤자, 2007:318). '부엌'은 15세기에 '브섭, 브섭, 브석'과 같은 형태로 표기되다가 18세기부터 '부억'의 형태로 표기되고 20세기에 이르러 '부엌'의 형태로 표기되었다(조경하, 2009:19). 이 두 단어가 각 시기에서 어떠한 원인에 의해 /ㅋ/ 말음을 지니게 되었는지 정확히 알 수 없으나, 역사적으로 /ㄱ/ 말음에서 시작하여 /ㅋ/ 말음으로 재구조화되었지만 20세기 현대국어에서는 실제 발음은 [ㅋ]보다 [ㄱ]로 더 많이 실현되고 있음을 알 수 있다.[17]

'낮', '밑', '곁', '밭', '바깥', '앞', '잎'은 말음이 표준형으로 고빈도의 실현 양상을 보인다. 여기서 흥미로운 사실은 말음이 표준형으로 고빈도의 출현 빈도를 보이는 단어는 '낮'과 같이 '시간'을 나타내거나 그 외의 단어들처럼 '장소'의 의미를 가지고 있는 명사이다. 이와 같은 명사들은 '낮'을 포함하여 모두가 처격 조사 '에'와의 결합이 다른 조사보다 고빈도로 나타나는 특성이 있다. 즉, '옆+에'는 71/87회(81.6%), '곁+에'는 26/34회(76.4%), '밑+에'는 67/88회(76.1%), '낮+에'는 23/34회(67.6%), '밭+에'는 13/26회(50.0%) '바깥+에'는 6/12회(50.0%) '앞+에'는 236/498

---

[17] Albright(2002)의 연구 결과에 의하면 한국어의 체언 말 자음의 유형 빈도에서 /ㄱ/ 말음 체언은 /ㅋ/ 말음 체언에 비해서 332배가 높다. 따라서 /ㅋ/가 /ㄱ/로 교체하게 되는 요인은 Bybee(2001)에서 제시한 유형 빈도가 낮은 어휘가 유형 빈도가 높은 어휘의 형태를 닮아가려는 패러다임 평준화 현상으로 볼 수 있다(오재혁, 2006:66).

회(47.1%)와 같이 나타난다.[18]

　배주채(1989, 2008:96-97)에 따르면, 처격조사와 밀접한 결합을 보이는 명사(주로 장소명사)는 처격조사와 결합한 어형에서 체언 말 자음의 교체를 완강히 저항하고 있다고 제시한다. 즉, 생략이 잘 되지 않는 처격조사 '-에'와 빈번하게 결합하는 명사의 말음은 그 형태가 고수될 가능성이 높은 것으로 해석할 수 있다.

## 5. 마무리

　이 연구는 20세기 현대국어에서 체언 말 자음 /ㅈ, ㅊ, ㅌ, ㅋ, ㅍ/가 교체되는 현상을 파악하기 위해 '고려대 구어 말뭉치: 20세기 전기, 후기' 자료를 이용하여 체언 말 자음이 실현되는 양상을 분석하였다. 체언 말 자음이 20세기 현대국어에서 실현되는 양상을 자세히 살펴보고자, 1920-30년대부터 1990년대까지 세부적으로 시기를 나누어 각 시기에서 체언 말 자음의 교체 양상을 파악하였다.

　그 결과 20세기 음성 자료에서 체언 말 자음 /ㅈ, ㅊ, ㅌ, ㅋ, ㅍ/는 다양한 형태로 교체되는데, /ㅈ/ 말음은 [ㅅ, ㅊ]로, /ㅊ/ 말음은 [ㄷ, ㅅ, ㅈ, ㅌ]로, /ㅌ/ 말음은 [ㄷ, ㅅ, ㅊ]로, /ㅍ/ 말음은 [ㅂ]로, /ㅋ/ 말음은 [ㄱ]로 교체되는 양상을 보였다. 여기서 시기별로 실현되는 양상을 살펴보면, 체언 말 자음 /ㅈ, ㅊ, ㅌ/는 20세기 전체 자료에서 교체형으로 [ㅅ]가 나타난다. 그리고 체언 말 자음 /ㅍ/와 /ㅋ/도 20세기 전체 자료에서 교체형으로 [ㅂ]와 [ㄱ]가 나타났다. 교체형 [ㄷ]는 체언 말 자음 /ㅊ, ㅌ/

---

18) 자료에서 실현되는 모음으로 시작하는 조사의 유형은 모두 13개로 '이, 이다, 이야, 이란, 이나, 입니다, 에, 은, 을, 으로, 에(서), 의, 아'와 같다.

에서 실현되고, 교체형 [ㅈ]는 체언 말 자음 /ㅊ/에서 실현되는데 이 현상은 20-30년대 자료에서만 나타났다. 그리고 체언 말 자음 /ㅈ, ㅌ/에서 [ㅊ]로 교체되는 현상은 20-30년대와 60~90년대 자료에서 나타났다.

체언 말 자음이 교체형으로 고빈도의 출현 빈도를 보이는 단어는 /ㅊ, ㅌ/ 말음을 지닌 '빛', '꽃', '끝'과 /ㅈ, ㅋ/ 말음을 지닌 '빚', '녘', '부엌'이다. '빛', '꽃', '끝'은 주로 20-30년대 자료에서 교체형이 고빈도로 나타났고, '빚', '녘', '부엌'은 20세기 전체 자료에서 교체형이 고빈도로 나타났다. 체언 말 자음이 교체되지 않고 주로 표준형으로 실현되는 단어는 '낯', '밑', '곁', '밭', '바깥', '앞', '옆'으로, 20세기 전체 자료에서 표준형이 고빈도로 실현되는 결과를 확인할 수 있었다.

이 연구는 체언 말 자음의 교체 현상에 대하여 기존 연구에서 분석한 방법과 달리, 20세기 현대국어에서 실현되는 현상을 파악하고자 세부적으로 시기를 구분하여 20세기 전체 시기에 걸쳐 체언 말 자음의 교체 현상을 세량직으로 분석한 점에서 의의가 있다. 또한 20세기 전기에 관한 체언 말 자음의 음성·음운 특성을 다양한 장르로 구축된 자료를 통해 분석하여 결과를 도출한 점에서 의의를 갖는다.

한편 이 연구에서는 출현 빈도의 한계로 인하여 주로 [ㅂ]로 교체되는 /ㅍ/ 말음을 지닌 '헝겊', '무릎'에 관한 논의를 심도 있게 다루지 못하였다. 또한 체언 말 자음이 20세기 후기보다 20세기 전기 자료에서 교체형이 다양하게 실현되는데 이에 대한 원인을 구체적으로 밝히지 못한 점도 추후 연구에서 구체적으로 논의하기로 한다.

■ 참고 문헌

강은지·이호영·김주원(2004), 「서울말 어간말 자음의 음성 실현」, 『말소리』(대한음성학회) 49, 1~30.
강희숙(1992), 「국어 마찰음화에 대한 연구-전남방언을 중심으로」, 『인문과학연구』(조선대학교 인문학연구원) 14, 37~50.
곽충구(1984), 「체언어간말 설단자음의 마찰음화에 대하여」, 『국어국문학』(국어국문학회) 91, 1~22.
김경아(1995), 「체언어간말 설단자음의 변화」, 『관악어문연구』(서울대학교 국어국문학과) 20, 293~311.
김지형·김진해(2010), 「활자본 고소설을 통해 본 체언 말 자음의 변화 양상」, 『국제어문』(국제어문학회) 48, 7~32.
김태경(2008), 「서울 지역의 체언 말음 변화에 관한 연구」, 『국제어문』(국제어문학회) 44, 47~74.
박선우(2006), 「한국어 체언말 마찰음화의 유추적 분석」, 『음성·음운 현태론 연구』(한국음운론학회) 12-1, 75~101.
배주채(1989), 「음절말 자음과 어간말자음의 음운론」, 서울대 석사학위논문.
배주채(2008), 『국어 음운론의 체계화』, 한국문화사.
오정란(2015), 「모음 간 노력 경제 현상으로서의 마찰음화와 평폐쇄음화」, 『한국어학』(한국어학회) 68, 59~89.
오새내(20050, 「20세기 초 서울말 모음 음운 현상에 반영된 계층적 지표: 1930년대 김복진의 동화 구연 유성기 자료의 분석」, 『국어문학』(국어문학회) 40, 129~160.
오재혁(2006), 「체언 말 자음의 교체 현상에 대한 연구」, 고려대 석사학위논문.
오재혁·신지영(2007), 「체언 말 자음의 교체 현상과 동음 충돌」, 『한국어학』(한국어학회) 34, 209~232.
오재혁 외 3인(2014), 「20세기 초 구어 연구를 위한 음성 자료의 유형과 특징에 대한 고찰」, 『어문논집』(민족어문학회) 70, 225~258.
유필재(2000), 『서울지역어의 음운론적 연구』, 서울대 박사학위논문.
이동석(2009), 「마찰음화 현상과 약자음화 현상」, 『어문논집』(민족어문학회) 60, 99~122.

이유기(2007), 「유성기음반 대중가요의 음운 현상」, 『한민족문화연구』(한민족문화학회) 23, 183~207.

임현열(2009), 「설정장애음의 마찰음화에 의한 체언 재구조화의 실현 양상-어절 사용 빈도와의 상관성 분석을 중심으로-」, 『한국어학』(한국어학회) 45, 335~361.

장혜진 외 3인(2014), 「20세기 초 구어 연구를 위한 문어 텍스트의 활용 문제」, 『어문논집』(민족어문학회) 71, 325~351.

조경하(2009), 「'부엌'계열 어휘의 변화에 관한 일 고찰」, 『한국문화연구』(이화여자대학교 한국문화연구원) 16, 7~48.

정윤자(2007), 「한국어 음소 'ㅋ'의 역사적 고찰」, 『동양고전연구』(동양고전학회) 27, 303~331.

차재은(2007), 「20세기 초 한국어 모음 체계: 1930년대의 음성 자료를 중심으로」, 『한국어학』(한국어학회) 37, 361~396.

최태영(1977), 「국어 마찰음고」, 『이숭녕선생 고희기념 국어국문학논총』, 탑출판사, 373~384.

한성우(2005), 「보통 학교 조선어 독본 음성 자료에 대한 음운론적 연구」, 『어문연구』(한국어문교육연구회) 33, 29~58.

홍종선(2009), 「20세기 국어 문법의 통시적 변화」, 『국어국문학』(국어국문학회) 152, 35~61.

홍종선(2014), 「구어와 문어를 아우르는 사용자 중심의 한국어 문법」, 『어문연구』(한국어문교육연구회) 42, 7~35.

Albright, A. (2002), *The Identification of Bases in Morphological Paradigms*, doctoral dissertation, UCLA.

Bybee, J. (2001), *Phonology and language use*, Cambridge: Cambridge University Press.

# 20세기 전기 구어 자료에 나타난 모음상승 연구

신우봉

## 1. 머리말

 본고는 20세기 전기[1] 구어에 나타난 모음상승의 유형과 특성을 분석하고, 이를 토대로 이 시기의 모음상승의 변화를 살피는 것을 목적으로 한다. 그리고 동일 시대의 문어 자료를 대상으로 연구된 모음상승 연구와 비교하여 20세기 전기 구어 자료에서 나타나는 모음상승의 특징을 밝힐 것이다.
 단모음에서 관찰되는 음 변이는 동일한 서열 간의 변이와 동일한 계열 간의 변이라는 두 가지 유형으로 구분할 수 있다(최전승 1981: 501). 전자에 해당하는 음운 현상으로는 전설모음화와 원순모음화 및 비원순모음

---

[1] 20세기 전기는 1900년부터 1945년에 속하는 시기로 현대 국어 초기에 해당하는 시기로 볼 수 있다. 홍종선(2009: 152)에서는 현대 국어 안에서 하위 시기를 제1기(형성기, 갑오경장 -1910년대 말), 제2기(정착기, 1920-1945), 제3기(발전기, 1945년 이후)로 나누었다. 본고에서 다루고 있는 자료는 현대국어 제1기와 제2기에 해당하는 시기에 남아있는 음성으로 된 구어 자료이다.

화가 있으며, 후자의 예로는 모음상승이 있다. 즉, 계열 간의 변이에 해당되는 모음상승은 국어 모음 체계 안에서 중모음인 /ㅗ/, /ㅓ/, /ㅔ/가 각각 동일한 전후 위치의 고모음인 /ㅜ/, /ㅡ/, /ㅣ/로 변화하는 현상으로, 개구도를 좁혀 조음 노력을 절감하려는 폐구조음 원칙에 의해 일어난다(김진우, 1971: 88). 이는 발음의 편이를 위해 혀의 전후 위치에는 변화 없이 혀의 높이만 상승시켜 나타나는 현상인 것이다. 현대 국어에서 모음상승은 공시적으로 전국적으로 나타나는 현상이며, 동시에 통시적으로도 관찰이 가능한 음운 현상 중 하나이다.

이 현상에 대한 선행 연구들은 크게 두 가지 방향으로 이루어져 왔다. 하나는 문헌 자료를 바탕으로 각 유형별 모음상승의 발생 과정을 설명하려는 방향의 논의들이며, 다른 하나는 각 지역 방언들에서 나타나는 모음상승을 살피거나 서울 방언과 비교를 통해 이 현상을 규명하려는 방향의 논의들이다. 특히 후자의 논의가 대부분이었는데, 그 이유는 이 현상의 시작을 각 지역별 방언으로 해석하여 개신의 중심지를 파악하고자 하였기 때문인 것으로 보인다. 모음상승의 발생 원인과 관련된 논의는 이병근(1970), 백두현(1992) 등에서 확인할 수 있다. 이병근(1970: 379)에서는 모음상승을 통시적으로 살펴 /·/의 소실로 인해 나타난 모음의 음성적 공간 때문에 단음에서는 /ㅓ/가 모음 공간상에서 아래쪽으로 이동하여 발음되고, 장음에서는 위쪽으로 발음되면서 /ㅓ/가 /ㅡ/와 일정한 안정 간격을 지키지 못하여 /ㅡ/로 변화하였다고 지적하였다. 이후 '/ㅗ/→/ㅜ/'의 변화에 견인되어 고저 대립을 이루던 /ㅓ/와 /ㅡ/나 /ㅔ/와 /ㅣ/ 또한 모음상승이 유발된 것으로 보고 있다. 즉 모음상승의 원인을 /·/의 소실에서 기인한 음운 현상으로 파악하고 있는 것이다. 동일한 원인이지만 백두현(1992)에서는 모음상승의 시작을 '/ㅗ/→/ㅜ/'로 파악하고 있다. 여기서는 영남 방언에서 18세기 후기에 이르러 모음상승이 나타나기 시작하였다고 보고 있는데, 'ㅗ/→/ㅜ/'의 변화를 시작으로 19세기 중엽에 이르러 'ㅓ/→/ㅡ/', 'ㅔ/→/ㅣ/'가 체계적으로 수행된다고 보았다.

한편 후자의 연구로는 최명옥(1982), 백두현(1992), 한영목(1998), 이원직(1996), 김봉국(2006) 등을 들 수 있다. 최명옥(1982)에서는 경상북도 방언에서의 모음상승을 연구하였으며, 백두현(1992)에서는 경상도 지역, 이원직(1996)·한영목(1998)에서는 충청남도 지역, 김봉국(2006)에서는 경기도 지역에서는 각 모음상승 유형들의 존재 여부를 밝혀왔다. 그리고 강희숙(2005)에서는 전남 방언과 서울 방언에서의 모음 상승 현상을 살펴보면서, 서울 방언의 연결어미에서 발견되는 오>우 변화는 형태소의 재구조화로 이어질 가능성이 있으며, 어>으, 에>이 변화는 규범적인 언어 정책의 수립 과정에서 용인되지 않는 언어 개신에 지나지 않은 것으로 파악하고 있다.

이상과 같이 모음상승에 관한 연구들은 18세기 근대국어부터 21세기 현대국어를 대상으로 하여 다양한 방식으로 연구되어 왔다. 하지만 현대국어의 시기에 속하는 20세기 전기를 대상으로 하는 연구는 한정되어 있다. 강희숙(2002)와 신하영(2013)에서는 문헌 자료를 기반으로 20세기 전기에서 나타나는 모음상승에 대해 논의하였다. 강희숙(2002)에서는 박태원의 「천변풍경」에 반영된 서울 토박이말에서 나타나는 모음상승을 살폈으며, 신하영(2013)에서는 1930년대 신활자본 음식 조리서인 「조선무쌍신식요리제법」에서 나타나는 모음상승들을 살펴보고 있으나 이 역시 문헌 자료를 기반으로 현상을 분석한 한계가 있다. 문자체계가 아무리 발달하고, 정밀하게 소리를 기술한다고 하더라도 문자는 소리를 있는 그대로 반영하는 것은 아니다. 표기는 보수성이 강하기 때문에 음운변화를 제대로 반영하지 못하며, 더군다나 문자 표기가 음성적인 변화까지 충실하게 반영하는 것은 불가능하다. 결국 문헌자료를 바탕으로 한 음운론적 연구와 구어자료를 바탕으로 한 음운론적 연구가 함께 이루어져야 음운 변화의 모습을 보다 정밀하게 파악할 수 있을 것이다. 오새내(2005)에서는 위의 연구들에서의 한계를 극복하고자 실제 음성자료인 김복진의 동화구연 자료를 바탕으로 20세기 초 서울말 모음 음운현상에 대해 분석하였다. 모음상승과 관련하여 세 가지 유형의 모음상승의 실현 환경을 제시하고, 'ㅓ/→/ㅡ/' 모음상승이 가장 활발히 나타난다는 연구결과를 보였다. 다만, 이 연구는 20세기 전반기를 논하기에는 김복진 동화구연 자료만 분석하였다는 한계가 있다. 따라서 본고에서는 이와 같은 한계를 보충하고자 그동안 제대로 조명되지 못했던 20세기 전기 구어 음성 자료를 기반으로 모음상승들을 고찰하고, 동일 시기의 문헌 자료를 기반한 연구 결과들을 비교하여 보다 정밀하게 20세기 전기 모음상승 현상에 대해 논의하고자 한다.

## 2. 연구자료 및 연구방법

본고는 20세기 전기에 실현된 모음상승을 살피기 위해 20세기 구어 자료를 전사한 '고려대 구어 말뭉치: 20세기 전기'[2] 자료를 이용한다.

---

[2] 이 자료는 한국연구재단의 지원을 받아 수행하고 있는 과제('20세기 현대국어 구어의 형성과 변천')를 진행하면서 구축된 자료이다. 오재혁 외(2014)에서는 이 자료와 관련하여 20세기 전기 국어 자료의 유형을 다음과 같이 네 가지로 분류하였다. 첫째는 '전문적인 격식적 일방향 자료(월남 이상재 선생 육성 녹음)', 둘째는 '일반적인 격식적 일방향 자료(소감)', 셋째는 '일반적인 비격식적 일방향 자료(김복진 동화 구연 자료, 보통학교 조선어 독본)', 넷째는 '일반적인 비격식적 양방향 자료(유성기 연극, 유성기 영화, 영화)'이다.

이 자료는 전체 16시간 35분(981분)가량의 음성 자료를 전사한 것으로, 총 어절 수는 59,966어절이다. 이 자료는 2015년 기준으로 20세기 전기부터 1945년 이전에 발매된 음성이 담긴 자료를 가능한 모두 수집하고 전사하여 형태소 정보 표지까지 부착을 완료하였다. 이 자료의 구성은 아래 <표 1>과 같으며, 자료에 대한 자세한 소개는 오재혁 외(2014)에 제시되어 있다.

<표 10> 연구 자료 목록

| 번호 | 연도 | 시간(분) | 크기(분) | 자료 |
|---|---|---|---|---|
| 1 | 1926 | 공적 독백 연설 | 7 | 월남 이상재 선생 육성 녹음 |
| 2 | 1928 | 공적 독백 강연 | 4 | 고루 이극로 선생 육성 녹음 |
| 3 | 1934 | 사적 독백 구연 | 47 | 김복진 동화 구연 자료(10편) |
| 4 | 1935 | 사적 독백 낭독 | 39 | 보통학교 조선어 독본 |
| 5 | 1936 | 공적 독백 인터뷰 | 3 | 손기정 선수 소감 음성 |
| 6 | 1930~1939 | 사적 대화 | 181 | 유성기로 듣던 연극 모음(27편) |
| 7 | 1900~1945 | 사적 독백(변사 해설) 사적 독백(변사 연기) | 201 | 유성기로 듣던 무성 영화(27편) |
| 8 | 1936~1941 | 사적 대화 사적 독백(변사 해설) | 499 | 한국어 제작 영화(10편) |

자료의 분석은 다음과 같은 절차를 통해서 이루어졌다. 우선, 20세기 전반기 구어를 전사한 자료에서 모음상승이 실현 가능한 어휘들을 관찰하였다. 예를 들어 어미 '-고'는 모음상승이 일어나서 '-구'로 실현되는데, 전사 과정에서 누락된 것이 있을 가능성이 있기 때문에 모음상승이 일어날 것으로 예상되는 모든 어휘들을 추출하였다.[3] 추출한 해당 어휘들은

---

[3] 20세기 전기 구어 전사 기준은 '한글 자모 전사를 원칙으로 하되, 구어 정보를 최대한 반영한다'이다. 즉, 한글 맞춤법을 준수하여 전사하지만, 외래어나 담화표지 그리고 구어에서 빈번하게 나타나는 음운 현상 등은 구어 정보를 반영하여 전사하였다. 본고에서 살펴본 모음상승

모두 다시 듣고 모음상승이 일어나지 않은 경우(원형)와 일어난 경우(모음상승형)를 구분하여 분석하였다. 가능한 한 20세기 전반기 서울 방언에서 실현되는 모음상승을 관찰하기 위해서 화자의 고향이 서울, 경기가 아닌 자료는 자료의 분석에서 제외하였다.4) 유성기로 듣던 연극과 영화 그리고 한국어 제작 영화(이하 '영화')의 경우 모든 출현 배우가 서울방언화자인 자료를 찾는 것은 거의 불가능하다는 한계를 지닌다. 이 문제를 완벽히 해결할 수는 없지만 가능한 한 영화 배경이 서울/경기 지역이거나 주인공이 서울/경기 방언 화자인 경우를 우선 선정하였다. 그 외의 지역을 배경으로 하거나 주인공이 다른 지역 방언 화자인 영화는 연구 대상에서 제외하였다.

20세기 전기 구어에서 나타나는 모음상승들을 살펴보기 위해서는 해당 시기의 모음 체계에 대해서 살펴볼 필요가 있다. 20세기 전기 한국어 모음 체계에 대해서 차재은(2007)에서는 <독본>과 <구연>에 나타난 모음의 음성 분석 결과와 토박이말 조사 결과 등을 분석하여 /i, e, ɛ, o, u, ɯ, ʌ, ɑ/의 8개로 분석하였다.

〈표 2〉 20세기 전기 국어의 단모음 체계(차재은 2007: 385)

|  | 전설모음 | 후설모음 | |
|---|---|---|---|
|  | 평 순 | 원 순 | 평 순 |
| 고모음 | ㅣ(i) | ㅜ(u) | ㅡ(ɯ) |
| 중모음 | ㅔ(e) | ㅗ(o) | ㅓ(ʌ) |
| 저모음 | ㅐ(ɛ) |  | ㅏ(ɑ) |

---

도 빈번하게 나타나는 음운 현상 중 하나로 전사 자료에 모두 반영하였다.
4) 고루 이극로 선생의 출생지는 경상남도 의령이며, 손기정 선수의 출생지는 평안북도 의주군이기 때문에 두 가지 자료는 분석에서 제외하였다.

<표 2>를 참고하여 모음상승의 경우의 수를 살펴보면 다음의 5가지 유형으로 나타날 수 있다. 중모음에서 고모음으로 변하는 모음상승의 유형은 혀의 전후 위치에 따라, 전설모음 계열에서 /ㅔ/가 /ㅣ/로 변화하는 유형과 후설모음 계열에서 /ㅓ/가 /ㅡ/로, /ㅗ/가 /ㅜ/로 변하는 유형으로 나타난다. 그리고 저모음에서 중모음으로 변하는 모음상승 유형은 전설모음 계열에서 /ㅐ/가 /ㅔ/로 변화하는 유형과 후설모음 계열에서 /ㅏ/가 /ㅓ/로 변하는 유형으로 나타난다. 하지만 저모음에서 중모음으로 변하는 모음상승은 엄밀한 의미에서 모음상승으로 보기에는 어렵다. /ㅐ/가 /ㅔ/로 변하는 현상은 상승이 아니라 두 개의 모음이 중화를 거쳐서 하나의 모음으로 실현되는 현상이다. 즉, 두 모음간의 대립이 없어지면서 음성적으로 /ㅔ/와 /ㅐ/가 중간음인 [E]로 발음되는 현상이기 때문에 모음상승의 예로 보기에는 어렵다. 또한 /ㅏ/ > /ㅓ/의 경우 몇몇 어휘에서 발견되는 통시적 성격을 지니는 'ㆍ'의 비음운화를 반영한 것이라는 점에서(강희숙 2005: 6) 모음상승과 구별되이야 한다. 따라서 본고에서 실제 논의할 모음상승의 유형은 아래 3가지로 볼 수 있다.

(1) 중모음에서 고모음으로의 모음상승 1: '/ㅔ/→/ㅣ/'
(2) 중모음에서 고모음으로의 모음상승 2: '/ㅓ/→/ㅡ/'
(3) 중모음에서 고모음으로의 모음상승 3: '/ㅗ/→/ㅜ/'

## 3. 20세기 전기 구어 자료에서 나타나는 모음상승의 특징

20세기 전기 구어 자료에서 나타나는 모음상승의 출현빈도와 유형빈도를 보이면 아래 <표 3>과 같다. 고려대 구어 말뭉치(20세기 전기)에서는 세 가지 모음상승 유형이 모두 나타났다.

〈표 12〉 20세기 전기 구어 자료에서의 모음상승 계량적 분석

|  | 출현 빈도(비율) | 유형 빈도(비율) |
|---|---|---|
| /ㅔ/→/ㅣ/ 모음상승 | 77(16.6%) | 8(22.9%) |
| /ㅓ/→/ㅡ/ 모음상승 | 166(35.7%) | 21(60.0%) |
| /ㅗ/→/ㅜ/ 모음상승 | 222(47.7%) | 6(17.1%) |
| 합계 | 465(100.0%) | 35(100.0%) |

20세기 전기 국어의 모음상승과 관련하여 강희숙(2002), 신하영(2013)에서는 문어 자료를 기반으로 세 가지 모음상승 유형 중에서 '/ㅗ/→/ㅜ/' 유형이 가장 활발한 것으로 관찰된다고 하였다. 하지만 동일 시기의 구어 자료 중에서 김복진 동화구연유성기 자료를 분석한 오새내(2005)에서는 '/ㅓ/→/ㅡ/' 유형의 모음상승이 가장 활발한 것으로 관찰된다고 언급하였다.

<표 3>에서 보인 바와 같이 고려대 구어 말뭉치(20세기 전기)에서는 3가지 모음상승 유형 중에서 출현 빈도의 경우 '/ㅗ/→/ㅜ/' 모음상승이 가장 많이 나타났으며, '/ㅓ/→/ㅡ/', /ㅔ/ → /ㅣ/'의 순으로 나타났다. 그리고 유형 빈도의 경우 '/ㅓ/→/ㅡ/'가 가장 많았으며 '/ㅔ/→/ㅣ/', '/ㅗ/→/ㅜ/'의 순으로 나타났다. 출현 빈도를 기준으로 보면 문어 자료의 분석 결과와 같이 '/ㅗ/→/ㅜ/' 현상이 가장 많지만, 유형 빈도를 기준으로 보면 구어 자료를 분석한 오새내(2005)에서의 결과와 동일하다. 이러한 차이는 동일한 시기이지만 분석하는 자료의 특성이 다르기 때문에 나타난 것으로 보인다. 유형 빈도와 출현 빈도의 차이에 대해서는 각각의 모음상

승 유형에 대한 설명에서 다시 다루기로 한다.

세 가지 유형의 모음상승을 보다 정밀하게 분석하기 위해서는 각 모음상승이 일어나는 환경에 대한 기술이 필요하다. 즉, 단어 내에서 모음의 위치와 음장5) 그리고 형태소의 유형에 따라 모음상승을 다시 세분화하여 살펴볼 필요가 있다. 모음상승의 유형별 분석 기준과 관련하여 김아름(2008)에서는 위의 세 가지 기준을 고려하여 <표 4>와 같이 모음상승의 유형을 분류하였다. 그리고 개별 유형들의 현상의 발생 시기와 원인, 실현 양상 및 실현 지역등을 고려하여 장모음의 고모음화, 문법형태소에서의 고모음화, 남부지역의 'ㅔ(:)'의 고모음화, 비어두 'ㅗ'의 고모음화, 비어두 'ㅓ'의 고모음화와 같이 5가지 유형으로 모음상승을 하위 분류하였다.

<표 13> 모음상승의 유형별 분석 기준

| 구분 | /ㅔ/→/ㅣ/ | | | | /ㅓ/→/ㅡ/ | | | | /ㅗ/→/ㅜ/ | | | |
|---|---|---|---|---|---|---|---|---|---|---|---|---|
| 실현 환경 | 어휘형태소 | | | 문법 형태소 | 어휘형태소 | | | 문법 형태소 | 어휘형태소 | | | 문법 형태소 |
| | 어두 | | 비어 두 | | 어두 | | 비어 두 | | 어두 | | 비어 두 | |
| | 장음 | 단음 | | | 장음 | 단음 | | | 장음 | 단음 | | |
| 유형 | | | | | | | | | | | | |

---

5) 본고에서는 20세기 전기 국어 어휘의 '장/단음'의 분석을 위해서 해당 시기의 어휘를 반영하고 있는 사전을 참고하였다. 1938년에 발간된 문세영의 <조선어사전>과 1947년에 첫 권이 발간된 후 1957년에 완간되었던 <큰사전>에서는 20세기 전기의 언어상을 반영하고 있기 때문에 두 사전에서 나타난 '장/단음' 표시를 참고하여 음장의 실현여부를 판단하였다. 그리고 두 사전에서 차이를 보이는 어휘들에 대해서는 <표준국어대사전>, <고려대 한국어사전>에서의 '장/단음' 실현을 참고하였다. 예를 들어, '없다'의 경우 <조선어사전>에서는 장음이 표시되었지만 <큰사전>에서는 장음이 표시되어 있지 않았다. 그리고 <표준국어대사전>, <고려대 한국어사전>에서는 '없다'에서 '없-'이 장음으로 표시되어 있었다. 따라서 본고에서는 '없다'를 장음이 실현된 어형으로 분석하였다. 그리고 각 음성 파일을 다섯 번 청취하면서, 어휘적 장음과 표현적 장음을 구분하여 표시하였다.

본고에서는 20세기 전기 자료에서 나타나는 모음상승의 실현양상에 주목하기 위해서 <표 4>에서의 유형별 분석 기준을 적용하며, 각 유형에 따라 실제 모음상승의 실현 횟수와 실현율을 함께 제시하여 논의를 해나가고자 한다.

## 3.1. 'ㅔ/→/ㅣ/' 모음상승의 실현 양상과 특징

이 절에서는 20세기 전기 구어 자료에서 /ㅔ/가 /ㅣ/로 변하는 모음상승에 대해 고찰한다. <표 5>는 앞서 제시한 분류기준에 따른 '/ㅔ/→/ㅣ/'의 실현 양상을 제시한 것이다.

<표 14> 20세기 전기 구어 자료에서 나타나는 '/ㅔ/→/ㅣ/'의 실현 양상

| 구분 | /ㅔ/→/ㅣ/ | | | |
|---|---|---|---|---|
| 실현 환경 | 어휘형태소 | | | 문법형태소 |
| | 어두 | | 비어두 | |
| | 장음 | 단음 | | |
| 모음상승 비율 | 31.6%(6회) | 7.6%(63회) | - | 0.4%(8회) |
| 모음상승 실현형 | 베-(<비-), 세-(시-), 떼-(<띠-) | 네(<니), 제(<지), 헤엄(<히엄), 계집애(<기집애) | - | -는데(<는디), -에(<이), -에서(<이서) |

<표 5>에서 보인 바와 같이 전설 모음계열에서의 모음상승인 /ㅔ/에서 /ㅣ/로의 변화는 어휘형태소의 비어두 위치를 제외하고 나머지 환경들에서 확인할 수 있었다. 모음상승 비율에는 모음상승이 실현된 비율(변이율)과 출현 빈도를 함께 제시하였다. 모음상승이 실현된 비율은 '모음상승이 실현된 어휘가 출현한 횟수'의 '해당 어휘가 자료에 총 출현한 횟수'

에 대한 비율이다. '해당 어휘가 자료에 총 출현한 횟수'에는 모음 상승이 실현된 어휘가 출현한 횟수와 그 어휘의 모음상승이 비실현되어 출현한 횟수가 포함된다. 예를 들어 자료에서 어두 위치의 단음 환경에서 모음상 승이 일어난 모음상승형 '니, 지, 히엄, 기집애'가 63회 출현하였는데, 모음상승이 일어나지 않은 원형 '네, 제, 헤엄, 계집애'는 766회 출현하였다. 따라서 어휘 '네, 제, 헤엄, 계집애'는 모음상승형을 포함하여 총 829회 나타났으므로, 모음상승 비율은 7.6%이다. 이후 모음상승 실현 양상을 제시한 표에서의 모음상승 비율은 위와 같은 방법으로 계산하였다.

/ㅔ/가 /ㅣ/로 변하는 모음상승은 어두 환경에서 장음의 환경의 경우 31.6%, 단음인 경우 7.6%가 모음상승으로 나타났으며, 문법형태소의 경우 0.4%만이 모음상승이 나타났다. 모음상승 비율을 고려했을 때, 20세기 전기 구어 자료에서 '/ㅔ/→/ㅣ/' 모음상승은 주로 어휘형태소에서 어두 장음의 환경에서 실현되었음을 알 수 있다. 이 모음상승이 실현된 구체적인 예를 보면 이래와 같다.

(4) ㄱ. 네 > 니: 어떻게 어린 <u>니가</u> 그 비용을 댄단 말이냐? <유성기연극_순동의 효성>
    제 > 지: <u>지가</u> 가서 뭘 하겠어요? <영화_'반도의 봄'(1941)>
    헤엄 > 히엄: 백조는 <u>히엄</u>을 쳐서 이쪽으로 오더니 등을 돌려 대고는 두 날개를 화알짝 폅니다. <김복진_현철이와 옥주>
ㄴ. 세- > 시-: 수돌이는 얼굴이 찌그러지고 얽고 아주 못생겼지만은 마음은 퍽 착하고 기운이 <u>시고</u> 용감스런 아이였습니다. <김복진_용간한 소년>
    떼- > 띠-: 박첨지 혹을 감쪽같이 <u>띠어</u> 갔습니다. <김복진_혹뗀이야기>
    베- > 비-: 천하에 목을 <u>비어</u> 죽일 놈들 같으니라구. <유성기 영화_볼카>

ㄷ. 계집애 > 기집애: 이 요망한 <u>기집애</u>. <영화_'미몽' (1936)>
나이 찬 <u>기집애</u>를 마구 내 놀 수도 없고 어디 마땅한 자리라도 있으면 치워 버리련만. <영화_'어화'(1938)>
왜 배고파 이 <u>기집애</u>야? <영화_'집 없는 천사'(1941)>
저 <u>기집애</u>는 우리 반에서 이거야. <영화_'수업료(1940)>

(5) ㄱ. 는데 > 는디:   저 오늘 밤의 무용 발표회가 <u>있는디</u> 구경 안 가시려? <영화_'미몽'(1936)>
저저 원진이 아닌가? <u>맞는디</u>. <영화_'군용열차'(1938)>
ㄴ. 에서 > 이서:   그런데 애들은 그런 줄도 모르고 그저 기뻐하면서 <u>집이서</u> 아버지나 어머니가 기다리실 것도 잊어버리고 곤하게 잠이 들었습니다. <김복진_현철이와 옥주>

위의 예들 가운데 (4)는 어휘형태소에서, (5)는 문법형태소에서 /ㅔ/가 /ㅣ/로 모음상승이 되어 나타난 것이다. 그리고 (4ㄱ)은 어두 위치의 장음의 경우 (4ㄴ)은 어두 위치의 단음의 경우에 모음상승이 적용된 예이다. 20세기 전기 시기에서 일어난 '/ㅔ/→/ㅣ/' 모음상승에 대해 강희숙(2002: 180)에서는 「천변풍경」이라는 문어 자료에서 관찰되는 사례들을 토대로, 기존 연구들에서 남부방언에 국한되어 있다고 보는 이 유형의 모음상승이 중부방언, 특히 토박이 서울말에서도 가능함을 언급하였다.6) 그리고 (4ㄷ)에서와 같이 기저모음 /ㅖ/가 그 중간 단계로서 단모음 /ㅔ/로 변화하고 난 후 다시 /ㅣ/로 실현되는 경우의 예로 '계집애 > 게집애 > 기집애'를 제시하였는데, 본고에서 검토한 20세기 전기 구어 자료에서도 이러한 사례가 관찰되었다. 20세기 전기 구어 자료에서 '계집애'는 총 12회 출현하였으며 그 중에서 4회(33.3%) 모음상승이 되어 나타났으

---

6) 동일 시기의 문헌 자료를 분석한 신하영(2013: 15)에서는 이 유형의 모음상승이 생산성이 낮을 뿐만 아니라 어휘형태소에만 적용된다고 보았다. 하지만 (5)의 예에서 보듯이 이 유형의 변화는 어휘형태소뿐만 아니라 문법형태소에서도 실현되고 있음을 확인할 수 있다.

며, 8회(66.7%)는 모음상승이 되지 않은 상태로 실현되었다.7) 20세기 전기 구어 자료에서 '/ㅔ/→/ㅣ/' 모음상승은 그 사례가 세 가지 모음상승 중에서 가장 적지만, 실현되었음은 확인할 수 있다. 이러한 결과는 이 시기에 남부방언뿐만 아니라 서울방언에서도 '/ㅔ/→/ㅣ/' 모음상승이 가능하다는 강희숙(2002)의 논의를 뒷받침해준다.

한편, 문법형태소에서 실현되는 '/ㅔ/→/ㅣ/' 모음상승은 20세기 전기 문어 자료를 대상으로 살펴본 강희숙(2002), 신하영(2013)에서는 제시되지 않았으나, 구어 자료를 대상으로 살펴본 오새내(2005)에서는 조사 '에, 에서'가 /이, 이서/로 실현되는 경우도 있다고 하였으므로 차이를 보인다. 본고에서 살펴본 자료에서는 문법형태소의 '/ㅔ/→/ㅣ/' 모음상승의 실현 비율과 출현 빈도는 적지만 (5)에서 보인 바와 같이 문법형태소에서도 '/ㅔ/→/ㅣ/' 유형의 모음상승이 나타났다. 어휘형태소에서와는 달리 문법형태소에서 모음상승 비율이 20세기 전기 서울방언에서 현저히 적게 나타나는 원인은 '/ㅔ/ >/ㅣ/' 모음상승 현상의 확산과 관련된 것으로 보인다. 곽충구(2003: 78)에서는 남부방언권에서는 '/ㅔ/→/ㅣ/'의 모음상승이 어두 위치뿐만 아니라 비어두 위치에서도 보편적이지만 중부방언권에서는 비어두 음절 위치에서 모음상승이 소수 발견되기 때문에 이 모음상승이 남부방언에서 점차 북진한 것으로 파악하고 있다. 유사하게 김아름(2008: 48)에서도 현대국어에서 중부지역과 경남 서부, 전남 동부에서 '/ㅔ/→/ㅣ/' 모음상승이 거의 실현되지 않으며, 주로 남부지역

---

7) 고려대 구어 말뭉치 자료에서 '계집애/NNG/'는 유성기 연극, 유성기 영화, 영화 자료에서만 나타났으며, 영화 자료에서만 모음상승 실현형인 '기집애'가 총 4회 관찰되었다.

|  | 유성기 연극 | 유성기 영화 | 영화 |
|---|---|---|---|
| '계집애' 실현 | 1회 | 3회 | 3회 |
| '기집애' 실현 | 0회 | 0회 | 4회 |

에서 매우 활발한 실현 양상이 나타나서 남부방언에서 북진한 것으로 파악하고 있다. 그렇다면 20세기 전기 문어 자료의 문법형태소에서는 나타나지 않지만 구어 자료의 문법형태소에서 나타나는 '/ㅔ/→/ㅣ/' 모음상승의 사례들은 이 유형의 모음상승이 남부방언에서 서울방언으로 확산된 시기가 20세기 전기가 될 가능성을 보여주는 것으로 해석할 수 있을 것이다.

다음으로 현대 국어에서 '/ㅔ/→/ㅣ/'의 변화에 의한 어휘의 재구조화가 공통적으로 발견되는 '제 > 지, 네 > 니'가 20세기 전기 구어자료에서는 어떻게 실현되는지 살펴보자.

(6) ㄱ. <u>니가</u> 그 무서운 구랭이를 좀 잡아 보겠단 말이냐 하고 물으시니까. <김복진_용감한 소년>
어떻게 어린 <u>니가</u> 그 비용을 댄단 말이냐? <유성기 연극_순동이의 효성>
<u>니가</u> 반대한다고 모든 일이 그래 잘 될 줄 아니? <영화_'지원병'(1941)>
ㄴ. 그럼 병원비는 어떻게 대니? <u>지가</u> 대지요. <유성기연극_순동의 효성>
ㄷ. <u>지가</u> 어떻게 알아요. <영화_'어화'(1938)>
<u>지가</u> 어떻게 영달이를 떨어트려 어림없지. <영화_'수업료'(1940)>

20세기 전기 구어자료에서는 (6)에서 보는 바와 같이 '네'가 '니'로 '제'가 '지'로 변화하는 모음상승이 실현된 사례들을 확인할 수 있다. 각각 살펴보면 '네'가 67%, '니'가 33%의 비율로 실현되어, 모음상승이 실현되지 않은 원형의 비율이 높은 것으로 나타났다. 이와 관련하여 채서영(1997)에서는 화자와의 직접 면담을 통해 얻은 구어 자료와 소설 등의 문어 자료를 분석하여 현대 서울말에서 2인칭 비존칭 대명사 '너'의 주격과 소유격으로 '네'가 아닌 '니'가 흔히 사용되고 있으며, 적어도 구어에

서는 '네'가 단 한 차례도 출현하지 않았다고 언급하였다. 20세기 전기 구어에서는 현대국어에서처럼 '니'의 쓰임이 광범위하게 나타나지 않으며, 담화 상황 혹은 화자에 따라 아직 '네'의 재구조화가 진행 중일 가능성이 있는 것으로 보인다.8) 그렇다면 20세기 전기 이후에 구어에서 '네'가 사라지고 있는 이유는 무엇일까? 20세기 전기 이후 현대국어에서는 /ㅔ/와 /ㅐ/의 합병으로 인해 2인칭 대명사형 '네'는 1인칭인 '내'와의 구분을 상실하였으며, 동일한 환경에서 자주 쓰이는 이들을 어떻게든 구분해야 하는 필요성이 생겼다. 이와 유사한 단어들의 경우(베다, 세다, 떼다 등) 모음상승형이 나타나는 변화를 보이며, 이러한 변화에 영향을 받아서 현대국어 구어에서는 '네'보다 '니'가 훨씬 많이 사용되는 것으로 보인다.

다음으로 '제'에서 나타나는 모음상승에 대해 살펴보기로 한다. 본고의 자료에서 '제'는 79.5%(58회), '지'는 20.5%(15회)의 비율로 실현되어, '네'와 동일하게 모음상승이 실현되지 않은 원형의 비율이 높은 것으로 나타났다. '제'의 경우는 (6ㄴ)과 (6ㄷ)에서 볼 수 있듯이 1인칭과 3인칭 모두 '제가' 대신에 '지가'로 실현되고 있음을 확인할 수 있다. 하지만 1인칭의 용법으로는 단 하나의 사례만 관찰되기 때문에 주로 3인칭의 용법에서 모음상승형이 사용된 것으로 보인다. 강희숙(2005: 33)에서는 모음상승이 실현되지 않은 '제가'가 구어 자료에서는9) 단 한 차례도 출

---

8) 익명의 심사자께서 지적하셨듯이 연구 자료에서 '니'보다 '네'가 많이 나타나는 원인으로 공적 독백이나 교과서 낭독과 같은 연구 자료의 특성이 반영되었을 가능성을 생각해봐야 한다. 하지만 '네'의 형태가 유성기 연극, 영화와 같은 일반적으로 구어라고 생각하는 자료에서도 많이 나타나는 것으로 보여(네: 90.4%, 니: 9.6%) 이 당시 구어 자료에서 '니'보다 '네'가 더 많이 실현되고 있는 것은 장르적 특성의 영향보다는 해당 시기의 언어적 현상으로 판단된다.
9) 강희숙(2005)에서는 『서울 토박이말 자료집(Ⅰ)』에서의 제보자 네 명의 발화 자료를 바탕으로 서울 방언의 특성을 분석하였다.

현하지 않기 때문에 현대국어에서 모음상승에 의한 재구조화가 거의 완성 단계에 이르렀다고 논의하였다. 하지만 20세기 전기 구어자료에서는 모음상승형인 '지'보다 원형인 '제'가 더 많이 나타나는 것으로 보아 재구조화가 진행 중인 것으로 판단된다.

3가지 유형의 모음상승 중에서 /ㅔ/→/ㅣ/로의 모음상승이 가장 적게 나타난 이유로 강희숙(2005: 17)에서는 언어 정책의 영향을 언급하였다. 즉, <표준어 규정> 등의 규범적인 언어 정책의 수립 과정에서 이 유형의 모음상승이 하나의 언어 변화로서 수용되지 못하고 있기 때문에 자연스러운 언어 변화로서의 효력이 점점 축소되고 있다고 하였다.[10] 20세기 전기 구어 자료에서도 이 유형의 모음상승은 출현빈도와 유형빈도가 모두 가장 적게 나타났으며, 21세기 초 구어 DB를 살핀 권윤정(2009)에서도 가장 적게 나타난다는 사실은 이 유형의 모음상승이 줄어들고 있는 사실을 뒷받침해주는 결과이다.[11]

### 3.2. 'ㅓ/→/ㅡ/' 모음상승의 실현 양상과 특징

이 절에서는 20세기 전기 구어 자료에서 /ㅓ/가 /ㅡ/로 변하는 모음상승에 대해 고찰한다. <표 6>은 앞서 제시한 분류기준에 따른 'ㅓ/→/ㅡ/'의 실현 양상을 제시한 것이다.

---

10) /ㅔ/→/ㅣ/는 노년층의 언어에서만 주로 나타나며, 젊은층에서는 교육에 의한 이른바 철자 발음의 지배에 의해 그러한 현상이 상당한 제약을 받고 있는 것이다.
11) 권윤정(2009)에서는 세종 구어 말뭉치에서 모음상승이 일어나는 어미를 대상으로 이 현상을 분석하였는데, /ㅔ/가 /ㅣ/로 변화한 사례들을 발견하지 못하였다.

<표 15> 20세기 전기 구어 자료에서 나타나는 '/ㅓ/→/ㅡ/'의 실현 양상

| 구분 | /ㅓ/→/ㅡ/ | | | |
|---|---|---|---|---|
| 실현 환경 | 어휘형태소 | | | 문법형태소 |
| | 어두 | | 비어두 | |
| | 장음 | 단음 | | |
| 모음상승 비율 | 3%(15회) | 3.5%(20회) | 1.3%(9회) | 22.8%(122회) |
| 모음상승 실현형 | 젓-(<즛다), 더럽-(<드럽다), 꺼내-(<끄내다), 없-(<읎다), 언제(<은제) 등. | 버리-(<브리다), 얼마나(<을마나), 너희(<느희), 얼마(<을마) 등. | 그러-(<그르-), 건너-(<건느-), 이렇-(<이릏-) 등. | -더(<드), -던(<든), -던가(<든가), -더니(<드니) 등. |

중설모음 /ㅓ/가 모음상승으로 인해 /ㅡ/로 실현되는 양상을 살펴보면, 어휘형태소의 어두 위치에서는 음장에 관계없이 모두 모음상승이 관찰되었다. 즉 어두 장음의 경우 3%(15회)[12], 어두 단음의 경우 3.5%(20회)의 비율로 모음상승이 실현되었다. 그리고 어휘형태소의 비어두 위치에서는 1.3%(9회) 모음상승이 실현되고 있는 것을 확인할 수 있다. 문법형태소의 경우 22.8%(122회)의 모음상승이 실현되었다. 이러한 결과를 종합하면 20세기 전기에 '/ㅓ/→/ㅡ/' 모음상승은 주로 문법형태소에서 활발히 일어난다고 할 수 있다. 문헌 자료를 분석한 연구들(강희숙 2002, 신하영 2013)과 김복진 동화구연 자료를 분석한 오새내(2005)에서도 이 유형의 모음상승은 모든 환경에서 관찰되었다. 이 모음상승이 실현되고 있는 구체적인 예를 보면 아래와 같다.

(7) ㄱ. 더러운 > 드러운: 세상 사람들의 못나고 드러운 것을 바라보고도 슬

---

[12] 어두위치에서 장음의 경우 '없다→읎다' 비율로 인해서 상대적으로 모음상승 비율이 낮게 나타났다. 본고의 자료에서 '없다'는 총 393회 출현하였는데 이중에서 5개만 '읎다'형으로 실현되었다. '없다→읎다'를 제외하면 어두위치에서 장음의 경우 모음상승 비율은 9.6%로 나타났다.

퍼 탄식을 할 것이란 말이요. <유성기 연극_낙화암>
어른도 > 으른도: 얘는 으른도 아니고 쪼끄만 아이가 빈손으로 잡겠다고 하니 참 이상도 하다. <김복진_용간한 소년>
없거든요 > 읎거든요: 이 때 늑대는 돼지 집을 가보니까 벌써 돼지는 장으로 갔는지 읎거든요. <김복진_새끼 돼지 세 마리>
저으면서 > 즈으면서: 쪼끄만 나룻배를 하나 얻어 타고 노를 즈으면서 아버지와 새어머니를 찾으러 길을 떠났습니다. <김복진_돌문이와 쌀분이>

ㄴ. 너희 > 느희: 내가 느의 집을 흐너버리고 너를 잡아먹겠다. <김복진_새깨 돼지 세 마리>
어쩌다가 > 으쩌다가: 끔찍이도 다정하던 네가 그렇게도 명민한 두뇌를 가졌던 네가 으쩌다가 이 모양이 되었단 말이냐. <유성기 영화_아리랑>
얼마 > 을마: 옥분 언니한테서 편지가 왔는데 오기만 하면 취직은 을마든지 된대요.    <영화_'어화'(1938)>

ㄷ. 어떻게 > 어뚱게: 아 어뜨케 응? <영화_'심청전'(1937)>그런데 > 그른데: 그른데 참. <영화_'심청전'(1937)>초저녁 > 초즈녁: 수돌이는 그 날 초즈녁부터 잠을 자고 그 이튿날 새벽에 일어나서 구랭이가 있다는 산으로 올라가면서. <김복진_용감한 소년>

위의 예들 가운데 (7)은 어휘형태소 'ㅓ/→/ㅡ/'가 실현된 예로 (7ㄱ)은 어두 위치의 장음 환경에서, (7ㄴ)은 어두 위치의 단음 환경에서 (7ㄷ)은 비어두 위치에서 모음상승이 적용된 예이다. 이 유형의 모음상승은 분류기준에 따른 모든 환경에서 실현될 뿐만 아니라 체언과 용언에서도 모두 관찰되었다.

백두현(1997: 16)에 따르면 19세기 말기 이후 중부방언권에서 'ㅓ/→/ㅡ/'의 모음상승이 실현되며 주로 음장을 가진 /ㅓ/가 /ㅡ/로 변화한다고 하며, 음장이라는 요소가 이 모음상승의 중요한 요인으로 언급하였다. 20세기 전기 구어 자료에서는 어두 위치에서 장음 환경뿐만 아니라 단음 환경에서도 /ㅓ/가 /ㅡ/로 변화하는 것을 (7ㄴ), (8)의 예들에서 확인할 수 있다. 그리고 현대국어에서도 어두 위치 단음의 환경에서 이러한 변화가 관찰되었다(강희숙 2005:18-19). 즉 '/ㅓ/→/ㅡ/' 모음상승의 조건이 19세기에는 음장이었는데 20세기 전기부터 이러한 조건에서 벗어나서 지금까지 이르렀음을 확인할 수 있다.13)

다음으로 문법형태소에서 '/ㅓ/→/ㅡ/' 모음상승이 실현된 예를 살펴보자.

(8) ㄱ. 던 > 든: 평소부터 그를 열렬히 사랑하고 <u>있든</u> 이용준이라는 젊은 시인이 애리스의 영원한 사랑을 노래한 유서를 남겨 놓고 자살을 해 버렸다. <유성기 연극_사의 승리>
카츄사는 깜짝 놀래었으나 쳐다보니 <u>그립든</u> 사랑이었다. <유성기 영화_부활>
ㄴ. 더니 > 드니: <u>그랬드니</u> 욕심쟁이 늑대는 고만 그 굴뚝 속에서 타 죽어 버렸답니다.     <김복진_새끼 돼지 세 마리>
<u>그랬드니</u> 기한은 정하지 않고 기회를 줄 테니 언제든지 생기거든 갚으라고. <영화_'어화'(1938)>

(8)의 예들은 문법형태소에서 /ㅓ/가 /ㅡ/로 실현되고 있음을 보여주는 것이다. 20세기 전기 구어 자료에서 문법형태소가 '/ㅓ/→/ㅡ/' 모음상승으로 인해 변화를 보이는 어미들은 선어말 어미 '-더-'와의 결합형('던, 더니, 더냐, 더라, 던지, 더라도, 더라면')에서만 나타났다. 권윤정(2009:36)에서는 세종 구어 말뭉치에서 '/ㅓ/→/ㅡ/' 모음상승이 실현된 경우 선어말 어미 '-더-'와 결합한 형태의 모음상승률이 가장 높다고 언급하였다

---

13) 어휘형태소의 비어두 위치에서 표현적 장음화로 인한 모음상승이 일어났다고 가정하면 여전히 음장이라는 요소가 이 유형의 모음상승의 원인으로 볼 가능성도 있다. 하지만 문법형태소에서는 이러한 표현적 장음화가 관찰되기 힘들기 때문에 20세기 전기부터 '/ㅓ/→/ㅡ/' 모음상승은 음장이라는 제약에서 벗어나는 것으로 보인다.

('-면': 1.3%, '-더-': 17.9%). 이와 같은 변화 양상은 문법형태소 '-더-'와 의 결합형에서 'ㅕ/→/ㅡ/' 모음상승이 20세기 전기에 발생 및 확산되어 현재까지 이어진 것으로 보인다.[14]

문법형태소에서 나타나는 'ㅕ/→/ㅡ/' 모음상승과 관련하여 20세기 전기 자료와 후기 자료에서 차이를 보이는 어미로 '-거든'이 있다. 이향원(2015: 34)에서는 현대국어 음성 자료에서 나타나는 'ㅕ/→/ㅡ/' 모음상승 중에서 어미 '-거든'의 경우 약 23.7%가 '-그든'으로 실현된다고 하였다.[15] 하지만 20세기 전기 구어 자료에서 '-거든'은 모음상승이 실현되지 않은 형태로 나타났다.[16] 즉 어미 '-거든'에서의 모음상승은 20세기 전기 이후에 나타난 변화 중 하나로 해석된다.

한편, 강희숙(2005: 19)에서 'ㅕ/→/ㅡ/'는 사회언어학적 변이 현상 중 하나로 연령이나 말의 스타일과 밀접한 관련이 있다고 하였다. 즉 이 유형의 모음상승은 언어 변이 현상으로서 서울말 또는 중부 방언의 전형적인 특징으로 화자들의 일상적 발화에서 비교적 활발하게 나타나는 현상이라고 분석하였다. 오재혁 외(2014)에서는 20세기 전기 구어 자료들을 참여자 간의 역할(tenor)과 영역(field)에 따라 그 유형을 분류하였는데, 본고에서 살펴본 자료들의 성격이 주로 일반적인 비격식적 일방향 혹은 일반적인 비격식적 양방향 자료라는 측면에서 /ㅕ/가 /ㅡ/로 바뀌는 모음상승이 비교적 일상적 발화에서 나타난다는 강희숙(2005)의 논의와 일치된다고 볼 수 있다.

---

14) 김아름(2008: 74)에서는 <한국방언자료집>에서 문법형태소에서의 'ㅕ/→/ㅡ/' 모음상승의 경우 경기 북부 일부 지역과 충남 남부 지역에서 '-더'계 어미들에서 관찰되며, '-어'계 어미들의 경우 충남 남부 지역에서 일부 나타난다고 언급하였다.
15) 동일 시기의 자료를 분석한 권윤정(2009: 36)에서는 '-거든'의 모음상승률이 3.5% 나타난다고 보고하였다.
16) 20세기 전기 구어 자료에서 '-거든'은 총 33회 출현하였다.

## 3.3. '/ㅗ/→/ㅜ/' 모음상승의 실현 양상과 특징

이 절에서는 20세기 전기 구어 자료에서 /ㅗ/가 /ㅜ/로 변하는 모음상승에 대해 고찰한다. /ㅗ/가 /ㅜ/로 변하는 모음상승은 근대국어, 특히 18세기 중엽부터 일어나기 시작하여 후기에 이르러 국어의 하위 지역 방언들에서 공동으로 겪어온 역사적인 언어 변화 가운데 하나이다(이기문 1972: 203, 곽충구 1980: 90). 백두현(1997: 13)에 따르면 이 변화는 비어두에 적용되는 것이 원칙이지만 특수한 경우 어두에 적용된 것도 있다고 하며, 비어두에서 어두의 영역으로 '/ㅗ/→/ㅜ/'의 변화가 확대되었다고 하였다. 또한, 강희숙(2005)에서는 현대국어에서 이 변화가 현재 중부방언에서 비어두 위치와 어두 위치에서 모두 발견되어 매우 적극적으로 실현되고 있다고 논의하였다.

20세기 전기 구어 자료에서 /ㅗ/가 /ㅜ/로 변하는 모음상승은 다음 <표 7>과 같이 나타났다.

<표 16> 20세기 전기 구어 자료에서 나타나는 '/ㅗ/→/ㅜ/'의 실현 양상

| 구분 | /ㅗ/→/ㅜ/ | | | |
|---|---|---|---|---|
| 실현 환경 | 어휘형태소 | | | 문법형태소 |
| | 어두 | | 비어두 | |
| | 장음 | 단음 | | |
| 모음상승 비율 | - | - | 7.8%(14회) | 4.5%(208회) |
| 모음상승 실현형 | - | - | 하도(<하두), 이리로(<이리루), 서로(<서루), 바로(<바루), 도로(<도루) | -고(<구), -도(<두), -로(<루) 등. |

후설모음 /ㅗ/가 모음상승으로 인해 /ㅜ/로 실현되는 양상을 살펴보

면, 어휘형태소의 어두 위치에서는 모음상승이 관찰되지 않으며, 비어두에서 7.8%(14회) 실현된 것을 확인할 수 있다. 그리고 문법형태소의 경우 4.5%(208회)의 모음상승이 실현된 것을 확인할 수 있다. 강희숙(2002: 177)에서는 일반적으로 '/ㅗ/→/ㅜ/' 변화는 어휘형태소 내부의 비어두 위치에서 주로 발달하였으며, 20세기 전기의 구어에서 문법형태소의 층위로까지 확대되었다고 하였다. 20세기 전기 구어 자료에서도 모음상승 비율이 어휘형태소의 비어두 위치가 문법형태소에 비해 높은 것을 고려하면 이 시기에는 어휘형태소의 모음상승이 문법형태소로 확대되고 있었던 것으로 보인다. '/ㅗ/→/ㅜ/' 모음상승이 실현되고 있는 구체적인 예를 보면 아래와 같다.

(9) ㄱ. 하도 > 하두: <u>하두</u> 용하다니 이걸로 아버님 눈을 씻어 드려 봐. <영화_'심청전'(1937)>
애기가 <u>하두</u> 애를 쓰니까 그렇지. <영화_'어화'(1938)>
댕겨 간 지가 <u>하두</u> 오래간만이라서 댕기러 왔지. <영화_'어화'(1938)>

ㄴ. 바로 > 바루: 그랬더니 아 <u>바루</u> 그 집이 아버지와 새어머니가 이사와서 살고 있는 집이었습니다. <김복진_돌문이와 쌀분이>
저희들 세상이라고 <u>바루</u> 떠들드니 이젠 우리 세상이다. <김복진_야옹 꼬꼬댁>

ㄷ. 도로 > 도루: 어휴 무서워 하고는 <u>도루</u> 저희 집으로 달아났습니다. <김복진_새끼 돼지 세 마리>

ㄹ. 그리고 > 그리구: <u>그리구</u> 사고가 나면 어떻게 합니까. <영화_'미몽'(1936)>

ㅁ. 서로 > 서루: 서로 싸움만 하고 서로 죽이거나 허고 <u>서루</u> 무기 가지고 다투거나 그렇게 된데. <월남 이상재 선생 육성 녹음_조선청년에게>

(10) ㄱ. -으로 > -으루: 심지어 육군이니 해군이니 그 외에 총이니 칼이

　　　　　니 창이니 바다 <u>속으루는</u> 잠항정이니. <월남 이상재 선생 육성 녹음_조선청년에게>
　　　　　-도 > -두: 아버지두 없구 <u>어머니두</u> 없습니다. <김복진_돌문이와 쌀분이>
　　　　　<u>너두</u> 아니 이런 좋은 구두를. <영화 '수업료'(1940)>
　　ㄴ. -고 > -구: 부지런하게 농사를 지어 <u>놓구</u> 가을이 되어서 콩 팥 깨 나락 모두 이렇게 거둬들이게 되었는데. <김복진_돌문이와 쌀분이>
　　　　　-로 > -루:　　　　<u>이걸루</u> 주세요. <영화 '미몽'(1936)>
　　　　　-도록 > -두룩:　　지가 <u>늦두룩</u> 돌아오지 않으니까 저를 찾아나가시다가 봉변을 하셨군요. <영화 '심청전'(1937)>

　(9)는 어휘형태소에서 일어난 '/ㅗ/→/ㅜ/'의 변화로, 본고에서 살펴본 자료에서는 어휘형태소의 어두 위치에서는 모음상승의 예는 발견할 수 없었으며, 비어두 위치에서의 '/ㅗ/→/ㅜ/'의 변화만이 발견되었다.[17] (10)은 문법형태소에서 일어난 '/ㅗ/→/ㅜ/'의 변화로 (10ㄱ)은 체언 다음에 결합되는 조사에서 실현되는 모음상승의 예이며, (10ㄴ)은 용언의 활용 어미에서 발견되는 예이다.

　김아름(2008: 38-39)에서 '/ㅗ/→/ㅜ/'의 변화는 18세기에 발생하여 19세기에는 체언뿐만 아니라 용언이나 부사에 있어서 이 유형의 모음상승이 활발한 것으로 관찰된다고 하였다. 이에 비해 (9)와 (10)의 예들에서 보는 바와 같이 20세기 전기 구어 자료들에서 '/ㅗ/→/ㅜ/' 모음상승은 문법형태소에서 대부분 나타나며 어휘형태소에서도 비어두 위치에서만 극히 일부의 예들만 존재한다. 이와 관련하여 오새내(2005)에서도 어두 위치에서 '/ㅗ/→/ㅜ/'의 변화를 관찰할 수 없었다고 하였으며, 신하영(2013)에서도 1930년대 신활자본 음식 조리서인 「조선무쌍신식요리제

---

17) 현대 서울 방언에서 발견된다고 알려진 '골목>굴목, 돈>둔, 시골>시굴' 등과 같이 어휘형태소에서의 모음상승형은 20세기 전기 구어 자료에서 나타나지 않았다.

법」에서의 모음상승 유형 중에서 어두 위치에서 /ㅗ/가 /ㅜ/로 변화하는 예는 하나밖에 없는 것을 고려하면[18], 20세기 전기 시기에 '/ㅗ/→/ㅜ/'의 변화는 비어두 위치 환경에서 주로 활발히 일어나는 현상으로 해석된다.

그렇다면 어두 위치에서 '/ㅗ/→/ㅜ/' 모음상승 유형은 어떻게 실현된 것으로 해석할 수 있을까? 적어도 서울방언에서 어두 위치의 어휘형태소인 '삼촌, 사촌, 사돈, 호도, 손톱' 등은 이미 20세기 전기 시기에 재구조화를 완료하여 모음상승이 실현된 것으로 보기에는 어렵다. 강희숙(2002, 2005: 23)에서 어두 위치의 '/ㅗ/→/ㅜ/' 모음상승이 나타나는 예로 '굴목(골목), 눔(놈), 둔(돈), 뭇(못), 숙(속)'을 제시한 바가 있다. 20세기 전기 구어 자료에서 위 단어들은 각각 '골목' 20회, '놈' 3회, '돈' 181회, '못' 0회, '속' 83회 나타나지만 모음상승이 실현된 경우는 나타나지 않았다. 오새내(2005)에서는 20세기 전기에 이 유형의 모음상승이 적게 실현되는 이유를 사회방언학적인 원인으로 해석하였다. 즉 '/ㅗ/→/ㅜ/'의 변화는 그 당시 표준어 규정과 다르기 때문에 1930년대 서울의 중상류계층에서 이 유형의 변화를 적극적으로 실현시키지 않았다고 주장하였다.[19] 또한, 강희숙(2014: 11)에서도 1936년 간행된 「사정한 조선어 표준말 모음」과 같이 규범적 성격의 언어 정책의 수립 과정에서 여타의 국어 방언들과 상당한 차이를 보이는 서울말의 고유한 '/ㅗ/→/ㅜ/' 변화의 확대에 대한 평가가 긍정적이지 않았다고 언급하였다. 이러한 사회방언학적인 이유로 인해 20세기 전기 구어자료에서도 어두 위치에서의 '/ㅗ/→/ㅜ/' 모음상승이 발견되지 않은 것으로 보인다.

한편, (9, 10)의 예들에서 확인할 수 있는 비어두 위치에서 나타나는

---

[18] 얼멩이로 솟 **숙에** 업허 노코<무쌍 288>
[19] 최현배(1937: 4)에서는 '/ㅗ/→/ㅜ/' 모음상승을 반영하는 어휘들은 품위나 어감이 고상하지 못한 까닭에 표준말로 삼을 수 없다고 하였다.

'/ㅗ/→/ㅜ/' 모음상승과 관련하여, 신하영(2013)에서는 문법형태소 중에서 '-고, -도록'의 경우 각각 1개만 모음상승이 나타나서 매우 적게 실현되고 있다고 언급하였다. '-도록'의 경우 20세기 전기 구어 자료에서도 총 46회 중에서 1회만이 모음상승형으로 실현되어 유사한 결과로 보이지만, '-고'의 경우 88회(4.5%) 모음상승형이 실현되어 상대적으로 많이 나타나는 것을 확인할 수 있다. 이향원(2015)에서는 현대국어 자유발화 자료에서 '-고'의 실현에서 모음상승형이 51.7% 나타나서 원형(48.3%)에 비해 훨씬 많이 실현되고 있으며, 어간에 대한 제약이 없고 성별에 따라 변이율이 차이 없이 실현되고 있음을 언급하였다. 즉 문법형태소 중에서 적어도 어미 '-고'에서의 모음상승은 20세기 전기 이후 현대국어에 이르러 확산되고 있는 것으로 보인다.

## 4. 마무리

이 연구는 20세기 전기 구어 자료에서 실현되는 모음상승 현상을 검토하고 모음상승 유형별 특징과 변화 과정을 밝히고자 하였다. 이를 위해 '고려대 구어 말뭉치: 20세기 전기' 자료에서 실현되는 세 가지 유형의 모음상승 비율과 실제 모음상승이 실현된 예들을 제시하였다. 지금까지의 주요 내용을 요약 정리하여 결론을 맺고자 한다.

'/ㅔ/→/ㅣ/' 모음상승은 어휘형태소에서 비어두 위치를 제외하고 어두 위치의 장음과 단음 그리고 문법형태소에서 실현되고 있음을 확인하였다. 다만, 모음상승 비율을 고려했을 때, 어휘형태소에서 어두 위치의 장음이라는 환경에서 가장 활발히 실현되며 문법형태소에서는 매우 적게 관찰된다. 이는 이 유형의 모음상승이 남부방언에서부터 서울방언으로 확산되어가고 있는 과정 때문에 나타난 것으로 해석된다.

'ㅓ/→/ㅡ/' 모음상승은 모든 실현 환경에서 나타나며 주로 문법형태소에서 생산적으로 실현되고 있음을 확인하였다. 20세기 전기 구어 자료에서는 어두 위치에서는 장음뿐만 아니라 단음 환경 그리고 문법형태소에서도 이 유형의 모음상승이 관찰되는 것으로 보아 이 시기부터 음장이라는 제약에서 벗어난 것으로 보인다. 또한 문법형태소에서 실현되는 모음상승은 주로 '-더-'와의 결합형이 대부분이었으며, 이 유형의 모음상승이 현재까지 확산되어 나타나는 것으로 보인다. 한편, 현대국어에서 흔히 관찰되는 '-거든>-그든'의 변화는 20세기 전기 구어 자료에서는 나타나지 않는다. 따라서 이 어미에 실현된 모음상승은 20세기 전기 이후에 나타난 것으로 보인다.

'/ㅗ/→/ㅜ/' 모음상승은 어휘형태소의 비어두 위치에서 7.8% 실현되고 있으며 문법형태소의 경우 4.5% 실현되며, 어두 위치에서는 나타나지 않았다. 이 유형의 모음상승은 어휘형태소의 비어두 위치에서 주로 발달하여 20세기 전기에 문법형태소의 층위로까지 확대된 것으로 보인다. 20세기 전기 구어자료에서는 선행 연구들에서 어두 위치에서 모음상승이 실현된 것으로 언급된 어휘들이 모두 재구조화가 완성된 형태로 실현되었다. 한편, 문법형태소에서는 주로 '-고' 유형에서 이 모음상승이 나타났는데, 20세기 이후 자료에서는 더 많은 모음상승형이 실현되는 것으로 보아 20세기 전기 이후에 '-고'에서의 모음상승이 확산된 것으로 보인다.

본고는 20세기 전기 시기의 모음상승에 대한 일반화가 아니라 자료에 대한 관찰 결과를 최대한 정리한 것이다. 음성으로 된 구어 자료는 문자로된 문어 자료에서 살펴보기 어려운 언어생활의 실제성을 볼 수 있다. 따라서 본고는 실제 음성으로 구성된 자료에서 나타나는 모음상승을 기술하였다는 점에서 의의가 있다. 하지만 자료의 한계로 인하여, 관찰된 모음상승의 실현 횟수가 적다는 한계를 지닌다. 추후 연구에서는 더 많은 20세기 전기 구어 자료들을 바탕으로 다양한 위치에서 실현되는 모음상승 현상을 분석할 필요가 있을 것이다. 또한 1945년 이후의 자료들에서 나타나는 모음상승을 면밀히 관찰하여 이 현상의 변화 양상을 밝힐 필요가 있을 것이다.

■ 참고 문헌

강희숙(2002), 「천변풍경의 음운론」, 『국어학』(국어학회) 40, 171~194.
강희숙(2005), 「고모음화의 실현과 방언 분화-전남방언과 서울말을 중심으로」, 『우리말글』(우리말글학회) 33, 1~32.
강희숙(2014), 「음성 변화에 대한 언어 징책의 간섭과 소설의 언어: 서울말에서의 '오→우' 변화를 중심으로」, 『사회언어학』(한국사회언어학회) 22, 1~21.
곽충구(1980), 「18세기 국어의 음운론적 연구」, 서울대학교 석사학위논문.
곽충구(2003), 「현대국어의 모음체계와 그 변화 방향」, 『국어학』(국어학회) 41, 59~92.
권윤정(2009), 「현대 서울말 어미의 모음상승에 대한 연구」, 고려대학교 석사학위논문.
김봉국(2006), 「경기도 방언의 음운론적 특징」, 『어문연구』(어문연구학회) 51, 253~278.
김아름(2008), 「국어 고모음화 현상 연구」, 아주대학교 석사학위논문.
김진우(1971), 「국어음운론에 있어서의 공모성」, 『어문연구』(어문연구학회) 7, 87~94.
백두현(1992), 『영남 문헌어의 음운사 연구』, 태학사.
백두현(1997), 「19세기 국어의 음운사적 고찰: 모음론」, 『한국문화』(서울대학교 규장각 한국학연구원) 20, 1~47.
신하영(2013), 「20세기 초 서울 방언의 고모음화와 모음 합류에 대한 고찰-조선무쌍신식 요리 제법을 중심으로-」, 『어문학』(한국어문학회) 121, 1~25.
오새내(2005), 「20세기초 서울말 모음 음운현상에 반영된 계층적 지표: 1930년대 김복진의 동화구연유성기자료의 분석」, 『국어문학』(국어문학회) 40, 120~160.
오재혁·송인성·도원영·홍종선(2014), 「20세기 초 구어 연구를 위한 음성 자료의 유형과 특징에 대한 고찰」, 『어문논집』(민족어문학회) 70, 225~258.

이기문(1972), 『국어사개설』, 탑출판사.

이병근(1970), 「19세기 후기 국어의 모음체계」, 『학술원논문집』 9, 375~390.

이원직(1996), 「충남 방언 연구: 충남 서부 방언의 모음 변화를 중심으로」, 『한국어학』(한국어학회) 3, 353~382.

이향원(2015), 「현대 국어 어말 어미의 모음상승 연구」, 고려대학교 석사학위논문.

차재은(2007), 「20세기 초의 한국어 모음 체계: 1930년대의 음성 자료를 중심으로」, 『한국어학』(한국어학회) 37, 361~396.

채서영(1997), 「서울말의 모음상승과 2인칭 대명사의 새 형태 '니'」, 『사회언어학』(한국사회언어학회) 5-2, 621~644.

최명옥(1982), 『월성지역어의 음운론』, 영남대학교 출판부.

최전승(1981), 「국어의 통시적 음성변화와 공시적 구조」, 『선청어문』(서울대학교 국어교육과) 11, 499~523.

최현배(1937), 「표준말과 시골말」, 『한글』(조선어학회) 5, 1~6.

한영목(1998), 「충남방언의 현상과 특징에 대한 연구」, 『방언학과 국어학』, 태학사.

홍종선(2009), 「20세기 국어 문법의 통시적 변화」, 『국어국문학』(국어국문학회) 152, 35~61.

■ 출처

1. 홍종선. 2016. 「한국어사에서 20세기 초 한국어의 위상과 문법 특징」. 『한국어학』 (한국어학회) 71. 1-22.
2. 신지영. 2014. 「구어 연구와 운율: 소리를 담은 의미·통사론, 의미를 담은 음성학·음운론 연구를 위한 제언」. 『한국어 의미학』(한국어의미학회) 44. 119-139.
3. 오재혁. 2016. 「20세기 초 구어 말뭉치에 나타난 국어의 문법적 특징」. 『한국어학』 (한국어학회) 71. 23-47.
4. 오재혁, 송인성, 도원영, 홍종선. 2014. 「20세기 초 구어 연구를 위한 음성 자료의 유형과 특징에 대한 고찰」. 『어문논집』(민족어문학회) 70. 225-258.
5. 장혜진, 신우봉, 유혜원, 홍종선. 2014. 「20세기 초기 구어 연구를 위한 문어 텍스트의 활용 문제」. 『어문논집』(민족어문학회) 71. 325-351.
6. 유혜원. 2014. 「구어에 나타난 운율적 실현의 문법적 해석」. 『한국어학』 (한국어학회) 64. 59-86.
7. 오재혁, 장혜진, 홍종선. 2015. 「20세기 전기 구어 자료에 나타난 종결형 양상: 대화 음성 자료를 대상으로」. 『어문논집』(민족어문학회) 73. 183-221.
8. 홍종선. 2015. 「현대국어 초기 구어체의 실현과 문학적 수용」. 『한국언어문학』(한국언어문학회) 92. 33-61.
9. 홍종선. 2016. 「근대 전환기 개화 지식인의 '국문/언문'에 대한 인식과 구어체 글의 형성」. 『우리어문』(우리어문학회) 54. 289-320.
10. 유혜원. 2015. 「20세기 전기 구어 자료에 나타난 격조사 실현 양상에 대한 연구」. 『우리어문』(우리어문학회) 53. 399-429.
11. 유혜원. 2016. 「20세기 전기 구어에 나타난 국어의 보조사 연구」. 『한말연구』(한말연구학회) 39. 125-155.
12. 장혜진. 2016. 「20세기 전기 구어에 나타난 정도부사의 실현 양상」. 『한국어학』 (한국어학회) 71. 153-179.
13. 송인성. 2016. 「20세기 전기 음성 자료에 나타나는 체언 말 자음의 교체 현상」. 『어문논집』(민족어문학회) 76. 207-232.
14. 신우봉. 2016. 「20세기 전기 구어 자료에 나타난 모음상승 연구」. 『어문논집』(민족어문학회) 76. 233-261.